◎山东省社科理论重点研究基地齐文化研究基地重大项目

淄博古代文献丛刊
王志民　主编

王象春集

（明）王象春　撰
李振松　整理

山东大学出版社
SHANDONG UNIVERSITY PRESS
·济南·

图书在版编目（CIP）数据

王象春集 /（明）王象春撰；李振松整理. -- 济南：
山东大学出版社，2024.1
（淄博古代文献丛刊 / 王志民主编）
ISBN 978-7-5607-7975-1

Ⅰ. ①王… Ⅱ. ①王… ②李… Ⅲ. ①王象春—文集
Ⅳ. ① Z429.49

中国国家版本馆 CIP 数据核字（2023）第 203195 号

责任编辑　郭凯迪
封面设计　张　荔

王象春集
WANG XIANGCHUN JI

出版发行　山东大学出版社
社　　址　山东省济南市山大南路 20 号
邮政编码　250100
发行热线　（0531）88363008
经　　销　新华书店
印　　刷　山东蓝海文化科技有限公司
规　　格　710 毫米 ×1000 毫米　1/16
　　　　　26.75 印张　481 千字
版　　次　2024 年 1 月第 1 版
印　　次　2024 年 1 月第 1 次印刷
定　　价　104.00 元

叔象春頓首拜
斯侄
四月初七日得書知
侄任中納福深慰〻〻吾鄉寇盜至今未
寧吾縣更不寧官兵與賊日下戰〻勝
小賊平有日望 如不勝則吾鄉更不
可支矣你
十二叔并與夔
侄如有疏言吾鄉事為之表揚數句
雖死猶生也你
三叔疏聞之不真言之失實亦命也
侄有送遼參者寄三二兩至感〻
黨參用不得 如
四月初七日平安信行

桓台县博物馆藏王象春书札

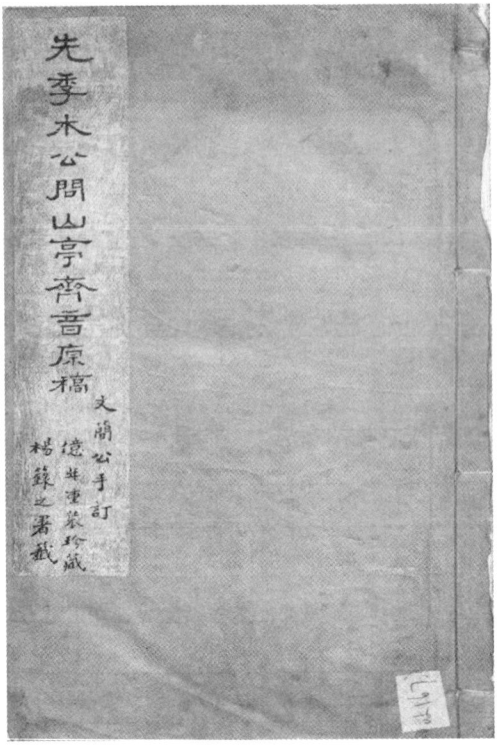

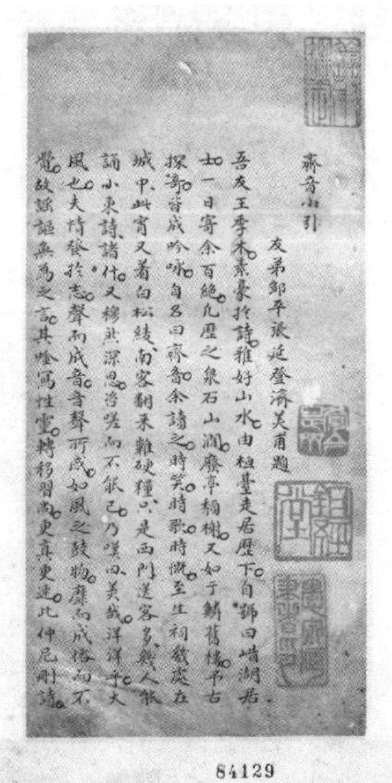

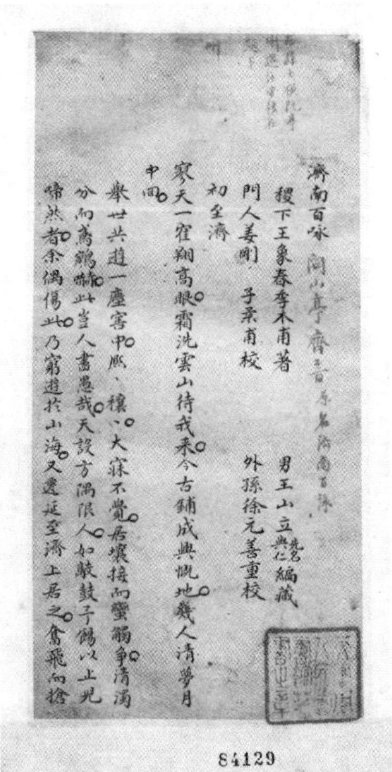

天津图书馆藏王士禛批选之《齐音》清初抄本

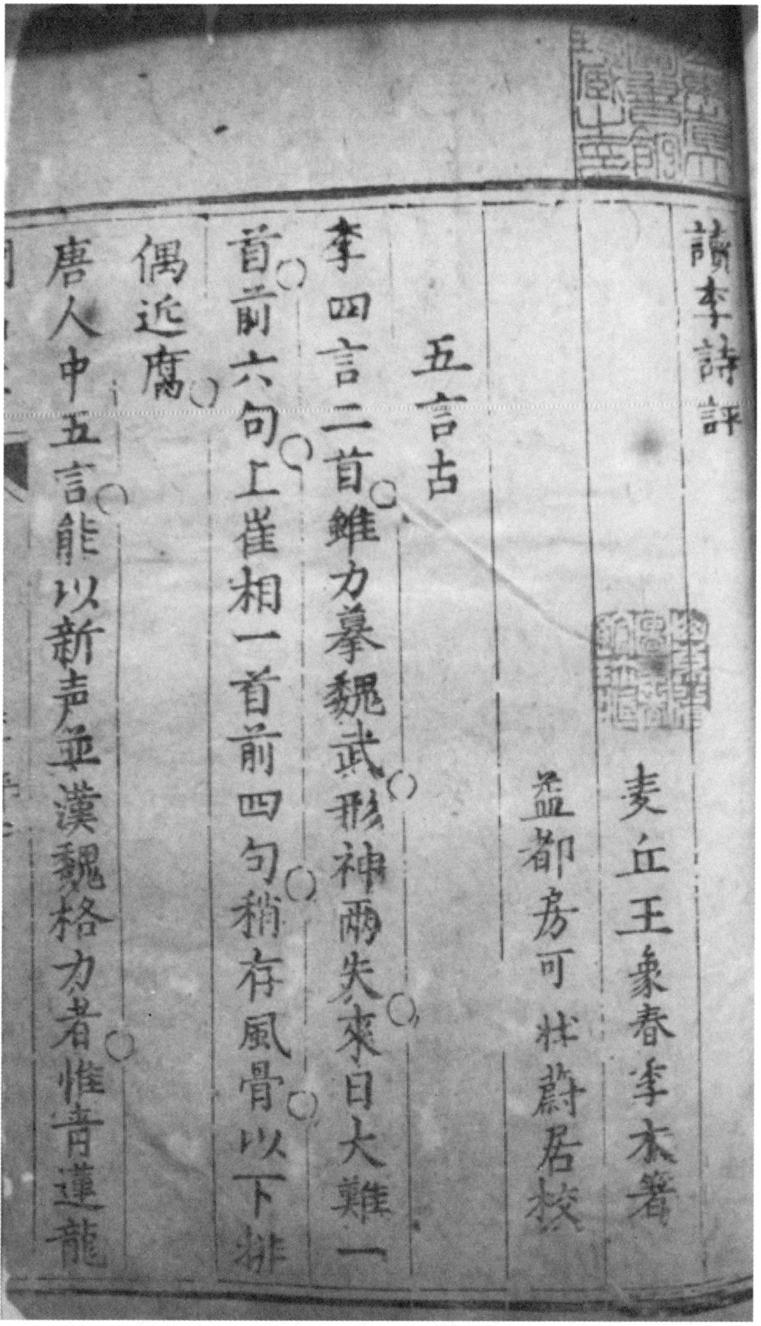

讀李詩評

麦丘王象春季木著

益都房可壯蔚居校

五言古

李四言二首雖力摹魏武形神兩失來日大難一首前六句上崔相一首前四句稍存風骨以下排偶近腐

唐人中五言能以新声並漢魏格力者惟青蓮龍

山东省图书馆藏明万历刻本《读李诗评》

桓台县王士禛纪念馆所展示之王象春画像

《淄博古代文献丛刊》编委会

总　序

淄博是齐文化的发祥地，有着源远流长的著述传统。先秦时期，齐地沃土孕育了诸多文化经典，包括我国第一部手工业技术专著《考工记》、齐文化的百科全书《管子》、“无传记之名，实传记之祖”的《晏子春秋》、兵学圣典《孙子兵法》以及《孙膑兵法》《司马法》《六韬》等兵学著作，还有《慎子》《尹文子》《鲁仲连子》等稷下诸子文献。战国秦汉间，齐人在经学方面成就突出，《易》《书》《诗》《春秋》今文经学的传承，均与齐人有密切关系。魏晋以后，淄博文献众多，有史书方志、科技著作、笔记杂著、戏曲小说、诗集文集等，各呈风采。西晋左思《三都赋》曾令洛阳纸贵，北魏崔鸿《十六国春秋》是研究魏晋南北朝历史的重要著作，贾思勰《齐民要术》标志着古代农书的成熟，唐代段成式《酉阳杂俎》和宋代王辟之《渑水燕谈录》是唐宋史料笔记中的代表性作品，元末明初贾仲明的杂剧“骈俪工巧，有非他人之所能及者”①。特别需要注意的是，明清时期，淄博文风兴盛，涌现出了众多文化名人，留下了大量的文献著述，其中很多被收入《四库全书》，如毕自严《石隐园藏稿》、薛凤祚《两河清汇》、孙廷铨《颜山杂记》、王士禛《居易录》《池北偶谈》《香祖笔记》《古夫于亭杂录》《分甘余话》《精华录》《渔洋诗话》《衍波词》等，而蒲松龄《聊斋志异》被誉为“短篇小说之王”，成为淄博文化发展史上耀眼的风景。

古籍文献是中华优秀传统文化的重要载体。淄博古代文献不仅是研究淄博地区历史文化的珍贵史料，也是中华优秀传统文化的宝贵遗产。党的十八大以来，传承、弘扬中华优秀传统文化成为国家重大文化战略。2017年1月，中共中央办公厅、国务院办公厅印发《关于实施中华优秀传统文化传承发展工程的意见》，要求“加强中华文化典籍整理编纂出版工作”。2022年4月，中共中央办公厅、国务院办公厅印发了《关于推进新时代古籍工作的意见》，指出：“做好古籍工作，把祖国宝贵的文化遗产保护好、传承好、发展好，对赓续中华文脉、弘扬民族精神、增强国家文化软实力、建设社会主义文化强国具有重要意义。”为发掘保护淄博文献资源，传承弘

---

① 无名氏：《录鬼簿续编》，《中国古典戏曲论著集成》（二），中国戏剧出版社1959年版，第292页。

扬优秀传统文化，推动中华优秀传统文化创造性转化、创新性发展，助力淄博文化强市建设，山东理工大学和淄博市政协决定联合编辑出版《淄博古代文献丛刊》（以下简称《丛刊》）。山东理工大学党委和行政领导高度重视，给予了多方面的关照与支持。淄博市政协专门召开党组会研究，将《丛刊》列为市政协文史工作重点项目；张廷延主席、朱正林副主席非常关心该项目的实施和进展，提出了许多推动措施和指导意见。山东理工大学齐文化研究院和淄博市政协文化文史和学习委员会具体负责项目实施。

淄博历代文献数量宏富，根据《中国古籍总目》《山东文献书目》《山东文献书目续编》等书目及各类方志资料，今天保存下来的淄博古代文献就有近1000种。《丛刊》的收录原则，一是水平高，具有重要文化、学术价值；二是未经过点校整理，或虽有整理但不够规范系统。根据这两项原则，在充分调查的基础上，《丛刊》选取了淄博古代23位文人著述进行整理，共16册（部分文人著述篇幅较小，进行了合并），总计700余万字。

《丛刊》项目酝酿于数年前。张宇声教授提出编纂整理《明清淄博文人别集丛刊》的建议被采纳，经过专家研讨，根据实际选目，后改为《淄博古代文献丛刊》。为做好整理工作，我们组建了四个编纂小组，分别由山东理工大学张宇声教授、巩曰国教授、上海交通大学朱丽霞教授、山东师范大学王培峰副教授担任组长，张宇声负责《孙廷铨集》《赵进美集》《张笃庆集》《高珩集》《王培荀集》，巩曰国负责《王象晋集》《王象艮集 王象明集 王与玟集》《王象春集》，朱丽霞负责《王教集 袁藩集》《刘一相集》《刘鸿训集》《毕自严集》，王培峰负责《段氏三代诗文汇编》《杨梦衮集》《何世璂集 王祖昌集》《张象津集》，延请上海交通大学、中国海洋大学、山东师范大学、重庆师范大学、山东理工大学、西安航空学院、商洛学院等高校相关学者组成了一支水平较高的整理队伍。《丛刊》编纂日常工作由山东理工大学齐文化研究院执行院长巩曰国教授负责。

整理过程中，我们统筹组织，多次召开会议，制定具体措施，严把质量关。各集整理者广泛搜集各种版本，科学选定底本与校本，严格执行整理体例和古籍整理规范。初稿完成后，各组成员之间对书稿进行了互审，各组组长对所负责的书稿进行了通审并提出修改意见，我们审阅了书稿并对各集的前言进行了统一审稿，逐一提出修改意见。各集整理者根据各家意见对书稿进行了修改完善，2022年8月，《丛刊》书稿交付山东大学出版社。山东大学出版社对《丛刊》的出版非常重视，王贻社总编、刘旭东副社长、刘森文主任统筹协调，精心组织编校，保证了《丛刊》的出版质量。

《丛刊》学术价值主要有以下几个方面：

其一，首次对淄博古代文献特别是明清时期淄博文人著述进行了较大规模的整理，填补了学术空白。文献整理是文化建设的基础工作，历来为人所重视。省一级的文献整理，前有《畿辅丛书》《云南丛书》，今有《齐鲁文库》《荆楚全书》《湖湘文库》《江苏文库》等。近些年来，地市一级的文献整理也不断推出，如《金陵全书》《苏州文献丛书》《金华丛书》等。淄博文化底蕴深厚，文献资源丰富，古代文献虽有整理，如《管子》《晏子春秋》《考工记》等先秦齐文化典籍，左思、王士禛、蒲松龄、赵执信、徐夜等文人的著述以及部分方志，但零散不成系统。《丛刊》作为第一种淄博古代文献整理丛书，弥补了淄博文化建设的这一缺憾。《丛刊》16 册中，有 11 册的全部内容均为尘封数百年后首次整理面世。

其二，注重规范、全面挖掘整理，为淄博地方历史文化研究提供了详实资料。《丛刊》各集，对原著者的各类著述尽可能全面收录，如《张笃庆集》，不仅收录其诗集《昆仑山房郢中集》《昆仑山房诗集》，还收录传记类著作《先相国少保公年谱》《两汉高士赞》以及史评类著作《班范肪截》《五代史肪截》。每一种集子，书前都有前言，介绍作者的生平、著述及贡献，书后附录详列相关传记材料、诗文唱和、诸家评论、著录题跋、诗文辑佚以及作者年谱（年表）。这样一册在手，即可全面了解其生平、著述及各方面贡献。文献作者均为淄博人，他们有关当时历史地理、风土民情、名人掌故、名胜古迹的记述，是研究淄博历史文化的宝贵资料。如《张象津集》中《新城水利四议》包含了小清河、孝妇河、郑潢沟、乌河等河流的诸多信息，是研究淄博历史地理的重要文献。《孙廷铨集》中的《颜山杂记·琉璃志》全面、系统地记述了当时中国北方美术琉璃生产中心颜神镇（今博山）的琉璃生产工艺，包括烧造琉璃的原料、呈色、火候、配色、产品、做工、工具、吹制等，对研究名闻中外的“淄博陶琉”具有重要史料价值。

其三，整理发掘诗文、戏曲创作资料，有补于中国古代文学研究。《丛刊》的文献作者均为富有才情的文人，有很多在诗文、戏曲创作方面卓有建树。如王象春是公认的晚明山左诗坛巨擘，主张“重开诗世界，一洗俗肝肠”，推动了山左诗风的转变以及“济南诗派”在清代的繁荣；张笃庆诗歌创作不拘一格，各体兼擅，《四库全书总目》称其“才藻富有，洋洋洒洒，动辄千言，风发泉涌”；毕自严博通经史，雅好文学，高珩誉其文章可比韩愈和苏轼，《四库全书总目》认为“虽乡曲之言，未免稍溢，而以经济兼文章，则自严要不愧也”；赵进美是明末清初诗坛上由“前后七子”的格调说至王渔洋神韵说之间的一位重要诗人，同时也有《瑶台梦》《立地成佛》等戏曲作品；高珩诗文丰富，其诗“近元、白《长庆集》体”，又有通俗弹词

《醒梦戏曲》。《丛刊》各集，全面呈现相关作家的诗文、戏曲创作成果，其中包含了一些稀见的稿本、抄本，为丰富拓展古代文学特别是明清时期山左文坛的研究，提供了重要的文献依据。

需要指出的是，《丛刊》文献的作者多出自文化世家，与国内著名文学家、政治家广泛交游，其活动与当时全国的政治局势、文化创造颇有关联，其意义不局限于淄博一地。像毕自严是关涉明末政局的人物，王象春、高珩、赵进美的文学活动都与明末清初文坛发展有很大关系，段成式家族在唐代全国的地位更具代表性。因此，《丛刊》的出版不仅有益于淄博地方文化建设，对于推动山东乃至全国的文史研究和文化建设，也有积极的学术意义。

整理古代文献，弘扬中华优秀传统文化，是我们的历史使命。《丛刊》首次对淄博古代文献进行较大规模的整理，我们深知责任重大。整理中，我们尽管力求严格学术规范，严把学术质量，但校书如扫落叶，疏误在所难免，且《丛刊》是集体项目，出自众人之手，各卷质量不尽相同，恭请专家读者批评指正。

王志民

2023年10月16日

定稿于山东理工大学齐文化研究院

前　言

新城王氏家族是明清时期显赫的科宦之家和颇具影响力的文学世家。家族人才辈出，除武功显赫的王象乾和康熙诗坛领袖王渔洋之外，本集作者王象春，也是其中重要的代表人物。他以东林闻人身份而名噪一时，是公认的晚明山左诗坛巨擘。

王象春（1578—1632），初名象巽，字季木，小字梦安，号文水，又号虞求，别号峼湖居士，济南府新城（今山东桓台县新城镇）人。万历三十一年癸卯（1603），以礼经举于乡，三十八年庚戌中进士。博学多通，尤精天文、地理、兵策及风鸟、壬遁之术。其著述宏富，有十余种，今仅存诗集《齐音》《问山亭诗》及诗评类作品《李杜诗评》。

王象春是家族第六代成员中的代表人物，在同祖父的十八名兄弟中排行十七。与诸兄弟相比，王象春的官职虽然只有正五品，但他在明末政治舞台上的影响力却不容忽视。这种影响与其在明末党争中的表现直接相关，家族中父辈或同辈诸兄弟在党争中大多坚持不偏不倚的原则，而王象春则多次主动站在东林党一边，并公开发表批评他党的相关言论。由此，王象春被视为东林党人，与其他东林党人一道反对邪党。这不仅使他获得了东林党人的赞赏，还扩大了其政治影响力，但也为其在后来多次受到他党的打击迫害埋下了祸根。

诗文方面，王象春取得了突出的成就，不仅是新城王氏家族第六代子弟中诗歌成就最高者，也是晚明山左诗坛的著名诗人，对晚明山左诗坛产生了重要影响。他倡导“自辟门庭”，并提出了“重开诗世界”的诗歌主张。凭借这种具有革新性的诗歌理论及创作实践，王象春成为明末山左诗坛独树一帜的文学巨擘。另外，王象春提倡“禅诗”，这使其作品颇富神韵，且促成了其从孙王士禛的神韵说。王象春能够取得较高的诗文成就，既缘于地域文化及良好家风，也与其生平、仕宦经历密切相关。

一

可将王象春一生之行迹分成居家读书、庚戌科考与假归候选、在朝为官、罢官归里四个时期，每个时期的创作都各具特色。

（一）居家读书时期（1578—1609）

王象春生于万历六年（1578）三月七日，他在幼儿和童年时期就显示出了过人的才能。《南吏部考功郎季木王公行状》记载，王象春“幼而岐嶷，三岁能歌唐诗百章，九岁手录《楚辞》《左传》，对客朗诵不休”。这与其自幼受到优良家风的熏陶有关。十六岁时，王象春进入县学成为弟子员，其间每次考试都居榜首。二十岁时，其父王之猷任浙江观察使，王象春随任。两年后，王象春的母亲李氏与其父王之猷在两个月内先后离世，这给了刚刚成年的王象春很大打击，但并未将其击垮。服阕后，在万历三十一年癸卯，二十六岁的王象春以礼经举于乡。此后七年中，虽两次赴京参加会试，皆以失败告终，但王象春并未气馁，而是“肆力经史，钩玄抉要……以踞诸士之上，诸士亦屈指心仪焉”。虽未取得功名，但已名震士林。

该时期，虽经历双亲去世和两次会试失败，但自信乐观的王象春的作品记录的多是其山水游赏之兴及与友朋的唱酬宴饮之乐，风格自然清新、诗思新妙、富有神韵。如《山行》二首：

不为生计即闲身，矮帽无风驴背驯。雪树千寻时度鸟，山行终日不逢人。
新云新鸟满春溪，日遍千峰也恨迟，偶遇高僧相对语，一山经月不思移。

第一首前两句，用“矮帽”和“驴背”这样的俚俗之语，赋予了该诗自然平淡的意蕴；而后两句的意境则与柳宗元“千山鸟飞绝，万径人踪灭”十分相似。但与柳诗仅强调环境的荒寒、死寂相比，诗中“时度鸟”一语为荒凉寒冷的环境增添了一丝生机，体现了王象春诗歌造语新奇、诗思新妙的特色。第二首从“新云、新鸟、春溪”到“日遍千峰”，再到“偶遇高僧”，一直到“经月不思移”，诗人所营造的爽心豁目之境接踵而来，自然清新之感跃然纸上。

另如《凤凰山下》：

此乡春事自年年，石底新开百脉泉。鸡犬相闻村落静，家家童子剥榆钱。

诗人用平易朴素的语言描绘出一派安静闲适的田园生活美景，颇具陶渊明田园诗的平淡自然之风。诗中一切景语皆情语，田园生活美景在诗人笔下情趣优美，韵味无穷。

另外，该时期王象春还有许多酬唱赠答诗和描写其居家时闲情逸致的诗歌。它们诗思新妙、清新雅致、含蓄蕴藉、富含神韵。如《山中赠许春石十二韵》：

古寺攒松色，春涛洗石林。虚谷传远吹，午睡逐繁阴。……女萝存古意，鸡黍见情深。君富凭云志，吾悲负米心。壮怀时击剑，清啸独鸣琴。岩岫无朝暮，芳华自古今。当歌青玉案，莫负碧山岑。

全诗动静结合、意境优美，如画的美景呼之欲出，诗人的田园山水之兴也得以完美体现，体现出诗人闲适淡远、情韵兼胜的审美趣味。

再如《怀人》：

岁月成何事，潜潜去已多。故人江汉绝，疏雨户庭过。刁静初驯鹤，迎秋一放歌。好同禽子夏，五岳问金鹅。

王士禛《居易录》评"'故人江汉绝，疏雨户庭过'之句不减，大复苏门"，并称赞该诗为"集中第一诗也"，这当与其寄意深远、朦胧含蓄、境界淡远绵邈而又富含神韵有关。

（二）庚戌科考与假归候选时期（1610—1616）

万历三十八年庚戌（1610），王象春第三次参加会试。围绕此次科考，发生了著名的"庚戌科场案"。该案之所以发生，其罪魁祸首为房考官汤宾尹。会试阅卷时，王象春已被拟定为第一名，而汤宾尹在他房落卷中搜得同乡韩敬的试卷，并强求主考取韩敬为第一，其他房考官见此亦纷纷效仿汤氏越闱搜卷并录取自己的门生。而知贡举吴道南反对取韩敬为第一，并宣称要据实上奏揭发汤氏的舞弊行为。为此，吴、汤二人进行了激烈的争论。最后在主考王图的调解之下，该事件才得以暂时平息。这样，会试发榜时韩敬高中会元，王象春屈居第二。此事传出后，朝野哗然，很多人为王象春鸣不平。而王象春本人更是愤懑不已，以“奈何复有人压我”之语来表达自己的不满。

会试后的殿试策问题目是“如何尊君重令，如何使君臣同心致治，如何使君令必行”，因王象春个性耿直，不懂虚与委蛇，故在对策中把批判的矛头直指朝廷政治，并历数万历朝以来君臣相隔的弊端。虽然王象春的对策切中了要害，但读卷官不敢把王氏的试卷放在前面向皇帝进呈，而是压在了最后。最终，殿试结果是王象春位居全榜倒数第三。当新科进士们春风得意之时，王象春却黯然神伤。

因殿试排名太靠后，王象春未被授予官职，而是在万历三十九年（1611）初离开北京返回新城，等候任命。庚戌科考后未久，随着东林党人孙振基及吴道南先后举奏揭发汤宾尹舞弊取中韩敬的行为，汤氏也开始暗中纠结浙党、齐党中人对东林党进行反击，围绕“庚戌科场案”兴起的党争遂正式开始，直至万历三十九年“辛亥京察”，党争愈发激烈。京察结果是汤宾尹被免职，他党分子受到相应处罚，东林党人取得暂时胜利，但东林党与他党结怨更深，彼此间的斗争也更加激烈。而京察期间未有官职、无上奏资格的王象春，却结合自己的科考遭遇发表了一些批评汤宾尹等人的言论，因此被视作东林党人，成为日后被打击的对象。这可以“壬子乡试科场案”中王象春受到诬陷并入狱为证。万历四十年壬子乡试，王象春为顺天乡试房考官，并录取了江南秀才张世伟，而给事中李奇珍则参奏“举人张世伟贿通象春，幸中本房”，给王象春扣上了贿卖举人的罪名，使其下狱候审。最后，刑部通过调查发现，张世伟乃是穷秀才，贿赂之事纯属子虚乌有。王象春和张世伟本应无罪判决，但令人惊疑的是，张世伟以“浪游乘传招议，似属有因……革去举人”，王象春则以莫须有的罪名受到了降级选用的处分，而给事中李奇珍虽奏劾失实，却未受到任何处罚。

万历四十二年春，结案后的王象春假归养病，以平复一年多来受诬陷并一度入狱的糟糕心情。归里后，王象春度过了一段短暂美好的时光。他与族中诸兄弟登长白山、游北湖，一起读书赋诗、纵论古今，寄情于山水之间。

然而，好景不长，万历乙卯至丙辰（1615—1616）发生在北方的大旱延及直隶、山东、河南、苏北等地，其中以山东最为严重。旱灾之初，王象春尚能“率族属设法以食饿者”；而随着灾害的持续，他自身的生活也变得愈发困难，不得不率家人出走避灾，开始了辗转于各地的避灾生活——

先到临沂，再到徐州，后经沛县折回兖州、泰安，最后到了济南。

到济南后，王象春开始了新的生活。其间，除游览济南的名山胜水，探访各种轶闻传说外，还经常与友人一起纵论古今，畅谈诗文。他还结合避灾时的见闻及游览济南的经历写出《齐音》，并把乙卯、丙辰年间所写的诗歌辑为一集，名为《峕居诗》。另外，他还写出诗学评论《李杜诗评》。在短短几年时间里，王象春取得了丰硕的创作成果。而其作品则由主要描写山水田园之乐及酬唱赠答之趣，变成了揭露官场腐败，悲叹民生疾苦。如《谭城驿》诗及自注有曰：

谁歌北斗与南箕，谭子呼天迥怨思。周道萧萧仍古驿，几人能诵《小东》诗。

谭大夫作诗告病时，未必若此时之甚。牧民者不但不恤，又加厉焉。下有周道，上有斗箕，以古证今，天有明鉴。

作者借谭大夫作诗控诉周王室，来控诉明王朝残酷压榨黎民百姓的行为，其悲愤之情，溢于言表。

另外，王象春还把目光投向了因旱灾而遭受苦难的黎民百姓。其作《中元》诗及自注曰：

高僧大会盂兰盆，殿下亲临广智门。施食连年增几万，阴风灯灭哭饥魂。

乙卯、丙辰，饿殍流离，填壑满道，鬼饭应不饱也。遥闻钟鼓，恻然有作。

一诗一注，虽篇幅短小，但把大灾之年饿殍满地的惨状及诗人的哀痛之情准确地表达了出来。

此外，《铁牛》《鬻女》《官舫》《盐场》及组诗《东麦》《西米》《南柴》《北菜》等，也都是诗人以旱灾为背景针砭时弊、关心民瘼的作品。

除内容上的变化，王象春该时期的作品风格也一改此前自然清新、富有神韵的特点，而变得沉郁悲慨。如《灰厂吟》：

阔门高柱皇城曲，暮暮朝朝人一簇。月沉象过人未起，头棍圆灯已纷逐。何事此地偏集毂，历来相府松矗矗。日日虽多客候门，相公高卧如僵木。寥落沙堤不出行，内使恭送黄包袱。一灰才冷一灰炎，炎处献笑冷处哭。哭笑总怜灰敞间，鼠子食盐化遍蝠。

“灰厂”代指宰相府第，而高大巍峨的相府则象征着宰相们熏天的权势，而这吸引着那些喜欢投机钻营的人日夜奔竞于相府门前。“一灰才冷一灰炎，炎处献笑冷处哭”可谓对世态炎凉的精确概括。该诗虽题材严肃，感情也真挚激愤，但诗人悲慨的感情并未喷薄而出，而是低沉缓慢地获得了释放，可谓极沉郁悲慨之致。

再看几首《忧旱诗》：

数口同餐一掬糟，何人搏虎请开棠。风吹敲朴声如沸，更道齐催隔岁粮。
尽说饥肠火欲焚，万人洒泪诉黄云。羽书十道飞来急，不是蠲文是限文。
老农倚杖叹平田，几垄枯苗响欲燃。二月新丝五月谷，较今真是太平年。
任从地陷与天摧，不碍长安轻薄儿。只见名园花似锦，那知官道树无皮。

大旱之年，饿殍满地，一边是弃儿卖女、吃树皮的百姓，一边是催租、抓丁、笙歌燕舞的剥削阶级，通过鲜明的对比，诗人同情百姓疾苦、批判统治阶级官贪吏虐的真情实感表现得淋漓尽致，体现出沉郁悲慨的艺术风格。

（三）在朝为官时期（1617—1625）

万历四十五年（1617），王象春被授予正九品的上林苑典簿。距中进士几逾七年，才得到一个如此低级的官职，王象春内心的失望之情不言而喻。

万历四十六年，王象春因公赴长安。其间创作了许多咏史怀古之作，以抒发历史变迁的沧桑之感，并借古伤己或借古讽今。是年底，王象春出任南京大理寺评事。虽然这只是“一个闲散之地的闲散之职”，但其官职的提升还是引起了邪党的不满，例如六年前参奏王象春贿卖举人的李奇珍又参了他一本。虽然此次参奏没起到打击王象春的效果，但却说明了邪党欲置王象春于险境的邪恶用心。

从万历四十七年至天启五年（1625），是王象春在南京为官时期。其间，明王朝接连发生了“红丸案”“移宫案”，并先后死了两个皇帝，且党派斗争已白热化。可以说，这是明王朝内忧外患加剧、恶涛险浪丛生的七年。但对王象春来讲，这七年却比较平静。

万历四十八年七月至九月，明神宗、明光宗相继崩逝后，王象春与在南京为官的诸大臣赴京“哭临”。当时，因光宗骤然崩逝，其陵墓未来得及修建，而精通堪舆之术的王象春经过周密勘测，建议选用原来为景帝修建而后来被废置的陵地作为光宗之陵地，这样既风水好，又可节省工时物力。

该建议被采纳后，朝廷论功行赏，拟擢王象春为尚宝卿。虽然这只是正五品的官职，但因其负责掌管皇帝的玉玺和宫禁令牌，可谓要职。然而这样的赏赐却遭到了王象春的拒绝。在他看来，以看风水升官是种耻辱，更重要的是任此官职要经常与宦官们来往，更要听命于阉党，无论如何这都难以接受的。于是，王象春仍然回到南京任原职。

天启三年（1623），又是“京察”之年。是年的京察成为党争新的前沿阵地。而留都南京则要进行“南察”，且由吏部和都察院共同主持。王象春时任南吏部考功郎中，是南察的参与者和主持者之一。南察期间，王象春完全按照官员们的政绩表现来论定，并不因其官位和与自己的关系来逞己私心。这样的考核原则让当时的都察院右都御史王永光非常恼火，于是二人产生了激烈的矛盾冲突。王永光是阉党中人，平时就与王象春不合，并且当时他正筹划借南察之机调往北京。考核时，他本欲按一己之私拉拢与阉党有关系的官员，打击异己，而王象春的行为让他的私心未能得逞。通过这次南察，王象春成为王永光和邪党人物更加痛恨的人。

当时，明熹宗不理朝政，国家大权已落入熹宗乳母客氏和大太监魏忠贤之手。面对魏忠贤的倒行逆施，天启四年左副都御史杨涟上疏对其弹劾，并列举了其二十四条罪状。但奏章落入了魏忠贤之手，于是他开始派人搜罗杨涟等东林党人的犯罪证据，为接下来针对他们而开展的清剿行动做准备。而当杨涟弹劾魏阉的疏稿传到南京后，王象春以实际行动表达了对杨涟等东林党人的支持。但是，察觉到魏忠贤要对东林党采取行动的魏阉党羽们，为了向魏忠贤献媚邀宠，编列了多种与东林党人有关的黑名单，而王象春之名赫然在列。

天启五年，捕杀东林党人的清剿行动正式开始。魏忠贤先是派人用酷刑处死了包括杨涟在内的“东林六君子”，接着又在此年十二月矫诏颁布《东林党人榜》，昭示全国，并规定凡是“榜上有名”的，“生者削籍，死者追夺，已削夺者禁锢”。王象春位列此榜第五十八名，受到了削夺官职、永不录用的处罚。于是，他带着对阉党的愤恨和对自身坎坷命运的不甘回到了家乡新城。

此段时期，沉郁悲慨依然是王象春诗歌的主调，这在许多诗歌中有所体现。如《拘幽操》：

震雷虩兮，臣伏其辜。重阴翳兮，孰测其故。上天默默兮，漠漠苍苍。但见彼谗人，大车洋洋。左拥嬖童，右抱妖娼。谣谇善谀，噬人如狼。入朝震动兮，大声以谕。曰：不杀此伧兮，填臆何抒！片纸到狱，狱官奉力。我呼狱神，狱神缩首而战栗。割予目兮剔予肝，白气腾腾，以上烛天。呜呼！天王圣明，臣罪当诛。谢彼谗夫，尚不我愉。高皇有灵兮，庶其鉴予。

诗人借揭露皇帝受蒙蔽、奸臣当道、小人得势的黑暗政治，控诉了奸佞为非作歹、残害忠良的行为，抒发了自己怀才不遇、愤世嫉俗的悲愤情绪。而无论是揭露还是控诉，诗人所描绘的画面上都笼罩着一种深沉的忧郁情绪和浓重的悲剧色彩，这正是诗人沉郁悲慨之诗风的体现。

该时期王象春还创作了许多咏史怀古之作，如《题豫让桥》《义昌驿》《马陵曲》《垓下歌》《书项王庙壁》等等，这些作品通过书写历史兴亡和揭露历史人物命运来抒发感慨，也体现出沉郁悲慨的艺术风格。

（四）罢官归里时期（1626—1632）

从天启六年（1626）至崇祯五年（1632），王象春在家乡新城度过了人生的最后七年。在这七年里，他除平日里与族中兄弟子侄一起读书赋诗、游赏山水外，还研求佛学，摹刻观音菩萨和弥勒佛像，并自撰《劝戒杀放生》等碑文以儆后人。当然，他也并未完全忘却国事。例如，自天启五年东林党人遭重创之后，魏忠贤的气焰极盛，权势熏天，各地纷纷为其建生祠，颂其功德。在此情况下，王象春曾作《生祠行》对该事进行讽刺：

登登者筑，矗矗华屋。镗镗者鼓，缤纷万舞。前跪总督，后跪巡抚。天颜未愉，我心荼苦。但愿上公千岁九千岁，从今儿孙不洒爷娘泪。

天启七年，明熹宗病死。崇祯帝即位后阉党遭到了清算，而被魏阉陷害惨死的诸臣则获得了平反，遭到排挤或夺官的人也重新被启用。然而“东省废籍凡二十五人，起者二十四人，独遗公（象春）”。对于王象春来讲，只是恢复了冠带品级，并未被授予实际官职，这着实是一种巨大的打击。

崇祯四年（1631）十一月，叛将孔有德、李九成攻下新城，并到处烧杀抢掠，老百姓遭受了空前的浩劫，而王氏家族也遭到了血洗，王象春的胞兄象复和家人及堂兄王象乾的家人均被杀。情急之下，王象春与族众仓皇易服逃出新城，才得幸免。但是，亲人被杀、新城遭劫的现实，给了王象春很大打击。加上他本来身体虚弱，遭阉党打击后又一直疾病缠身，最终在崇祯五年十二月含恨离世，终年五十五岁。

最后七年间，王象春的心态从起初的悲愤不已渐渐变成了最终的平和淡然。与这种心态变化相对应，其诗歌内容则从揭露朝政腐败、抒发自己的悲愤情绪，转变到以描写自己闲居时的恬淡闲适之乐为主。这在诗歌风格上则体现为从慷慨悲凉、任侠狂狷的"侠诗"到诗中有禅、神韵摇曳的"禅诗"的转变。关于"侠诗"和"禅诗"，天启五年王象春在《公浮来小东园诗序》中有曰："诗固有世界，其世界中备四大宗：曰禅，曰道，曰儒，而益之曰侠。禅神道趣，儒痴而侠厉。禅为上，侠次之，道又次之，儒反居最下。"可见诗人鄙夷温厚雅正的儒诗，而特别推崇善于揭露批判、具备慷慨噍杀特点的"侠诗"和讲求顿悟、具备悠然神韵的"禅诗"。

王象春罢职归家之后，本来就义愤难平，却因崇祯帝上台后政敌作梗而未被授予官职，其心中的失落与愤恨之情可想而知。于是他创作了许多的"侠诗"来抒发内心的苦闷与愤世嫉俗之情。这些诗歌都带有慷慨悲凉、任侠狂狷的色彩。例如《宝刀行》：

铁龙何事中宵吼，夜夜寒光四壁走。声如甲马过咸阳，悲壮萧飒音节陡。老我英雄搔白首，热心勃勃柳生肘。妖謡跳如九尾狐，上方无刃空藏手。嗟尔铁龙吼何为，沙场胡运骄天狗。知尔铁龙怨不平，破囊藏体如敝帚。恨不跳出飞上天，直斩佞人如芟莽。又恨不随壮士斩楼兰，只共血腥一斗酒。祝尔铁龙勿复吼，戢尔声声缄我口。我将投尔于清渊，耆尔风雷登上九。

该诗想象奇特，构思奇诡。诗人以宝刀自喻，借描写"破囊藏体"的宝刀欲"斩佞人""斩楼兰"来悲己之不遇，并展露自己雄心依旧的豪迈情怀。在诗中，宝刀俨然被诗人描写成了一个锄奸去恶的侠客，全诗也透着一股豪侠之气。可以说，在对宝刀的吟咏中，全诗慷慨悲凉、任侠狂狷的风格被体现得淋漓尽致。

再如《开元断碑篇为十六兄冲孺赋》：

吁嗟乎！神物隐见各有数，造化司之暗相妒。当其不遇顽石耳，美玉无言谁一顾。君不见废官诗人王季木，潦倒空山坐空屋。云锦诗篇作土看，诗成只对墙头哭。

怨恨造化弄人、慨叹功业未遂的王象春，在伤心绝望之时，只得借诗歌来抒发胸中之怀抱，浇一己之块垒，其悲慨之情绪，溢于言表。

其实，不仅在罢归以后，即使在朝为官时，王象春的一些诗歌中也透出了任侠之气，比如前文所述之《书项王庙壁》《岳武穆庙》《义昌驿》等均是如此。这些诗歌可谓王象春“侠诗”的代表，体现了诗人才气奔逸、傲兀雄肆的狂狷风格。

随着时间的推移，王象春愤懑的心情渐趋平静。于是，在为官时就已接触佛学的基础上,晚年的王象春对禅学的兴趣更加浓厚。在这种情境之下，王象春创作了许多“禅诗”,如《和唐宜之禅室》《病中读楞严》《山居》《闭关》等等。它们不仅内容上大多与礼佛、参禅有关,而且往往能营造出禅境,富含禅意,具备悠然神韵。如“风得鸟声吹有韵,云从僧室透来禅”(《闲居》),淡远绵邈之中，颇具禅学韵味。

另如《野望》:

远水和烟双鸟去，断桥背日一僧归。钟声缓落云间寺，知有幽人静息机。

该诗神韵摇曳，通过对僧人、钟声等意象的描写，将人带入了一种深幽静谧的境界。再如《東高孩之》最后四句“塘上孤禽栖，头与塘水齐。唼喋莲叶间，啄莲不啄泥”，情韵婉约，诗味隽永，颇富神韵。

以上是关于王象春人生经历及不同时期诗作的简单分析。因诗歌内容的重合性及风格的多样性，以上分析虽无法反映其诗作全貌，但对于我们动态把握其诗风的变化，还是能起到一定作用的。

二

王象春在晚明山左诗坛具有重要的地位和影响。首先，作为新城王氏在明代的代表人物和晚明山左诗坛的重要诗人，王象春通过广泛的交游，且在党争中公开支持东林党，扩大了自己在政治和文学上的影响力，提升了新城王氏家族在明代的声望。他自辟门庭的诗歌理论及创作实践，不仅影响了王与玟、徐夜、王士禛等新城王氏家族后辈的文学理论及创作实践，而且也推动了山左诗风的转变以及“济南诗派”在清代的繁荣。其次，在晚明复古与性灵思潮充斥于诗坛的情形之下，王象春提倡“侠诗”“禅诗”，主张“重开诗世界,一洗俗肝肠”,具有重大的革新意义。最后,《齐音》和《问山亭诗》两部诗集丰富的题材内容和鲜明的艺术特色，显示了王象春较高的诗歌创作才能，对后世影响深远。尤其是在《齐音》的影响下，明末至清代，文坛上一度兴起吟咏济南的热潮，并涌现出许多专咏济南的作品，如《续齐音》《广齐音》《新齐音》等。而《李杜诗评》不仅体现了王象春的诗歌鉴赏水平，更反映了他鲜明的扬李抑杜倾向，而这种倾向体现的是王象春在文学创作上积极求新求变的创新态度。凡此种种，不仅可说明王象春是新城王氏家族成员中颇具独创性的诗人，还说明当时的全国诗坛上应该有王象春的一席之地。

三

关于《王象春集》的校点整理，笔者所见现存王象春著作有三种，分别为《齐音》《问山亭诗》和《李杜诗评》。整理过程中，三种著作所使用的底本与校本情况如下。《齐音》以国家图书馆藏明万历四十四年刻本《济南百咏》(《齐音》)为底本，以天津图书馆藏王士禛批校之《先季木公问山亭齐音原稿》清初抄本为校本，以山东省图书馆藏吴吉宜钞本及《喜咏轩丛书》之《问山亭主人遗诗补集》为参校本。另外，从《先季木公问山亭齐音原稿》中王士禛批校之内容,可以见出从底本到《问山亭主人遗诗补集》的版本演变过程以及王士禛的诗歌主张，故集中对王士禛批校的全部内容进行了一一著录。

《问山亭诗》共19卷，分别是《鹊居诗》1卷、《小草草》1卷、《未刻诗》10卷、《酉戌草》1卷、《辛亥草》2卷、《壬子草》1卷、《癸丑草》1卷、《甲寅草》1卷和《北湖游记》《北湖别记》《北湖游诗》1卷。

以上内容，除《未刻诗》第10卷外，其他内容均见于山东省图书馆藏清康熙树音堂钞本《问山亭诗》18卷。而《未刻诗》第10卷见于北京大学图书馆藏清初刻本《问山亭诗十卷》之中。

具体而言,《问山亭诗》19卷之内容，除《未刻诗》第10卷以北京大学图书馆藏清初刻本为底本外，其他内容均以山东省图书馆藏清康熙树音堂钞本《问山亭诗》18卷为底本。至于校本和参校本之具体情况是:《鹊居诗》《小草草》以山东省图书馆藏明万历刻本《问山亭诗》为校本(山东省图书馆藏明万历刻本《问山亭诗》含《酉戌草》1卷、《辛亥草》2卷、《壬子草》

1 卷、《癸丑草》1 卷、《甲寅草》1 卷、《鹊居诗》1 卷、《小草草》1 卷、《读李诗评》2 卷、《读杜诗》1 卷)。

《未刻诗》9 卷以北京大学图书馆藏清初刻本《问山亭诗十卷》之前 9 卷为校本，以《喜咏轩丛书》之《问山亭主人遗诗续集》为参校本。。

《酉戌草》1 卷、《辛亥草》2 卷、《壬子草》1 卷、《癸丑草》1 卷、《甲寅草》1 卷，以国家图书馆藏清王士禛批点删定之明抄本《王季木问山亭诗集选》为校本，以山东省图书馆藏明万历刻本《问山亭诗》、王祖昌辑《问山亭诗拾遗》和《喜咏轩丛书》之《问山亭主人遗诗正集》等为参校本。

《北湖游记》《北湖别记》《北湖游诗》1 卷，以清康熙三十三年刊本《新城县志·艺文志》为校本。

所见《李杜诗评》有两种残本，分别为山东省图书馆藏明万历刻本《问山亭诗》中之《读李诗评》2 卷、《读杜诗》1 卷和天津图书馆藏清抄本《读杜诗》1 卷、《读李诗评》2 卷。本书以前者为底本，后者为校本。另外，书中所涉李白、杜甫诗歌之内容有讹误之处者，分别以清代王琦注《李太白全集》和清代仇兆鳌《杜诗详注》为依据进行校改。

李振松

2023 年 4 月

目　录

齐　音

问山亭诗

李杜诗评

附 录

齐音

齐音引

岁乙卯，届丙辰，东方大祲，乱作，余生坐窘，乃易产出，走沂，走沛，又走兖，稍稍延就济上而居焉，趋米贾也。余邑邑济，故居济非客济也。卜一茅于湖央，买小艇舣篱下，又或跨马郊坰，登高而望，寻耆而语，济之概八九于目中矣。晋郦道元谓："济南名泉七十二，宇内所无。"此入目可见者耳，㬎青澄碧，实不尽此。又若太公、桓公之所经营，南燕、伪齐之所窃据，与夫山灵川淑之孕，忠臣节士之魂，断碣磨崖之字，冶子女红之感，九首独足之诞，岁时游赏之节，千古旦暮，一往而消沉于此中，何必牛山涕哉！此邦信美，又吾土也，往来问绎，有感辄书，大抵皆慷慨萧骚之致，而其声发则一归于廉直，无肉好也。以齐咏齐，易舌不易性，易性不易舌[①]，因名之曰《齐音》。记曰：夫齐，五帝之遗音也。此不过与山樵、野妪、老僧、稚牧相共咿哑而成者，齐东野人之遗耳。采风者当附于遭猛侯著之末。

峼湖居士王象春自题。

① "易舌不易性，易性不易舌"，天津图书馆藏王士禛批校之《先季木公问山亭齐音原稿》清初抄本（以下称"王批清初抄本"）作"易舌而不易性，易性而不易舌"。

齐音小引[①]

友弟邹平张延登济美甫题

吾友王季木，素豪于诗，雅好山水。由桓台走居历下，自号曰峼湖居士。一日寄余百绝，凡历之泉石山涧，废亭颓榭，又如于鳞旧楼，吊古探奇，皆成吟咏，自名曰《齐音》。余读之，时笑，时歌，时慨，至“生祠几处在城中”“此宵又着白松绫”“南客翩[②]来梟硬粮”“只是西门送客多”“几人能诵小东诗”诸什，又穆然深思，咨嗟而不能已。乃叹曰：“美哉，洋洋乎大风也！”夫情发于志，声而成音。音声所感，如风之鼓物，靡而成俗而不觉。故谣讴无为之言，其吟写性灵，转移习尚，更真更速。此仲尼删《诗》至齐，《敝笱》遭猛与《鸡鸣》之什并录也。况历旧无专志，今《百咏》所载，千秋得失之林备矣。异日大史辅轩采而陈之，亦三百篇之旨也。漫书数言弁其端，而益之曰《齐音》史。

① 王批清初抄本《齐音小引》在《齐音引》之前。

② “翩”，王批清初抄本作“翻”。

济南百咏①

初至济

寥天一鹤翔高眼，霜洗云山待我来。今古铺成兴慨地，几人清梦月中回。

举世共囿②一尘窖中，熙熙攘攘，大寐不觉。居壤接而蛮触争，清浊分而鸢鸱吓，此岂人尽愚哉？天设方隅限人，如敲鼓予饧以止儿啼然者。余偶伤此，乃穷游于山海，又迁延至济上居之，奋飞而抢于枋也。大地山河，人所不竞，但恐造物悭吝，又以余为跃冶。

得于鳞湖边旧舍③居之

草堂略似浣花居，况是先生手泽余。不比谢墩争姓字，但须更贮满楼书。

于鳞先生城中书楼亦名白雪，在碧霞宫西百花洲上。蕞然④一茅，颓敝不堪，晴则见星，雨则仰漏⑤，五易主而不售矣⑥。余以先贤故倍直⑦市之，仍其匾额，

---

① 王批清初抄本有眉批“侄孙士祯阮亭删选，注皆移在题下”，并删改“济南百咏”为“问山亭齐音(原名济南百咏)”。以下注、校若无特别说明，则王士禛所作增改、删减及批校之内容，均为其用朱笔在王批清初抄本上直接为之。而《问山亭主人遗诗补集》所收录之七十九首诗，即为王士禛删选、批校王批清初抄本中的一百零五首后所选刻之作品。这七十九首诗之注文都被置于诗题之下，且其中绝大多数诗的正文和自注都与王士禛在王批清初抄本中所作删减、批校吻合，只有少量作品的内容与王批清初抄本有所出入。下文只著录《问山亭主人遗诗补集》中与王士禛在王批清初抄本中所作删选、批校不相吻合的情况。对于相吻合的情况，则直接用“王士禛删”“王士禛删改作……”“王士禛改作……”等来表述，不再出校赘述《问山亭主人遗诗补集》的具体情况。

② “囿”，王批清初抄本作“游”。

③ “舍”，王批清初抄本作“宅”。

④ “然”，王批清初抄本无此字，王士禛补之。

⑤ “颓敝不堪，晴则见星，雨则仰漏”，王士禛删。

⑥ “矣”，王士禛删。

⑦ “直”，王批清初抄本作“值”，《问山亭主人遗诗补集》作“直”。

不忍易[①]。南山递翠，近渚飞香，恨无于鳞佳句酬之。恐屋宇羞余，又作北山移也，奈何。[②]

寻问

老尽青山日月残，年年花鸟恨奔湍。只存几代名贤碣，又被敲磨蔓草寒。

尝见一城一村，人民居庐，稠杂布置。不数年再过，则更换消磨，不可辨识。乍见者觉之，习见者不觉也。只此晓鸡晚钟，平平挨去，不知多少智辩才勇，同归于尽。余十二年而再至济，已非其故，况远吊前代之不可稽者乎？天不可问，余其问之水滨。

寄咏

休唱柳枝兼竹枝，柔音不是北方词。长声硬字攀松柏，歌向霜天济水湄。

五方之民，言语不通。余谓一地有一地之音，何必挢舌相效。近世习尚靡靡，在江南风土冲柔，固其所宜。而北方轩颧鬑鬑之夫，亦勉尔降气以为南弄，岂不可耻？余本声气之自然，矢为齐音，宁仍吾伧耳。

历山

凤翼金销十二屏，满城飞送佛头青。我来结屋称童子，愿向星尊日乞灵。

一方人文，必钟一方灵秘，或秀在山，或秀在水。历则齐城之镇山也。近俯埤垷，芙蓉环合，日照烟生，雨收岚积，乃泰岱之嫡长孙，岂齐鲁之青未了？较之余屋边长白，尊肃相似，而苍色过之，信瘫伧与好山有缘哉。[③]

---

① “匾”，王士禛删；“易”下，王士禛添“云”字。

② “南山递翠，近渚飞香，恨无于鳞佳句酬之。恐屋宇羞余，又作北山移也，奈何”，王士禛删。

③ “一方人文……信瘫伧与好山有缘哉”，因底本缺页，据王批清初抄本补；又，王士禛删改其作“齐城之镇山也”。

华不注

单椒桀立虎牙悬，锁尽狂奔七十泉。怪得仙人赤松子，独将鹿借李青莲。[①]

在府城东十五里，一名金舆山[②]。《水经[③]》云“不与浮同，如华浮水上”，故名。又云：“青厓翠发，望同点黛。”李太白诗云[④]：“昔我游齐都，登华不注峰。兹山何峻拔，绿秀如芙蓉。萧洒古仙人，了知是赤松。借余一白鹿，自挟[⑤]两青龙。含笑凌倒影[⑥]，欣然愿相从。”太白与华屾异美正可相当，此外他举，则稍屈吾华[⑦]矣。[⑧]

趵突泉

嗟余[⑨]六月移家远，总为斯泉一系情。味沁肝脾声沁耳，看山双眼也添明。

一名爆流，平地涌高或至数尺[⑩]，盖泺水之源也。鲁桓公十有八年，公及齐侯会于泺，则[⑪]此泉在春秋已显。至晋、唐[⑫]，名贤题咏最多，今片石无存。即宋代苏、曾、赵、晁诸刻已尽，况其远乎？李、杜既憩历亭，游蜡湖，岂无诗及此？余游[⑬]而伤之。又思泉过奇胜，何需标榜，人以为“惊风雨，泣鬼神”之句，自泉灵视之，正堪渍泼洗去耳。[⑭]

---

① “单椒桀立虎牙悬，锁尽狂奔七十泉。怪得仙人赤松子，独将鹿借李青莲”，因底本缺页，据王批清初抄本补。

② “山”，王士禛删。

③ “水经”，王士禛改作“水经注”。

④ “云”，王士禛删。

⑤ “挟”，王批清初抄本作“携”。

⑥ “影”，《问山亭主人遗诗补集》作“景”。

⑦ “华”，王批清初抄本作“辈”。

⑧ “太白与华屾异美正可相当，此外他举，则稍屈吾华矣”，王士禛删。

⑨ “嗟余”，王士禛改作“狂奴”。

⑩ “一名爆流，平地涌高或至数尺”，王士禛改作“趵突泉为七十二泉之首，平地涌数尺”。

⑪ “则”，王士禛删。

⑫ “至晋、唐”，王士禛删。

⑬ “游”，王士禛改作“过”。

⑭ “又思泉过奇胜……正堪渍泼洗去耳”，王士禛删。

大明湖

万派千流竞一门，岗[①]峦回合紫云屯。莲花水底危城出，略似镂金翡翠盆。

湖出城中，宇内所无。异在恒雨[②]不涨，久旱不涸。至于蛇不现，蛙不鸣，则又诞异矣。[③]湖既出于居民之北，华峰又落齐城之东北，故凡宅门之[④]北向者，得两收其妙。然于阴阳之向不无少舛，安得巨灵推转地轴，跨高山于负釜哉？[⑤]余曰[⑥]：幸此湖幽潜，故散人得而享之，不观之太微星帝王，少微星隐士耶？

南[⑦]山

千佛山连大佛山，大千世界此中看。酒游花事年年好，谁向空岩息野干。

《百丈语录》："但有一切求心，尽名野干。"余观《山海经》并《穆天子传》，其不经处，俱托名神仙，绝无与佛涉者。自汉后，凡中原名山[⑧]改丽佛场者，十常八九，然其名耳。口念弥陀心又去，身着袈裟事更多。[⑨]以佛名山，即山是佛。入山求佛，见佛见山。固知佛门弟子，惟当以顽石首座[⑩]。

---

① "岗"，王士禛改作"冈"。

② "雨"，王批清初抄本作"水"。

③ "至于蛇不现，蛙不鸣，则又诞异矣"，王士禛删。

④ "宅门之"，王士禛改作"居人户"。

⑤ "然于阴阳之向不无少舛，安得巨灵推转地轴，跨高山于负釜哉"，王士禛删。

⑥ "曰"，王士禛改作"谓"。

⑦ "南"，王士禛改作"佛"。

⑧ "名山"，本作"山名"，据王批清初抄本改。

⑨ "口念弥陀心又去，身着袈裟事更多"，王士禛删。

⑩ "座"下，王士禛添"耳"字。

玉函山

汉皇东幸登封后，金简何年出玉函。试向[①]朝云五色处，别寻古篆于[②]高岩。

此山[③]俗名卧佛。《酉阳杂俎》云："齐郡函山有鸟名'王母使者'，汉武登此得玉函，化为白鸟飞去。"余思武帝封禅时，公玉带既于此山得明堂古制，玉函白鸟又复出于此山[④]，此山岂东岳掌书[⑤]记之职耶？何故匿王母白鸟哉？或曰："王母见用青鸟，故其白鸟退闲于此。武帝不得见王母，见其鸟亦足矣。"其别峰傍岫间，赤文绿字之藏，当不尽此。余安得如陶弘景尽一翻阅。[⑥]

鲍山

因从白雪楼边过，古店荒碑动我情。云雨山头谁覆手，行人不见叔牙城。

王舍店南[⑦]有鲍山，山之下有叔牙城，即大夫采邑也。店之东北隅为李沧溟故居。鲍，一卷石耳，得借二[⑧]贤以显，幸矣。于鳞先生当日笃重友谊，慨慷侠烈，或慕叔牙之义而卜邻焉，是未可知。独其身后零落颓败，旧执宿契，无过而问焉者。一楼已为富豪马厩，所存遗业独数卷故纸。而佻公子又且矢口排訾，翻云覆雨，并鲍山无明峰矣。[⑨]

济水

大清河作玉龙蟠，横断千流与万山。割据东秦称十二，西来即此是函关。

《水经》云"出王屋"，虽传自先贤，然而近诞。盖宇内能穴地[⑩]之水，闽、

① "向"，王士禛改作"访"。

② "于"，王士禛改作"向"。

③ "此山"，王士禛删。

④ "山"，王批清初抄本无此字。

⑤ "书"，王批清初抄本无此字。

⑥ "余思武帝……尽一翻阅"，王士禛删。

⑦ "店"前，王士禛添"人"字；"南"，王士禛改作"北"。

⑧ "二"，王批清初抄本作"两"。

⑨ "鲍，一卷石耳……并鲍山无明峰矣"，王士禛删。

⑩ "地"，王批清初抄本作"处"。

广、蜀皆有之，岂皆济耶？今名大清河，源自太山下，折而南，又折而西而北，乃折而东焉。亘延千里，横带全齐，不附江河，独流入海。是以得列四渎。至济一望，知天之所以限东西，泱泱大国之风，于此具见。①

灰包泉

灰包泉水出王宫，日射金沙鱼眼红。别有芙蓉泉喷玉，韩池北与泮池通。

城内大明湖，凡数十顷，横塘侧涧，不知几许②，总仰给于此泉。泉涌如轮，盖亦③趵突之别出者。韩侍御宅中，南芙蓉泉，北入泮池，则微流涓涓，不足着眼。④考之《一统志》，水自内而外出者，天下惟济城已耳⑤。

北芙蓉泉⑥

碧霞宫左北芙蓉，深苇荒芦闭乳钟。传说每年惊⑦蛰日，居民床底吼蛟龙。

碧霞宫左，芦荻苍茫，人不知其即北芙蓉泉也。南芙蓉为居民⑧规入私宅，士人不共游赏⑨，已杀风景，况此堙塞，不复可辨。岂天意密秘其胜，故留名泉一半以待后人耶？⑩

---

① “源自太山下……于此具见”，王士禛删改作“亘延千里，不附江河，独流入海，是以得列四渎云”。

② “几许”，王批清初抄本作“凡数几”，王士禛删“凡”字，《问山亭主人遗诗补集》仍作“几许”。

③ “亦”，王士禛删。

④ “韩侍御宅中……不足着眼”，王士禛删。

⑤ “已耳”，王士禛改作“而已”。

⑥ “泉”，王批清初抄本无此字，王士禛添之。

⑦ “惊”，王批清初抄本作“耕”。

⑧ “居民”，《问山亭主人遗诗补集》作“居人”。

⑨ “士人不共游赏”，王士禛删改作“不供游赏”。

⑩ “已杀风景……以待后人耶”，王士禛删。

百花池

宫泉先[①]注百花池，池畔弦歌漾酒旗。秋老内园红叶落，沟中日日有题词。

百花池[②]，一名濯缨湖，在王宫北墙外百花桥下是也[③]。方广不过数亩，而居民庐舍团旋，视之北湖，更有韵致。惜其地俱属藩府，水渠[④]不通舟游。余谓此湖时未至耳，终有其际遇，余不及见矣。[⑤]

黑虎泉

泰山之下妇人哭，泉吼犹能悕啸风。何故焚香祀猛虎，生祠几[⑥]处在城中？

城东有黑虎泉，俗传是水神，遂有庙祀。泉势冲突，妇女饮之辄瘿。余思虎[⑦]猛物害人，何以禋祀？盖泰山哭妇致感孔子，猛于虎者已处处得生祠，况黑公水神，敢独遗耶？余当瓣香作礼，祈其少戢搏噬，恕我残黎。[⑧]

历田

圣帝于田泣陇头，遗风让畔至今留。呼天声尽悲云黯，绝胜苍梧二女愁。

历田自古传者数处，惟此济上者为真[⑨]，而志反载濮州，讹甚。善处人伦之变者，古今以大舜为宗。大舜妙处，只是留下一个泣字。正如释氏度人，千经万卷，都属赘语，惟留得一声阿弥陀佛。[⑩]

---

① “先”，王批清初抄本作“生”。

② “百花池”，王士禛删。

③ “墙外”“是也”，王士禛删。

④ “水渠”，王批清初抄本无此二字。

⑤ “而居民庐舍团旋……余不及见矣”，王士禛删。

⑥ “几”，王批清初抄本作“处”。

⑦ “虎”，王批清初抄本无此字。

⑧ “余当瓣香……恕我残黎”，王士禛删。

⑨ “此”“者”，王士禛删。

⑩ “善处人伦之变者……阿弥陀佛”，王士禛删。

黄冈

城西十里耸黄冈，成祖当年控骕骦。大炮从天惊地裂，至今一角失金汤。

靖难师攻济，驻兵黄冈，架炮打城，中一崩[①]西南数雉，至今凡修百余度[②]，遇雨辄圮。人以为天威所留，余谓圣意欲存之以旌过云。

峼山

万岫千岩济水蟠，如屏孤逗出河干。秋高乌鹊翔何事，霄汉[③]空疑牛女寒。

峼山独出大清河北岸，苍平远迤，盖郡城朝山也。旧谓扁峼居里，故名。传又谓七八月间有乌鹊群翔于此，士女乞巧者纷集。予思齐土分野，上应女度，济水岂银汉要津耶？[④]

峼湖

江都为主少陵宾，一代风流问水滨。鱼鸟陆沉魂怨恫，几时重启外湖堙。

李北海守济，少陵客此，同游峼湖，憩于[⑤]历下亭，俱有题[⑥]。惜李诗亡矣。余谓自天地有此湖此亭，而此日是湖亭一生际遇。[⑦]今峼湖莽然田壤[⑧]，无复烟波，则逆贼[⑨]刘豫填之也。尝观炀帝凿河，徽宗筑堤，至今享其利。盖人主即为荒

---

① “崩”前，《问山亭主人遗诗补集》添“角”字。

② “凡修百余度”，王士禛删。

③ “汉”，王批清初抄本作“寒”，有墨笔改作“汉”，并眉批“‘寒’字恐是‘汉’字”。

④ “予思齐土分野，上应女度，济水岂银汉要津耶”，王士禛删。

⑤ “于”，《问山亭主人遗诗补集》无此字。

⑥ “题”后，王士禛添“诗”字。

⑦ “惜李诗亡矣……一生际遇”，王士禛删。

⑧ “莽然田壤”，王批清初抄本作“漫然白土”，王士禛改作“莽然田壤”。

⑨ “逆贼”，王士禛删。

淫之事，终有帝王气象。若刘豫填湖①，便贼头贼脑，杀绝韵致。②余每一③到峼湖，辄起④鞭骨之恨。

朗公井

菩提传自佛图澄，原是天人十八僧。过去未来都现在，井花常放七枝灯。

井在城东南三十里朗公寺。郦道元曰：奉符时⑤有竺僧朗，事佛图澄，与隐士张巨和居此。朗封井，戒勿开。至其寂后开之，人往照井⑥，能⑦见前世业根。饮其水者，能已嗔杀贪淫诸恶。

瓢儿岩

不是箕山谁挂瓢，卢敖行雨此逍遥。连年大旱苍生渴，盍借山灵酌海潮。

渴马崖南有瓢峰，其形似瓢。云自瓢出，主雨；云⑧归瓢内，主晴。余谓许由当尧洪水时，瓢无所用，故挂岩间，后髦而忘之。瓢果能酌海救旱，已为商君桑林取用久矣，何得遗此？歌借瓢者，亦呼箕呼斗之意耳。

奎山⑨

野火烧山骨欲焦，巍然痴矣尔山魈。炎蒸苦待西江水，不解兴云起迅飙。

城西又有奎山者，上有神祠。邑人遇旱辄烧山，火发雨落，雨落火熄。人恃此山有灵，不以旱恐。至乙卯、丙辰大旱，再往烧山，木石俱尽，云霓杳然。故知顽石误民哉。嗟尔奎山，何不为民请命于天，兴云作雨，必待天泽之自降，尔奎之灰也久矣，愚哉！

---

① “填湖”，王批清初抄本无此二字。

② “尝观炀帝……杀绝韵致”，王士禛删。

③ “一”，王士禛删。

④ “起”，王批清初抄本作“思”，王士禛改作“起”。

⑤ “奉符时”，王士禛删。

⑥ “井”前，王批清初抄本有“其”字。

⑦ “能”，王士禛删，《问山亭主人遗诗补集》有此字。

⑧ “云”，王批清初抄本无此字。

⑨ 王批清初抄本无此诗。

药山

阳起石同腽肭脐，登山涉海苦蒸黎。何如筐埠无穿凿，犹得花开鸟慢[①]啼。

城西药山[②]为扁鹊炼药处，其下有阳起石，上官征取[③]无虚日，民甚苦之。所邻则筐山，形似筐焉，一无所出。人有聪明机智，只为骄淫之藉，日凿一窍，七日而混沌死矣。载去西施岂无意，恐留倾国更迷君。[④]

五龙宫

赤龙专政[⑤]四龙降，焦树枯禾困此邦。金碧天宫尘不到，想应避暑睡[⑥]深窗。

城西五龙宫，潭水渊泓莫测，有祷辄应。自乙卯、丙辰大旱，东省几靡孑遗，龙无灵焉。余谓小旱宜祷龙，大旱则宜詈之，詈而不听，易位可也。又尝见民竭力以奉官，朝廷优崇显礼无所不尽。一至大灾，漫[⑦]不经意，若与己不[⑧]相干者。辱尔乘轩，不称其服，蜿然蚓耳，龙也云乎哉？

马跑泉

将军战马就悬崖，石底空闻吼怒雷。四铁一敲冰雪涌，始知[⑨]赤兔本龙媒。

宋关将军名胜[⑩]，大战兀术，追奔至渴马崖，求水不得，北至齐城下，马蹄敲地泉涌，故名马跑泉。凡马病，取饮之，辄愈。今误作武安王。忠勇格神，则亦神矣，何必借名武安而后重哉！

---

① “慢”，《问山亭主人遗诗补集》作“自”。

② “药山”，王士禛删。

③ “取”，《问山亭主人遗诗补集》无此字。

④ “所邻则筐山……只为骄淫之藉”“载去西施岂无意，恐留倾国更迷君”，王士禛删。

⑤ “政”，王批清初抄本作“致”。

⑥ “睡”，王批清初抄本作“到”。

⑦ “漫”，王批清初抄本作“慢”。

⑧ “不”前，王批清初抄本有“有”字。

⑨ “知”，王批清初抄本作“信”。

⑩ “名胜”，王批清初抄本无此二字。

北庙[①]

家家朔望赛神来，士女同舟萍叶开。默祝瓣香深下拜，望山更上最高台。

齐城遗俗，遇朔望，夙戒舟楫[②]，上北极庙行香。庙台高级，下见南山尽处。尝见名胜之地，僧游最多，女游最多。僧身闲，女心闲也，故得纵目穷览，惜其意中抱有绝妙好词，不能写出。嗤夫男子士民，多为无谓之愁，穷昏极晓，老死不休，转从妇女口边问景概，羞矣。[③]

龙洞

东南龙洞有龙凭，别涧深藏五月冰。奇树幽云兼怪石，年年清享是山僧。

趵突、千佛近城诸景，为人游赏属厌。求其稍远而胜者，无如龙洞，名贤题咏亦多。夫龙洞去城三十里，经年游客几何？即游亦不过一信宿而返。自以为揽有泉石之妙，其间朝暮万状，阴晴各态者，不以无人而少异。山自闲，人自忙。[④]

会波桥

会波桥上起重楼，水里成城似泛瓯。浩荡云烟都入望，十分景是十分愁。

桥、楼皆宋[⑤]曾子固守济时所建，就水筑基，上下几百尺，用石数十万。据曾《记》中[⑥]云“三十二日而成功”，即当时物力之盛，不应神速如此。余登楼南望，全济[⑦]之胜，在于指掌。俯而叹曰：“逝波流日月，浩浩无朝昏。纵源泉不竭，来者非逝者矣。”

---

① “北庙”，王士禛改作“北极庙”。

② “齐城遗俗，遇朔望，夙戒舟楫”，王士禛删改作“齐俗：朔望，妇女夙戒舟楫”。

③ “尝见名胜之地……羞矣”，王士禛删。

④ “趵突、千佛近城诸景……人自忙”，王士禛删改作“趵突、千佛皆近城，其稍远而胜者，无如龙洞，名贤题咏亦多”；“诸”前，《问山亭主人遗诗补集》有“郭”字。

⑤ “宋”，王士禛删。

⑥ “据”，《问山亭主人遗诗补集》无此字；“中”，王批清初抄本、《问山亭主人遗诗补集》无此字。

⑦ “济”，王士禛改作“齐”。

谭城驿

谁歌北斗与南箕，谭子呼天迥怨思。周道萧萧仍古驿，几人能诵《小东》诗。

东平陵城，在唐为全节，在齐为平陆，在周为谭子国，今谭城驿仍其名也[①]。谭大夫作诗告病时[②]，未必若此时之甚[③]。牧民者不但不恤，又加厉焉。下有周道，上有斗箕，以古证今，天有明鉴。[④]

天心水面亭

海右此亭诚古矣，远思魏晋下隋唐。天心水面经题后[⑤]，道学先生字满墙。

亭即古历下亭，李北海同杜老所游憩者也。为元人李泂所得，读书其中。后同学士虞集燕侍元帝，谈及济南为天下湖山之胜，李泂以亭对，帝令虞集命名，作赋记之[⑥]。虞乃更以今名，本宋人诗也。自更名后，古来名篇铲削始[⑦]尽，所存皆腐滥恶诗，信此亭之一劫云。

稻屯

每怜舟至稻屯回，七闸连环未尽开。华岫隔湖如唤邀[⑧]，明朝截雨上山来。

王宫首闸，并城外六闸，非一齐[⑨]俱放，则舟不得抵华麓，但至稻屯，盘桓片时而返[⑩]，望华岫咫尺，不能维舟石上。余每恨济城有不涸之仓，此溪是也。

---

① “今谭城驿仍其名也”，《问山亭主人遗诗补集》无此内容。

② “时”，《问山亭主人遗诗补集》无此字。

③ “此时”，《问山亭主人遗诗补集》作“今日”；“甚”后，王士禛添“也”字。

④ “牧民者不但不恤……天有明鉴”，王士禛删。

⑤ “后”，王批清初抄本作“过”。

⑥ “记之”，王批清初抄本无此二字。

⑦ “始”，王批清初抄本作“殆”。

⑧ “邀”，《问山亭主人遗诗补集》作“客”。

⑨ “齐”，《问山亭主人遗诗补集》作“时”。

⑩ “但至稻屯，盘桓片时而返”，王士禛删改作“但至稻屯而返”。

此溪流入大清，止十八里而近，倘更一浚，宽可通舟楫，下运蒲、青、海、乐诸县之粮，则齐城可永无饥患，惜当事者牵于筑舍之口。[①]

吕公祠

回[②]老犹能恋此乡，远时相约近时忘。黄粱未熟人先醒，可是泉香是米香？

元遗山在太原，有道人常邀同食，且曰："吾家在济南趵突泉上，甚可乐也，子能从吾游乎？"元曰："有待数年。"后遗山过济，已忘前约矣。游泉上，倦卧泺源堂，忽梦前道人揖之曰："久约不相忆耶，何咫尺不枉顾？"醒而始悟，因起，过北岸，入祠中[③]，俨然座上矣。因为重修此祠。

西门道

古道朝京踏作河，寒泉无奈热肠何。东门一样垂官柳，只是西门送客多。

古道官柳，阅人多矣。树老枯死，人犹不息。行者自况于登仙，送者致美于青云。岂知送来送去，柳枯复生，新枝又老。呜呼！人无百年不散之席，树无千丈[④]不落之叶，追名逐利，何处归着？请于邮亭清夜，略一置想。[⑤]

罗姑泉

忆酌天源涤我肠，至今肌骨沁余凉。罗姑只[⑥]是家边水，何事牵余云路长？

甲寅岁，余梦至天池，四周皆五色玉砌。其最上有坊，额曰"姑源"。又有数童子浴于中，见余至，问："渴否？"余曰："渴。"竞相酌水饮余。余曰："此麻姑泉源耶？"童曰："非也，即济南城北罗姑泉耳。"今岁至济，询之，果有罗姑泉，然在城中，岂俗传之误耶？

---

① "望华岫咫尺……筑舍之口"，王士禛删。

② "回"，王批清初抄本作"垂"，另有墨笔眉批"垂字亦似误"。

③ "入祠中"，王批清初抄本无此内容。

④ "丈"，王批清初抄本有墨批"丈字疑误"。

⑤ "古道官柳……略一置想"，王士禛删改作"古道官柳，阅人多矣。树老枯死，人犹不息，呜呼"。

⑥ "只"，王批清初抄本作"本"。

北渚亭

垂杨几代阅人多，石案天成手自摩。郑重晁公先作赋，时从春雨惜新柯。

客济，寓邸在水面亭西，宅后一隙地，古柳十围，旧砌如铁。考之遗志，则宋之北渚亭故地，建自齐梁者也。往读晁无咎《北渚亭赋》，辄为神往。今朝夕坐卧其间而不知，是亦阴福。①

濯锦亭②

檐牙直饮水中间，风送书声淑③气还。只有此亭高且敞，雨晴欹枕看华山。

亭乃④孟观察宾竹所构，在府学之北，北向湖心。见华山如笔卓⑤，苍翠逼来⑥，直堪袖取⑦。去此亭东，西四五步，华岫便隐去，不得复亲。明湖、华山得两兼者，城中无二地也。观察年九十余，步履如飞，豪饮欢话，盖地仙矣。余初至无泊，馆此月余，每早起，栉沐既成，必向华岫再拜，爱而敬之，不能自禁。⑧

水香亭亭乃唐杖杀李邕处也⑨

皓首才名尽此方，苌弘化碧水犹香。八哀诗奏⑩风霾塞，猿哭空山鹤泪霜⑪。

---

① “考之遗志……是亦阴福”，王士禛删改作“考之遗志，则宋之北渚亭故地也，晁无咎有《北渚亭赋》”。

② “亭”，王批清初抄本作“湖”。

③ “淑”，王士禛改作“爽”。

④ “亭乃”，王士禛删。

⑤ “笔卓”，王批清初抄本无“卓”字，王士禛于“笔”前添一“卓”字。

⑥ “来”，王士禛改作“人”。

⑦ “直堪袖取”，王士禛删。

⑧ “观察年九十余……不能自禁”，王士禛删。

⑨ “亭乃唐杖杀李邕处也”，王批清初抄本无此句，王士禛删改作“唐杖杀李邕处也”，并置于“邕开元中为淄川刺史”之前。

⑩ “诗奏”，王士禛改作“咏罢”。

⑪ “猿哭空山鹤泪霜”，王士禛改作“鹤怨猿惊各断肠”。

邕开元中为淄川刺史，上计京师，围观如堵，咸[①]以为古人。竟被谗媢，不得留，出为北海太守。李林甫忌之，坐以罪，就郡杖杀之。杜甫为之赋《八哀诗》[②]。济中山川之表章于世，自唐李邕始。唐人之名盛而身穷者，亦无如邕。忆其当杀邕时，趵突塞阏[③]不流，华岫黯淡无色，直待二百余年，晁、曾继至，始稍复明秀耳。[④]

白云楼

将军百战血衣腥，醉舞龙泉漱晚汀。今日笙歌还此地，白云楼改白云亭。

白云楼系都司平安故宅[⑤]。当燕师靖难，能保齐城。其宅在濯缨湖南珍珠泉上，高数十尺。今规入藩府，于楼旧基起亭，名[⑥]曰“白云亭”。日暮宴开，管弦如沸，都阃英魂，何地[⑦]栖泊？余谬为之计，但当远游西内，寻问老佛，共指细柳新蒲，听昭阳殿雨声愁耳。[⑧]

铁牛

铁牛镇水深埋处，还似石鲸晚啸风。月下依稀头角出，时将黑犊饮池中。

在府学大门内，犹微露其脊，盖建城之镇也。《后汉·郡国志》云“历城有铁[⑨]”即此，俗名铁牛山，又谓夜中或见其出入为神物云。夫铁石至蠢顽，人每借形取义，遂通灵有实功。人为至灵，乃或拥爵食禄，而不能捍大灾、御大患，黔驴之技，庞然大物耳。岂但不如牛，并不如铁牛。

---

① “咸”，《问山亭主人遗诗补集》无此字。

② “杜甫为之赋《八哀诗》”，王士禛删改作“杜甫《八哀诗》之一”。

③ “阏”，王批清初抄本作“淤”。

④ “济中山川……始稍复明秀耳”，王士禛删。

⑤ “白云楼系都司平安故宅”，王士禛删改作“楼为平安故宅”。

⑥ “名”，王士禛删。

⑦ “地”，王批清初抄本作“处”。

⑧ “日暮宴开……雨声愁耳”，王士禛删。

⑨ “有铁”，王批清初抄本有墨笔眉批“‘有铁’下似有落字，但不知落牛字、落山字耳。孟扬按：《郡国志》原文‘铁’下无他字”。

西门

西来燕马黑云屯，丁字街中战血痕。几万国殇愁铁板，而今改号拱宸门。

靖难师至济，铁铉、平安百计御之，于西门外[①]前后十五战，北师皆败衄。又为利刃大铁板悬门上，诱成祖，几中[②]。燕事自关天意，杀运未尽，冤劫相仍，销剥元气，涂炭生齿[③]，铁、平二公枉自苦耳。惜当时牵于方学士腐陋，无以禅代[④]之说进者。[⑤]

晏公庙

棕索成身柿点眸，乘风排浪涌江流。一从误中斜封印，处处称神坐水头。

俗传江中有棕绳二，号大宗、二[⑥]宗，为怪于江[⑦]，然不能神，无祀也[⑧]。许旌阳偶过江，食柿，弃其余柿[⑨]。两宗[⑩]遂借以为目，愈[⑪]逼许，当舟而现[⑫]。许仓卒无以御[⑬]，取法印击之，中额。两宗得印称正神，一称晏公，一称萧公，处处祀之。呜呼！滥邀名器，狂作威福者多矣，谁[⑭]从而正之。[⑮]

---

① “于西门外”，王士禛删。

② “中”后，王士禛添“之”字。

③ “齿”，王批清初抄本作“灵”。

④ “代”，王批清初抄本作“氏”。

⑤ “燕事自关天意……无以禅代之说进者”，王士禛删。

⑥ “二”，王批清初抄本作“小”，王士禛改作“二”。

⑦ “于江”，王士禛删。

⑧ “无祀也”，王士禛删。

⑨ “柿”，王士禛删。

⑩ “两宗”，王士禛删。

⑪ “愈”，王士禛删。

⑫ “当舟而现”，王士禛删。

⑬ “仓卒无以御”，王士禛删。

⑭ “谁”，王批清初抄本作“孰”。

⑮ “呜呼……谁从而正之”，王士禛删。

明湖莲[①]

五月荷花半压塘，北风直送满城香。当垆瓶酒兼虾菜，南客游来不忆乡。

北地风景似江南者，自齐城之外并无二地，以故吴侬客此者甚多。[②]风气自南而北，淫靡渐生，醇朴渐漓。若康节先生一到天津桥上，又不知杞忧几许？[③]

白雪楼[④]

荒草深埋一代文，蔡姬典尽旧罗裙。可怜天半娥[⑤]眉雪，空自颓楼冷暮云[⑥]。

李[⑦]于鳞白雪楼，旧有二处[⑧]：其初至林下[⑨]，卜地鲍山，则诸名公往来登觞题咏最盛者[⑩]；末年又筑楼于城中湖上碧霞宫之侧，许殿卿赠诗所谓“湖上楼”是也。今皆凋落不堪[⑪]。士人不忍[⑫]，因[⑬]于第一泉间另起杰阁，要之非实。于鳞身后，不但堂构失守，并禋祀绝续。我朝文人天福之薄，未有甚此者[⑭]。蔡姬乃

---

① “莲”，王批清初抄本作“连”，王士禛改作“莲”。

② “北地风景似江南者，自齐城之外并无二地，以故吴侬客此者甚多”，王士禛删改作“北地风景似江南者，首齐城，故吴侬客此者多”。

③ “风气自南而北……杞忧几许”，王士禛删。

④ 因底本缺页，本诗及部分自注据王批清初抄本补。

⑤ “娥”，王士禛改作“峨”。

⑥ “空自颓楼冷暮云”，王批清初抄本改作“空有颓楼入暮云”。

⑦ “李”，《问山亭主人遗诗补集》无此字。

⑧ “处”，《问山亭主人遗诗补集》无此字。

⑨ “至林下”，王士禛删。

⑩ “则”，王士禛删；“公”，王士禛改作“流”，《问山亭主人遗诗补集》作“贤”；“者”，王士禛删。

⑪ “不堪”，王士禛删。

⑫ “士人不忍”，王士禛删。

⑬ “因”，王士禛改作“近”。

⑭ “未有甚此者”，王士禛改作“莫甚于此”。

其侍儿之最慧者，不减苏老朝云，至癸卯[①]年已七十余，尚存，在西郊卖饼[②]。余闻之[③]，急往视，则颓然老丑耳。因为泣下，周焉。[④]

雨望

齐城宜向雨中看，万室炊烟晚[⑤]意寒。须是米颠亲泼墨，他人皴法便枯干。

晴日北门登眺，趣[⑥]胜于他处。至[⑦]雨朝则不及西南二楼：可以北望烟渚，南眺隐岫，乍有乍无，氤氲万状[⑧]。夏日偶尔冒雨一临，始悔坐檐底听零铃也。[⑨]

晴望

初闻水面燕呢喃，云尽西风龙入潭。睡起推窗延爽气，天边添出几峰峦。

马耳、鹿角、青童、玉符、白云诸峰，嵌空补缺，逴在天末。惟[⑩]晴后矗矗尽出，点青抹翠[⑪]，不移时便隐没矣，非闲人不得[⑫]揽结此妙。

---

① “卯”，王批清初抄本无此字。

② “饼”前，王士禛添“胡”字。

③ “之”，《问山亭主人遗诗补集》无此字。

④ “因为泣下，周焉”，王士禛删改作“为之泣下”。

⑤ “晚”，王批清初抄本作“晓”，王士禛改作“晚”。

⑥ “趣”，《问山亭主人遗诗补集》无此字。

⑦ “至”，《问山亭主人遗诗补集》无此字。

⑧ “状”后，王士禛添“也”字。

⑨ “悔”，王批清初抄本作“悟”；“也”，王批清初抄本作“耳”；“夏日偶尔冒雨一临，始悔坐檐底听零铃也”，王士禛删。

⑩ “惟”，王士禛删。

⑪ “点青抹翠”，王士禛删。

⑫ “得”，王批清初抄本作“能”，王士禛改作“得”。

元宵

喜看稚子放河灯，狮石围栏士女凭。阔髻高裙京样尽，此[1]宵又着白松绫。

郡城旧俗朴，衣制草野[2]；近乃渐靡，趋步京师，惟恐不肖[3]。元宵妇女必着松绫，则燕京时尚也[4]。惜济民[5]苦为效颦京师，此服最为不吉[6]。白，兵象也。绫，凌[7]也。妇人着之[8]，又阴属也。况[9]上元初春，盛德在木，正宜随木色尚青[10]；顾[11]乃从金尚白，以杀伐之义[12]，伤长养之仁。识微君子，胡不致谨于斯[13]？

踏青

三月踏青下院来，春衫阔袖应时裁。折花都隔山前雨，直到黄昏未得回[14]。

三月，士女竞出城南下院踏青。山南花放最盛，攀跻过山折取，撷盈怀袖，犹是太平光景，凶岁岂可复睹？余谓一年景色，无如三月。朱明则烂熳近败[15]，

① “此”，王士禛改作“今”。
② “衣制草野”，王士禛删。
③ “趋步京师，惟恐不肖”，王士禛删。
④ “则燕京时尚也”，王批清初抄本无此内容。
⑤ “惜济民”，王批清初抄本无此三字。
⑥ “苦为效颦京师，此服最为不吉”，王士禛删。
⑦ “凌”，王批清初抄本作“堎”，王士禛改作“凌”。
⑧ “人”，王士禛改作“女”；“着”，《问山亭主人遗诗补集》作“著”。
⑨ “况”，王士禛删。
⑩ “正宜随木色尚青”，王士禛删改作“色尚青”。
⑪ “顾”，王批清初抄本无此字，王士禛添之。
⑫ “义”，王批清初抄本作“意”。
⑬ “斯”后，王士禛添“耶”字。
⑭ “直”，《问山亭主人遗诗补集》作“立”；“得”，王士禛改作“拟”。
⑮ “近败”，王批清初抄本无此二字。

早春又[①]羞涩畏寒，重阳有霜露之悲，赏雪有寒士之恻。惟三月四美具矣，知花事者其[②]可轻掷此日。[③]

端阳

长丝艾虎饮流蒲，夹岸榴[④]花悦彼姝。一自田文专国政，家家此日望悬弧。

城东北标山下，旧有田文庙。文以五日生，欲弃之，未果[⑤]，后竟[⑥]贵显。齐俗今反[⑦]以五日生子为大庆，妇女泛舟谒庙祈嗣者众[⑧]矣。

中元

高僧大会盂兰盆，殿下亲临广智门。施食连年增几万，阴风灯灭哭饥魂。

德藩于孟秋之望建盂兰大会，招僧诵经放施食。乙卯、丙辰，饿殍流离，填壑满道，鬼饭应不饱也。遥闻钟鼓，恻然有作。

登高

登高须上大佛头[⑨]，红树黄花急暮流[⑩]。佛慧寺傍看石壁，试茶几代有题留[⑪]。

城南大佛峰下开元寺，旧名佛慧寺[⑫]。石龛傍镌宋崇宁、大观、政和间守令

① “又”，王批清初抄本作“则”。
② “其”，王批清初抄本作“岂”。
③ “山南花放最盛……轻掷此日”，王士禛删。
④ “榴”，王批清初抄本作“柳”，王士禛改作“榴”。
⑤ “未果”，王士禛删。
⑥ “竟”，王士禛删。
⑦ “反”，王士禛改作“乃”。
⑧ “众”，王批清初抄本作“多”，王士禛改作“众”。
⑨ “头”，王士禛改作“顶”。
⑩ “急暮流”，王士禛改作“千仞梯”。
⑪ “题留”，王士禛改作“留题”。
⑫ “寺”，王士禛删。

僚属，俱于[①]春日劝耕至此，以甘露泉试北苑茶，题咏极[②]多。今崖壁崩堕，字尚可译。[③]往齐俗于此[④]以泉试茶，亦江北[⑤]雅会也。余于四月陟岩问茶，株[⑥]根无复存者。因思往代守令犹有劝耕之行，以憩此为常，故种茶备饮。今世绝不知劝耕为何事，田间有数年不睹五马者，安用茶为？笑曰："民饥而官渴，时为之哉！"[⑦]

东麦

大麦干枯小麦黄，讹闻二月捕飞蝗。休言北地惟宜面，南客翻来粜硬粮。

齐城旧语，谓"南柴北菜，东麦西米"，以城中食麦仰给于东三府也。卯、辰之岁，天降丧乱，自二月已困蝗蝻，而二麦尽矣。北地专以麦为生，今岁反自南至东。俗称麦为硬粮，一麦可敌三谷。

西米

蒲包粳米自江船，小脚张秋百当千。官价[⑧]买将三四折，斗行逃尽丙辰年。

北方鲜稻，而省会官衙需之甚急。张秋去济三百里而遥，挽输则三十致一，再困以衙狐市蠹斗行陪累，与岁为殉耳。至于连岁赈米与平粜之米，乃又费而不惠。赈米则保约与其亲厚视为家厨，而饥民死；粜米则衙役与土豪视为奇货，而墨吏欢。赈而无[⑨]赈，平而不平。米耶米耶，尔何仇视穷民之腹，昵就奸富之廪耶！

---

① "俱于"，王士禛删。

② "极"，王士禛改作"甚"。

③ "今崖壁崩堕，字尚可译"，王士禛删。

④ "齐"前，王批清初抄本有"年"字；王士禛改"往年"为"今"，改"以"为"于此"。

⑤ "江北"，王士禛删。

⑥ "株"，本作"秼"，据王批清初抄本改。

⑦ "余于四月陟岩问茶……时为之哉"，王士禛删。

⑧ "价"，王批清初抄本作"儥"，有墨笔眉批"'儥'字当系'价(價)'字之误"。

⑨ "无"，王批清初抄本作"不"。

南柴

山川涤涤鲜株[1]科，短草枯蒿不用柯。莫问束柴如爇桂，但听野哭当樵歌。

齐城柴素[2]贵，至丙辰山寇生发，斧斤不敢蹦入，民益苦之。乃官衙暴殄[3]甚，至以木炭炊爨。若见新、莱诸县行户上纳之苦，一黑炭、一白骨也，奈何狠戾[4]视之！

北菜

常年二月献王瓜，错落朱盘碧玉芽。旱后千畦如刮板，葫芦五月未开花。

城北水洳之地，尽划作畦，以供官民食用。丙辰苦旱，饥民伺草芽而啖嚼无余，岂复得新菜之美酸！予[5]至济，既无食肉齿舌[6]，专仰菜根以给，又罹此苦。菜不熟曰馑，余逊饥而得馑，其何利焉！

娶妇

团花轿子绣帏长，十对纱灯照彩床。鼓里敲成小得胜，笛中吹出贺新郎。

齐俗近已改不亲迎之陋，而女家计聘，男家计答，专以财之厚薄为喜愠。娶日必盛张乐奏，济民之僭越多矣。《小得胜》《贺新郎》皆实录也。

鬻女

委巷低门立小鬟，青衫竖草惨愁颜。惯收瘦马临清客，鬟发成[7]云又卖还。

济城民贫，素有鬻女之俗。至乙卯、丙辰[8]之灾，排门竖草，靦面求售，

---

① “株”，本作“秼”，据王批清初抄本改。

② “素”，王批清初抄本作“至”。

③ “暴殄”，王批清初抄本无此二字。

④ “狠戾”，王批清初抄本作“狼疾”。

⑤ “予”，本作“子”，据王批清初抄本改。

⑥ “舌”，王批清初抄本作“牙”。

⑦ “成”，王批清初抄本作“如”。

⑧ “乙卯、丙辰”，王批清初抄本作“丙辰、乙卯”。

甚为不雅。临清客子每至，则鲜衣盛从，一人而收罗数百，畜以射利。今日死别生离，异时清歌妙舞。人心其忍，天意何居！

铺衙

车载骡驼送旧爷，花阑[①]催票又铺衙。猬须怒吏声填巷，借遍行头八十家。

城中官衙最多，往来迎送铺设，苦[②]累极矣。夫器用供帐，一有不备，本非奉上之体[③]。乃官上或迁去，或斥去，则席卷环举，地几无皮，似亦非上之所以为情也。行户仓皇催办，骚扰里甲，又须焕然一新，因而并命者不知几何人矣。嗟嗟！官游归里，开筵设宴，传觞弄苹，一何豪侈！可曾回首思否，剥削生民膏血，喂肥其痴顽子弟，天道终[④]有轮还，人在暗中不觉。

试期

三年聘考试场开，巨网截流海岱才。万户千门排寓所，家家红纸写元魁。

济城水居其半，官衙居其半。士子应试，凡三四千人，计仆从并亲友送场者，则数万矣。寓所最[⑤]少，僦直甚费。然英俊云集，亦盛世景象。

官衙舆皂

开衙十二百余官，舆皂喧阗[⑥]醵酒欢。五叶纸牌订旧谱，双戈杂九与阑干。

郡城游民骈集，专恃应役官衙糊口，钱一入[⑦]手，便醵酒叫呼，寻檐傍隙，赌博耗费。田家作苦，展转沟壑者，视此又为天上人矣。双戈等皆纸牌俗谱。

---

① “阑”，王批清初抄本为空格。

② “苦”，本作“若”，据王批清初抄本改。

③ “体”，王批清初抄本作“道”。

④ “剥削生民……天道终”，原漫漶不清，此据王批清初抄本。

⑤ “最”，王批清初抄本作“甚”。

⑥ “阗”，王批清初抄本作“嗔”。

⑦ “入”，王批清初抄本作“到”。

官舫①

销金锅子说杭州②，江北何曾解浪游。今日放舟明日酒，笙歌声里失民愁。

凡官③济南者，每耽山水宴游，或至废政。小淇园、烟雨楼、水面亭、千佛山，排当④殆无虚日。曾不忆《记》中云“年不顺成，大夫不食粱，士饮酒不乐”耶？饿馑满野，飞蝗蔽天，一日宴赀，百人可活。若或讲求赈务，深核民隐，犹可言也。喧杂既罢，促膝围席，喁喁私语，不过较升除、计恩怨已耳。水主山灵，其或不佑。⑤

闻韶馆

太师抱器度关山，六代遗音竟不还。女乐入来天乐散，九歌零落到人间

馆在城中湖上，而城北又有闻韶台，历上在春秋非齐君所居，抑太师至齐奏韶⑥，亦野合耳⑦。大舜发迹于历山⑧，其子孙⑨田氏终有其地，并其制乐亦归集于此，不谓冥冥无意也。⑩

方山石镜

山魈木魅并川狐，石镜莹莹当禹图。涂漆纵能遮法照，岂防山下有明湖。

城南方山上有石数尺，照见鬼魅往来形状，历历如画。鬼子恶其见己也，

---

① 因底本缺页，本诗及自注中除“山灵，其或不佑”外的内容均据王批清初抄本、山东省图书馆藏吴吉宜钞本补。

② “州”，王批清初抄本作“舟”，王士禛改作“州”，此据《问山亭主人遗诗补集》改。

③ “凡官”，王士禛改作“官”。

④ “当”，《问山亭主人遗诗补集》作“宴”。

⑤ “喧杂既罢”后，王批清初抄本有“愁苦罔闻噫”五字，至此为王批清初抄本象春自注之全部内容；“曾不忆……愁苦罔闻噫”，王士禛删。

⑥ “奏韶”，王批清初抄本无此二字。

⑦ “亦野合耳”，王士禛删。

⑧ “大舜发迹于历山”，王士禛改作“然大舜发迹历山”。

⑨ “其子孙”，王士禛删。

⑩ “并其制乐亦归集于此，不谓冥冥无意也”，王士禛删改作“并韶乐亦归于此”。

一夜用漆涂之。余观之笑曰："愚鬼簸弄藏奸，能瞒上不能瞒下，难将一人手掩得天下目。愚鬼[1]过用其心矣。"[2]

海石铁锁[3]

海石飞来不记年，远迁应怯祖龙鞭。不然鳌爪轻搔臂，吹落麸皮短鬣连。

历山石上有铁锁，长数丈，俗谓海神锁山者，山飞并掣断锁来。余谓神不若是蠢，海上万山，岂爱此卷石，此不过鳌鱼搔臂振落，而铁锁则其项脑间短鬣耳。

瞽女池

泉光不是照蛾眉，可恨苏公未有诗。三见龙驹从水出，合[4]应改号渥洼池。

宋土[5]人刘廷式聘女而瞽，竟娶之，情好不异。其女克家，庭下得泉成池。瞽女凡三饮其泉，而三得生男，人以为刘之[6]重义所感。其[7]后瞽女亡，刘哭之哀。苏长公在济[8]，谓刘[9]曰："吾闻哀生于情，此何情何哀？"刘曰："吾知丧吾妻而已。"余偶游池上，见其[10]池久已眢塞，慕刘公之高义，而恨苏老之失言[11]。

---

① "愚鬼"，王批清初抄本作"鬼子"。

② "余观之笑曰……过用其心矣"，王士禛删。

③ "海石铁锁"，王批清初抄本无此诗。

④ "合"，王士禛改作"故"。

⑤ "土"，王士禛改作"郡"。

⑥ "之"，王批清初抄本作"氏"，《问山亭主人遗诗补集》无此字。

⑦ "其"，王士禛删。

⑧ "在济"，王士禛删。

⑨ "刘"，王士禛删。

⑩ "见其"，王士禛删。

⑪ "慕刘公之高义，而恨苏老之失言"，王士禛删改作"慕刘公高义而赋之"。

回车涧

帷观一笑惹烽烟，郤帅兵车满泺川。逐北三周华不注，至今草树尚连骞。

涧在城北华山下，盖当日郤至[①]追逐齐侯处也。战窘而[②]及此，已数十里矣[③]，其愤怒尚如此猛烈[④]。萧叔同子实惟兴戒[⑤]，当败衄，独无愧耶？至今涧草俱连骞蔓生如旋螺，俗云兵车绕匝所致，亦诞矣。[⑥]

太平寺泉

孝感中原几处泉，都能迸玉照清涟。谁知香积盂中水，犹是刘郎一窖钱。

太平寺孝感泉。海内名孝感者多矣[⑦]。此[⑧]在城内西寺，汇而为池，曲折引流入僧厨[⑨]，复流出达于北渚。泉乃元孝子刘琮[⑩]故宅。刘父久病，尽卖其妻与幼女饲父。赀竭更无所措，夜乃焚香，请代父死，书牒坎地埋之，遂得钱一窖。出钱泉涌，父饮之，顿愈。琮遂舍宅为寺，以得金名孝感。[⑪]后铁方伯于中贮兵甲，改今名。

盐场

可怜泺口困盐场，上下抽单日月长。从昔派盐如派矿，今年淡水煮飞蝗。

江淮盐场，公私两利。济上于[⑫]泺口设场，食地原隘，舟道更艰。抽单官吏，

---

① “盖当日”，王士禛删；“郤”前，王士禛添“晋”字；“至”，《问山亭主人遗诗补集》作“克”。

② “而”，王士禛删。

③ “矣”，王士禛删。

④ “猛烈”，王士禛删。

⑤ “戒”，王批清初抄本作“戎”。

⑥ “萧叔同子……亦诞矣”，王士禛删改作“至今涧草俱连骞蔓生如旋螺，俗云兵车绕匝所致”。

⑦ “海内名孝感者多矣”，王士禛删。

⑧ “此”，王士禛删。

⑨ “厨”前，《问山亭主人遗诗补集》有“房”字。

⑩ “琮”，王批清初抄本作“宗”，王士禛改作“琮”。

⑪ “刘父久病……以得金名孝感”，王士禛删。

⑫ “于”，王批清初抄本无此字。

渔猎其中，按邑派盐，岁以为常，馂及民髓。迨乙卯、丙辰，穷民正须食盐以下草根木子，顾又高直坐勒。淡水煮蝗，实录也。稔既受盐之害，祲又不得盐之利，当事者可不长计哉！

妙真寨

巨合河边问李全，妙真营寨尚依然。三分轻重归谁是？枪号梨花二十年。

宋末长白山寇李全者[①]，雄[②]兵百万，据有全齐[③]。金、元、宋[④]三国视其左右，顾以为重轻皆其妖妇杨妙真之所为[⑤]。及败，妙真乃[⑥]曰："梨花枪二十年无敌于天下，非战之罪，天也。"其子李显忠[⑦]归元封公，阀阅甚显[⑧]，盖亦一世之雄哉！余过龙山，吊其遗寨而壮之。[⑨]

石固寨

英雄热眼察天时，手割山河似画脂。岂料寄奴偷岘口，连城七十倒旌旗。

慕容德乘时取青齐而[⑩]成霸业，石固寨乃其故垒。旧有德[⑪]庙，今废[⑫]。刘裕潜度大岘，塞五龙之口，破广固城，济南诸寨，无所用之。[⑬]

---

① "者"，王士禛删。

② "雄"，王批清初抄本作"拥"。

③ "据有全齐"，王士禛删。

④ "金、元、宋"，王士禛改作"宋、金、元"。

⑤ "重轻"，王批清初抄本作"轻重"；"之"，王士禛删。

⑥ "乃"，王士禛删。

⑦ "李显忠"，《问山亭主人遗诗补集》作"瓌"。

⑧ "阀阅甚显"，王士禛删。

⑨ "余过龙山，吊其遗寨而壮之"，王士禛删。

⑩ "而"，王士禛删。

⑪ "德"，王士禛删。

⑫ "今废"，王士禛删。

⑬ "刘裕潜度大岘……无所用之"，王士禛删。

平陵东 因平陵城南山有宋末江立信碑，故列于此

走马交钱劫义公，墓门梓桂日青葱。何人漉血心中恻，牵犊潜歌松柏桐。

平陵城南有王莽祖王伯墓。汉元帝初元四年，墓门梓桂突生枝叶，上出屋，刘向以为代汉之兆。及篡，汉丞相翟方进少子翟[①]义时为济[②]守，举兵不克，见劫杀。其门人作《平陵东》歌哀之，辞云："平陵东，松柏桐，不知何人劫义公。劫义公，在高堂下，交钱百万两走马。两走马，亦诚难，顾见追吏心中恻。心中恻，血出漉，归告我家卖黄犊。"

四灵石

龟龙麟凤也无灵，况是巉巉顽石形。我取四人[③]当四石，奇男[④]落地是天星。

郡中有灵石四，玲珑清古，极天工之巧。一在府学，一在布政司，一在孟宅，一在刘家亭[⑤]，盖传自胜国者。余曰："此何足奇，吾以人为灵[⑥]，前代无论，于宋取辛稼轩、李易安，于昭代取边华泉、李于鳞[⑦]。四君子者，一生山辉川媚[⑧]，其为灵昭昭也。"

秀春院

金线泉西是乐司，务头不唱旧宫词。山坡羊带寄生草，揭调琵琶日莫时。

西郊泉上秀春院，设自胜国。恶妓俚曲，尽失古意。采风者不无淫僻之虞。[⑨]

---

① "翟"，王批清初抄本、《问山亭主人遗诗补集》无此字。

② "济"，王士禛删。

③ "人"，王士禛改作"贤"。

④ "男"，王士禛改作"人"。

⑤ "亭"后，王士禛添"子"字。

⑥ "吾以人为灵"，王士禛删。

⑦ "于鳞"，王士禛改作"沧溟"。

⑧ "四君子者，一生山辉川媚"，王士禛改作"四君皆生于此，山辉川媚"。

⑨ "恶妓俚曲，尽失古意。采风者不无淫僻之虞"，王士禛删。

瘿女

临济曾闻妒妇津，宿瘤故赘点佳人。往来不用多相妒，个个喉中积妒嗔。

女之滨济居者多瘿，而妒妇津即在临济。凡女之美而渡，必遭风险；丑女虽盛妆以渡，不妒也。余谓瘿女非瘿，学为妒耳。妒人之美，以致失己之美，妒何益哉？安得仓庚肉万斤，尽为济女去瘿。

北溪

一曲溪流一板桥，浣衣石面汲泉①瓢。家家屋后停针女，树底横舟手自摇。

北地妇女见舟不知名，呼为漂屋。②惟济城③城中横溪，溪上架桥，桥下维舟，家家屋后具得乐地④，虽稚子妇女有操舟之能，殊诧见哉⑤。

济守

济南自古多名士，每得风流太守来。四野凋残非往代，七桥⑥烟月为谁开？

守济者，如唐之李邕，宋之曾巩、晁无咎，元之赵孟頫，皆风流蕴藉，民享安富之福。不然者，虎翼猴冠，辱我泉石。⑦

---

① “泉”，王批清初抄本作“水”，王士禛改作“泉”。

② “北地妇女见舟不知名，呼为漂屋”，王士禛删。

③ “惟济城”，王士禛删改作“齐城”。

④ “家家屋后具得乐地”，王士禛删。

⑤ “殊诧见哉”，王士禛删改作“不殊吴、越间也”。

⑥ “桥”，王批清初抄本作“星”，王士禛改作“桥”。

⑦ “守济者……辱我泉石”，王士禛删改作“守济者如唐李邕，宋曾巩、晁无咎，幕僚则宋苏辙、元赵孟頫，皆风流蕴藉，后难继矣”。

闵子墓

古冢累累满废坛，先贤遗墓在斯干。湖边一望芦花白，霜透车衡孝子寒。

城东[①]五里有闵子墓，昔人疑其误。然与舜田相望，可称孝里，不必深辨也。芦花絮衣，失靷遭谪。千载而下，犹堪断肠。[②]

逢丑父

贾勇何人枉自雄，残兵风卷各西东。为怜丑父轻生者，石上寒泉好勒功。

齐晋战于鞌，齐师败绩，三周华不注。逢丑父与公易位，使公如[③]华泉取饮。公逸去，韩厥献丑父[④]，郤子竟[⑤]免之。

陈文子石室

洒涕吞声西复东，仓皇去国走悲风。欲求一片澄清地，除是君家蚓穴中。

无宇弃厚封，不与乱臣共国，志高行洁，千古可风。然四方蹙蹙靡骋，须是[⑥]仲子之蚓而后可。其后篡齐者仍是陈氏[⑦]。大夫崔子，今[⑧]出臣族，其又何说?

---

① “东”，本作“西”，据王批清初抄本改。

② “昔人疑其误……犹堪断肠”，王士禛删改作“与舜田相望”。

③ “如”，《问山亭主人遗诗补集》作“入”。

④ “丑父”上，王士禛添“逢”字。

⑤ “竟”，王士禛删。

⑥ “是”，王士禛删。

⑦ “是”，王士禛删；“氏”后，王士禛添“也”字。

⑧ “今”，《问山亭主人遗诗补集》作“近”。

黔娄子 ①

千仞荒山手自芟，草衣木食架松杉。终南佳处②休矜诩，不见先生叠石岩。

黔娄子抱道深隐，不事王侯，不交人世，于济之东南山最高峰，上复③叠石为岩，寝处其中，终年不下④，人亦不知其何所饮食。齐威王每至⑤敌兵困急，则屏舆从，徒步⑥诣之。先生授以一二秘语，遂得解危⑦，国人莫测。今其叠石巍然，高山可仰。⑧

郦食其墓

说下田齐七十城，高排爇鼎怨书生。假王地下应相语，辛苦当年渡木罂。

食其已说下齐，而⑨韩信不听，必欲以战成功，虽杀龙苴，破重险，然皆节外生枝耳⑩。一将功成，万骨为枯。弓藏狗烹，冤报万一⑪，尚含怨耶？墓在郡城西天悬寨之左。⑫

---

① “子”，王批清初抄本无此字，王士禛添之。

② “处”，本作“趋”，据王批清初抄本改。

③ “上复”，王士禛删。

④ “终年不下”，王士禛删。

⑤ “至”，王士禛删。

⑥ “徒步”，王士禛删。

⑦ “危”，王批清初抄本作“围”，王士禛改作“免”。

⑧ “今其叠石巍然，高山可仰”，王士禛删。

⑨ “而”，王士禛删。

⑩ “皆节外生枝耳”，王士禛删。

⑪ “万一”，王士禛改作“酷矣”。

⑫ “尚含怨耶？墓在郡城西天悬寨之左”，王士禛删改作“墓在郡城西”。

养母峪[①]

受粟辞金义已高，轻生何事比鸿毛。后来相府留行者，个个人称北[②]郭骚。

骚[③]奉母隐济之南山峪[④]中，常至[⑤]数日不得食，骚采附苗根以进。晏子闻其贤，躬征不起，使人以金粟周之，辞金受粟。后[⑥]母死，晏子以谗出亡，骚诣[⑦]公庭曰："贤相去，国必侵。骚见国之侵也，不如死。"遂自刎[⑧]。齐返晏子而旌骚焉。嗟夫！自骚以死留国相，成其高，后世之以死报相府者踵相属也。相尽晏子哉？人尽骚哉？[⑨]

公玉带

祖龙死后泰山荒，相府图书也未藏。此老生从石窟得，争如禅草是遗章。

汉武[⑩]封禅，欲造明堂，无人知其制[⑪]。济南人公玉带者献图[⑫]，极其详明。公，历山老樵也，得图于石窟中。[⑬]于时帝又得司马相如所遗禅草[⑭]，遂成大典[⑮]。

---

① "峪"，王士禛改作"谷"。

② "北"，王批清初抄本作"比"，王士禛改作"北"。

③ "骚"前，王士禛添"北郭"二字。

④ "峪"，王士禛改作"谷"。

⑤ "至"，王士禛删。

⑥ "后"，《问山亭主人遗诗补集》无此字。

⑦ "诣"，《问山亭主人遗诗补集》作"指"。

⑧ "刎"，《问山亭主人遗诗补集》作"刭"。

⑨ "嗟夫……人尽骚哉"，王士禛删。

⑩ "汉武"，《问山亭主人遗诗补集》作"汉武帝"。

⑪ "无人知其制"，王士禛删。

⑫ "人"，王批清初抄本无此字，王士禛添之；"者"，王士禛删。

⑬ "极其详明……于石窟中"，王士禛删。

⑭ "于时"，王士禛删；"禅草"，王士禛改作"书"。

⑮ "遂成大典"，王士禛改作"遂封禅泰山"。

朱云墓

狂士呼声[1]撼紫薇，上方马剑怒盘螭。未央门槛成荒土，墓草夕[2]阳气不移。[3]

云本鲁人，从全节白子友学《易》，因老死于此葬焉[4]。想其放废之后，再来偕隐耶！[5]墓在全节古城南十里，草皆上指如剑，佞人过之，草必怒摇。虽土人神其说，理或然与！[6]

白子友

手拈[7]枯蓍授二生，澄潭不及此翁清。谁知折槛呼声切，只用先庚与后庚。

汉时隐居东平陵南棠山石室，躬耕奉母。时或绝粮，饮水食橡栗。演《易》至精，神为夜降。朱云与陈咸自鲁来[8]从之学《易》，五年而出。陈箓得先甲二语，朱得先庚二语。夷考其人，不臣不仕，其殆巢许之流也乎[9]？

徐洪客读书洞

慧眼先明一局初，又知局外有扶余。道人名字留天地，未必先生即姓徐。

洞在城东危山之阳，深广莫测。史称太山道士，岂其故居耶？大业时英雄并起，惟洪客慧眼，能包举诸人，即李公子亦不过局中能手，那能于局外着眼，进而求之？鲁仲连、司马德操，庶几近焉。[10]

---

① “狂士呼声”，王士禛改作“烈士狂声”，《问山亭主人遗诗补集》仍作“狂士呼声”。

② “夕”，王士禛改作“斜”。

③ 王批清初抄本诗末有墨批“末句一作‘墓草犹如指佞时’”。

④ “因老死于此葬焉”，王士禛删改作“死葬焉”。

⑤ “想其放废之后，再来偕隐耶”，王士禛删。

⑥ “与”，王批清初抄本作“耶”；“佞人过之……理或然与”，王士禛删。

⑦ “拈”，王批清初抄本作“把”。

⑧ “自鲁来”，王士禛删。

⑨ “其”“也”，王士禛删。

⑩ “大业时……庶几近焉”，王士禛删。

云庄

云花堆就忆云庄，犹见云来七聘堂。一代高风差可拟，苍苍山色水央央[①]。

元张学士[②]文忠公养浩，章丘人，侨居城北，号[③]云庄，七聘不起，著《云庄集》二十卷[④]。今有祠祭。

全节城

唐代斯城节独全，平陵平陆两茫然。珠英三教无遗藁[⑤]，寄问崔融与半千。

龙山驿东古城，周回二十里，或云古平陆，魏改东平陵，皆无考[⑥]。至唐时[⑦]，因其不从叛[⑧]，改名全节，则有据者[⑨]。唐诗人崔、员二公[⑩]，皆全节人，皆谄事武后[⑪]，同[⑫]与修《三教珠英》。书今不传，因吊其故里问之。[⑬]

李菱

仙家烧笋法存皮，笋味酸甜好自知。千亩绿�[⑭]皆大药，可怜砍束[⑮]煮哀梨。

---

① “苍苍”，王批清初抄本作“仓仓”，王士禛改作“苍苍”；“央央”，王士禛改作“泱泱”。

② “学士”，王士禛删。

③ “号”，王士禛删。

④ “著云庄”，王士禛删，《问山亭主人遗诗补集》仍存。

⑤ “藁”，王批清初抄本作“菁”，王士禛改作“藁”。

⑥ “皆无考”，王士禛删。

⑦ “至”“时”，王士禛删。

⑧ “叛”前，王士禛添“齐王祐”三字。

⑨ “则有据者”，王士禛删。

⑩ “唐诗人崔、员二公”，王士禛删改作“诗人崔融、员半千”。

⑪ “后”，王批清初抄本作“侯”，《问山亭主人遗诗补集》作“后”。

⑫ “同”，王士禛删。

⑬ “书今不传，因吊其故里问之”，王士禛删。

⑭ “�”，《问山亭主人遗诗补集》作“云”。

⑮ “砍束”，王士禛改作“炊枣”。

宋济南李芨寓临安，诣净慈寺，见青衣道人烧断[1]笋，揖之。道人曰："子饥否？可来同食。"烧笋甚美，芨顿觉身轻，行步如飞，不复饮食，入蜀仙去。生于济南之北水门，元祐二年八月十九日也。[2]

元阳子

金碧潜通蝌蚪文，石函开自伏生坟。名山更衍还丹录[3]，不火奇香静夜焚。

晋长白山人元阳子[4]，得《金碧潜通》一书于伏生墓中，细为注解[5]，携之修真于华阳宫，又衍为《还丹歌》，十九年而[6]仙去。在山，人不见其饮食，而昼夜燃[7]香。香不用火，味远达于城市[8]。

天倪子

多少人因皮袋芒[9]，不能轻快自徜徉。道门岂看医僧小，洞府原同选佛场。

天倪子，泰山人，本名张志纯。入道门数岁[10]，遂得真诀，号崇真大师，居于[11]城南之长春观。升化之日，乃自诵曰："脱下娘生皮袋，此际乐然轻快。百尺竿头进步，蓬玄洞府去来。前世宿得医僧，今作道门小才。"[12]

---

① "断"，王士禛改作"新"。

② "生于济南之北水门，元祐二年八月十九日也"，王士禛删。

③ "录"，王士禛改作"箓"。

④ "子"，《问山亭主人遗诗补集》无此字。

⑤ "细为注解"，王士禛删。

⑥ "而"，《问山亭主人遗诗补集》无此字。

⑦ "燃"，《问山亭主人遗诗补集》作"然"。

⑧ "味""于"，王士禛删。

⑨ "芒"，《问山亭主人遗诗补集》作"忙"。

⑩ "岁"，王士禛改作"载"。

⑪ "于"，《问山亭主人遗诗补集》无此字。

⑫ "升化之日……今作道门小才"，王士禛删。

刘豫

金人南牧翠华迷，刘豫么麼也帝齐。不是蜡书行五间，筑城应到濮阳西。

金人立伪齐刘豫称帝于济南，诏其[①]筑城西连濮阳以备宋。岳武穆以计间，金人诛之。[②]夫宋之所以终失河北者，张邦昌、刘豫二贼之力居多。金人制宋机关得力处，亦全在收用二贼。齐为南北胸鬲，豫贼又最富强，恨计诛之不早也。[③]

关胜墓

关公热血浥西原，虏马长驱入郡门。安得重鞭刘豫骨，一文同祭鄂王魂。

金人兵薄济南，有勇将关胜者，善用大刀，屡陷虏阵。及[④]金人贿通刘豫，许以帝齐，豫诳胜出战，遂缚胜于西郊，送虏营。虏[⑤]百计说之，不降，骂贼见杀，且自啖其睛，示不为用。其[⑥]墓在城南渴马崖西。夫豫之杀胜，与桧杀飞，同一死忠，而胜独无祀。余因为文以祭，更表而出焉。[⑦]

李易安

宋朝名迹此中稀，劓水黔山感异时。惟有女郎风雅在，又随兵舫泣江蓠[⑧]。

易安名清照，济南李格非之[⑨]女，嫁东平原赵明诚为妻[⑩]。明诚守淄，清

① “诏其”，王士禛改作“令”。

② “岳武穆”，王士禛改作“岳忠武”；“金人”，王士禛删。

③ “夫宋之所以……恨计诛之不早也”，王士禛删。

④ “及”，王士禛删。

⑤ “虏”，王士禛删。

⑥ “其”，王士禛删。

⑦ “夫豫之杀胜……更表而出焉”，王士禛删。

⑧ “蓠”，王批清初抄本作“篱”，王士禛改作“蓠”。

⑨ “之”，王士禛删。

⑩ “东平原”，王士禛改作“东武”；“为妻”，王士禛删。

照积书数十万卷[①]。金人南下，清照仓皇渡江，书渐[②]散失。有《漱玉集》行[③]世。其父字文叔，亦[④]有文集四十卷，今罕见，想犹有存者。宋代词手[⑤]，即秦七黄八，未必能及。惜其遭时坎坷，未得成一代之书，悲夫！[⑥]

辛弃疾[⑦]

万里朝天夜听猿，美芹十论复中原。杜鹃啼血声声切，只望江南老稼轩。

辛[⑧]幼安，历城人。绍兴末，耿京据济南，幼安劝京南归。会张安国杀京，幼安缚安国，戮之于灵岩寺，遂南奔，夜行昼伏。孝宗召对，决意恢复。又作[⑨]《九议》并《美芹十论》上之，竟阻[⑩]。辛著《杜鹃词》以劝动人心[⑪]，极其哀至。宗忠简公泽，临死呼渡河者三。[⑫]稼轩临死[⑬]，以手北指[⑭]，大呼杀贼、杀贼，数声[⑮]而卒。

---

① “清照积书数十万卷”，王士禛改作“清照积书购金石文字至万卷”。

② “渐”，王士禛删。

③ “行”前，王士禛添“金石录”三字。

④ “亦”，王士禛删。

⑤ “手”，王批清初抄本作“首”。

⑥ “今罕见……悲夫”，王士禛删。

⑦ 《问山亭主人遗诗补集》中，此诗在《李易安》诗之前。

⑧ “辛”，王士禛删。

⑨ “作”，王士禛改作“著”。

⑩ “竟阻”，王士禛删。

⑪ “著”，王士禛改作“作”；“劝动”，王士禛改作“激劝”。

⑫ “宗忠简公泽，临死呼渡河者三”，王士禛删。

⑬ “死”，王士禛改为“终”。

⑭ “以手北指”，王士禛删。

⑮ “数声”，王士禛删。

于钦

于钦[①]昔日评山水，直道济南天下无。泺口泛舟通索镇，更题诗在锦秋湖。

元于钦著[②]《齐乘》，有诗云："济南山水天下无。"[③]又[④]奉其母柩，自泺口由小清河以达于新城之锦秋湖，至索镇乃舍舟而东北[⑤]，时[⑥]小清舟道尚存。钦，青人也。泺水[⑦]故道，由柳塘口下合巨合河[⑧]、绣江河[⑨]，乃[⑩]至新城城北，会于孝妇河[⑪]，又下会索镇之乌河[⑫]入海。在国初犹然，今淤废矣。倘此河复通，则全齐百世无有饥患。惜当事者不为地方任事，舍美利而不收也。惜哉！[⑬]

遂闲亭

最爱君能[⑭]得遂闲，何人不老市朝间。但从枕上听流水，绝胜车中望远山。

在府城西北，张文忠公养浩所建[⑮]。公未老致政，七聘不起，闲处光阴所得独多。嗟夫！有闲而不得遂者，苦矣，苦矣。多少名园锁空宅，主人到老不曾归。仕不止车生耳，仆仆逐逐，为子孙牛马，即或退居，又且求田问舍，东并西吞，甚而钻营苟道，以求复起，白发枯皮，死而后已，一

① "于钦"，王士禛改作"侍郎"。

② "著"前，王士禛添"仕为兵部侍郎"六字。

③ "有诗云：'济南山水天下无'"，王士禛删。

④ "又"，王士禛改作"尝"。

⑤ "北"，王士禛删。

⑥ "时"前，王士禛添"此"字。

⑦ "水"，王批清初抄本作"口"，王士禛改作"水"。

⑧ "河"，王士禛改为"水"。

⑨ "河"，王士禛删。

⑩ "乃"，王士禛改作"而"。

⑪ "孝妇河"，王士禛改作"泷水"。

⑫ "乌河"，王士禛改作"时水"。

⑬ "倘此河复通……惜哉"，王士禛删改为"'济南山水天下无'，元好问诗也"。

⑭ "君能"，王士禛改作"先生"。

⑮ "文忠公"，《问山亭主人遗诗补集》无；"养浩"，王士禛删，而《问山亭主人遗诗补集》仍存。

何愚哉！余曰：“其不得享闲福有三：天不肯教他闲，妻子不肯教他闲，白乐天《心答身》诗云：‘世间劳苦人何限，不放君闲奈我何？’可见他自家[1]也不肯教他闲。”[2]

铁铉[3]

朔风吹雪撼天关，江上屯兵久未还。苦守孤城轻百战，燕师望作铁围山。

燕师南下，诸郡望风披靡，而[4]元帅李景隆等[5]怯缩不进，独铉能守全齐[6]，出奇无穷。惜内有谗臣，且天命攸归，是以终无救焉[7]。

平安

城头画布北人疑，裂眦追奔望覆旗。五色龙成天子气，可知凡马一时迷。

安与铉守济，成祖百计攻之不得[8]。城有破则[9]以布画太祖像悬之，北师不

---

① “家”，王批清初抄本作“已”。

② “公未老致政……不肯教他闲”，王士禛删。

③ 王批清初抄本有墨笔眉批三则。一则：铁氏，其先蒙古色目人，父铁铉为山东布政，力御靖难之师。成祖即位杀之，发二女入教坊，义不受辱。后原问官至坊，各献一诗，赦之从良。二则：长女诗：教坊脂粉洗铅华，一片闲心对落花。旧曲听来犹有恨，故园归去已无家。云鬟半挽临妆镜，两泪空流湿绛纱。今日相逢白司马，樽前重与诉琵琶。三则：次女诗：骨肉摧残业产荒，一身何忍去归娼。泪垂玉箸辞官舍，步促金莲入教坊。揽镜自怜倾国色，向人羞学倚门妆。春来雨露宽如海，嫁得刘郎胜阮郎。次句一作“遭逢不幸恨茫茫”，末句一作“愿接天台嫁阮郎”。《问山亭主人遗诗补集》无眉批之内容。

④ “而”，王士禛删。

⑤ “等”，王士禛删。

⑥ “铉”，王士禛改为“铁铉”；“能守全齐”，王士禛删。

⑦ “且天命攸归，是以终无救焉”，王士禛删改作“且天命有归，终无救于败亡，悲哉”。

⑧ “成祖”，《问山亭主人遗诗补集》作“太宗”；“得”，王士禛改作“下”。

⑨ “城有破则”，王士禛删。

敢用炮。安追成祖[①],稍几[②]及身,安马一时眩瞀不能进[③],安[④]遂自斩其马。定鼎后伏诛,追谥忠勇。[⑤]

王烈妇

汉王甲马渡清河,泺口标山铁寨多。八十五城都拜迓,济南痴死是王娥。

汉庶人高煦至标山下,见汲水王妇有美姿,执留寨中。王妇夜刺煦不中见杀。昔魏文帝破袁绍,遂纳袁熙妻甄氏,终至失宠。《塘上行》靦不知耻,何如野妇犹存烈节,信不可贵贱限人哉!

毛二巷

咸阳宫阙已成尘,毛二蜗居可胒真?鬼哭城崩当六月,几时秋雨灭青磷。

成化间藩封治王宫,其西北隅为居民毛二宅,应规入。毛以死争,不受价,竟自刎。有司具奏,王为恻然,因缺宫城一角,示俭且旌过云。至今,每六月一日则举巷闻鬼哭,不数日而墙必圮,盖毛以是日死也。匹夫痴鬼,结冤不散,余特以诗偈度之。

边华泉[⑥]

七子为诗本四家,太常[⑦]笔底盛烟霞。华峰一柱夸难尽,群玉璘珣更满车。

我朝风雅,盛于七子。而七子则本李、何、边、徐四家也。济上之诗,以边庭实先生为鼻祖,其后李于鳞[⑧]、许殿卿、谷少岱、刘函山,不可胜数[⑨]。济南名士多,从昔然矣。

---

① "成祖",《问山亭主人遗诗补集》作"太宗"。

② "几",王士禛删。

③ "安""一时""瞀""能",王士禛删;"瞀",《问山亭主人遗诗补集》存。

④ "安",王士禛删。

⑤ "定鼎后伏诛,追谥忠勇",王士禛删改作"后追谥忠勇"。

⑥ "边华泉",王士禛改作"边尚书华泉"。

⑦ "太常",王士禛改作"尚书"。

⑧ "于鳞",王士禛改作"沧溟"。

⑨ "不可胜数",王士禛改作"辈出"。

李于鳞[①]

元祐党人碑屹屹，济南诗禁訾[②]姗姗。喉无鴃舌非佳士，足有韩卢是好官。

昔人诗禅并称，尚存大雅。以今观之[③]，诗社酷似宦途。端礼门竖党人之碑，韩侂胄标伪学之禁，谈诗者拾苏、白余唾，矜握灵蛇，骂于鳞先生为伧、为厉、为门外汉。此辈使生七子登坛时，恐又[④]咋舌而退，且自恨其声喉之不响矣[⑤]。

穆桂阳深

风雨荒庐沙苑东，名贤讲席没蒿中。廿年[⑥]不召悲闻鹏，老母孤儿泣晚枫。

铨郎穆桂阳先生，一代清正名臣，以中旨放还，讲学于城西沙苑者二十年，竟赍志以没。身后式微，闻者有叔敖之嗟。余既以女妻其遗孤，更为感赋，聊当仰止。

刘公严画

烟霞供养此癯翁，怪道生绡有化工。不法临淄[⑦]兼北苑，但凭济水望秋空[⑧]。

秋雨初霁，竞秀争流。与刘司徒[⑨]公严登北极台瞻眺，余不禁叫绝，几欲乘风八极，谓公严曰："尔画跨[⑩]轶古人，久秘的稿，只以录本示人[⑪]。吾今乘高纵目，乃[⑫]尽得翻阅真谱，独恨难袖取[⑬]耳。"

---

① "李于鳞"，王士禛改作"李观察沧溟"。

② "訾"，《问山亭主人遗诗补集》作"骂"。

③ "以今观之"，王士禛改作"今日"。

④ "又"，王士禛删。

⑤ "且自恨其声喉之不响矣"，王士禛删"且自恨其声喉之不响"，仅留"矣"字。

⑥ "年"，王批清初抄本作"来"。

⑦ "临淄"，王士禛改作"营邱"。

⑧ "但凭济水望秋空"，王士禛改作"但临济水写空蒙"。

⑨ "司徒"，王士禛删。

⑩ "尔"，王士禛改作"公"；"跨"，王批清初抄本作"夸"，《问山亭主人遗诗补集》作"跨"。

⑪ "久秘的稿，只以录本示人"，王士禛删。

⑫ "乃"，王士禛删。

⑬ "取"，王士禛改作"去"。

咏华感怀

萧条衣马倦游地，啼鸟声中阅岁时。过眼秾华风影散，略凭指点写新辞①。

丈夫不得手划天地，名垂竹帛，二毛渐生，行且草木腐矣。秋实萎落，朝华谁采？语之积②喉间者，有如腰鼓。若非扯③淡狂呓，何以度日生活？愿贵人与得时之人，少开文网，勿成诗案。

问山亭

问山亭子拱如笠，屹立湖中阅古今。箕踞悲骚④王季木，时敲石几激清音。

天地之有齐州，蜨螟氏之国也。齐州之有古今，蟪蛄之春秋也。齐州之有山川人物，往来得失，如梦幻泡影，如露亦如电也。古今之有问山亭，蠛蠓之醯瓿也。问山亭之移于嵖渚，乌乌之三匝也。余之吟⑤于亭中，草虫之喓喓也⑥。

《济南百咏》终，万历丙辰八月既望发刻于嵖桥⑦。

---

① “辞”，王批清初抄本作“词”。

② “积”，王批清初抄本作“集”。

③ “扯”，王批清初抄本作“拉”。

④ “骚”，王士禛改作“歌”。

⑤ “吟”，王批清初抄本作“饮”，王士禛改作“吟”。

⑥ “草虫之喓喓也”，王士禛改作“飘风时鸟之过耳也”。

⑦ “济南百咏终，万历丙辰八月既望发刻于嵖桥”，《问山亭主人遗诗补集》无。

济南百咏跋 ①

济南山水，奇甲天下，李、杜、曾、赵诸公相继咏之。惜数百年来郡独阙焉无志②，即名泉七十余眼③，眢塞晦没，甚有求其名而不得者。嗟嗟！地孔通灵，实关人代盛衰。余每过鲍山，吊于鳞，恨其负一代诗才，而不为里中磨一片砚④石，镌诸遗迹。兄季木以诗触时，浩然来归，策蹇马，访名山，不惮千里，兴会所到，辄寄之行吟。春日卜居济南，傍水次，诛茅结数椽屋，门对华峰如笔⑤颖。于古柳根下系一小艇，值雨霁溪涨，风惠⑥月生，便命仆棹艇遨游重湖间。闲鸥野鹤，菱歌莲唱，相为喁于。余偕诸弟，间从旁问奇字。季木兄出一卷示余，皆济上新诗，探古抉隐，赏题殆遍。此卷一出，凡诸幽奇，俱挟灵气，必且歌且泣且拜，谓从此有知己矣。王弼之冢谈《易》，华阴之客操琴，精之所感，岂偶然耶！

弟象需书。

---

① 底本无此跋，据王批清初抄本补，并校以山东省图书馆藏清抄本（以下称“清抄本”）《济南百咏》。又，跋后封底左侧有墨笔题款：“渔洋老人珠批共计三百零一十字。”

② “惜数百年来郡独阙焉无志”，清抄本作“惜郡阙焉无志”。

③ “余眼”，清抄本作“二”。

④ “砚”，清抄本无此字。

⑤ “笔”，清抄本无此字。

⑥ “惠”，清抄本作“会”。

问山亭诗

峼居诗

王季木峼居诗序[①]

十五国之风无为大江南者。独《汉广》一作，怜大堤之女，当是周人至汉津者为之，良非楚语。平、玉、差、勒之徒乃能法风而为骚，一扫鴂舌之陋。其后如淮南之小山，亦北学于中国者。汉之靡而为六朝，下乔木入幽谷乎？唐家中原而称盛，宋宅江左而无诗。徐昌谷尝操南音北游，比见献吉，一变至道。元美之和于鳞而追大历前也，彼所谓豪杰之士也。南人有言曰："元美中于鳞之毒。"于鳞诗每称中原，指或有托，而案上有中原紫气语，今且诟之矣。余尝叹大雅不作，不敢直于见道。季木向亦姑取于尔，近大厌其新声，挞而求楚真不可得，改筑峼湖之上，得李氏故白雪楼居之，楼亦故边氏居也。既为《峼居诗》，又为《齐音》百十篇，袭风雅之变。其有继季木起者，斯亦骚人之法国风也。嘻！矫矫徐王，岂愚人之心也哉。

古西极文翔凤撰。

① 底本无此序，据山东省图书馆藏明万历刻本（以下称"明万历刻本"）《问山亭诗》补。

叙

每至济上，必与吾友王季木浮拍明湖，对酒吟诗，至夜分不休也。季木眉宇疏落，与人若踽踽泠泠，不可一世，而臭味之合意韵倍结，则人奇矣。搜奇探玄，见异书必抄，闻异事必识，遇名山水必流连不即去，则情奇矣。乙卯之岁，跨蹇经月，观吴练，抚枯桐，涉淮问海，泛滕、阳、吕、孟诸湖，遍披群胜，一时名士相与倾倒，已乃僦嵴湖一片地居焉。此季木之所以侨嵴也，则事又奇矣。其人眉宇步骤，欠伸笑骂，任取一景，任拈一题，任出一语，无在非诗，无诗不惊人死。即自以为不适意，而人鲜有及者，则诗抑又奇矣。尝夜读季木诗，或若御风而冷然善，或若青莲从口中出，或若惊雷暴雨崩轰而至，或若空山无人水流花馥，及掩卷出户，示之无有也，始甚奇季木。及谛观其诗，意大率自寄天趣，而于时事尤多感慨，吾于此见其逸致焉，更见其苦心焉。季木独以诗奇也与哉？噫！吾于季木皆满腹不合时宜，而清致落落亦多相合，独诗不及季木远甚，吾平季木奇也。吾奇而未奇，季木以不奇奇也。夫世之人、之情、之事尽奇也，世之诗尽奇也，然非吾之所谓奇也，非吾之所谓季木之奇也。世之奇若迫而成季木之奇，季世岂好奇哉！

时戊午六月六日鲁司理通家友弟吕维祺介孺父书于秋蝉斋中。

醉题趵突泉

昔闻西人玛窦久相诧，对脚之国天在下。尾闾一穴倒万川，老水回还作甘蔗。太乙仙人北斗杓，洴激玉绳星谺谺。卧龙蜿蜿仰势蟠，海风喷喋摇三山。又见毕星主雨蓄天浆，醉狂踢倾紫玉缸，有时大旱无雨烹商羊。太山道士徐洪客，送罢虬髯坐危石。举目中原此局输，烈火燔肠复何益，不如饮取一掬清愁魄。

题《胡射图》

寒树经霜叶成铁，阴风远造焉支雪。细腰韩卢四足匀，马鸣血喷金衔月。胡妇袒胸双露酥，追狐直挽弓弦绝。秃顶奴儿斜钮鞍，卷旗远堑吹觱栗。掣弄轻刀四尺霜，刳取乌熊断黄羊。焚林烟起连天黑，千堡防军夜烧狼。

同毕念斋、蓼莪、季随弟妙香楼即事

楼开四面如江舫，种竹成林复画松。急雨打荷喧万马，浓云压水恼潜龙。千家野饭看渔火，几处围棋罢晚钟。磨取溪边如镜石，为予镌句待苔封。

并蒂莲

汉宫初奏凤偕鸣，手拂行缠舞态轻。明月夜舒看合影，晴波露滴听双声。徐妃半面妆无艳，苏小同心结有情。池下游鱼池上树，连枝比目一时生。

张景龙过访济上新居，书赠兼讯姜子柔

有客初秋问水湄，铁骊徐控锦囊随。十年未益风霜色，九岛全收山海奇。老我个中犹画饼，几人掌上得摩尼。狂游姜仲能西否，狂叟于今占地宜。

明湖只许好儿游，眼照流波一派秋。连月不停金叵匝，才人争下玉搔头。青衫有曲伤司马，歌扇无风怨莫愁。雨打霜欺荷芰在，芳华似为一人留。

界河驿道中

吕蒙湖北逼官桥，山岫分云溪涧遥。每惜广田时废耨，可怜佳药总成樵。冷泉雨响消多客，古寺松枝换几朝。二十五年重过此，渡头断碣草萧萧。

同王坦山、谢于楚、周自淑、傅道卿、宗上人同集贞王孙舍限韵

凉云长亘天西东，村村历尽哀砧同，雁归木落千山童。早跻峄阳扪枯桐，暮坐王孙古屋中。不将鲁酒忆郫筒，细酸苦吟沸寒虫。座有僧眼炯青铜，河梁游子耐西风。请上琵琶醉小冯即小怜，悲歌吊古嗟此翁。何似寥天鹤出笼，焉能困首坐蒿蓬。

书徐撒街卷子

古人语在尔口，古人书在尔手。古人之鉴在尔目，古人之遗惟尔有。何因奋舫渡江来，白头不厌兰陵酒。长安历历说公卿，大药无成船汞走。岱云如笠压松寒，犹挂孤筇摸南斗。

余雅不喜新声，欲访琵琶旧谱，作乐府数百曲，以存遗响，久而未得。济南刘公严先生，为一代律吕宗匠，问所传，惟旧娼刘寒鸿者一人而已。招试焉，不觉泫然感怀，青衫为湿

古调于今听者稀，西风凌乱碧罗衣。当年尽力伊州谱，不及时兴倒刺机。载酒岂无芳草色，垂杨久绝紫骝飞。行吟余亦支离客，借尔琵琶涕落晖。

七月望前一日，张华东给谏偕其子侄社友修禊事于邹梁城北之远香亭，得诗寄余，用其来韵，如数和之

春禊何如秋禊佳，天留胜事待吾侪。日逢上巳皆宜水，暑尽三庚可陟崖。随意讴吟离旧谱，谁能书字记齐谐。祓除莫厌今频数，回首中原处处霾。

春禊何如秋禊佳，蓐神飞露自天街。赓诗妙过同心结，落笔惊看折股钗。早雾午晴山愠喜，涂风抹雨树优俳。远香亭子留天地，游日参寥足骋怀。

春禊何如秋禊佳，揆之旧例未全乖。座依修竹谈如晋，溪有流觞酒似淮。风可御行思列子，云当巧处见灵娲。兰亭天朗气清句，用在今时意更谐。

春禊何如秋禊佳，新蛩清似鸟喈喈。山容刻露麻皴画，花号真须玉篆碑。酌水自清先洗耳，临风欲辩已忘骸。白蘋红蓼宜谁共，铁笛惊云忆铁崖。

春禊何如秋禊佳，须知花事与时偕。荒年邀会常难数，令节摛词忌太俳。五日留将夺锦舸，清明重见踏青鞋。欲消磊块休浇酒，禊罢临流尽一哇。

春禊何如秋禊佳，嫩凉吹树淡高崖。天明净渚鱼当镜，云落平山鸟陟阶。罚酒莫依金谷数，乞诗初献水松碑，用太白游慈恩寺，僧乞诗事。从今更衍盛冬禊，雪压枯梅坐兔柴。

余于丙辰之夏，徙居嵴湖，诧见异俗，不无故土之思；竞爽山川，亦如新知之乐。偶检陆放翁有“何处桃源可避秦”之句，因用作起句，衍成六律，聊书以志感云尔

何处桃源可避秦，携将鸡犬与闲身。但无蛇虎皆安土，剩有山云是主人。佣友伧朋堪共语，笔田墨佑未全贫。少陵垂老家难定，每读夔诗一怆神。

何处桃源可避秦，愿将名字永沉沦。诗情只许林逋共，溪曲刚宜贺监邻。客邸留宾重设菜，炎天敞屋广遮筠。山灵地祇应相信，速缉萝衣作近臣。

何处桃源可避秦，萧萧童仆与晨昏。风过荷上无须扇，客到窗前尚不巾。庭草檐花诸事野，门联堂额一时新。深芦隔岸飞渔笛，却忆故园牧晚春。

何处桃源可避秦，天留一渚畀幽人。晚峰卓笔矜孤瘦，烟树如娥杂[1]笑嗔。湖好入帘皆揽有，酒能余沥且分邻。城隅纵未无过客，荷叶菱科不受轮。

何处桃源可避秦，只今编籍葛天民。应门不设同僧舍，从俗新知赛水神。林外有歌疑劝客，卷中无赋忍窥邻。脚心午热思冰[2]蹑，柳荫长流白石磷。

何处桃源可避秦，玉函山北水之滨。舟能泛酒无妨小，鸟习闻声渐自亲。早沐拜酬华不注，夕阳诗吊李于鳞。千秋此地应怜我，回首风云迹已尘。

公浮来北上枉过

故交难到薜萝居，况是经年恨别余。不谓王程催四马，仍教心事托双鱼。云霄洒泪君抒对，岩洞无人我著书。面貌傥烦京贵问，科头无处可加梳。

---

① “杂(雜)”，明万历刻本作“离(離)”。

② “冰”，本作“水”，据明万历刻本改。

灰厂吟

阔门高柱皇城曲，暮暮朝朝人一簇。月沉象过人未起，头棍圆灯已纷逐。何事此地偏集毂，历来相府松矗矗。日日虽多客候门，相公高卧如僵木。寥落沙堤不出行，内使恭送黄包袱。一灰才冷一灰炎，炎处献笑冷处哭。哭笑总怜灰敞间，鼠子食盐化逼蝠。

山行

青崖百丈俯长川，十月茸茸碧带悬。童子傍篱窥聚雀，妇人穿树汲清泉。入村半向俄闻犬，问宿寒宵感具馇。处处有山瞒过客，看山不尽莫轻旋。

丙辰秋，家济上，房蔚居归自京师，道出济，邀话趵突泉，赋赠

忽来天上故人车，惊我溪边入钓鱼。话对山前泉泼泼，影怜秋老雁徐徐。可能古驿聊停秣，遥指明湖近卜居。三昧总难超钝汉，余生只可了残书。

北地故鲜竹枝，东方旱余，草木都无秀色，宜向来南客之不耐也。闲居济上，既寡交朋，更鲜唱和，惟隔城把片华苍翠，以自涤目耳。青方冯君适至，馆小淇园中，每过斋头写竹，日费墨沈数斗。于是济上①士君子，家家有筼筜谷矣。海内名贤赠诗，动盈卷轴，余亦附短章。忆往岁徐师钟岳、赵师崀②阳、年友房蔚居、王带如，俱曾为冯君征诗于余，数年始完逋债

六月赤龙燃火轴，地发毵毵失膏沐。痴僧苦种寸金竹，馋守坐对琅玕哭。坡公不啖盘中肉，五斗墨沈溅独漉。风雨萧萧菱重谷，绿云浓雾填满屋。四座珊珊听寒玉，床下阴森起肌粟。一龙上天九蛇逐，龙骨轻遗蛇蜕腹。帝遣伶伦择四六，剩枝尚在潇湘曲。鹊飞不下雉头啄，鱼肠盘回云母簇。江上一声惊篦簌，中郎昨夜柯亭宿。

---

① “上”，明万历刻本无此字。

② “崀”，明万历刻本作“淇”。

病中感怀

金风肃高隼，潞水正严汛。我兄念我时，长安夜车辚。千里寄愁思，两月一书信。知我事狂游，烟水无从问。细雨不须归，几系松龄闷。田庐困旱蝗，骨肉罹饥馑。丘垄风木悲，涕洟远相讯。

凶岁无常生，就熟走异土。升斗较数钱，十口累资斧。纵博一饱余，不敌风尘苦。客子致曲恭，土人视囚虏。稚女及案长，思家泪相睹。病痾日支离，寒邸困风雨。

忆我年十四，病疟历甲子。寒热纵纷纭，岂至废匕匙。伏枕啖冰瓜，起食索肩豕。迄今廿五年，天复降罚此。寒则卧霜雪，热则熬肌髓。狂叫惊妻孥，鬼子面相訾。鬲中如堵墙，一饭三遗矢。凉夜听秋风，耳中喧斗蚁。壮年甚已衰，过此复何似！

济南美山川，移家喜相就。芙蕖香满城，名泉清可漱。华峰青刺天，如笔俨相授。三伏失炎蒸，自谓天缘厚。谁知物忌全，清福不可狃。秋露方沾衣，病苦便分凑。僵伏类枯杨，吟啼似猿狖。湿热消膏血，发落而颧瘦。零落酒游船，知朋亦稀候。危坐趁日光，支颐翻古籀。

秋夜驰远思，不寐听晨钟。鸡鸣递四郊，百虫急凉风。听久泪浥枕，愧我不如虫。春生而秋成，阴阳全始终。我年正强壮，回首坐樊笼。如彼呆生谷，莪莪摇风中。男儿志四方，通灵帝梦熊。我日奔口腹，衣食仍不充。岂复有远略，秦缪之不东。从此旦复旦，无何已成翁。披衣起行立，仰面见南鸿。呼之至三叹，邻妪已高舂。

过鲁关口号

旧地旧游寻旧侣，荒城荒戍对荒堤。伤心红叶兼黄叶，饮马南溪又北溪。尘事每将清事废，来人半为昔人悲。千村晓月千村梦，几处寒烟几处诗。

忧旱诗

一年负我远山游，山色无青水断流。隘道饥民声似鬼，出门一望哽诗喉。
嫩云岂耐热风吹，夜夜明星重我悲。治水九龙都何事，瞒将天泽积家私。
男妇攒眉突未烟，四乡十巷只空廛。邻家逐市归来哭，谷豆重增五十钱。

数口同餐一掬糟[①]，何人搏虎请开棠。风吹敲朴声如沸，更道齐催隔岁粮。
尽说饥肠火欲焚，万人洒泪诉黄云。羽书十道飞来急，不是蠲文是限文。
南村女儿身且长，夫家离散去何方。父兄在系官钱急，典却笥中已就妆。
黄尘赤日压东篱，伏案穷儒亦太痴。云汉一篇读未了，日来黄荠不充饥。
官衙民舍总萧萧，城似荒村人寂寥。两月酒家无曲米，青帘晚挂影空摇。
朝暮衣冠拜废坛，长幡十丈挂黄竿。木朗神咒芒僧道，总似中元会盂兰。
闻道城壕有弃儿，乌鸢陵厉已多时。仓皇慈母知何处，野哭连天满路岐。
只将瘠土事勤耕，水不通舟商不行。纵说东方千里旱，其中最苦是新城。
常平保赤岂无仓，总计中无千石粮。廿载罚锾不积谷，令人苦忆赵含章。赵有善政，积谷万石，后官止罚锾，无复积谷者。
天高无隙可呼天，推取生人一壑填。几妇打说争树叶，到衙还要纸张钱。
讹言道上今何甚，岂有黄[②]池可弄兵。白昼探丸新诧说，西乡昨夜剥儒生。
老农倚杖叹平田，几垄枯苗响欲燃。二月新丝五月谷，较今真是太平年。
雀鸟频躁窥檐急，松竹垂头向我愁。往岁茶瓜留客事，庭前总瘦一株榴。
浮屠久寂木鱼声，零落沙弥乞饭行。只有老僧跛且病，井边汲水种蔓菁。
任从地陷与天摧，不碍长安轻薄儿。只见名园花似锦，那知官道树无皮。
圣主临轩问岁灾，雍容燮理是三台。福藩子粒摊三省，每票该司火急催。

与孙同玄、张嵱嵘两年文集小淇园

我种明湖一曲田，水耕火耨未逢年。故人萍聚缘非偶，情语灯前意怆然。春色只关闲共闹，青山不厌野而颠。雄飞雌伏寻常事，无恙还吾七十泉。

得雨后，欲有远山之行，先简廖景庵地师

夜来梦到水晶宫，果见甘霖洗蕴隆。欲与巨灵划世界，可同列子御天风。千岩新色应无剩，秘室玄文未尽穷。杖底秋云都赘物，凭君一奏峄阳桐。

---

① “糟”，明万历刻本作“糠”。

② “黄”，明万历刻本作“潢”。

病后，洞庭弟远来问余于济，因变作恼秋行赠之。盖自宋子悲秋，青莲、坡老变而为喜秋之诗。余思时则难易，情复难矫，何言喜乎？仍变而为悲歌，本吾真也，观者勿诧焉

我看秋光亦太好，不好何能烦我恼。向来有意无人尽，今朝为尔聊倾倒。雁翅山头金帝老，湖面蓊郁净如扫。拳槲垂柿淡赭云，天末练白迷苍鸟。严城栲栳入酸风，山夔饮归愁荒草。何必宋玉柔肠易作悲，即使鲁连剧孟望之神为稿。我忆景公真人杰，俯仰能洒牛山血。血泪一滴一灵心，苦遭庸腐儒，诸儒强作解事从饶舌。我辈钟情本是痴，虎头妙正在痴绝。茫茫灏灏秋水滨，对之无泪已非人。苦雨凄风坐长夜，鸿来雁去失芳辰。我自别尔才两月，面皮黝黧高颧骨。病起拖衣盼远山，浩咏长歌当七发。眼见浓尘变玄发，又见薅叶修条厉风割。男儿壮岁不成名，碣石谈天嘘咄咄。我写悲秋笔砚焚，看尔凌风高健鹘。

秋水

涛平影落紫金峰，魂绕长干浥露浓。不与东风渡桃叶，偏宜明月照芙蓉。采菱几处思公子，听雁谁家唱懊侬。独有玄晖工画手，能将如练写真容。

听白二度曲

一声娇尽一声痴，痴里含娇送意迟。乍见飞云停碧岫，俄惊秋夜啭黄鹂。误音故引周郎顾，回笑谁令杜史知。倾费缠头休坐惜，即倾人国也便宜。

鲸蜕石为八兄题

夜中天鼓轰天裂，天汉直倾天纮啮。堕却黄姑对岸星，星蒂淋淋含痛血。传说髭王迁洛年，海沸如汤抛热铁。沉沦海溢几春秋，赤龙励齿声屑屑。吕政之鞭何太狂，倏忽蹶走如奔羊。迸火喷烟迸作二，雄者飞翔雌走藏。子房谷城所遇石，云是雄者故色黄。雌藏水底幻灵怪，千年夜泣思上界。女娲有神惧天坏，海里寻石杂沉瀣。炼之九九文武火，五色迷离晃朝曬。其余剩者似雨花，老鲸乞取为鳞介。唐武皇帝辟昆明，拉致高鲸厉水兵。气肃高天人竖发，风雨时常闻一鸣。杜老感之赋秋兴，露冷波漂几动情。即今毛头照地天狼跳，特洒一盆墨沈祝神鲸。

早春六日同刘司徒公严及蓼莪弟、信上人游历山下院十二首

气滓南山倍有神，攀援不分柳条新。随缘士女填僧舍，赛社笙歌暗路尘。风飏酒帘摇碧水，泉添茶味醒游人。等闲初试寻春马，飒踏平康步步匀。

祲运今年稍见平，南郊车马已倾城。照颜老去羞新水，选地游来忆旧盟。草未辨名先钻去声绿，鸟才试羽便流声。千门烟动知分火，天外孤峰刺眼明。

涧下长松几代攀，年年游女憩松间。因场作戏谁多态，借影观身我自闲。破费天工惟众卉，周旋老友是青山。可怜枯木禅和子，今日翻然为启关。

刘公扶杖尚登临[1]，况我情痴敢负心。领略山光休俟驾，唱于泉响借鸣琴。多浇白堕清癯骨，不怕封姨妒嫩金。自喜身如无系鸟，朝飞湖北暮投林。

紫骝怯渡弹青丝，油壁逢人不下帷。陟巘高歌怀古曲，焚香低献祝神词。鱼瓶略似长安市，瓜子时忙轻薄儿。挫眼春光容易掷，埋头书卷亦胡为。

诗僧何似酒僧高，绣佛生身赛饮豪。我市旧醅名露滑，尔翻新曲试云璈。宫人斜侧悲埋玉，祈嗣堂东问种桃。苦向菩提寻秘谛，真同海底一针捞。

我爱郊游能强饮，恳君亲自展歌喉。南营鸢线同儿戏，北涧河灯散鬼愁。汉刹唐尘千佛老，苏诗赵字一碑留。官家傥觅春游曲，四旦何妨备打油。

从古千家满泺源，当年谁布给孤园。山光螺黛攒天巧，涧水之玄入佛门。指说旱蝗经此地，初闻鸡犬自西村。巘南胜有神通寺，三月藤萝共尔扪。

共喜占年五日辛，环观涕泪去年人。移家笑我同乡俗，称贷名泉作契邻。有路天桥须了愿，无情罗汉也怀春。倩君欲写千岩色，一抹青青不可皴。

雪里诗曾共我题，我能狂兴故相携。天加清福容开眼，回忆佳游莫噬脐。客子且欢杯满满，王孙休怨草萋萋。岂无宛洛名园好，一任喧丛付醯鸡。

风为轻扇日为汤，山不能言水亦香。草短茁如僧发短，女妆鲜似佛头妆。花开柳谢明湖在，雁去人来老树僵。才见扶归还见出，几人痴想几人忙。

城中过客闹征车，岂得城南坐净渠。爱竹差堪同六逸，行吟莫漫拟三闾。晴朝野旷宜调鸟，连夜冰消可问鱼。灯事又将修令节，上弦明日喜蟾蜍。

---

① “临”，本作“林”，据明万历刻本改。

和吕豫石《雪梅》诗

喜他笑眼共悬牙，瘦骨冲寒自着花。天爱清标加九锡，幔裁只用水纹纱。
紫燕黄莺总未知，逗将春意点枯枝。孤清透胆成双绝，莫遣林逋更作诗。
十分春色未经三，雪压枝欹意便酣。不是严寒香不冽，寒香真可傲江南。
不论驴背与窗前，得雪才称梅有年。雪也似花花似雪，赏花已占百花先。
懒性从来号六休，探梅尚忆雪中舟。一宵梦渡潇湘水，惊落天香醉玉浮。
风敲月影共朝昏，总让催诗雪里樽。明日小童开阁看，老龙惊爪雾新痕。
谁将回雪骋腰纤，萼绿华舒十指尖。魏紫姚黄多热闹，尔如高士卧茅檐。
蛱蝶何曾衔过墙，游蜂不得共闻香。上阳宫主偷春色，昨夜初成点额妆。
看花醉眼堕乌巾，细绽新苞似笑人。笑我骚人小识见，动言梅雪为争春。
闻咏藤滕意不禁，犹如钟子听鸣琴。重携斗酒披山径，米筒人声未可寻。

和吕豫石《后梅雪》诗

月前既和豫石《梅雪》十首，逋债方完，豫石更出《后梅雪》十首。又以诗话中有俦、头、牛限韵颇险，约再赋十首，余谢不能，但总以牛、头和《后梅雪》而已。且寄之曰："君诗田单之牛也。若贫儿作富事，亦于枯肠中如数搜牛山圈，几无留犊矣。倘再有新诗索和，余惟骑猪窜耳。"一笑！

我坐湖滨雁鹜俦，曾怜微雪忆槎头。山南谁占风流会，又寄梅诗卷似牛。
近眼花枝入饮俦，琼瑶撒漫当缠头。迸来何处旃檀气，疑是雪山见白牛。
雪里迎梅趣更俦，江南羞说雨淋头。琉璃屏下生寒色，见月何能不喘牛。
须有清诗共尔俦，冲寒山意满枝头。少陵欲问春消息，滟滪新涛渐似牛。
为妒冰娥与竞俦，故将酸态自低头。倘知别院春深锁，麈尾仓皇更促牛。
自是高岩松鹤俦，肯来偎暖媚床头。最嫌瓶史杀风景，折取何殊系水牛。
舞态酡颜正可俦，行春若个是遨头。樽前莫诧花妖见，万岁枯枝欲化牛。
花神也盼赏花俦，昨日红颜今白头。此去倾筐能几日，赏花直可卖耕牛。
花上添花春与俦，弓梢幻出夜义头。云山干腊巴川薐，较此冰花风马牛。
上林九种自同俦，更有寒龙枕石头。欲得一枝和雪寄，恨无千里兖州牛。
冷然高洁谁与俦，不似芙蓉爱并头。浅绛深绯加白苎，詹何无术可占牛。
但得罗浮与梦俦，何妨缛蕊落枝头。牧童不解关山曲，吹笛前村任跨牛
偷将春信问歌俦，何必拔枝寄陇头。绝似桃林飞柳絮，溪边只欠戴嵩牛。
不知石畔有高俦，空转山头过水头。此际马输驴背稳，披蓑更羡是骑牛。

阅花多矣罕其俦，写此真须顾虎头。老干嵯岈欹瘦石，勒回一笔力千牛。
玉梭仙子忆仙俦，春日阳[1]春不举头。耐可乘风到银汉，休将冷面对牵牛。
纵晚犹超众卉俦，典刑不失庾山头。明朝雪水漂香片，巢父欣然定饮牛。
腊雪题梅已罕俦，春梅又赏雪山头。豪吟索和高声价，似据胡床叫封牛。

客居济南，秋疟为厉，濒死者数矣。正在痛窘中，夔、献两侄适冒雨远来慰望，惊喜叙问，不知涕之何从也，因赋诗志感

经旬疟鬼销癯骨，映户山光独问余。自悔老狂疏节祀，坐令生计失菑畬。旧庐黄菊应芜矣，短架余编可续欤！喜似瘴江湘子至，断肠风雨对踌躇。

书张公卷子

先生其穷矣夫！有躬不痴，有舌不腴，生怀其玉，死藏其珠，徒恼彼夫。先生其穷矣夫！

寄怀丘六区

骑驴走入乱山云，历夏经秋坐水渍。一语到喉谁可语，几文懒思未成文。移家就熟才悲我，赐沐宁亲远忆君。刈尽兼葭听尽雁，翻书松萼夜堪焚。

赠刘伯羽

王孙失浪侣鱼鰕，鳞鱼犹存莫重嗟。草发春明天有意，雁回云水尔无家。河边舅氏今沉璧，江上佳人昔浣纱。千载自惭孔北海，为君哀怨奏琵琶。

三十八岁生日

我年四度遇旃蒙，犹是凡鸡苦在笼。对面谁非车折坂，出门处处石尤风。岂无萱草从教痗，纵得文茎莫已聋，出《山海经》。不合时宜空满腹，只今输他蜜翁翁。

---

① “阳”，明万历刻本作“伤”。

拉船

病卧三十日，廿九日废诗。一日偶捉笔，头眩不能思。屋鹊乱啁哰，残日在东篱。僮仆昼僵睡，呼之云苦饥。外户闻剥啄，乃是拉船儿。久见溪边柳，窈窕一舟牺。及此收莲叶，愿倍船之赀。我闻感而泣，乃已及霜时。致身无长羽，繁日无长丝。倚窗检余帙，愁听凉风吹。

鲁仲连墓

聊城黑云欲摧，尔矢飞来叶。新垣衍，喙何蠢。燕劫骑，死何痴。矜彼千金嗤嗤，凤凰于飞谁下之。海水毒，淫而潴[①]，尔魂其无迷。古狄城之西，草萋萋。先生穷骨，安用彼[②]悬棺为？三千年，我窥其穴疑[③]。

邯郸才人嫁为厮养卒妇

岂惜凋妆翠，岂惜褪罗香。含情对灯下，吞声已断肠。何如眠孤月，永巷望昭阳。身手翻自羞，眉目深闭藏。回思旧宫侣，谁可娱君王。不为入宫妒，天意本苍茫。徒闲柘枝舞，垂涕向空墙。

赠

老去徵歌不禁狂，鹍弦聊试夜来霜。一声秋压芦花水，南雁从今不渡湘。

才上歌船便自狂，秋蘋白似瓮头霜。湖边无限伤心色，都入秋罗六幅湘。

寄杨如愚

尔世家沂山，屋当山尽处。飞鸟乐鲜云，竹树迷人路。积书与梁齐，一字无俗著。枯草谈阴阳，指甲生云雾。掀髯嗽佳泉，刲股镂新句。野菜倾浊醪，自昕而及暮。有时自哭笑，人罕测其故。昔岁向我言，织女祠前渡。临水盼鸣鸿，

① “而潴”，康熙《新城县志》原阙。

② “彼”，康熙《新城县志》原阙。

③ “我窥其穴疑”，康熙《新城县志》作“我窥其穴而然疑”。

曾与姹仙遇。蹉跎二十年，犹耽儿女误。春到种桃花，宿约可再负。舍弟截淮来，剪灯作君语。道君富灵文，疑有江山助。

仲春晦日同吕豫石公祖、刘公严司徒泛大明湖

青帝剪春明氍毹，蕊乱枝盘衬重湖。社后来燕觑门衢，三分花事二分徂。今我不乐辕下驹，此地上有生云屯雾隐梵之高山，下有绕郭环村泛酒之长渠。是日也，仲春既晦日已暮，云树迷离风更呼。水如墨沈注盆盂，荡舟明火晃金麸。击榜阁阁醒鹈鸪，面赭耳热歌乌乌。乌乌之声尾毕逋，一字一叫缺唾壶。景中之人人中景，风幡不动盘走珠。恨无阿段似胡奴，水底古碑手可摹。不须油花卜，不羡樱笋厨。但逢佳友倾屠苏，休愁翻浪龙垂胡。游不诧奇句不峻，晴云晓日胡为乎？最喜尔诗写此景，熏烟古色辋川图。我诗深夜亦有用，可作郁垒与神荼。

夜饮会波楼

新雨沐乌栖，墨云惨风堕。鱼龙酣春眠，脑鬣触行舸。饥鹳偎岸愁，千门柳烟锁。山气留残寒，惊犬吠鬼火。晦夜纵高目，我怀固磊砢。杜老渼陂游，阴雷亦掀簸。三子平台笑，何妨裈中裸。天或妒清嘉，花月恒相左。波心百尺楼，老狐放衙坐。俯而听鸣泉，仰视群峰逻。今夕难与争，愿以百壶傩。心话指明灯，于世无所可。

赠王保儿

孔雀南飞拂水明，蘼芜嫩绿试新声。珊瑚未枕先萦梦，杨柳才风已报情。带结松阴愁小小，月移花影病莺莺。苎萝溪上浣纱石，正好轻磨识尔名。

寄答钱受之太史①

隔年才得过江书，风雨萧萧慰问余。老矣去青山存兔柴，何能哉白手勒狼胥？新亭举目人谁在，精卫填波鸟亦愚。兰枻棠舟重载酒，可从春水醉王余。

---

① “寄答钱受之太史”，明万历刻本作“寄答”。

小草草

问山亭诗叙[①]

济南王季木，锋颖所篆结，标格遒上。其雄博奇伟，如操舟万斛泛重溟、沉铁网取珊瑚也者。往年与余谈艺，近复向余谈诗、制义，余友人黄贞父、王木仲业已诠次行于世，而诗刻则自《问山亭》始。帙既成，余宜有言。尝记与季木论诗，窃谓诗之状物，高至于日月列星之繁，而其入深也达于渊泉，散于风之吹嘘，云之静卷，雷霆之剥击，雨露雪霜冰霰之降坠，昆虫草木之生生无穷；大之为海、为岳、为山、为川，微而及于秋毫纤尘之不可见，变而为日月之薄蚀也。然必皆罗致之为诗之囊中物，随取而用焉，而后可以言诗。又必和以五味，使可咀也；调以五声，使可听也；施以五采，使可观也。呜呼，诗岂易为哉。兼而工者，代不数人，亦惟天实生才不尽钟，人之取材不尽广，犹之骛大者不得趋小，绠短者不能汲深也。即如近代北地、信阳犹然灾病，他可例推矣。季木颔余言不尽，非顾余仅信之于心，而季木独能摅之于口，任手所挥，短作长歌，诸体赅美，不啻维摩丈室中诸天法相俱备。视余尝所谬论，种种契合，非其纵才识于天而擅藻绣于人也，未易臻此。今《问山诗》飓风为鬼，飙为祲，为雷之砧斧，星之坠也。为石，为肉，为狗，为老人，或雨而为血，沧海之堙为桑田，为息壤，为飞来峰。其为祥也，在天为卿云、为甘露，在地为醴泉，在物为芝，为麟，为凤。而于人也，宫焉以居，器焉以用，冠裳焉以章其身，符玺权衡焉以信。群而相害也，则城郭焉以守，甲兵焉以一暴乱，祭于庙以报，习于学以陶淑，而又病其拘也。有壶矢博奕蹴踘之具，鱼龙曼衍角觝之幻。怪而为神仙服食吐纳之术，放而为孤云野水之观，水巢石穴之居，樵之斧，渔之歌，农之鼛鼓，巫医百工缁黄之流，乌蛮白狄之髽辫，纷如具在。起己酉，越丙辰，屈指八年，赅美如许。噫嘻，昭融显于日新，盛美积于富有，无涯结于大年。季木从此超乘而上，其奇进讵有量哉。缥缃册府，冠冕词林，大雅扶轮，小山承盖，余且拭目观之。

万历丁巳孟冬北海赵秉忠题。

---

① 在明万历刻本中，且该叙置于《酉戌草》之前，为《酉戌草》之序文，而非《小草草》之序文。《酉戌草》为万历三十七年己酉（1609）至三十八年庚戌（1610）间之作品，而《小草草》为万历四十五年丁巳（1617）间之作品。另，明万历刻本中之第三叶与第二叶装订顺序有颠倒。

雨夜读张沧嶀诗

半夜惊雷裂北渚，纸帐梅梢化龙雨。我梦正在晴山行，脑里忽闻斗乳虎。老妻病疟作狸啼，撼我亟起无安处。此屋湫洼近大湖，恐舞冯夷戒伤女。披衣燃烛听湿乌，竹树飕飕拟兵虏。危坐翻书不再眠，架上陈编恨酸腐。枕傍一道幻光怪，却是张郎诗卷在。鞭霆划电非窗外，怒雨轰风从纸背。一读一叫天欲明，击扇为节湘竹碎。凭语老妻莫厌听，走尔疟鬼瘳尔瘵。天公今夜试新雷，如人破白偿诗债。菜畦麦陇郁朝荟，嵓麓华尖添叆叇。欲一名泉买一诗，张郎摇头不肯卖。趵突而下非所爱，倘然老龙窥卷索骊珠，试看水晶宫里拟书晒。

张嵢嶙邀饮小淇园赏牡丹

惟有牡丹娇艳处，一年花事擅完名。偶来借地修觞政，又恐留题动客情。微雨便能深柳色，晚晴似为促鸠鸣。临池也自怜标格，明日还须为解酲。

过刘云从园，观周自淑书舍

方园古屋河西岸，向我夸谈已十年。来憩喜为仆马地，相逢况是雁鸿天。积书架上多抄本，留咏斋头半昔贤。窗下藤萝香烬在，故人曾此腹便便。

北发书斋壁

不甘长饿又营营，判水离山亦恝情。骨相自知输彼贵，冠绅几见有斯伧。移书真似般姜鼠，戒口差同忌酒猩。来去鹭鸶高着眼，山亭累尔暂支撑。

北发留题舍壁

小艇留将系柳腰，书龛药椟付蠨蛸。已褰行李过清渡，尚赚游人问嵴桥。窗竹自怜明月影，湖莲休似去年娇。临岐暗与心相约，彭泽归来八十朝。

舟中漫书

岸柳随年老，行舟尽夜过。逆风劳舵长，乞火礼村婆。病后无长思，书中有睡魔。凄然客路雨，愧忆旧矶蓑。

阻风行

南舟满蓬，北舟牵挽。南舟欢唱，北舟叫喊。竹缆纶纶百尺长，不及悬芦七叠强。岸柳随风屈倒腰，燕子呢喃趁快樯。困顿河边日已暮，北望杨村十里路。柁师篙工坐苦饥，白柄下船推浅步。一般风浪如山下，北似拔蛇南奔马。只争顺逆片时间，打鼓鸣锣便矜假。飞掠飘摇故调笑，攀绳少妇何轻剽。岸上小儿解事曾，流光只羡南舟妙。吁嗟！北人枉杞金龙庙。

题《砧妇图》

八月凉风白草零，敲砧可并塞鸿听。征人入念声初阔，稚子催眠手暂停。渐转石边枫影月，乍看井上露沾萤。卷衣入室愁何似，灯焰无光户自扃。

滁县病忆家，许典史有画竹新茶之赠，谢之

炎蒸短艇苦笼鹅，喜坐荒邮足散疴。城下王孙哀食未，庐江小吏奈情何。龙鬠画竹飞晴雨，蟹眼新茶醒睡魔。悔别故园好山水，几时开鉴出堆螺。

北上别张嵢嵥年丈

住久沙鸥已共驯，又骑款段走风尘。休将犊鼻悲南阮，况以猪肝累主人。猿鹤腾讥空浦月，芰荷辜负半湖春。长安英妙纷如水，潦倒衣冠愧不新。

赠陈光孺北上

即君白首尚栖栖，广武何妨浪品题。几于寒风愁脉望，可知滴雨契摩醯。碎琴市上人何噪，瘞笔丘边鬼亦啼。我怪小儿多耳食，个中从古说哀黎。

入都门

西山犹是昔时青，故缔知朋似渐零。不解占风休启户，偶逢喜雨且倾醽。交情仿佛新皮面，诗社存无旧典刑。到日便叮归日约，滁滨莫卸过关舲。

住滁县得家书

咫尺神京路，何因不即行。孤城十日病，嗟季隔年情。风雨书来夜，溪山梦里声。野人从野服，莫与市儿惊。

文太青诗

二华戟天门，黄河浴星斗。阴风日荡黄，老蛟夜昂首。檐溜视渭泾，清浊何分剖。日观无古松，玉井无长藕。沧茫周穆云，纵横十万亩。太青朝帝回，注以青铜酒。

公浮来诗

深山藏古今，龙蛇护灵秘。是名为鬼史，夜走风云气。柱颐抉含珠，赤文而绿字。雄虺与魁堆，伏谒供文事。世人诧惊魂，羌独恬而睡。崄叠古石花，泉香透三昧。

谢张纯白滁县学博

广文从古号寒官，爱尔清斋五月寒。余日在窗留塔影，饥乌聒树未盘餐。喜邻伏腊三朝老，邑人岳文肃公正祠与庠邻，庆被慈宁五十酸，黉宫圣母重建，庠中止有生五十员[①]。邂逅尚能怜我病，分来苜蓿委阑干。

---

① “黉宫圣母重建，庠中止有生五十员”，底本无此内容，据明万历刻本补。

寄怀徐孟明

以我垂竿敌早耘，一年春事许平分。居湖侈用惟宜水，耐眼穷交只剩君。高士瓶中无剩粟，严僧壁上有奇文。催花雨尽平畴稳，须寄山中似笠云。

赠许颢南

行卷标衔号野曹，青驴白柄扰山猱。几人欲隐心难了，羡尔耽诗老更豪。万里家移花北瀼，一文自祭柿东皋。眼前二满三平事，到梦看如舌上毛。

秦太君册子

探水收云独去还，能抛扶老陟蒙巅。每携奇石堆书屋，时听幽禽课药田。子舍迎来分俸米，僧筒寄后梦山泉。婴儿姹女休矜说，四世孙枝在膝前。

丘六区于丙辰夏访余于济，不遇，至丁巳夏乃先后入都，话昔志喜

牵罾忆坐湖边柳，尔去鸣驺驻我门。总为丛林迷野迹，遂令晚雨隔清言。霜颜土面欺时日，狙禄猕官愧梦魂。今寓长安蒸似火，可能忘贵入中裈。

璘上人邀同朱五吉、丘六区集小祗园

长安秋半犹酷暑，此地凉云竟不尘。自笑蚁芒追日脚，偶从狐弄礼昙身。僧闲坦手晴施鸟，松老垂头晚荫人。八百声中牢记取，一声喝转一文璘。

读季重《五品稿》

五字雕镂销岁月，知君到处了诗缘。犹龙杂出西崑体，下驷还当大历前。九曲卷将声撼地，白榆种处手扪天。琅嬛蓦入窥云秘，悔读遗书二十年。

同公浮来、袁小修、李季重集孙珰园

乍离云岫来炎地，片石孤松也系情。即使此园无韵主，尚怜今会为寻盟。西山小雨开新面，石籁迎秋试晚鸣。帝里凭高恣指点，夜来清梦已先成。

题御屏张太公[①]化像

问公何来，问公何去。五叶开花，千寻落树。香炉峰下几人行，炉烟迷却山头路。九年壁观拈鼻孔，避暑今朝睡初醒。三生石上瀑流泉，三笑亭中看日影。莫猜是赵州桥，莫认作朗公井。那个能一口吸鄱阳，才与手扪孤松问绝顶。

同冯季韫坐浮来寓分韵

寒云如絮裹苍狗，青君遥睨建章柳。鳌山初落红霞后，千官封事开龟纽。红绡碧玉锁歌口，六街如蚁冲风走。城隅冷巷闲三叟，竹匕贯肉盆盛酒，磨吻熬牙其穷否？锐头震瓦墨翟守，下军小却浮大斗。炊玉无钱恼子妇，燕蓟从古多侠友。郭隗高台埋宿莽，茂先片铁龙飞久。岛瘦诗存骨已朽，姚僧有祠坐土偶。我眉化作愁尘帚，朝报成堆拭醉呕。世人三问三摇手，婆目难将婿踵灸。

长安杂诗十八首[②]丁巳冬

岁残冰雪隐铜驼，病起惊时感慨多。洒泪酎诗同五祀，低眉事鬼废方傩。三时花雨辜鱼鸟，几梦家山老黛螺。迎马拜车销七尺，长绳系日久蹉跎。

化国依稀似睡乡，拔将蓂荚树迷阳。阴阴署柏云空锁，奕奕官狐晚跳梁。传奉数闻催墨敕，披麻惊见出仓琅。何人枉滴忧天泪，长乐钟声每断肠。

休言玉蝀压金河，海淀高梁列苑多。客是鬼幽兼鬼躁，乐疑天阵与天魔。金篦卧照秦奴月，步障光摇绿媛酡。可笑子云门似水，摊书长夜笔重呵。

上林巨丽日萧条，卢橘枇杷奈晚凋。久绝龙华催蝶信，空劳狗监伫鸡翘。乐游碣石遥相拟，梦泽青丘漫自骄。今日武皇亲问赋，千年才鬼也堪招。

金花常例羽书催，皤发司农屈计才。苍璧如沙酬旱魃，春莺无语哭黄埃。

---

① “公”，明万历刻本作“翁”。

② 明万历刻本题作“长安杂诗”。

龙蛇厄数连年剧，庚癸呼声九塞来。桑孔忍言搜逭赋，东南白骨几曾埋。

海上风沙荡日黄，恨无弧矢殪天狼。江浮群鼠犹疑诞，野斗双龙亦大狂。汉武末年情转痛，洛阳封事语何长。相公深注弥灾策，休问吴牛厌道傍。

传着萝衣更赐貂，朝元仪礼满清宵。犹存看马虔初奏，恨不鸣鸡彻九霄。扇影停云宫监肃，甲光上日羽林骁。似闻太史占星纪，孛在文昌气未消。

凄风吹雁过居庸，塞士闺人并惨容。多少客卿迷故垄，跼躇穷路抚孤松。尘边行卷悲怀玉，车上朱衣大撩侬。可忆愁猿怨鹤处，深山几岁老芙蓉。

如牛宝气覆封桩，欲卷江河注内藏。避席不闻文靖对，归囊争急尉陀装。苛催铺埶浮常贡，孝顺金珠奖大珰。天子持筹劳丙夜，安能心计得研桑。

阴风忆昔透青闾，太白芒径井鬼墟。岂有偶人持击杖，最怜三老待陈书。鸟乌空急中宵舞，鹨鹈先回好梦蘧。召对千官天语近，臣昌吃吃气难舒。

一宵瑞雪压西山，圣主斋居喜动颜。不惜脱貂贻远塞，更怜通蜡饱穷鳏。银鱼荐庙先冰释，羯鼓盈衢识岁间。我有一梅枝半秃，长吟不寐手时攀。

青龙桥引玉山晖，隔水东南塔影微。犹似传呼龙跸驻，诧看分卫木球飞。替僧经席金平布，护敕珰坟柏数围。明是曲江歌舞地，王孙宝马暮言归。

潞滨四尺秃翁坟，寂寞荒祠不荐芹。自掷瘦颅完宿债，留将业口与谁焚，公有著名焚书。珠明慧种三生在，风落经声静夜闻。遗履折芦竟何意，影堂灯火冷昙云。

日日闲云宿紫薇，百传温旨面恩希。雀罗昼冷无残客，蜎惜春深唤落晖。金穴谁怜蒿没径，智囊空叹血殷衣。老皮瘦尽车生耳，何事青山不可归。

文子太青子时入贺横江六代残，独携古调向人弹。官如生果犹粘核，妻笑鲇鱼欲上竿。新客每矜绫饼味，论交岂到葛衣寒。满车萧艾充天府，幽谷谁从目以兰。

江陵异代拟金陵，廿载沙堤几废兴。歇后入来知事去，弥坚新透识钻能。才看晓露窥行马，旋叹斜阳冷吊蝇。端礼风雷轰片石，安民名字可镌曾？

手敲石几目天余，孤树无人黯自歔。时艳拂鸠淫白下，谁思铜雀吊黄初。八哀夜夜犹萦梦，三品年年久废书。莫怪苦吟妻孥厌，甑中尘满釜中鱼。

古愤长歌当古欢，黄昏门巷萎檀栾。哨崖哀鸷翔鸦急，破梦吹愁小月寒。恶饮拜酬憎俗苦，冷曹卤簿称儒酸。又将转饷黄河曲，太白攒云须细看。

赠刘百世

日下才名世已谙，海狂何语副高谈。初同文事开汤社，聊以心知作禊潭。架积遗书多宋本，园增奇木出江南。清诗怪尔饶新料，日日西山送碧岚。

陈中湛先生册子

古斋松柏虬蟠老，慈乌怨雨啼江晓。鬼眼窥灯竹屋寒，破砚苔成纺砖草。孤儿血纸貌招魂，父老相看面如稿。青沙黄雾北山道，负米穿云泣秋蓼。梦里寒温四十年，阿婆训语阿孙传。铁冠峨峨拜堂影，手抚松枝天月冷。

题洞子

石劈苔花苍玉破，螺壳团圞虎子卧。可曾地底透江南，狸眼灯笼[①]窥雨过。泂泂绿发滴珍珠，归云蒸爇罗仙座。莫将七日作千年，亲见天光星个个。鹤翎梦里忆前生，笑看来踪抛一唾。

喜孟明至京

滹沱冻合燕草枯，忆尔堆书山一隅。惨淡风沙无过鸟，萧条童仆来长途。解鞍欲语冰粘口，握手看灯泪浥襦。脱粟布被故人意，愧余薄宦老头颅。

柬冯季韫

忆昔秋杪庚之岁，古寺烹茶坐夜寒。雁去菊开何恍惚，宦情诗况总阑删。秦关鸟度君怀古，汉苑鸦栖我寄安。楚楚风尘嗟渐老，云山可更别离看。

独漉篇

独漉独漉，水清泥浊。水是余心，泥为君目。云点清虚月未朏，犬吠深蒿惊嫩绿。

读朱五吉诗

公二面皮当峰汉，一语不合或嫚骂。今朝向我夸朱髯，晋楚相逢思退舍。尊宿胡为逊声价，此髯髯中夜光射。深山大泽产龙蛇，燥吻怒笔烟云泻。有诗

① “灯笼”，明万历刻本作“笼灯”。

吊古哭荒台，有诗感时弄杯荦。店月桥霜识旅行，朝雨轻尘相送罢。诗如铁板唱江东，时尚靡靡惭子夜。予自燥发学操缦，迄今几变江河下。七子骨朽徐袁死，钟文之战纷中夏。予也北人知北音，蜃楼在海云生华。昔年李子咏杨花，柔题刚句多相诧。天为此道存雄风，此髯堕地迦陵迓。莫将别调任风吹，同床各梦随灵化。

寄怀王坦山

乙卯余过汶上，访坦山子不遇而宵征。次日，坦山乘驴追余于洸水之涘，因偕谒孔林别南浦。迨余还，又同周自淑兄弟及僧幻宗过坦山，则闰中秋也。共赏月于檀楼，分韵赋诗。今岁谒选上林，坦山已司李冀出右春明。追忆前迹，倏忽三祀，对月怀人，悠悠我思。寄诗讯之，并以订自淑之约云。

昔年饥走荒山道，历兖将滕复渡沂。晓岸冲风追我马，闰秋瞻月与君期。乌啼苑柳嗟今客，僧共村灯感异时。何日归寻周叔季，扪萝峄麓榻秦碑。

同邹臣虎、叶玉壶、丘六区、陈海庚饮刘玄受寓即事

轰雷飞雨西山暮，兄弟开樽听雁群。如缕话心刚月入，透衣新爽又秋分。狰狰乡味疑诸粤，屹屹方言难子云。南北关河动万里，他时相信祇声闻。

未刻诗

卷一

乐府

将归操为邹南皋年伯赋

岱之峨峨兮，跛羊陟其巅。河之弥弥兮，凶蛟游其渊。圣人握斗杓，狡儿窃以酌。冥兮忽兮，谁测其要。有鬼有鬼立天楣兮，倒参弄箕。我欲见帝而诉之兮，天豺天豹递为噬之。不如归山兮，有松有筠。云谁之思兮，西方美人。

猗兰操为张藐姑先生赋

猗猗崇兰，生于江左。姑射仙人，植之婀娜。阳煦露湛，为国之瑞。山鬼间之，杂莤以荟。十年有臭，正当上帝之睡。匪伊杂之，弃于污渠。我为之叹，莫之于舒。安得斧柯兮，剔莤奉祇。或忌血指，且为止止。莤日以莳，兰日以萎。吁嗟兰兮！

龟山操为伯嚭赋

尔龟之庞兮，蔽此曦阳。群物以阴，不得煦其芳。尔龟之灵兮，通彼奥秘。群物愦愦，莫得测其缔。尔龟之寿兮，帝未之觏兮，帝或寤焉。命彼豫且兮，铁网举之。剔尔之骨兮，荐尔肉，尔龟蠢兮罔觉。萎骨之桓桓兮，野火之燔燔兮，人乃睹其天兮。

履霜操崇祯二年冬作

霜之皑皑兮，白露所成。章树樠椮兮，将凝未凝。昭阳宫煦兮，轻罗未觉。建章门外兮，重裘落落。寒乌呜咽兮，九重未闻。太液溶溶兮，城河冰屯。贼鬼昼号兮，国狗狺狺。我心忧兮，莫之敢言。天王圣明兮，庶几其寻。

残形操曾子梦一狸，不见其首，为时相赋

群龙无首兮，阳不可亢也。虺蛇九首兮，阴之所王也。尔匿尔首兮，厥意何居。无觍眉目，谁得而仪之。尔首虽藏兮，尔心罔臧。为窃兮为繇，为厉兮为妖。尔不见人，人则尔羞。入我梦兮我为[①]之讧。讯巫咸而占之，咸曰宜禳以送。我质上苍兮，命彼巨灵。擢尔筋以出尔首兮，视人罔瘐。

别鹄操为友人赋

两鹄于飞兮，翿翮其羽。双双饮啄兮，誓无相忤。云和露滋兮，为予与汝。岁云暮矣，求食维艰。予固守此空林，汝乃欢集于稻粱之天。中夜潜遁兮，予方瞑然。不我以告，又招毒缴以加予于云烟。尔鹄尔鹄，予将去汝。汝自饱彼余粒而肥腯，予宁饿此淡园速兮联翩。

拘幽操为王葱岳、丘六区赋

震雷虩兮，臣伏其辜。重阴翳兮，孰测其故。上天默默兮，漠漠苍苍。但见彼谗人，大车洋洋。左拥嬖童，右抱妖娼。谣诼善谀，噬人如狼。入朝震动兮，大声以谕，曰：不杀此伧，填臆何抒！片纸到狱，狱官奉力。我呼狱神，狱神缩首而战栗。割予目兮剔予肝，白气腾腾，以上烛天。呜呼！天王圣明，臣罪当诛。谢彼谗夫，尚不我愉。高皇有灵兮，庶其鉴予。

---

① “我为”，北大藏清初刻本作“为我”。

贞女操

余拙于宦，通籍二十年，屡试屡蹶。前摧折于逆珰，今永锢于逆嚞。动而得忤，不合时宜。或有劝余改志以从，可坐得美官。余叹曰：世岂有韶年守贞而白发再醮者！嗟乎！吾宁硁硁老此空山可耳。是作《贞女操》，表素志也，非敢谩。

朝采葛兮夕登杼，出无与侣兮，入无与语。终岁终年兮，嗟余静姝。彼捷兮邻女，东家饱兮西家处。谣诼善淫兮，噂喈谗谓。笑言流光兮，指顾风雨。道遇旧侣兮衣敝缕，身负葛兮避檐隅。呼余曰：嗤尔迂兮，不通于时，速去。尔穷俪兮，以媚彼金夫之齐。琼琚杂珮兮，何患不仪。尔不见我易九夫兮，荣华难与期。余掩耳不忍兮，趋而避之。尔爱尔秽粪之金堂兮，余宁老兰芳之冷隰。

方子春操①

大海之澒洞兮，柏天青青。山谷寂寂兮，林木冥冥。四海②无人兮，群鸟哀鸣。龙神出没兮，鬼怪精灵。子春何人兮，乃居此城③。刺船随波④兮，将安往迎？乃忘我形兮，乃移我情。水仙水仙兮，九奏以成。

平陵东 哭顾伯钦

平陵东，松柏桐，谁人讨贼惟义公。仗⑤云旗兮驰龙马，龙马蹶兮天狗下。贼交钱⑥兮百万多，拄北斗兮填天河。但有钱多，义公奈何？劫送幽宫，终不见天。呼天王兮可见怜，拍天门⑦兮遮云烟。心沥血兮血泌九泉。归告我家伯兮叔兮，谁非臣子？我心如火兮尔心独水。卖黄犊兮以私豹尾，黄犊忠义兮肯⑧为义公死。

---

① “方”，北大藏清初刻本北大藏清初刻本作“田”。“方子春操”，《问山亭主人遗诗续集》题作“水仙操”。

② “海”，《问山亭主人遗诗续集》作“望”。

③ “城”，《问山亭主人遗诗续集》作“庭”。

④ “波”，《问山亭主人遗诗续集》作“没”。

⑤ “仗”，《问山亭主人遗诗续集》作“伏”。

⑥ “钱”，《问山亭主人遗诗续集》作“贱”。

⑦ “拍天门”，《问山亭主人遗诗续集》作“天门詄荡”。

⑧ “肯”，《问山亭主人遗诗续集》无此字。

独漉篇 臣子满朝，贪位恋禄，不讨逆贼，非忠也

独漉独漉，烹狗杀鹿。饷彼壮夫，宁不我助。国不讨贼，我心诟辱。奋长剑兮虹绕梁，张大弓兮月挂桑。韬我肃慎，射彼天狼。男儿作健兮，甘心国殇。尔身七尺兮，灶下遁藏。宜骑尔以鼠兮，饲尔以糠。尔勿弱余，余告上苍。上苍上苍兮，凄凄恻恻。高皇鉴予兮，阴兵四出。援取残贼，投彼有北。明月当天，江心朗然。

乌夜啼 为刘范董、丘六区而作也

尔乌之灵兮，托羽未央。何不鸣向圣人兮，声彻彼苍。鸣哲人之无罪兮，南冠而首蓬。戴此黑盆兮，困此桁杨。谁生厉阶兮，有兔爰爰。张彼金盖兮，坐此[①]玉堂。出入生风兮，舌如嫩篁。尔颜舜华兮，杀人如麻。乌啼有灾兮，何不啼彼谗衙？乌啼有赦兮，何不啼此冤车？中宵呜咽，我心疑之兮。念彼幽人，如玉斯焚。邦之殄瘁，谁起九原？如可赎兮，人百其身。

雉朝飞

予性好客，所交颇广，然来不拒、去不追也。及予坐东林以废，泛交者去之，深交者亦去之。即素之矢天矢日号曰心交石交者，无不厌予之冷寂而争走热炎矣。甚且詈予之冷人，以求交于热客。恨不取予之血肝，以奉热客之一尝者。予坐是老而无交矣，是赋《雉朝飞》曲，非羡彼并飞，乃詈彼苟合耳。

彼麦之秀兮，尔雉之雏兮。雉朝以飞，雉暮以宿。上下其羽，其鸣喁喁。如兄如弟，倡予和汝。我独单兮寡与，朝无问兮暮无语。心惊缯缴兮，魂飏风雨。招招舟子，人涉昂否。思彼素心兮不可遇，岁云暮矣宁独处。嗟尔雉兮，其淫如鸨。

公无渡河 为黄鹤岭赋

公无渡河，河伯孔厉兮。公无渡河，阳侯孔逆兮。公竟渡河，甘犯彼波。曰济惟君之灵兮，不济惟君之瘥。公竟渡河，无桧楫兮无松舟，手扬波兮足蹬流。

---

① “此”，北大藏清初刻本作“彼”。

河有妒神，偏起谗涛。邪涎汹涌兮，邪口风哮。知公无罪兮，奈予腹枵。渡河而死兮，魂茫茫耳体飘摇。欲诉帝兮，水塞尔喉。将奈公何，哭以当歌。

饭牛歌

朝饭牛瘦，暮饭牛肥。朝朝暮暮，人牛相依。风霜搏薄，牛不我离。笠子峨兮南山雨，白石砎兮谁与语。拥短衣兮宵梦长，荆榛丛兮杂虎狼。扣破牛角兮，中有尧舜。歌声浩浩兮，惊醒混沌。

君马黄

君马黄，介而驰康庄。鸷如鸟，飞上翔。我马艾，虺颓坂额。既饥且渴，难邀后车之载。嗟我叫呼声沸沸，君耳不闻。曰四啼风驶，不能尔待。嗤尔在，不骑马黄，骑马艾。

折杨柳

出门一以望，杨柳正依依。条条细抽翠，叶叶新蹙眉。陌头自春色，塞上犹寒枝。欲折无由赠，迢迢空复悲。

驾出北郭门行

驾出北郭门，马却声且嘶。傍睇垂柳阴，有儿呱呱啼。啼者谁是子，失怙三岁孩。亲母舍我去，岁凶生抛离。母行未百步，回睨犹歔欷。伤哉子母心，骨肉长垂违。亟呼母问之，泪下言哀哀。丈夫弃我去，存没焉可知。妾身不自养，安能拯儿饥？闻言畫我衷，仆夫亦酸悲。周之釜斗粟，为汝旬时糜。老妪感且泣，宁死不弃儿。

结客少年场

六郡名家子，擅名少年场。结客尽任侠，意气何扬扬。黄金饰华辔，白玉带紫缰。腰插双吴钩，利刃明秋霜。探丸黑[①]白赤，杀人官道傍。轻盖逐云流，

① “黑”，本作“異（异）”，据北大藏清初刻本改。

走马随风翔。南陌斗日乌，北郊射天狼。朝偕剧孟侣，夕宿荆卿乡。肮脏游九州，名利非所望。

对酒当歌

对酒当歌，金镂叵罗。春云满堂，宾客宴和。八柱支天，星月岂复有堕时。六鳌架地，山岳宁或有倾欹。千岁为乐，未足为多。

长歌行

芝兰生谷中，幽隐自含芳。兔丝附女萝，蔓衍结高冈。栖栖有奇士，志气慨以慷。岂效繁华子，崎路轻纵横。但恐秋节至，百草俱不芳。功名未易就，竹帛空相望。少壮忽已老，咄咄徒悲伤。

贫交行

贫交矢天日，富贵不可忘。一朝得志者，气概何堂堂。故人罕见面，早晚生炎凉。故人至门风雪立，阍者戒严不得入。富贵高卧虽未知，贫贱负气安肯卑。悔来欲自杀，归去犹嫌迟。人情世态只如此，从此避地东海涘，贫死宁饮东海清波水。

古罗敷行为许野人之月姬赋

尔胡赵瑟，间以燕歌，胡维谷旦以婆娑。南山之鸟北山罗，不栖独树枝，不饮独流波，比翼高飞奈尔何。月出东南沱，照菱不照荷。菱心甘，荷心苦，肯惜腰肢为君舞。君有情诗莫上蕉，蕉青不耐秋宵雨。君渴否？君如不渴，亟纳茂陵女。

效阳春歌

花气青青人已醒，酒光冷冷山已明。嬛眼星星郎心惺，郎心盈盈嬛情生。朝期临淄道，暮宿东阳[①]城，洋河之水为血盟。

① “阳”，北大藏清初刻本作“洋”。

拟晋女刘妙谷宛转歌

酒清清，并肩看月明。郎看星逐月，侬看月逐星。歌宛转，宛转复盈盈。花底藏双鸟，惊人不敢鸣。日已暮，斫却相思树。郎来不系紫骝马，郎去偏遮青草路。歌宛转，墙头蝶枝懒。春及蘼芜红玉暖，点霜莫待秋江晚。

三五月夕吟

去时月上弦，归来月镜悬。剥啄月下门，望月犹未眠。携手相看月明里，离家见月五回圆。月亦解人意，送光罗帏前。纤手纳罗帏，月照人娟娟。几宵淮海月，和风拂舟船。几宵空闺月，和露湿珠帘。月圆与月缺，此夕最堪怜。好教留住团圞月，补却从前离恨天。

宝镜行

湛湛霜澄秋水圆，肃肃空明月影寒。我心照水水在盘，我心照月月在天。水光月影此中见，只照妾心不照面。

艳曲

兰膏照四座，烨烨生清辉。北方有佳人，爱着深紫绯。一曲啭新声，为歌金缕衣。工歌入人意，听者中心飞。绿酒助颜色，春风满罗帷。娉目半已醉，微笑倚窗扉。含意俱未发，顾盼不忍归。

艳曲

高歌入云云不行，随风妙舞身自轻。歌终舞歇态横生，忽独与余为目成。

苏小小歌

与郎构新欢，期郎在何处。相约大江西，月明渡江去。

古怨

风凉色已衰，藕断花开涩。最苦莲子心，惊逢秋雨驶。

子夜歌

人在天一方，悠悠思远道。云山已蔽亏，淫雨复积潦。
念郎别侬时，赠侬白团扇。团扇底何为，羞来自遮面。
盛年惜容华，容华不可再。一日为三秋，况乃三秋代。

曲中词

凭栏晚雨过横塘，孤梦何曾到阮郎。花下双飞花下宿，得情得景是鸳鸯。

采莲歌

采莲莲叶东，采莲莲叶西，采莲莲叶南，采莲莲叶北。红白采盈舟，忘却日昏黑。朵朵拣将看，若个似侬色。

采菱歌

少娃年十五，束妆一何娇。下裙淡鹅黄，上衫茜红绡。轻舟荡菱叶，随风身飘遥。悦芳采菱花，爱子采菱角。拨刺伤玉葱，来往不为恶。

江干曲

旧游歌舞地，新恨别离天。不作经年别，休憎江上船。

少妇曲

石榴何簌簌，鸡鸣飞上屋。少妇唱阳关，一拨一声哭。

娈童三首

玉童酌金卮，侍立颦双眉。一曲殷勤唱，断肠却为谁。
莫泣前鱼弃，休矜短袖私。只看歌舞夜，妒杀小鹅眉。
吴侬才十五，去家几年许。向人唱吴歌，背面作吴语。

采莲曲

采莲稚女儿，娇歌停落晖。一歌令人艳，再歌令人悲。
采莲复采莲，展转私自怜。莲心一何苦，藕丝更相牵。

题豫让桥

智伯痴魂怨汾水，漆颅饮器镂金蕤[①]。七十三城拜晋阳，千金养士同鸡豕。国士匣中匕首鸣，炭喉漆肤别妻子。桥下阴风透骨寒，虎蹲气扑骅骝死。斩衣三跃哭呼天[②]，一滴仇血祭伯氏。地下若逢臼与婴，各报恩仇无相訾。

程婴祠题壁[③]

昔人报仇不报恩，覆楚鞭尸到九原。昔人仇报恩可报，斩衣泣血呼三跃。昔人报恩不报仇，杵臼程婴苦志酬。嗟哉！袁粲门生不如犬，新恩日长旧恩短。

圯桥吟

含光斩人，血不濡缕。子房椎秦，秦始皇死。楚歌帐中歌未已，韩仇颈拆乌江水。我来圯桥上，父老指故里。是日烈风簸沧溟，黄河倒流白波弥。呜呼！汉家子房如可起，与之整顿乾坤了，翻然同学赤松子。

---

① “镂金蕤”，《问山亭主人遗诗续集》作“登仇几”。

② “哭呼天”，《问山亭主人遗诗续集》作“呼苍天”。

③ “程婴祠题壁”，《问山亭主人遗诗续集》题作“程婴祠”。

义昌驿

鸿门斗碎栈灰冷，彭城夜宴虞姬醒。旌旗如水出陈仓，剑光犹带白蛇影。寂寞江间帝子魂，中原壮士同喑[①]哽。一老陈言遮道周，三军缟素龙骧骋。痛哭誓师大义明，九江刺客胡不烹，黥而得王嗟未平。

马陵曲 过宿迁县项王故里。宿迁，古马陵地[②]

祖龙僵作鲍鱼腐，十二金人泣荒[③]雨。马陵英雄气欲焚，突持长剑割秦云。秦关也随玉斗碎，手擘秦疆如芥穗。鸿门门槛即鸿沟，匹马不上乌江舟。江东八千田五百，羞与横埋咸阳侧。

再书项王庙壁[④]

三章既沛秦川雨，入关更燃[⑤]阿房炬，汉王真龙项王虎。玉玦三提王不语，鼎上杯羹弃翁姆，项王真龙汉王鼠。垓下美人泣楚歌，定陶美人泣楚舞，真龙亦鼠虎亦鼠。

垓下歌

楚声喧杂月色惨，骓嘶如哭天罗远。杀气朝腾战血腥，美人肠断江云晚。大王欲渡妾不渡，舞衣不过来时路。筵前一剑亦王恩，坟草年年为王绿。

---

① “喑”，《问山亭主人遗诗续集》作“悲”。

② “过宿迁……马陵地”，《问山亭主人遗诗续集》无此内容。

③ “荒”，《问山亭主人遗诗续集》作“秋”。

④ “再书项王庙壁”，底本与校本皆题作“再书庙壁”，此据《问山亭主人遗诗续集》改。

⑤ “更燃”，《问山亭主人遗诗续集》作“又纵”。

卓文君图

一曲凰鸣[①]意已深，琴声原自有琴心。他年仔[②]细当垆者，客过临邛都解音。

金谷

石季伦家金谷园，园中不合华且繁。珊瑚步幛何豪侈，台榭歌舞争寒暄。石家金多安用之，为觅如花第一枝。不惜明珠买玉笛，却教金屋贮蛾眉。玉笛弄新声，十二金钗皆动情。此女人间那得见，一时倾动洛阳城。洛阳城西洛阳道，金谷园中人不老。朝朝暮暮赏园花，暮暮朝朝斗园草。赏花斗草日徜徉，不记春秋乐未央。岂意一朝当大难，向来欢乐成悲伤。金谷楼下鼓声起，金谷楼中笛声死。孙秀叫索如花人，赵王十使催复驶。齐州之奴可奈何，绿珠绿珠奈若何。四目相看泪如雨，项王垓下空悲歌。绿珠收泪向季伦，妾身已许为君身，宁为石氏楼下鬼，不作赵王宫里人。

广固城

五龙通，广固城。五龙涸，广固破，软脚登陴妇人哭。无张网，燕人喜，金墉百雉高屹屹。张网来，宋不杀，止有临冲无渠答。过岘口，仰天笑，麦芃不割扪膺悼。战城南，营城北，血流洋水阴风黑。公孙五楼横玉带，跃马夜走刘王寨。

广固城前曲四解

漳玺白，渭玺赤。天命燕，王有德。大风蓬勃扬尘埃，八井三刀造东国。

潘聪谋，朗公喜。彗扫虚危，景见箕尾。年则一纪，世则及子。

祀汉城，宴申池。北登社首东鼎足，南目牛山齐景悲。立冶商山，置盐乌泽。荒草颓坟气色生，莫谓姜田骨消灭。

万春门，馆阿超。来万里，呈金刀。金瓯轻付张伏生，十柩分出空山青。

---

① “凰鸣”，《问山亭主人遗诗续集》作“求凰”。

② “仔”，《问山亭主人遗诗续集》作“子”。

广固城后曲四解[①]

欲得侯，事五楼，黄狗之皮补狐裘。千里人，美人马，悔将伎乐换妻母。天齐涌，女水竭，燕衰庚戌方两叶。

五龙通，广固成，渑水如带忆曹嶷。五龙涸，广固破，软脚登埤妇人哭。岘口入，仰天笑，余粮栖亩临朐道。战城南，袭城北，阴风惨厉阵云黑。

无张网，燕人喜，崇墉百雉高屹屹。张网来，宋不杀，彼有临冲，我无渠答。悦寿开门纳晋军，鬼哭不止夜鸱喧。

迎母西秦，托母敬宣。痛矣阿超，二十六年。

五杂俎

五杂俎，司马赋。往复还，长安路。不得已，新催故。五杂俎，北斗文。往复还，南山云。不得已，日月轮。五杂俎，锦鸳倩。往复还，云中雁。不得已，白髭见。五杂俎，金错刀。往复还，茧上缫。不得已，自解嘲。

硖石虎天启时，有欲杀忠良以媚权[②]珰者，罗织疏已具，过硖石驿，为虎攫食，使者疏未达京而珰败

硖石虎，攫人如搏[③]鼠。鼠作虎攫人，吮血无齿痕，供食于虎门。硖石虎，吞虎不吞人。彼昊不受，我须尔为肩豚，勿复鼓尔唇。

哀王孙为炎洲齐宗赋[④]

高皇手执河魁柄，拂拭胡元山河静。六月四日太白经音镜，太宗靖难神州定。齐王列土海岱间，茹苦独含太孙痛。朱虚在汉永在唐，挽天无力空断肠。世鲜枚乘王生舌，谁白沉冤梁孝王。忠魂阒寂庐江月，藁葬三柩瘗碧血。贵人贯索

① “广固城后曲四解”，《问山亭主人遗诗续集》题作“广固城后曲三解”，舍“五龙通，广固成……”一首，取其他三首。

② “权”，《问山亭主人遗诗续集》无此字。

③ “搏”，《问山亭主人遗诗续集》作“捕”。

④ “为炎洲齐宗赋”，北大藏清初刻本无此内容。

一星明，杵臼程婴心独热。高皇在天神惨悲，呵护困婴绵瓜瓞。引派分枝二百年，子孙隆准复丰颧。青门素车寻常伍，好书好客不好钱。开天弓剑藏钟阜，气势龙蟠复虎踞。玉殿虚空草树寒，惟有齐宗守霜露。王孙流落无尺土，多少龌龊窃天禄。辽蜀兵戈乱如麻，壮士袖手委泥沙。王孙抱策无由献，垂首江干自种瓜。我见沉吟有所思去声，仿佛建炎以后事。武功遗裔在江南，宋德昭封武功王，天意冥冥谁可计。

生祠行

登登者筑，矗矗华屋。镗镗者鼓，缤纷万舞。前跪总督，后跪巡抚。天颜未愉，我心荼苦。但愿上公千岁九千岁，从今儿孙不洒爷娘泪。

宝刀行余藏一刀，长四尺，面有十四字：扫电流虹拜帝朝，启疆正号识永武。每夜鸣叫，余为歌以问之。刀今归吴平子

铁龙何事中宵吼，夜夜寒光四壁走。声如甲马过咸阳，悲壮萧飒音节陡。老我英雄搔白首，热心勃勃柳生肘。妖嚭跳如九尾狐，上方无刃空藏手。嗟尔铁龙吼何为，沙场胡运骄天狗。知尔铁龙怨不平，破囊藏体如敝帚。恨不跳出飞上天，直斩佞人如芟莽。又恨不随壮士斩楼兰，只共血腥一斗酒。祝尔铁龙勿复吼，戢尔声声缄我口。我将投尔于清渊，春尔风雷登上九。

长歌

我观古昔①之英雄，慷慨然诺杯酒中。义重生轻死知己，所以与人成大功。我观今日之才彦，交不以心惟以面。面前斟酒酒未寒，面未变时心已变。区区已作老材庄，英雄才彦不敢当②。但恨今人不如古，高歌伐木天漉浪③。感君呼我为奇士，又言天下无可似。庸庸碌碌我何为，有酒与君斟酌之。

---

① “昔”，《问山亭主人遗诗续集》作“今”。

② “区区已作老材庄，英雄才彦不敢当”，《问山亭主人遗诗续集》作“老夫失路歌迷阳，天下英雄不敢当”。

③ “天漉浪”，《问山亭主人遗诗续集》作“失沧浪”。

效杜老歌

男儿生不成名身已老，呕胆文章贱如草。十年登第半年官，远水深山成潦倒。风荡黑沙白日蒙，良朋换面谁终好。出门无钱鹏作鷃，几嗟世眼针鼻小。内多豺虎外犬羊，此生自分安居少。寒鸡逼逼月景移，击破床楣天难晓。呜呼一歌兮歌出声，祈君浮白洗耳听。

男儿生不成名身已老，茫茫日月随飞鸟。兵戈渐满天地间，田园一半成荒草。拙丁括饷吏方怒，包土填海何时了。所守非人虎作狸，磨牙吮血横周道。女戎启寇古所嗟，仿佛今时类天宝。一错之铁四十州，眼前孤注其能保。腐儒何处寄残编，泣露呼云愁如捣。仗策几欲叩天关，雌霓纠缪帝座邈。呜呼二歌兮歌拍扬，海涛日晕天色黄。

男儿生不成名身已老，秋雁春莺片时好。矜才欢逐少年场，如花萎地不堪扫。长安名园洒酒时，诗成直压元白倒。浮云去天雨落地，十年南北音尘杳。夭桃照水夸颜色，摇落枫林一何早。当日钟期号审音，伯牙失势琴生草。几人随月过别船，白首花枝故相恼。暮倚危楼看雁飞，壮心已向西风了。呜呼三歌兮声气雄，激溅河水衣生风。

男儿生不成名身已老，须眉碌碌成村媪。读书万卷无用处，周旋豺虎求温饱。积语在喉对阿谁，双树空亭自窈窅。回忆旧游多感伤，廿年速于一昏晓。留题营苑久消沉，故友蒙山亦宿草。清夜听钟泣不眠，忧煎心血朱颜稿。妙才滚滚拍天来，当年弃置今何道。呜呼四歌兮中情深，开胸透月照我心。

男儿生不成名身已老，枉被青山笑伯道，时余尚未有子。愁霖暗湿杜蜎花，厉风几折宜男草。孟光孤坟荒月寒，廿年情骨啼雅晓。风光过眼逐飞尘，往言海底金针杳。生前死后数行书，千古何人问丛篠。几思披削礼空王，并刀不断诗情好。随缘牵去竟何之，浮舟不定波光淼。呜呼五歌兮歌转悲，起看窗日光熹微。

小麦童谣

小麦青青大麦黄，姑愁妇泣心孔伤，丈夫何在逃他方。姑枵腹，妇枯肠，天乎不雨复何望！

伤田家

田夫苦，田夫苦，朝豢牛，夕耒土。播谷谷未成，望天天不雨。典衣称贷耘青苗，一苗几粒风飘飖。万苦千辛待秋刈，刈得粒粒心骨焦。薄收半糠秕，妻子怨复嗔。粗粝一餐未下咽，门外催粮索债来往频。吁嗟田夫苦且贫，谁家积粟饱饭冬复春。

种田歌

种高田，强牛犁欲深。下迟宜雨数，获早忌风侵。高寒黍所幸，高燠麦之亲。积粪偏能受，但妨走西邻。

种下田，寻篓须及先。忌锄新雨后，喜刈积旸天。去茅惟务尽，放烧莫教连。秫芝稀布种，沟浍早开堙。

清凉石

五台山清凉石方九步，相传可容千万人，余行歌其上。

四围山面面，九步石方方。石方方，何清凉。广容千万众，传者疑荒唐。触蛮蜗国战，大地黍珠藏。眷兹九步石，行者宜徜徉。兹石能令来者行，兹石能令行者悦。兹石自清凉，人心自炎热。

打狼歌 宿打狼铺，晨起作《打狼歌》

打狼打狼，持铁棒，舞金枪。搏狼当道，驱狼远荒，兵戈乱后民死亡。贪狼聚此复何望，旄头昨夜失精光。天狼天狼，胡不北走胡天噬犬羊？犬羊食[①]尽胡天黑，胡无人，狼烟熄。

提葫芦 辛酉正月

提葫芦，沽美酒，灯市喧歌过阉九。莫管官家在谅闇，只将读曲空垂手。一岁醇醪三万杯，欲言时事口莫开。

---

① “食”，北大藏清初刻本作“噬”。

子规

归去好，归去好。烟水荒残青山老，毛羽凋谢倩懊恼。缯缴繁兴，稻粱难与饱，不如归好。

归去好，归去好。山远水杳，高树深巢，堪以寓老。勿出飞，勿鸣噪。弋者皇皇，网罗载道，不如归好。

鹧鸪

行不得哥哥。上天青青，天眼明明。满屋满道，鬼神纵横。杀人媚人，白日昏冥。万人号叫，一人欢笑。天不尔兆，行不得哥哥。

行不得哥哥。风塞天，沙塞目，天昏地黑迷前渡。前有虎磨牙，后有蛇横路。荆棘蒺藜，难移寸步，行不得哥哥。

寒号虫禽言 前曲夜号，后曲昼号

冻杀我，冻杀我。刀风在右，镞霜在左。割肤剸肌，赤体无裹。天乎天乎，今夜不死，天明垒窝。恨天不明，其奈寒何？冻杀我，冻杀我。

得过且过，何用错愕。风下午渐息，日在山未没。羽正慵舒，翮尚落落。何用错愕，得过且过。

卷二

五言古

山居

皑皑冰堆壑，惨惨云囊日。兀兀坐山居，瑟瑟翻书册。

秋意

骠隼挟迅风，击我峼湖水。水冷照晴山，瘐峭露筋髓。我行不得意，漱水聊徙倚。山不代我愁，我却分山喜。枯荷惨汀凫，见人不能起。童晚收木叶，城柝催寒晷。韵士惜浓华，如哭虞姬死。宛转哀秋歌，英雄一何鄙。

余本北士，来客江南。方以卑湿忧生，兼之讯警怀里。元日人日长阴，天意人事莫测。娲石无补，后土何干。敢因诸丈之追欢，辄吐鲰生之积臆

春雪点江流，洗岁一何驶。林篊冷烟浮，千署寂无事。治[①]角踏歌行，午钟鸣高寺。笋鲙自浔黄，欢酣儿女志。亦有壮士心，髀生流光逝。辽蜀映毛头，鏖兵垒纷峙。江左夷吾谁，谈之何容易。携手东南隅，嗅梅绕塘际。涔霒过人七，得无黯王气。须囊而贡云，金锣庶白醉。朱仲太霄经，倚酒落女儿。纵欲游太清，步虚以何济。梅茹叹和欺，蛉穷无早计。念之伤心肝，偕子新亭立。得岁饮屠苏，聊作少年泪。

① “治”，北大藏清初刻本作“冶”。

送姚子云归慈溪

霜高老潜鳞，水尽山容削。北马夜嘶风，江南亦摇落。之子遄言归，越吟思辽廓。一囊堆雄文，蒯缑岂索莫。横睨天壤间，江山供裁割。鸟鸣听废兴，花谢看今昨。风动与幡摇，非合亦非各。眼界动秋光，去住两不恶。夷光况同载，屡梦云中鹤。但存季子舌，何须陆生橐。钱塘罢冷汐，归舟应露泊。虾菜带冰收，摘柚金灼灼。诸昆集巾履，池草生花萼。其念海滨人，衰残啮枯药。世事作何观，一日而三疟。慈水多具术，休忘春鸿约。

漳台①

古堞压漳河，惊涛击广岸。白日惨长风，衍流沙汗汗。铜雀杳销沉，水啮荒台半。遗踪劳指点，訾议纷可厌。蕙帷伎乐空，破瓦成宝砚。川襟而山屏，虎据轻百战。七十二土丘，勿作疑冢看。阴雨夜旌旗，冢冢阿瞒见。狐兔与荆榛，敢近英雄面？

咏山

寺为山之冠，树为山之簪。水为山之血，云为山之神。石为山之骨，土为山之肉。秋为山之色，春为山之禄。人为山之心，诗为山之谱。

漫兴

积阴初破颜，融雪成女潦。青神怜万蛰，新令冯风摽。湖面叆叇屯，晓阳照如扫。石楠隔岁青，攀条自知老。局促辕下驹，抽身苦不早。索米如啮枯，空署数飞鸟。引镜对妻孥，诳以自姣好。卧江梦易遥，北云戴魂悄。

咏山

月为山之烛，雨为山之沐。风为山之拂，雷为山之怒。游人山之朋，麋鹿山之蓄。诗咏山之诰，杯酒山之富。峰峦山之首，林麓山之足。春夏山之寤，秋冬山之睡。

① “漳台”，《问山亭主人遗诗续集》题作“漳台吊曹孟德”。

卷三

七言古

戊午秋重至济上

我来重拂峼山屋，蜗篆陈编不可读。老米厨头无两斛，再三去我洹水仆。放榜充衢新贵人，寂寞寒山僵朽木。早起题诗上庭竹，庭竹经霜如帚秃。老妻惯女不生男，可厌床头半夜哭。霪雨连宵催蘋蓼，南山横挂烟岚幅。无人可与醉秋光，垂头不语瓦盆菊。

题谭笠椒黄雪山房

长安热，十丈赭云销定铁。热人鼻吐双火龙，川涸山焦灵气歇。何处山房堆古雪，清风簌簌飞金屑。沁尔诗脾六月凉，玉虬冰霓压洞长。书房生云云结字，琴声欲断高鹤翔。传闻齐威铸山始辟此，此山成自古冶子。今日洪炉点雪花，雪花如席劫灰死，神室生芽寒齿齿。君不见长安热，车生耳，车上贵人汗方沘。

坑儒谷，在骊山西麓，东即始皇陵在焉，过此有感[①]

秦皇何事仇儒者，白骨森森弃原野。咫尺山头帝子陵，可能相见黄泉下。

送王坦山归汶上

去年妖贼乱邹鲁，弦歌不闻震鼙鼓。髑髅填壕血洗城，絷贯婴儿焚妇女。官兵劫掠过于贼，杀降报功惨狼虎。千里愁云黯不开，引首王师望招抚。君才

① “坑儒谷，在骊山西麓，东即始皇陵在焉，过此有感”，《问山亭主人遗诗续集》题作“坑儒谷，在骊山西麓，东即始皇陵”。

浩浩蔽河汉，胸罗兵甲号小范。中丞一疏动天颜，家立宇兄荐之，遥分大旗授长箭。河北之人[①]何难平，朝廷党人不可涣。岁月鏖兵日失光，几万生灵哭河畔。呼君不至天不闻，锦绣河山委涂炭。迄今往事已成尘，父老言之泪如霰。栖霞牛首青冥冥，梅杏花残春水生。扬帆破浪君何决，嗟我题诗送冶城。我每送君诗便好，天边十丈长虹扫。磊块如山不须浇，只借豪吟一倾倒。头颅如许不得意，钱米屑屑成俗吏。雁行已断摧心肝，留滞江南嗟何及。君归拂拭太行阿，汉碣秦碑犹有气。留取谈经一尺地，我拉邹人周子至。

寿大司马霁宇长兄

圣主龙飞当万寿，元老玉弦应上九。手络天纮絙九州，酌取阴阳归气母。干支特注五长生，维岳生申自南斗。上元卿月光初圆，千门万户梅花酒。身在紫薇天市地，上将上相星非二。南北褰帷万里长，塞外湖沙峄峒泪。亲指山河为世盟，鼎钟已勒开疆字。麒阁云台重汉家，汾阳绿野为唐瑞。赐沐特乘金根车，星流云拥日充闾。天子侧听尚书履，烟波岂许问樵渔。吾兄气守金石固，风云在握云从步。炼将姹女育婴儿，擒取日乌伏月兔。南山松柏饱雪霜，北堂芝兰新雨露。吾家住近蓬莱路，秀水明山纷屯聚，大药可成仙可遇。天生哲人福社稷，国宝神明竞呵护。

可庵张邑侯移任长清

锦秋湖水清沁骨，湖上山光浮冷玉。六月炎蒸奔火龙，乘风直抵冰蛇窟。君侯匹马湖滨走，每过蓬菰问痌叟。痌叟白首昔为郎，一遭严谴成敝帚。卧痌湖滨春复秋，瓶无储粟樽无酒。散发狂吟声震湖，诗成谁和鸟相呼。君侯听之殊不恶，时与取酒来青蚨。人皆欲杀君何爱，此叟口直心胆粗。人以君侯姑不杀，叟感侯恩轻瓜发。君侯欲去叟何依，湖水清清空照月。酌水送君问月明，秋风何处无清发。

赠林长公世兄

济水少年林尚木，英英峰雪堆寒玉。有翁庞眉复方瞳，形如老鹤踏古松。尚木乃翁之母弟，肩随见者咸惊异。翁好读书能力田，一溪流水不知年。有时

① “人”，北大藏清初刻本作“贼”。

雨霁拾山翠，或乃采菊东篱醉。尚木才子翁高人，忘年之友自可亲。尔欲征诗祝翁酒，此翁岂以年而寿。

丙寅秋桓邑大水

谚云北方苦暵不苦潦，此言偶尔非常道。君不见今年一雨浃三旬，挂龙千尺雷轰阊。三白落地月仰瓦，蚁子上树础流津。氤氲两月云如墨，时作淋沥时岑淫。一泄直欲竭银汉，岂数倾缸与倒盆。我邑正在白山趾，千溪万壑争垂尾。夜半雪涛卷地来，涛额高于凤凰嘴，凤凰山名，长白别支。萌水横冲泷水岸，萌水今名范洋河，泷水今名孝妇河，黄土堐当城之半，黄土堐乃邑之要堤。挟势吞啮如切糠，百丈金刚成糜散。村落茫茫息突烟，栋宇漂似流觞泛。澎洪叫吼百里闻，淼淼围城银甲万。啼妇号儿声沸腾，培门塞户鸡鹅乱。釜有游鱼灶底蛙，城浸瓦版成河岸。千雉岩岩一刻倾，广陵之涛晋阳灌。满城号哭呼邑侯，邑侯醉倒如僵牛。明日升堂齐刑具，敢告灾伤更乞赒？裂眦詈言飞檄急，住俸考成严新例。小灾何得望停征，逋赋三年分限二。父老流血请邑侯，但往郊圻一巡视。谁有完屋谁尺土，谁有亩禾谁斗粒。谁有牛驴谁犬豕，谁存衣缕谁梳篦。老稚填沟壮者逃，大家破坏小家废。堂下陈言哭断肠，堂上寂然无泾渭。举头望邑侯，邑侯带酒齁齁睡。吁嗟乎，邑侯带酒齁齁睡！

读报刘录诗为友人李重文赋

慈乌夜宿青枫树，灯焰无光砧断续。双睛血泪点孤儿，月照寒霜断机处。书声绩声共一堂，荻灰拨尽九回肠。降灵夜听先君语，大海茫茫岁月长。梅老青铜压枯竹，孤儿有梦扪墙哭。千载何人废蓼莪，手泽犹存书满屋。九泉报命儿成立，三十九年白日速。

开元断碑篇为十六兄冲孺赋

寒芜荒残九级塔，讹作金鸡成废刹。中有宝刻李太和，月落重渊黑云压。夜夜毫光烛上霄，居人诧讶疑火发。远近高底忽明灭，时灿星星时掩月。神明呵护已千年，应出人间起九泉。吾兄好古发陈壁，磨洗泥涂细认识。泥涂石上龙蛇走，剥者十三存者七。傍有才子王补之，一见便叫江都师。俗眼疑信方相半，辨出开元十年时。考之唐史如符节，天意出之更何说。移置中庭榻满[①]纸，寺下光茫顿消歇。吁嗟乎！神物隐见各有数，造化司之暗相妒。当其不遇顽石耳，美玉无言谁一顾。君不见废官诗人王季木，潦倒空山坐空屋。云锦诗篇作土看，诗成只对墙头哭。

赠异人徐碧泉归兰溪，徐以堪舆之术行世，而神明变化，无事不精

徐君生有奇之福，千奇万奇奇不足。奇骨峥峥如结琭，筋奇更敷以奇肉。星宿森森莹尔神，团团九州攒尔腹。九曲洪河盘作肠，雁荡峨嵋指尖玉。亲从巨灵扪天形，女娲之补斧丁丁。灵素立观南斗奕，支机失石怨君平。轩辕战涿三书出，六壬奇门兼太乙。君从掌上起三元，千年世界坐中悉。辽事人疑阙饼歌，独说东方尚安吉。东人闻之喜欲狂，信君过于袁天罡。堪舆落落尚天荒，山川无口空苍茫。天星卦例时师惯，手执罗经是衣饭。首指东西诳主人，掇拾偺官篇可厌。君何到眼得生气，天且能知况于地。寻龙历历数根源，千枝万派如擘穗。群龙一一现真形，首脊支居自僻易。予生好奇成潦倒，口谈阴阳抉枯草。狂走深山二十年，何山丑拙何山好？蠡测有惭桑道茂，季通指点多讥诮。今年被放落坎坷，流光不住青山老。冷冷黄花白发新，斗亩真宅须及早。况是僻邑当海曲，止有长白堪寓目。自君指出凤翥形，阴可安坟阳可屋。从今溯水得桃源，高种松枫低种竹。生则读书死埋骨，君有奇福予清福。

题《鱼跃龙门图》歌

天下畴能画鱼龙，吴郎疑到龙门中。亲见神物几变化，落笔惨淡生雄风。白开浪花溅寒玉，黑扫云气连丰隆。画鱼化龙神，骧首动鬐尾。喷嘘射九重，光照禹门炜。蛟螭避之不敢窥，陵谷震荡骇人鬼。一跃成龙飞上天，轰雷掣电驱神鞭。空中取水吸百川，甘霖十日沾八埏。

戊午重过覃怀先大人备兵之地

沁水寒沙泣白日，绕郭东南流汩汩。来往纵横万里人，道周过面恒相失。痛我重来二十年，茫如隔世无人识。下马泣读劝农碑，悲风吹面松瑟瑟。

① “满”，北大藏清初刻本作“百”。

赠印章金丈六长句

庖羲手拨星斗文，苍颉汗洒五花云。岣嵝禹穴埋秋草，鼎彝土蚀虫鱼小。李斯小篆表峄桐，急就章传自程邈。古法每随气运移，笔力刀神渐失之。穰侯一印终难辨，卞和刖玉灵光现。柳文八字迷千古，螭头缺角悲王母。隐现离合不可数，精神在天质在土。古有公印无私章，军曲图书起末唐。唐李太和宋米芾，金石文章自镌钴。我朝篆宝九叠文，私印杂沓如米粒。迩日名手推雪渔，龙文矫矫陋蝍蛆。晚有兖人金丈六，古鼎之神古玉骨。千秋万岁名山藏，篆于肺肠镂于腑。开石切玉如画脂，落纸赤虬珊瑚枝。长安公卿竞清事，古董书画疲神思，竿牍旁午无停时。上官伪奏燕藩厄，女史习书石介危。但于钤印得金刻，他人弱劣胡能为。前年铜雀出秦玺，圣人得之四海一。嗟我婆娑卧野蒿，雁鱼下到山云高。汉篆秦镌安所用，辽玉青田久寂寥。因此狂吟一百纸，遍打图书王季子。

闻木鱼

荒刹颓墙坐来黑，夜云覆垄失南北。秋叶冷落榆林涩，熠耀翻照幽蛩急。客子步檐行复坐，一声凄激云为破。草木已眠皆振动，天半唳霜孤雁过。古来燕市悲歌场，击筑弹瑟薄清商。千秋渐离魂不散，不寄青楼寄道旁。此曲令人肝膈陡，何似笛中闻折柳。须臾籁寂夜窗虚，琉璃阁上敲木鱼。

七夕诗

七月七夕人乞巧，天上巧多人间少。軿车绣幄乍停梭，那知隔水人偏老。相思有泪自成河，空劳乌鹊河边绕。绕作河梁不肯飞，今夜度来仍度归。一叶落，长年悲，愚是多情巧是痴。七襄不织回文绮，依旧调机隔清水。若向七襄乞巧时，一年一度巧如此。如此相逢亦巧矣，辜负穿针七孔彩。不如弃巧且乞愚，腹中无字学晒书。呼牛呼马任[①]侏儒，殷勤只护口中珠。吁嗟乎，乞愚之人不乞巧，应是人间巧有余。

① “任”，北大藏清初刻本作“呼”。

永平战后

黄沙搅血血腥腥，鬼火如轮飞且鸣。白骨碎零狐手弄，铁镞铜兜冤怨重。柳枝今岁不生烟，总为杀气纷纠缠。行人至此何须问，泪下魂消心鼻酸。戍卒指点堡西路，云是大将覆军处。今年犹有来寻尸，征以顶骨或有之。海底茫茫真与伪，妻子痛极争附会。皇帝遣使立醮场，尚书主祭宣龙章。伽瑜炎口放施食，纸钱灰烧[1]甘露浆。旋风阴肃灯吹灭，旧鬼新鬼争掇啜。千秋万世风雨厉，应有李华摛文泣。

送客

七十二泉送归舸，大帆飞掠东山左。蛟龙奔吼风霆簸，地转草树青影乱。天外孤峰遥送我，东王公马夸父杖，倏忽争先未肯让。转怜三月交河道，蜚廉不返冯夷恼。孤柁如山客懒移，舵头愁杀船三老。荡洗胸中酒千斟，低昂奋袖风谡谡。顾諟[2]床头双宝刀，紫气光芒冲云霄。

河上送客

杜陵遗迹壮城阿，轩宇硉兀清风敞。翠柏飞盖郁阴森，澄波开镜淡滉瀁。黄鹂睍睆只自歌，碧草萋迷为谁长。河济奔腾亘地回，岱宗蔚蓝拂天上。公也夙负开济心，于今只挹孤高响。晚凉洗马忆何年，新木鸣蝉犹可想。顾能绿酒长生瓢，浩影明月千山朗。

赠临邑耿侯虔祷雨泽立应

佳禾蓊郁正方早，万畚鳞栉待天澡。火龙鼓鬣水龙伏，丰隆不敌孟婆扫。六月尘扬天齐渊，焚巫焚尪太冤恼。木郎神咒总无灵，刍龙乾作半束草。临淄耿侯事虔祷，被跣郊行颜悄悄。长跪炎蒸汗洗面，绝似桑林剪发爪。我侯吁气起浓云，目光流映电光邈。呼天声震作雷鸣，汗挥遍洒珍珠皎。出城赤日行火盆，入城甘澍已缸倒。日晒雨淋何苦辛，侯固乐此如获宝。谷豆禾麻槁者苏，正如

---

① “烧”，北大藏清初刻本作“浇”。

② “諟”，北大藏清初刻本作“视”。

饥人得食饱。我侯行野听农歌，泉流汩汩山容好。尔[1]日天王正忧旱，侧身避殿讽云汉。下诏求言何太勤，感通帝座在夕昕。帝佑中兴赉良弼，我侯作霖答天意。

题马公山

马明生，临淄人，居此山。一夕，随神女过花山，见花山有穴，空洞明朗。入其中，石屋、金床、玉几，有琴，一弦五音并出。山今在新城东南。

苍青凿破碧天窍，云縠霞绮六铢妙。携手步虚过神山，金床玉几琅玕篠。七尺瑶琴独一弦，一弦并奏宫商调。此调何人为授谱，空山寂历飞风雨。

王月庐得子志喜有小引

诗人多奇穷，才人多艰嗣。或谓华英之太泄，或谓造物之忌才。考之往哲，间有验者。实乃八元、八恺、五常、五龙，以及唐之韦、赵，宋之窦、苏。父既亢宗，子复跨灶。吾家琅琊，后先竞爽。直与谢之凤毛宝树，相为代兴。何独得全，不忌过泄，则天之赋气，有特厚欤？般阳王月庐，高士也。诗无古人，才无今代。年逾不惑，震器未立，人共忧之。而月庐积德累善，孳孳若不及。甲子之岁，果感异梦，而举第一子。其门人刘久中，征诗志之。李将明氏，喜而扬袂示予。偶思予才予诗，望月庐如河汉，而贫则相若。其[2]得子之年，又若符节。予何幸哉！得以贫与迟嗣之迹，而冒才人诗人之名，更得月庐之同一解嘲也。因为选星之诗贻之，并以自幸云。

天上白榆枝云屯，南斗停车谒帝尊。帝命选星过紫门，手扪苍角历轸根。一星炯炯下天孙，荃荪久付大司命。二十四年迟抱送，直当甲子天元正。玉燕石麒通夙梦，王生只喜始生男。共见星文万丈寒，庐中堆作图书府。月里豪吟不知苦，他年头角拂霄云。铜骨铮铮耸三五，炼石为将缺天补。

---

① “尔”，北大藏清初刻本作“迩”。

② “其”前，北大藏清初刻本有“考”字。

咸阳北汉唐诸陵，土丘累累，无复志考。惟则天后父僭称顺陵，其翁仲羊马巍然无恙，天意何居？土人云：去年题名碑中有毒蜂斗许，雷击其碑，碎矣。余思既失其碑，犹呼顺陵，安知千万年后不讹作舜陵也？宜表而出之，或夷其名器，以示后人可耳

遐周谶图愁心切，五娘小字空夷灭。鹦鹉宫中翅未折，哑哑牝鸡弄晨舌。又学燕尾涎涎啄矢咥，房州寂寂叹秋萤。尔何人斯陵巇嵲，牛女门楣亦大奢。老猾尚僭蟠龙碣，恨杀中宗痴蠢儿。六郎才死三思孽，五龙万里泣蛮烟，大周陵寝更安然。朱泚黄巢兵翳日，抉发已尽咸阳川。玉碗金蚕随骨出，多少冬青哭杜鹃。睿灵英魂皆无主，贼擭一冢独能全。我行过此发如指，苦无巨力得呼天。天雷击碑存冢更可虑，顺舜音同迷定处。千万年后谁可据，万一失考误明禋，邪鬼土中其何措。

尽冬喜王补之过舍兼订春游之约

风折管毫兔儿死，冻龙沉渊作冰鼠。孟郊欲写苦寒字，力驱惊鸿飞不起。山妻强饮送残年，浓酒频烘成淡水。裹头束腰窥户间，苍云絮拥豪吟子。我喜急索驴背囊，口胶只向南山指。诗在南山雪里埋，月照千峰屯冷紫。青君行转铁枝蕊，混沌凿破名泉髓。杜宇不及黄鹂喜，相期东南吊才鬼，五言长城谁坚垒。

金陵元夜

松阴冶魂卧玄水，玻璃不照幽宫里。新声催发旧声止，杨柳啼乌云髻浓。火齐土焰放初钟，游侠倚酒调阿龙。长笛短箫紫姑怨，归风送远泣飞燕。玉绳沉斜古苑西，二十五桥酒船乱。玉笋檀槽撒六么，六幅罗裙出新茜。宝志懒融哀灯蛾，忏音不奈登伽何。金篦绿绩侯门子，手拽花神唱阿娜。休报渔阳动鼙鼓，月里衣裳新授谱。

淄川王孝廉过舍

风雪秃鸽鸣岁暮，东南冷碧封村坞。瘐驴踏冰君何来，摇鞭定有灞陵句。爱君才士复能贫，口宁谀酒不谀人。三杯耳热吐出胆，砍地悲歌动比邻。我且破愁从君饮，辽劫何如局劫紧。

题徐师《松楸遐想图》

慈乌夜叫冬青树，素旐风吹寒水注。千载皋鱼痛未消，青林赤石愁云聚。芒鞋竹杖薜荔中，深山无人走狐兔。岂无虎豹坐岩巉，供果窥灯无定处。举头瞻月圆缺多，梦里莱衣不堪度。南山烈烈发悲风，杜鹃血尽何时去。剑化丰城矗斗牛，姑山不砥江涛怒。门人并废蓼莪篇，羊昙手拍西州路。泉下丝纶日月高，天王明圣臣何助。干戈满眼国多故，弓剑不明鼎湖误。先帝遗恩白发臣，伏在草莽泣霜露。

《中岳降灵图》为马太史题

天乙瑶光光照地，黄河左注春涛腻。银线飞灵七十二，帝女宝缨悬绿字。驾霓骖虬骄上驷，傍揖四尊俨左臂。少岩竞出芙蓉翠，薇垣覆梦白榆邃。伽陵在彀长眉睡，锦裆不隐西来意。

峼下赠王玉烟

尔来何自经襄郢，青青犹带君山影。袖中黄鹤橘皮残，舌间鹦鹉草萋冷。诗留天地无人省，吟向寒烟投古井。遇我湖边落木秋，诵诗一句先咽哽。风雨披离樵眼迷，盈畹幽兰不如茼。

再赠玉烟兼讯其舅王愚谷、补之二君

我昔帝京看才聚，量才不满升斗数。热人心热耳如焚，茫茫眼中着烟雾。愚谷兄弟最好奇，共我题诗攀古树。嘱我买丝绣平原，沽酒哭奠信陵墓。数年奔走长安路，苦雨西风滹沱渡。虞官予官上林典簿小吏问西京，飞狐岭上悲笳戍。景贮腹中诗在喉，菩萨面孔谁堪语。即欲武关下荆门，蹉跎灵山杜鹃暮。湖上牢骚与子遇，为予细写洞庭赋。归谢尔舅莫悲秋，好秋正满尧山露。

题潘母贞册曹州守

伯劳羁雉东西影，海底波澜誓古井。课子青灯读父书，晨鸡割梦荻灰冷。和就熊丸只自含，晚突无烟动寒绠。有孺儿身熨斗温，双白堂上愁云迴。儿成紫翼欲摩天，十年泉下蘼芜静。金鱼拜墓泪垂领，清明哭荐红绫饼。分符河上河水清，母魂欲至彤霓颎。刺史郊闻风木声，松枝雨湿啼乌哽。

题范质公家乘[①] 丁卯季冬有引在文集中

阿翁手揞阴阳草，雪压梅心天未老。木谢花开世几变，月去云来山静好。时逗天□[②]扫世氛，高秋白鹤归华表。霄汉尊星亘古明，五岳儿孙点青小。大罗清梦碧梧寒，灵珠光烛重阴晓。

读陈氏家乘[③]

余与侍御以雁行进，得读陈氏家乘焉。因知邵硕人苦节，及怀古先生奇孝，而叹侍御之世德远也。辄赋长句，用当仰止。

凉风凄断吹江水，嫠妇含冰兔蟾死。衡门夜雪压书声，肃清遗像血殷纸。课儿并废蓼莪篇，廿年空谢繁花蕊。璘珣片玉登清庙，上帝传褒笼云紫。几家举火问俸钱，止客充闾希色喜。袖有天香注风卮，公曰无忘念瓶罍。

---

① 北大藏清初刻本未收录此诗。

② “□”，底本、校本皆漫漶不清。下文之内容若底本和校本皆存在漫漶不清之处者，皆用“□”表示，不再一一注明。

③ 北大藏清初刻本未收录此诗。

卷四

五言律附五言排律

房蔚居石村道中

君从帝阙下，战伐事如何？信火临关绝，惊魂入夜多。挽江其止暍，筑舍可无讹。试听括丁者，辽东浪死歌。

和林子丘茂之兄弟

江水与天驰，呼云聊驻之。池塘君有梦，猿鹤我无期。喜共芳华地，堪消战伐时。薜萝清夜语，文事寸心知。

移书

避地移书椟，翻翻感旧编。早年经手目，今似隔云烟。龙犬才能守，蝉鱼字或仙。殷勤留异代，汲冢可无穿。

秋雨

积雨催秋急，丛林惨暮容。兼天骄野潦，隘地哭防农。诵偈施饥雀，题诗度冷蛩。西山相慰藉，天外洗芙蓉。

宿大峪

最爱山中宿，泉声到枕来。枝翻惊鸟梦，钟定识僧回。水竞年华迅，灯消气色才。随因有了悟，光慧不曾埋。

宿刘小峰家

回环深屿杳，何有古人家。门巷闲鸡犬，窗阶杂竹花。喜迎相引辔，款叙暗呼茶。避世宜斯地，况兼泉石嘉。

闲居

孤云生远水，细雨酿新秋。居野无人问，翻书得地幽。诗同寒竹夜，琴向蓼花洲。久念深岩寺，残碑未及搜。

残年

一年又复尽，万事空茫然。短景悲飞鸟，寒林透古泉。老征时减睡，漫咏岂堪传。痛忏生平误，灰心礼佛前。

和吕豫石明湖见忆之作

我去君仍至，湖春岂便虚。一亭频有梦，万里总无书。浪酒应浮艇，慵鸥可在渠。新荷开满未，夜雨忆苗鱼。

晚雨湿村烟，东归已隔年。过肥先望岱，近济便闻泉。囊涩固常事，诗来重我怜。棚藤兼架竹，觞社更开天。

赵玄度

所之行倦矣，飘泊问愁新。鼙鼓声方剧，图书运已屯。鼎鹅看吐蕊，山蕨以当莼。碧落寻前约，江湖何处身。

乙丑仲冬之朔，风寒日惨，景物萧然，予寂居有罗雀之叹。子柔适至自海滨，把臂剧谈，谈锋犹自铣铣也

风霾东海路，古树叶愁鸢。跨卫来寒夜，挑灯感岁迁。龙蛇悲旧侣，烟水写新篇。农歉登无四，思纷缕过千。照颜羞镊白，把卷负檐暄。残草予何志，

高云尔贮骞。栖霞虚一地，长白小开天。崔子霓终幻，琴高鱼尚鲜。明年期靥日，同问祖龙鞭。

步华东朝鲜使臣韵[①]

长松笼色古，细竹引风高。孙石罗星宿，中峦象海牢。尊严妆七宝，生动颊三毫。异国传诗远，绥山足以豪。

① 北大藏清初刻本未收录此诗。

卷五

七言律一

谒岳武穆庙

衰草寒烟日暮时，伤心瞻拜岳王祠。君王自得偷安计，臣子应颁[①]痛哭师。东海未填精卫死，南风不竞杜鹃知。由来和议非长策，千古英雄恨莫追。

望[②]铜雀台

荒台一望[③]郁岧峣，铜雀虚无锁二乔。驿路花残秋寂寂，山城木落晚萧萧。千年霸业东流去，七子才名白日消。独惜凤楼[④]歌舞歇，令人空忆可怜宵。

可偕以禁咏而病，以开禁而瘥。病中发绝大愿力，愿以出世法修长生之道，长斋戒杀。又愿普度天下人，皆戒杀放生。适余过望，有诗见赠，因属和，喜而慰之

千折飞泉万叠山，伊人孤秀耸琅玕。醉骚岂必称高士，耽咏真如见古欢。摩诘还病[⑤]终不药，参同悟后总宜删。即君年少思龙蜕，何事南华诧虱肝。

---

① “颁”，《问山亭主人遗诗续集》作“班”。

② “望”，《问山亭主人遗诗续集》作“过”。

③ “望”，《问山亭主人遗诗续集》作“上”。

④ “独惜凤楼”，《问山亭主人遗诗续集》作“怊怅望陵”。

⑤ “还病”，北大藏清初刻本作“病还”。

寄京中友人

海月江花两沉绝，兔葵燕麦趋流年。朝衣典饮谁谁在，圻火燎云夜夜传。何处春风无暖雁，此人诗气自寒泉。黄獐薪束诸公事，休议南山种豆田。“趋”读促。

新安新关一首[①]

关名函谷仍秦旧，移置新从汉武年。弹指亦堪同二固，锐头何计取三川。蛇盘水落千寻树，螺壳山回一线天。夜入金墉悲虏马，永嘉南渡已怆然[②]。

同梁台石、金淡生曲江杜公祠[③]

曲江此日曾无水，杜老千年尚有诗。山色见人真欲语，英魂迟我更何疑[④]。鼓鼙离乱游觞邈，禾黍苍茫世代移。纵可解貂同藉草，风流亦已后佳期。

登慈恩寺塔同台石、淡生[⑤]

慈恩应制饶[⑥]佳什，雁塔题名亦艳闻。海内胜奇[⑦]曾入梦，天涯兄弟易为醺。情含渭北千家树，哀啸终南几代云。韦曲杜陵文物尽，眼前多少可儿坟。

硖石怀古即崤陵也[⑧]

真成箭括与车箱，犹是千年古战场。想像国殇思蹇叔，时因风雨忆文王。楚人一炬曾轻入，蓟马长驱亦未防。三复青莲蜀道曲，休令所守化豺狼。

---

① “新安新关一首”，《问山亭主人遗诗续集》题作“新安函谷关”。

② “怆然”，《问山亭主人遗诗续集》作“堪怜”。

③ “同梁台石、金淡生曲江杜公祠”，《问山亭主人遗诗续集》题作“饮曲江杜公祠”。

④ “魂”，《问山亭主人遗诗续集》作“雄”；“何”，《问山亭主人遗诗续集》作“可”。

⑤ “登慈恩寺塔同台石、淡生”，《问山亭主人遗诗续集》题作“答慈恩寺塔”。

⑥ “饶”，《问山亭主人遗诗续集》作“多”。

⑦ “海内胜奇”，《问山亭主人遗诗续集》作“故国山川”。

⑧ “也”，《问山亭主人遗诗续集》无此字。

题乾所先生《滕风记》诗

昔余避岁官桥渡，坐听滕民数赵侯。一身劳农行垄亩，至今风雨护岩丘。几多疾痛呼祠下，想像丰仪照水流。去国廿年犹健在，休听虎啸与猿愁①。

洛阳有感②

何不学仙冢郁峨，萧萧荒树鸟哀③歌。东周西晋随残梦，痴骨妍皮共一阿。指点易讹诸鬼笑，题诗不尽古悲④多。藩王甲第新开土，日日钟声斗绮罗。

吊贾谊宅

不少芜园与废池，贾生宅在更堪题⑤。少年有泪情空切，宣室无神听不奇。野鸟窥人妖已谶，王孙堕马尔何悲。我来幽索⑥聊题壁，遗恨湘江吊屈词。

温泉

不火而汤天下奇，空山几见翠华移。五丁力架烹鳌鼎，六甲常开浴日池。喷涌龙涎凝暖玉，流浇冬树失冰枝。惜经一污难重洗，妃子霓裳裸入时。

谒少白先生

先生握箸为天口，山削奇云地涌泉。有画便成文墓草，前知不待洛桥鹃。大言观宇惟尊帝，阿孟谈诗又并禅。嗟我茧来轻万里，东方麟去已千年。

---

① “愁”，北大藏清初刻本作“悲”。

② “洛阳有感”，《问山亭主人遗诗续集》题作“洛阳”。

③ “哀”，《问山亭主人遗诗续集》作“悲”。

④ “悲”，《问山亭主人遗诗续集》作“愁”。

⑤ “更堪题”，《问山亭主人遗诗续集》作“系人思”。

⑥ “幽索”，《问山亭主人遗诗续集》作“怀古”。

过豳访文太青

简兮我系美人思，况托王程转饷辎。苦雨凄风万里道，愁鸿悲雁隔年期。几禁离别人成老，屡订江湖梦已迟。试问空同能借羽，苍门七折路何疑。

保定坐王坦山署

休嗟此会是经年，忆往消沉更怆然。正可诗觞酬岁月，又遭风雨闭山川。清明才过花成土，逆旅频催梦亦煎。来去燕齐五千里，博陵回首指寒烟。

陈希夷石室卧像

不惹干戈是睡乡，醒看日短睡看长。云来云去谁兴废，花谢花开几帝王。鸟梦月前通我梦，石僵松下与身僵。堕驴大笑非无意，乞取三峰拟首阳。

华山二首

二华蟠河俯大荒，如龙昂首饮天浆。抛余娲石犹堪补，堕地庚星尚有光。四岳尽从分气色，西京留此见文章。我来顶礼参尊宿，揽结青莲望日桑①。

几代干戈草木残，捍门回作玉龙蟠。洗兵可挽黄河水，宣伐何来武帝坛。仙掌时招天外客，女峰想像月中翰。中原处处生烦热，更乞高云玉井寒。

函谷关

劈地痕存斧力齐，巨灵何意限东西。上看斗侧猿无技，才遇云生鸟亦迷。牛背幸留半万字②，鸡鸣谁透一丸泥。恨从嬴氏居天险，六国青磷今尚啼③。

---

① “望日桑”，《问山亭主人遗诗续集》作“叩帝阊”。

② “半万字”，《问山亭主人遗诗续集》作“五千字”。

③ “今尚啼”，《问山亭主人遗诗续集》作“夜夜啼”。

赠文天瑞兄弟

关西河岳惊心胆，从古生人多挺奇。草辟公刘还此地，云兴异代是君时。食贫门寂无惊雀，洒酒文成走怒螭。兄弟趋庭玄著积，三峰太少玉参差。

九日

连宵霾雨催霜意，九日新晴拟出游。其奈黄花憎恶绪，只余寒水照深愁。关西洛下诗频至，蓟北辽东战不休。远岫青青能起我，攀松听雁亦风流。

题卫之百泉

太行腰里落苍烟，散作苏门百孔泉。即使炎燕寒照胆，疑通星宿夜明天。松舟桧楫怀归女，洞草岩花避世贤。嗟我重来漱一掬，枯�渍泪已多年。

送汪蕊渊

两旬卧病成僵木，三月莺花又过中。鲁客欲将春色去，岱芝定可早秋逢。云烟供养颜如雪，词赋扶摇笔作风。青桧紫藤高士宅，汶洸西注泗浮东。

赵玄度

痴我生涯类蠹鱼，眼看狼火照山居。诗能退虏君何吝，字果疗饥玉不如。赵艇若存金石录，粲楼固守汉京书。残编定有风云护，同问嫏嬛一证诸。

同洞庭弟朱鹅山一首

大雪登登未道狂，更披荒草听羊肠。身如群玉从周穆，画作麻皴是李唐。二士桥边搜唇髓，谁家铛里试旗枪。此山呼吸通灵远，纵使无梅已自香。

赠郑子

蛾眉休妒汉宫蝉，舞袖弓弯媚客年。底事梦中愁掷果，向人舌上欲生莲。金丸落处儿争逐，玉麈持来手并妍。莫道前鱼终不弃，总教敝席也堪怜。

再游长峪上①

迩日粗饶谀墓钱，不妨游马任留连。亲闻雨谷晴犹响，传说飞峰去复还。泉透片光山便活，僧飘一偈鸟能闲。闹中存得清凉地，直可青青种火莲。

辽师

霹雳风摧大帅旗，中书秘诏促师期。开关黑夜三军哭，失道山阴②五将迟。鼓死前锋迷远哨，伏邀半渡委连辎。材官几万良家子，填积河边饱暮鸱。

过王带如舍，同补之、尊坦同赋

千岩笠笠热云同，何事潜蛟啮断虹。褦襶竭来游辋口，烟岚休更闭盘中。羡人放胆仓间鼠，貌我寒芦雨后鸿。即此狂宾兼韵主，敌将藤阁一蓬风。

长白道中

秋深热云尚压林，饥乌撩水紫烟沉。省田翳豆老农泣，待雨长松野子吟。枣栗里情归晚陇，磬钟僧事落高岑。陡崖藏屋谁酣卧，老槲纠缪难可寻。

吕豫石书至答之

空山狖鼠闭篱落，风日蒙蒙团海隅。避乱欲之螺甲国，疗饥安得羊须珠。故人北去无由饯，好句西来还益逋。一曲陈陶正悲咽，笛中休吹小单于，时辽东覆军。

---

① “上”，北大藏清初刻本作“山”。

② “山阴”，北大藏清初刻本作“阴山”。

答来星海辽诗

瀚海连年欲沸汤，何人端坐策封疆。小儿强弄调莺舌，巧妇谁能祛米方。献诔有词西岳庙，羽书不到半闲堂。愤将老杜陈陶①曲，号向悲风奠国殇。

圣水寺②

星窟如何有寺悬，山疑指掏③透双泉。马蹄垂外三分地，螺壳旋中一线天。井汲云根僧骨瘦，床依④石壁梦魂全。经声梵月今宵事，灰死名心四十年。

同刘景潭及蓼莪、洞庭弟再游醴泉⑤

十年踪迹了无凭，寺有前缘得再登。屋后半枯红叶树，廊西已尽⑥白头僧。如人老⑦石疑能语，过夜寒云结作冰。更约明春三月雨，桃花满涧蹑垂藤。

又共寻寺中遗迹

佛日昙云奈老何，残碑世代苦敲⑧磨。殿头宝志身犹活，墙下贞⑨元字未讹。松干不如苔绣古，诗题争似鸟声多。大平渐入兵戈里，神物何神⑩与护呵。

---

① “陶”，本作“淘”，据《杜工部集》《九家集注杜诗》《分门集注杜工部诗》之《悲陈陶》诗改。

② “圣水寺”，底本、校本皆题作“圣水寺一首”，据《问山亭主人遗诗续集》改。

③ “指掏”，《问山亭主人遗诗续集》作“斧凿”。

④ “依”，《问山亭主人遗诗续集》作“倚”。

⑤ “同刘景潭及蓼莪、洞庭弟再游醴泉”，《问山亭主人遗诗续集》题作“同蓼莪、洞庭两弟再游醴泉”。

⑥ “尽”，《问山亭主人遗诗续集》作“老”。

⑦ “老”，《问山亭主人遗诗续集》作“怪”。

⑧ “敲”，《问山亭主人遗诗续集》作“销”。

⑨ “贞”，《问山亭主人遗诗续集》作“开”。

⑩ “神”，《问山亭主人遗诗续集》作“当”。

辽诗

辽沈愁云闭不开，开原铁岭又成灰。平安信火悬宵望，庚癸呼声撼阙来。秋蝥虫经方就谱，樊城血檄又空回。书生莫道难筹国，翰院新添阅武台。

无向辽东浪死歌，山川瑟瑟气消磨。千艘血粟平填海，再藉身丁促渡河。梁燕一村春垒少，哀鸿几处夜声多。小臣欲叩天关语，有犬狺狺奈尔何。①

東尹淡孺

鼓鼙惊散曲江春，南北支离问此身。睡国一时迷甲子，谶图明岁纪庚申。车辚马走无家别，妇哭儿啼遍水滨。海畔孤臣将瘦死，犹依北斗望天阍。

过桓台旧舍

贫家何物不须移，万卷累累也费携。久客乍归翻似客，强诗酬应已无诗。瘽余更瘽非真鬼，方外求方始是医。亭号问山凡几处，千年指点为余疑。

送思止兄北上

休将一帙国门悬，上国名公半护前。词赋晚年才骏发，莺花四月亦鲜妍。吴侬若遇须收尽，燕玉追欢岂计钱。裂帛湖光山寺里，金元石桧是真禅。

赠李明馨年丈备兵辽左

边风黯淡阵云迢，诏选真才更渡辽。长箭射星狼䦆䦆，大旗照日马萧萧。陈情真下天王泪，条上平吞胡子骄。岾水老儒存笔铁，铙歌十八祝兵销。

赠熊见龙形家

我于放后步罗天，五岳累累小似拳。自昔女娲存补法，只今禹贡可增篇。马思照夜驰瑶海，笔好乘秋泄大川。欲贮千年清士骨，须求灵胜着荒阡。

---

① 在《问山亭主人遗诗续集》中，此诗题作《有感》。

红螺峪

四方灼灼总如焚，惟此岩阿冷静云。山鸩自欢高树果，野僧恭荐碧溪芹。何知兵燹三韩剧，未惯征呼五夜闻。消我无名燔地火，石龛处乞贮遗文。

交孟明三十年矣，童稚相看，忽漫届老。鸡黍道故，灯下歔欷。嗟功名之画饼，更日月之隙驹。语剧感生，辄有赋焉

眉阁睛存稚子欢，风尘草草误儒冠。松枝面貌从生古，梅子心情彻底酸。竟失联城驱虎竹，何如共水把渔竿。枫楸先陇长山道，两家先墓相望，一咏匪莪一折肝。

沂河

沂岸长堤左右蟠，马陵东望落青寒。贾船上下随秋涨，禾亩纵横走轶澜。云鸟久荒郯子国，龟龙常翼葛仙坛，坛在峄县葛绎山上。江山如此况吾土，泪洒[①]南征意早阑。

渔塘女

蓼花门巷柳塘居，看尽行人懒绣襦。过舫少年空掷眼，夕沙寒雁不传书。生憎蛱蝶情相逐，自此芙蓉冷在渠。桃叶桃根肠断否，烟波极目渺愁余。

黄河

来从天上本何宫，领汇千流与万泓[②]。谶记千年还转北，势经九折自朝东。吕梁曾滴英雄泪，白马谁知帝子功。安得艅艎三百丈，为君一日破长风。

---

① “泪洒”，北大藏清初刻本作“泪泪”。

② “泓”，《问山亭主人遗诗续集》作“洪”。

题大关刘氏旧主人壁寄十一哥有引

昔在庚子正月，同家侍御兄扶先大人之榇还自扬州，抵此关下。维时冰雪振地，寒风撼山。驿卒半逋，仆马委顿。北望家云，俯挥旅涕。仓皇岐路，顾影惊魂。有一翁者，哀王孙之无色，悲蓼莪之有声，肃馆戒炊。又且呼童引绋，深壑层岭，幸无留行。迨今回忆，有如梦境，倒指数之，倏忽廿载。虽时念翁义，而姓字谁许？但征其门巷，仿佛而已。庚申秋就任南都过此，问翁已物故。其子刘芳远者，睹余面貌，转能识余。听其略述往事，使余肠断泪枯。千古之山川不改，廿年之魂魄难招。漂母可酬，游子益痛。谨书俚语，聊当长号，非徒识德，实凄永思。

穆陵关背伤心地，蔓草当年走白沙。攒首一灯啼远犾，长途积雪噪饥鸦。挽车犹记环溪水，点血于今作石花。蹭蹬一官兄念弟，其堪南北尚天涯。

穆陵关

古关拔地倚星辰，赤石犹存旧战磷。北入指天何浪喜，南疆赐履漫张邻。陇头流水分齐鲁，岩际苔花阅汉秦。青济挽输烽接海，坤灵何忍太平民。

沂河①

大岘腾骧掬海霞，泻成地络引天车。已收蒙峄龙攒角，更会淮黄日吐华。八叶萧梁王气冢，百才刘傅旧贫家，大傅穆之少异贫，兼百人之才，故宅在河侧。定居何日临斯水，旁引支流当浣花。

漕河舟中

东南输挽废菑畬，鳞次粮舟塞凿渠。大史②逍遥欢雁鹜，邮人邪许泣蟾蜍。寒烟圯坞犹闻犬，水涨霪霖正恐鱼。有痛贾生胡不哭，蹉跎老至日萧疏。

---

① “河”，《问山亭主人遗诗续集》作“水”。

② “大史”，北大藏清初刻本作“大吏”。

临江

曾与[1]飞梦问江蓑，异代英灵未尽磨。我唱正须铜绰板，南音更艳竹枝歌。归鸿有信蘼芜老，吊古无情风雨多。先向钟陵瞻紫气，任他瓶史禳诗魔。

吸江亭

岳阳楼与蓬莱阁，更此三奇是吸江。宝志西来浮折苇，巨灵东注倒天缸。陵前雨荡龙依树，矶下风回燕集艭，破浪喜余心胆在，高凭紫气倚松窗。

恭谒孝陵

南龙万里溯江流，我祖乘天辟地州。已濯洪涛清七曜，更环千嶂作玄丘。神游瑟瑟风兼雨，孝享萧萧枫与楸。奕世小臣思剑履，苍忙独怅鼎湖秋。

坐文太青寓

快谈耳热风生壁，纵眼横秋贮紫薇。信美江山犹涕泪，畏人霜露莫沾衣。莺花到梦愁先老，巾履违时意已非。聊仿柴桑书戒子，无伤松菊我将归。

秋日感怀

大江秋日一横舠，江芷江篱梦亦骚。白石终无尺半鲤，单丝休冀六神鳌。指天会撮身何病，砍[2]地昂藏气自豪。鹦鹉如今知惜羽，不同挝鼓弄瞒曹。

雨坐

雨洗钟山亦太频，秋携江气巧侵人。南朝未尽风流业，白苎能伤儿女神。铃语浮屠消古怨，烟荒旧内走遗磷。正当龙御升遐日，雾暗阴重泣远臣。

---

① “与”，北大藏清初刻本作“于”。

② “砍”，《问山亭主人遗诗续集》作“斫”。

瓦棺阁同樊伯愤赋

凤凰台畔瓦棺阁，首冠钟云趾控矼。古愤我将高白浪，诗才君欲吸西江。三生慧鸟栖珠树，几代云文冷石幢。遥忆六龙来上苑，翠华春霁拂僧窗。

张太君册子

先生卜筑九龙山，药裹书签守鹤闲。子骤天边称国骏，君恩泉下及仙班。乡趋伏腊谈遗事，客过嵢洋想旧颜。风马云车潼水上，杜鹃叫月古松间。

哭公浮来

明月之宵我梦君，吞声别去竟何云。东园旧筑狐啼树，名岳新诗赑冷云。海外万金求片纸，异时十使购遗文。郑处沦落卑官死，杜老哀诗带血焚。

怀留都涂映薇、颜同兰、魏仲雪诸友①

倏然万里辗京尘，玉笋班中忆此身。湖水无赀不吝客，江枫着色欲醺人。云间日下宁相抟，风北枝南若比邻。佛首青青能接引，攀跻敢怯亿由旬。

妙气楼为陈子素赋

绵绵神室喷香穗，息息旋宫是子时。便降华楼升紫府，将延姹女育婴儿。胎仙欲舞琴心弄，山子无声月影移。斗柄就中回五岳，风云常自长三芝。

进香之日上御文华门恭述

小臣万里肃明禋，青鸟彤龙引御鞭。六尺墨衮亲负扆，两阶干羽奕传宣。虞渊夹出重瞻日，娲石修成更覆天。九庙有灵君有子，周诗访落第三篇。

---

① “怀留都涂映薇、颜同兰、魏仲雪诸友”，北大藏清初刻本题作“寄留都诸同寅”。

徐文孺持鲁王孙书至征诗，因和韵赠答并讯王孙

曾于峄麓听琴声，雁唳孤清不可名。从古贤侯多在泗，即今文士艳登瀛。天涯忆处江云合，岁暮诗来扇月明。老我廿年倦游者，凭君霄翮自盱衡。

送子柔募兵江淮兼讯任甫

夜夜占星重我愁，多君赤面唾蚩尤。凉风走马图方略，早岁抛家誓国仇。枕剑直飞三岛石，延交欲断大江流。子房休浪沙中手，圣世何妨利建侯。

病热狂歌

掷去头巾大叫来，天生七尺岂成灰。月支未饮喉仍渴，太白初明胡易摧。坐使侏离权上将，更怜谣诼檀西台。泗滨宝鼎看沉矣，休缚龙螭驾六能。

清流关

几代关前战不休，英雄铲尽水还流。草殷未化将军血，花落徒牵帝子愁。龙起曾瞻云五色，马浮先筑地金瓯。两都今①控三千里，其念东南此扼喉。

送女归穆桂阳子

春明送尔于归日，跋涉湖滨历夕晨。岂有约妆珠照壁，喜瞻旧业柳遮邻。漱泉高士应余庆，扑翠名山可耐贫。手泽遗书犹满屋，不劳优孟泣先臣。

秋愤

秋风周道折枯杨，雁咽寒沙暗断肠。万国羁鞮攒涿鹿，终年输挽急渔阳。闺人梦度云沉黑，兵气成山日荡黄。袖手无能烹国狗，题诗聊且詈天狼。

---

① “今”，本作“金”，据北大藏清初刻本改。

同明府祝芷水登超然台，怀苏老简、丁鸿野、丘子如、与慧侄

霜天青肃万芙蓉，环拥高台问古踪。谁挟峨嵋千丈雪，遗留鹤影九仙峰。此时对酒新亭泪，逼目鲸吹瀚海烽。不合时宜扪腹日，较今悲眺尚从容。

同慧侄望海上诸山

好山何必尽知名，尖矗云霄踏海生。稍雨便成佛现色，着霜直可石通灵。谢公蜡屐应遗胜，周穆飞龙亦未行。我似前生含夙识，心开胆壮眼分明。

同与慧侄登青风顶留题二首

九个苍龙行雨后，垂头宛转引天车。似添北斗生云气，更揖东公洗日华。髯侠此关堪立国，徐生得药肯思家。蹑巅亲质玄虚赋，向若还求博望槎。

总然山叟与波臣，今日同忧战伐尘。岩岫有灵休外向，鲸鲵吹浪已吞邻。贫丁炊灶烟销雨，苦戍孤城雪压巾。谁作厉阶神共鉴，摧残几代太平民。

新岁五日，坦山、绳北、笠菽、尹愚诸丈邀同陈小翮饮开镜园

身似鹧鸪再翥南，官廊聊以当书龛。江山得友方开面，风月斯人尚可谈。喜报内庭罗玉虎，莫随薄俗嫁金蚕。千年雅集如传绘，记折梅枝坐碧潭。

登金山同慧侄韵

摘星不与众山群，青点江心锁放云。人物耐淘千古浪，峰峦浓写六朝文。浴来佛日龙衔影，梦里潮音鸟悦闻。宝志参寥俱锡此，中泠参味竟何云。

和唐宜之禅室

喝破严华五十三，六窗处处放狝参。犹岸音莘依，进退也已等波罗塞，天竺国双陆名，萧瑟真同弥勒龛，遂良[①]书云：久弃于世，如与弥勒同龛。

① “遂良”，《问山亭主人遗诗续集》作“褚登善”。

鸲鹆声和云井启[①]，蘼芜铺就女夷酣春神名[②]。鸠摩自有吞针法，丘[③]隐何须圣铁寒。

柬陈小翮仍用前韵

北地衣冠渐向南，潮声海味蚤须谙。胜寻古刹踪难定，诗和前朝格未惭。种竹不妨过于十，酬梅莫待标而三。顾瞻时有哀松梵，宋僧知一善啸，谓之哀松之梵，庄舄吟思概可探。

租居幸不废花龛，多占山光也是贪。奕局沉吟无定着，文章汗漫与谁参。养生昔学仓存五，为屋今知瓦戒三。梦草睡莲莳九亩，买闲足直一生憨。

金陵杂兴

白门杨柳有啼乌，深夜青溪荡小姑。拾翠赠珠清泥[④]死，牵声度曲梦还苏。依能忆偶依[⑤]菡萏，郎若忘归听鹧鸪。几代故宫埋夙草，依稀队仗过金铺。

蜀有奢酋之变志感三首

西川祸乱岂无由，徐抚激变，委莽膏原罪未酬。遂使犬羊蹦玉桀，顿忘锦绣育旃裘。目穿父老相如檄，魂扰乡关王母筹，汉时民无故惊走，持槁传相付，曰行西王母筹。割据古来原此地，莫将剑外等悬疣。

东北西南跳二酋，烟尘万里映旄头。锦城云压惊丝管，峡口师屯怯马牛。恨昔三韩繁羽檄，蜀乱起于调兵，从今六诏梗咽喉。杜鹃滴尽天涯血，多少闺魂迥暮愁。

潢池盗弄谓何忧，锦片山川已渐蹂。怅望蜡书希岁月，莫矜铁锁断江流。定秦贡戟原无字，五力开山岂为牛。从此速求收拾法，蛮夷重筑帻沟娄，魏东南传，高句骊筑城，置汉衣帻于其中，名之曰帻沟娄。

---

① “启”，北大藏清初刻本作“起”。

② “春神名”，《问山亭主人遗诗续集》无此三字。

③ “丘”，北大藏清初刻本和《问山亭主人遗诗续集》作“兵”。

④ “泥”后，北大藏清初刻本注有“去声”二字。

⑤ “依”，北大藏清初刻本作“衣”。

山居

青波翠岸映疏衡，卧柳飞花照水清。鲸动石鳞苍苔滑，鸟惊桥影钓矶横。浮光欲荡云生叶，轻浪微吹月有声。却笑詹何策荆蓧，垂纶百仞自无情。

送刘相公北上①

才名片玉早璘珣，水碧空青物外珍。天上岁星知是传，人间灵岳又生申。朝凭玉笈窥东壁，夜傍金河拱北辰。共道相君调六气，而今四海尽阳春。

① 北大藏清初刻本未收录此诗。

卷六

七言律二

过钟岳徐师于金陵

吾师壮岁悬车日，怆我东人挽去艭。聚散关情成远梦，年华无计转奔江。课儿旧册翻千卷，供腊硗田止十双。国难君忧臣引分，休耽一壑弄寒淙。

去国烟云十五年，孤村流水梦悠然。江蘋今染忧天泪，山鹤休惊抱膝眠。痛念君恩及拱木，可容烽火达甘泉。二三门客风尘老，共嗅梅花古寺前。[①]时有辽警。

雨日佛国寺

江南春雨似秋多，柳堕梅飘满荡波。乳燕定巢欢喜相，早莺得偶殢情歌。好山苔色灾题咏，净土松枝厌绮罗。舌上天花飞几许，借将人世洒诸魔。

三月三日饮朱元介先生小桃源

古来此日是花朝，总领秾韶共一标。风定恍闻香作国，夜明真见色成妖。于中人世何知晋，但有诗觞已过陶。桃李蹊前浓写竹，先生是日写数十纸，佳风遥对雪中蕉。

申清门招饮小桃源和元介先生韵

花扉春日亦难扃，酒客诗朋共一亭。为惜繁枝防害雨，莫留余滴劝长星。古泉有主开灵窍，园中适得泉，远岫迎人借好青。最爱新莺时转语，华胥牵梦可能听。

---

① 《问山亭主人遗诗续集》只收录此诗，题作“遇徐钟岳师于金陵”，未收录第一首。

同徐钟岳师、房海客侍御登燕子矶

国事苍茫入五噫，江山处处可伤离。眼前一聚梅花梦，灯下十年芳草期。作赋登高谁昔好，乘风破浪我何疑。新亭有泪随飞雨，戮力中原是此时。

同苐止生、傅远度卜山居于[①]玄武湖

古人欲隐山须买，正恨斯囊彻底无。输着沙虫惭碧落，销心鱼鸟问昆庐。推非为禄求绵上，贺亦何功乞鉴湖。安得普天绝赤羽，就金[②]凿石掩风胡。

题张四愚书斋

忆乡岸帻遥瞻月，卧署开窗广纳云。磨石自镌瘗笔志，滴泉重写祭书文。寒江万里猿通梦，故国重围雁不闻。何日买舟溯三峡，郁鱼郫酒碧溪芹。

题朱子微画松

日炙江鼍石发黄，煎心北客晚祈凉。何来半壁虬龙影，消此十年燕蚁忙。泰岳鏖兵伤古雨，天台泼墨听新飕。仓皇避地期君在，五粒清脂乞满囊。

涂映薇、魏仲雪小集步赵鹏南韵

年华其奈倒江河，苦雁偏于客子多。惜矣诗场空日莽，怆然睡国未回疴。月临残菊魂犹返，秋中高枫意已酡。带甲满天乡梦稳，呼云涕泪倚庭柯。

送梁大朐仪部

春流汩汩鸟关关，舟拥新云过定山。瑶柱味将供子舍，琅嬛书可到人间。兵烽老我归无梦，花月离君会不欢。矶壁莫留诗垒在，恐成江左聚衣冠。

---

① “于”,《问山亭主人遗诗续集》无此字。

② “金”，北大藏清初刻本作“今”,《问山亭主人遗诗续集》作“令”。

送谭徵堂被谪南还

江风吹浪蛟龙剧，义士扬帆受谪还。何事低眉供世态，转于傲骨得真闲。梅云未结先成梦，椰酒初开已驻颜。旅况三冬家万里，只将骚些问双鬟。

涂映薇小集

几曾清赏谢芳时，水果云因未可知。乱后山容微减韵，愁来天对总无词。矶头破浪思轻胆，灯下心言且放眉。束带朝朝参冷署，天风黄鹄愧初期。

无题一首

龛里盛身也道宜，檐云来去莫偷觑。无弦可鼓方称妙，有字成声不是诗。草蔽竹欢月何意，溪牵花梦鸟先知。一蓑稳载玄真子，烟水谁从问是非。

闲居

苍壁围村亦洞天，门溪不过已经年。闲中作计饱为上，书外论交睡最贤。风得鸟声吹有韵，云从僧室透来禅。渊明柳老秋多雨，洒酒夕阳意惘然。

赠雨萝十八弟

孤瘦松枝咽冷泉，其人萧飒似秋弦。室中无物同时制，座上多朋是胜缘。诗腴兼收京洛体，墨魂偏纪永和年。南山有壑藏幽碣，非尔谁能踏古莲。

秋初即事

颐下新霜日日添，秋灯细字尚能耽。慵梳叔夜何堪七，带索荣期得乐三。音有峄阳孙袅袅，画中淇澳母毵毵。霪霖初涨千溪尾，船到城门皃到庵。

闲居示慧侄

石壁空青落隐泉，亭皋积雨涨平田。翛然念远抛书叹，暗听鸣鸠抱膝眠。观入真参曾不语，音追太古是无弦。豪华快事今能否，痼此烟云早十年。

一室如蜗在远陂，入秋惟见雨迷离。松纠竹影横披画，鸟聒蛩吟四壁诗。禅笋欲将参活火，佛茶奈可益凉飔。江南海北多心友，日操猗兰动我悲。

苦雨

谁将头触不周穿，竖起洪河倒汉川。曦御落杈雌孽肆，坤纮欲折太巅翻。漂禾没黍悲无岁，败屋颓垣泣向天。燮理一群贤宰相，北司正献美新篇。

迩日墨池世界，为北邢南董所雄据者，几二十年，无复敢外正朔者。予手木殭，绝无笔法，取二公真迹，临摹经年，每一染翰，见者无不胡庐却走，如东施之效颦然。予愤极，戏为诗嘲之，以嘲之者谀之耳，非敢作妒津涛也

迩日来禽与戏鸿，几将野鹜掩鹅笼。欲还旧观邢优孟，自出新裁董夏虫。婢子夫人谁位置，衙官奴隶浪争雄。何年更问昭陵秘，纨扇山阴媪可逢。

赠杨七来

沂山沂土并沂川，苍翠团圞别一天。吊古悲歌莒子国，选奇延伫蓼儿湾。准提持诵光明佛，斗岳虔依洞府仙。愧我倦游三十载，耽疴未续地元篇。

闲居

露团竹气作余清，韵续寒砧蟋蟀赓。危坐山亭常不夜，新秋风劲易为声。诗坛老去画三宿，时制难招鲁两生。一自邯郸敲枕破，梦魂不共梦魂争。

作观

观来花月总花风，况是秋凉叶落空。宁我周旋齐也瑟，去人得失楚之弓。鸶鸽繁聒能为佞，岩岫常青故效忠。清理梳头吃饭事，眼皮开闭日西东。

闲居

白露松花试小烹，蒹葭浮渚月三更。名山不愿藏玄著，佳卉时怜见早英。从事勤劳毛颖士，交情疏冷孔方兄。一秋水涝无禾黍，种麦荆榛急晚耕。

只为疏枝静碧亭，幽香鹤梦杳空灵。闻声谁解风从树，问道无余水在瓶。人以清斋癯有韵，月因[1]闲寂美而泠。广长舌烂今千载，兔角龟毛又说铃。

小斋

小斋铺设略成章，木几磁垆柏子香。暗去光阴枯树赋，老来圭药旱莲方，此草乌须。好书竭目须翻绎，远石何赀可致将。坐卧青苍虚碧下，汉皇空望白云乡。

送伯石兄北上

吹雨空林啼鸠骄，携将行卷过牛腰。西山待尔写生手，破浪先谁建赤标。三代遗音齐戛戛，九秋拟赋楚萧萧。长安有此白居易，次第新题上客蕉。

闲居

骤雨吹云日已西，催农急穑亦栖栖。占星自验宫磨蝎，揣骨原无脑伏犀。久为避人寻远麓，更成小筑隔深溪。罢官歉岁艰生计，愧以诗文佞老妻。

新晴

偶闻鸟语喜新晴，百二溪山取次行。诗以君臣编草本，史中兴废点花名。范贫石富凭星局，墨守输攻在管城。鸿雁芙蓉俱莫怨，抄风擦雨亦多情。

---

① “因”，北大藏清初刻本作“卧”。

闲居即事

久知名应少微星，门隐琅玕百丈青。废后诗多蔬笋气，风前松作管弦听。管生腹背无壬甲，卓老肝肠付丙丁，李氏《焚书》。秋涝正逢南客至，北方也用种鱼经，时伯羽至。

闲居

老妻稚子共欣欣，咬菜诗肠渐断荤。宦橐空余家四壁，骚坛敢问鼎三分。黝皮皜发求何老，有节无心对此君。曾梦手牵香象至，山亭终夜起奇芬，何老，何首乌药。

山亭即事

矮亭奇石密林遮，山色波声共一家。贫日延宾渐潦草，忙时耽咏类狂花。僻情只可烟霞供，白发宁堪岁月加。猿鹤闭门相保社，谁为桓老与侯巴。

中元日

瓣香不二礼旃檀，日月从飞赤白丸。相对针锋消喝棒，广施匙匕是盂兰。观成水月身何有，嚼破虚空齿亦寒。当日楞严伽叶在，何因饶舌只阿难。

西风

西风抚剑倚长藤，吹散翳阴百二层。巾履亦随秋肃肃，诗情都与月澄澄。苦依幸有萧郎仆，未正其如刘孺朋。随处安心安不竟，此重公案已参曾。

山居

迩来处士星明润，正映吾庐长白山。勿剔松萝森武库，严订猿鹤塞函关。数行在腹人差韵，一带环云天不悭。岂必自高聊位置，也须元亮子真间。

秋日临水

佞写宜秋付碧流，青灯听雁古今愁。寒花意思开还懒，逐客烟波去复留。渔傲渔歌推我长，羊头羊肚任君侯。何时汗漫乘风力，袖拂三山十二楼。

晓起

晓起青山旭气亲，著书翻绎腐为新。人之本草分凉热，梦里风花忆夏春。谷应山鸣声岂二，舟移岸动看谁因。云烟过眼何须录，公谨劳神苦认真。宋国公谨，齐州人，著《云烟过眼录》。

伯羽至自海上，诗以问之

怪尔东来诗澒洞，海山之气想包罗。其能应祷观寒蜃苏长公，可似参军貌郁螺顾况。河伯乘秋空向若，木郎作赋竟云何。尔家蘅杜兼蓠芷，此日忘歌江有沱。

坐观

清乐乡侯得实封，青山四面水千潨。祲年犹有诗堪煮，静夜常闻月可舂。身似老僧观绝壁，情同野鹤瞑孤松。非台非树尘安惹，五十三参不二宗。

抚剑

鳞铗星镡气烛霄，蒯缑时奋吼中宵。拭之华土飞霜色，铸自江心带雪涛。何日神芝生雀嘴，即今旱藕出龙腰。曾闻立碎狻猊铁，只是朱云不可招。

又赠禹门长郎张如如

平山之麓悬如斗，个个峰峦照水光。到眼我能开胆气，拖云君自富文章。如如宿世应金粟，了了清言见大方。万斛从今当破浪，手扪长剑挂扶桑。

诸昆弟至自湖上，诗以问之

佳事新诗可与闻，荡舟谁共拂鲛裙。坡公游此几何日，颜蠋陂前多少云。曾是莲香同佛国，每疑水底有碑文。一湖浩荡消今古，试问凌波鸥鹭群。

闭关

远山冷碧挂黄云，暮雨萧萧我忆君。苔径当秋宜鹤步，长天有梦寄鸿闻。兰亭帖谱收颖本，匡阜僧来译梵文。谷口一从封石壁，进贤冠付侍儿焚。

为园

为园城底柳鬖鬖，额以西清点壳庵。螺黛不乏峰六六，蓬蒿一任径三三。闲风散月宜相借，奇石名花恐未堪。潦倒狂吟涂满壁，后人诗里说王憨。

读王带如及补之可偕联句

柏村联句斗璠玙，新美芙蓉出静渠。小陆才情包六代，阿咸骚赋拟三闾。寥天快眼鹰追兔，长日摊书獭祭鱼。何事逊席推老朽，愧闻搔首自踟蹰。

酹菊

愧余不饮空昂藏，减却诗中一半狂。时见小槽怜冷碧，携浇早菊验微黄。东晴西雨山川好，暮鼓晨钟日月长。世上八驺关眼界，天边飞鸟笑人忙。

张异度过草亭怆然赋赠

嗟尔零仃飒鬓丝，累累行卷欲何之。笔神不佐祛贫赋，驿马常憎荐福碑。三谒岳祠龙怒吼，一浇隗墓骥长嘶。嫁衣送尽柴门冷，岁岁莺花对客悲。

空山谁问薜萝秋，驴背题诗委道周。灯下言怀廿一史，眼前悔错十三州。饥肠吐语光如贝，浊世谋生拙似鸠。白发黄金何日变，真同轻梦醒浮沤。

孟明读书深山，诗以问之

秋霪阻问已三旬，画粥空山冷暮筠。老契半生惟有我，清诗属和更无人。横江布网胸何富，照夜握珠手未贫。眼见天荒兼地塞，谁知草莽泣孤臣。

鸣感

雁唳霜天思不禁，凄凄恻恻峭长吟。崎岖世路谁开眼，云雨人情亦费心。避缴冥鸿甘自适，慕膻柔蚁莫浸淫。倘无诗赋酬千古，翠竹苍梧竟陆沉。

栖霞寺

残宵海日起扶桑，抉翳千林见旭光。清磬透山醒古梦，澄江照月忆西方。冷然一鹤声多韵，苍尔千筠骨有霜。休恨古丘文物尽，鼻头犹扑六朝香。

水心寺

水水山山曲斗湾，青霞不断白云关。中流突起双鳌足，一嶂分呈百媚鬟。泠落秋鸿窥濑上，浓酣枫叶点苔间。十千欲买江头兴，潦倒崔婆酒破颜。

江山寺

白云今日为予来，乱剪芙蓉落草鞋。僧定能参灯是火，佛光谁识镜非台。移来山壁沉秋影，宕过江痕失旧崖。每恨古人不见我，坐令车斗计群才。

盛夏饮玉泉寺

新水冰瓯咽紫霜，焰芒消尽礼名香。心花烂漫开三藏，舌相光明照十方。柏老空山留佛日，诗题绝壁破天荒。火龙热啽皆降伏，始信瑜伽有露浆。

有感用五声韵

个个于今号忤珰，去年亲献紫霞觞。龙旂跪祝九千岁，翠葆廷陈十二双。杀气上腾干北斗，媚涎下沥倒西江。谁知海宴天清日，犹自孤臣泣一方。

过东阿令祝二水不遇留赠，祝先令诸城时曾过之

我来阿下窥寒井，绝似琅琊漱玉泉。两地灵山皆有主，隔年清对惜无缘。攀多老柳丝难系，乱后枯榴火未燃。古意今情俱在眼，聊凭驿壁写潸然。

斋坐

空山寂历去声闻，鼻观氤氲柏子焚。草色漫回澄臆雨，松枝不挂惹情云。友人招隐曾贻赋，梦里狐禅有辨文。三十六班欢喜相，水莹月静自无尘。

闲情

日薄丛林雁不前，渊明抚弄妙无弦。快哉山叟拥千卷，侈矣坡公乂百钱。岩际游云悲往事，天边逝水惜流年。古人绵邈余安问，徒倚亭柯迥自怜。

夜行

老废穷居失所欢，藤萝交闭白云关。每因听水沉高月，偶为寻僧过远山。野服难乘鼍骨轿，清臞最称竹皮冠。即今白发垂纶者，曾是当年玉笋班。

秋风

秋风一夕扫蒸焚，宝志碑前听雁群。石壁千寻生雨气，林光层叠涌潮文。年年有梦同孤鹤，句句新诗是白云。日月人间争似电，苍茫回首亦何云。

望

望际佛天未可登，苍云古色于秋增。背岩涧底潺灵水，绝巘松前暝异僧。林寂早霜乌荐果，经余深夜虎窥灯。年来误学无生忍，稿木心情转自憎。

看耕

年来贫病减清游，虚负秋光照碧流。鸿雁易惊凉雨梦，黄花不共老人愁。文涛笔阵时消长，鹿友鸥朋任去留。百亩瘠田供八口，携书陇上看横由。纵耕为由，横耕为横。

独步

老去寻欢百不宜，空山独步早秋时。清泉白石开胸药，明月新诗对手棋。有热不休墙下树，涤烦堪听雨中鹂。如今病益稽生懒，坚闭重关誓莫移。

自简

自简朋从静里删，无多需世莫间间。体瞿略比迎风竹，诗色浑如过雨山。废后时流无固友，岩头松老是同班。苍烟石壁拥书处，高古清和月一弯。

词场

徐袁声价日掀腾，业口漫漫可尽凭。诗以穷工聊悦老，名因时落失良朋。郊寒岛瘦劳相效，牛鬼蛇神愧未能。细简宗门公位置，当居钝汉第三乘。

里中即事

里中小儿车辚辚，白发支离问此身。柱颊西山来爽气，写生岩石肖斯人。门前古树难回色，屋上青乌也厌贫。羯鼓满街终夜闹，家家恭祀白眉神。

惜老

我今为帝之顺臣，落在青山与鹿驯。石罅松生存古意，寥天鹤影忆前身。铜倾贾岛诗成佛，丝绣平原侠有神。可惜年光过半百，尚难一见素心人。

老怀

老怀最与暮山亲，林寂禽栖坐水滨。书画过从如赌墅，烟云延伫为留宾。梦回恍悟三三语，色破依然六六身。秋尽芦花明月古，芦花白处月还新。

落花

春信阑删可具论，沾泥向日总君恩。红绡深瘗鸳鸯骨，香雾浓蒸蛱蝶魂。楚女怨鬟云下峡，班姬掩扇月长门。一从韵事随流水，风雨无情拉泪痕。

赠张禹门

多君三疏动明王，点点随风血泪长。不是燃犀搜鬼魅，谁能移烛照逃亡。飞旌夜晃关山色，露布秋回塞草黄。伏枥老生壶口缺，犹思长箭射天狼。

读平阴侯蔡宣远迎封①诗和韵

檠来龙缄露华新，汉主摛词美令臣。舆众口边高片石，劳人鬓上几丝银。二章聊悉三年苦，四戟难瘳一字贫。万里蟾幄迎养日，南山扑翠雁声频。

三世君恩气色新，惬心为子与为臣。诗囊日日堆华玉，宦橐寥寥少羡银。乌哺似欢莱子舞，鱼生不厌史云贫。烟萝野叟歌行潦，聊当云芝佐酒频。

---

① “封”前，北大藏清初刻本有“诰”字。

任城邹画士持谭笠椒所为叙卷求题赋

尔家太白酒楼前，浪迹何余杖底钱。壁上写春光照眼，袖来图岳小如拳。弁言谭子真诗史，续笔玄翁问画禅。我有山房当谷口，烟云徒奉竹边泉。谭子笠椒玄翁玄宰。

赠邹山人

就我青山作画图，夏云烟树景模糊。风霜老矣归车谷，鱼鸟悠然似鉴湖。笔仿营丘兼北苑，踪疑碧海与苍梧。更能炼药修三宝，六月跌看子夜垆。

游旭阳拱玉园归，适于虬先寄园至①

岂是华胥入梦回，花朝亲到蕊珠来。玉清下瞰千章月，石隐东连万壑雷。欲赋笔先香作雾，谁裁卷上锦成堆。从今高卧游名胜，为有梁园客似枚。

九月柬朱令衡

江南海北景何同，九月凄凄云树红。我昔居吴悲晚柚，尔今客岱目飞鸿。临池爽气多遒笔，望远诗题带惨容。家弟蓄醪兼种菊，莫如庄舄泣寒蛩。

题冲孺兄书室

竟日城隅苦抱书，檐云不去鸟踽踽。亲从选者抽金管，梦入天边种白榆。成佛生天谁尔后，春华秋实定何居。谢公五十还岩下，捉鼻松间避诏车。

范董先生，清贞重臣，于其出处，卜世道焉。敬赋诗志感，以当执鞭之慕，非能为谀也。崇祯戊辰季冬敬题

风霜历尽见平生，山岳君恩发肤轻。共信此心堪月照，久传一笑比河清。然犀在渚魑潜影，鸣鹤于皋天有声。阳煦寒冰俱莫论，只因车偈念周京。

① “至”前，北大藏清初刻本有“记”字。

挽郭汶滨

望如日观耸天东，海内人称郭太翁。有子清流推第一，名臣异代继高风。但来佳客樽常满，岂惜黄金壁四空。重茧我思将絮炙，致车千乘会青枫。

赠陈仲韶有引

有裨身心性命者，独是形家书以洎《轩岐》《内景》诸篇，为人子者不可不一究心也。眠牛卜吉孝也，守身孝也。予既善病，复耽泉石，扬仕南北，西登华，南及钟山、牛首、昆仑之干，几历其半。比岁荐香神庙，得与寿山之役。嗣是忤珰见折，放逐山居。溯脉寻宗，穷源问祖，恣撼龙之嗜，而不觉身之瘁矣。遂尔阴阳失御，腠理不坚，幸延仲韶来，扶掖性命，得延岁日。今者寄傲园椒，销情图史者，皆仲韶赐之也。接其人更笃交谊，而冷冷丰骨，有如海鸥云鹤，姑射仙臞者。卜居济之峼山下。峼山片石，灵光拂云，昔者扁公炼药其处，而仲韶接踵嗣起焉。壶囊济世，阴骘众生，真若扁公默佑之而再世者。济下数百里，依之为命，使非仲韶七箸回生，予得有今日也耶？昔有三折肱而为良医，予乃彳亍其步，其于摄生保命津梁，得无尚未有涉矣乎。非曰能之，愿学焉。因赋短章，聊以为赠。

茅君先箓待谁探，一匕神楼造化参。竹灶调烟烹月髓，术囊挹露伫云龛。心交愤世何堪七，肱折疗人已历三。日母可留初授诀，琅玗为屑菊为潭。

病中读楞严①

空山云树晚萧萧，病魄支离未可招。堤柳迎风初献态，岸鹂弄雨故相嘲。闭门欲断非非想，滴露时成反反骚。昨日老僧亲授律，三摩提岂见阴销。

---

① 北大藏清初刻本未收录此诗。

卷七

七言律三 附七言排律

新岁有感

雁鸿春信来何自，鸟雀柴门启正迟。草杰花皇消息几，岸容山意转更时。骚人伧伧椒还颂，寒谷萧萧黍未吹。斗柄频移定何在，碧翁藐藐可能知。

喜张玄成过访，夜谈有感

风雪闭门灯火青，跨驴剥啄到寒更。揶人狞[1]鬼晓争食，诧眼奇妖午见星。深壑避豺搔白发，空山随鸟抉黄精。嗟君老瘦江淮道，枯草谈天五十茎。

元旦

渐看春事到渔蓑，狂态无如老去何。谁道放臣销气色，还因青帝起沉疴。耕牛行试回青亩，游马思浮欲泮河。古屋积书三万卷，晴岚次第擘烟萝。

乙丑阅邸报有感

顾厨俊及嗟东汉，白马清流更足悲。帝座四星名宦者，斗边有鬼是河魁。跼天敢著欧阳子，立地无惭皇甫规。最似五龙严谴日，休将争口拟绍熙。

报吕益轩公祖

长白山深云树封，堆书古屋耐寒冬。雪天有鹤阴相和，冰壑无人石自舂。正慰饥孥啼岁暮，谁期阁老继朝饔。感时忆远情何限，倚遍溪头百尺松。

---

① “狞”，北大藏清初刻本作“狰”。

三齐凋敝不胜秋，沉海输关苦未休。白草弥山烧战骨，蜚鸿永夜起悲讴。问农一掬伤时泪，誓众三章报国忧。书蠹老儒搔短发，喜将生计比巢鸠。

王直斋老师

风尘落落三三子，烟水凄凄十六年。国老铭碑嗟宿草，后人崇祀谒名川。依稀箕尾躔遗像，常见风云拥旧编。筑室植楷谁赐也，哀诗血泪写冰天。

蕊渊异人歌以赠之

腹里层包阳羡生，檐头飞落弹丸僧。每嫌日月拘笼鸟，侈口乾坤煮半铛。绛老漫荒推甲子，汉庭几岁守星精。踏歌昂首人间世，海水茫茫铁舰轻。

赠蔡宣远

山城虽小饶名迹，背郭匪遥枕太清。天以烟岚资上客，人于词赋见西京。带牛佩犊民思遂，乘马反鱼我忆婴，见《晏子春秋》。万里空囊存气概，铙歌十八佐销兵。

我卧高岩苦夜长，怪来清梦绕横塘。忽传仙令褒梅帖，恍见坡翁步雪堂。雁鹜无秋声冷寂，山川何意色飞扬。中郎帐秘遗王粲，黄叶堆书日满床。

前年问渡平阴道，老稚含悲说蔡侯。乱后劝农常露宿，天南陟岵卜孤舟。行人弓箭萧萧影，啼鸟衙斋瑟瑟秋。论赏几蛇遗介子，调琴试听雍门周。

闫广文得子

每阅贤书世禄，其起家广文者，恒十之三四，咸诧异不得其解。及读李参执《四留铭》，则知理有固然者。夫有余不尽之巧，有余不尽之禄，有余不尽之财，有余不尽之福，惟广文一局能备留之，是以乘除乎造化，而环荫其子孙。若夫司教吾邑，则从古之寒官，仅注更难谱纪。关内闫公，金玉君子，饶有济才，韬光此地。诸生饮醇袭春，请益而象指焉。及摄篆，则又吏与习、民与安，诵祝之声，遍于四境，谓公之后必有高其门者。及释篆归庠，而岳降叶矣。先是公之宝树早摧，孙枝孤秀。今以迟暮得此，谓非造物之笃厚善人者，克睹斯奇乎？信乎，祝有益也！予喜而赠之，兼赋四韵。

盐盘毡座斋衙冷，何事明珠照夜来。此日瑞云涵陇首，他年佳话忆桓台。图书有托贫差慰，头角乘风早见才。帐下诸生同记取，石麒歌是老夫裁。

长白山寺戏为四叠字

山山山罅吐山云，处处泉流处处闻。远树树边还树树，古坟坟上复坟坟。冷蛩冷冷催诗冷，群雁群群忆友群。湛湛月生宵湛湛，僧僧僧室急僧文。

李将明应辟楼

非关仙子好楼居，坐爱遥峰对静渠。鱼鸟有情春作赋，风云常护夜翻书。先人手泽黄麻本，后世珍收白练裾。奉母课儿贫亦好，旧家清事足三余。

周[①]中丞开府辽阳

龙虎韬钤燕颔姿，辽阳百战靖边陲。招摇星指中丞节，玄武身临上将旗。肘后金章惊鹊化，阵前铁骑结鱼丽。回军奏凯喧铙吹，顾曲亲填番汉词[②]。

少年作赋喜谭兵，顾盼风云四座倾。幕府今来持节使，关门旧识弃繻生。星奔虏骑秋烟暗，血染并刀朔雪明。恨不从公歌出塞，要离身短气纵横。

往岁屯兵镇朔方，旋闻移节渡[③]辽阳。令传青海孤烟断，苦战玄菟落日荒。身作长城清大漠，手提尺组系名王。相思无那关河远，十月霜高少雁行。

英雄风骨似君稀，累向山前逐虏[④]归。高阁有时舒坐啸，短兵亲自突重围。双鞬战马披犀甲，一榻禅灯拥衲衣。了道不妨屠刽手，沩山早晚叩玄机。

过浒山铺

避人卜筑倚山阿，有似禽栖占一柯。天际浪花消日尽，道傍老柳阅人多。岩僧飘偈醒沉梦，水藻飞香送野歌。自我袖云三百里，诗从太乙度灵梭。

---

① “周”前，《问山亭主人遗诗续集》有“送”字。

② “顾曲亲填番汉词”，《问山亭主人遗诗续集》作“横槊高吟出塞诗”。

③ “渡”，《问山亭主人遗诗续集》作“度”。

④ “虏”，《问山亭主人遗诗续集》作“卤”。

丙寅六月即事

迻日初颁结夏文，一香一榻睡氤氲。山田虽贵贫须买，笔砚无灵恼欲焚。白老脱然生遣妾，林逋不忌预修坟。檐花无语僮痴立，只诵新诗向暮云。

无题赠洞庭弟

春鸿秋雁转头间，剩得湖心月一弯。笔吐蕊珠成复阁，梦随迷迭度重关。玉箫有恨寻川使，锦瑟无端恼义山。纵使后人窥白壁，闲情一赋不曾[①]删。迷迭香名[②]。

同康钟白、李夫子登摩诃顶

长白中峰古肃然，汉皇遗禅至今传。诸峦贡翠皆臣伏，东渤明空到眼前。云际焰高天佛塔，秋澄霜落玉妃泉。葛洪福地曾收此，愧我风尘误宿缘。《抱朴子》载，洞天福地，长白大峪山系第三十三福地云。

送房侍御海客赴南考功任

燕矶吊古君常事，牛首传杯我亦曾。此去高名悬日月，深秋清梦与霜澄。愁来蘅芷虽堪老，诗里江山尚有灵。若到新亭休洒泪，只焚谏草献高陵。

题寺壁

山坳折处乱云飞，溯尽溪流见寺扉。秋草夕阳千牧远，深林凉月一僧归。翻书旧舍情犹热，问碣前朝事已非。老我又当兵戈日，自今几得绿苔挥。

答李重文

深秋摇落莽苍苍，坐对黄花耐晚霜。文事懒争周郑鄁，才名独愧鲁灵光。死心佛佞窥鸿宝，耗目书淫类鼠姜。何事古曹才子李，新诗先问水之方。

---

① “曾”，《问山亭主人遗诗续集》作“须”。

② “迷迭香名”，《问山亭主人遗诗续集》无此内容。

李孝可

曹濮之间我旧过，云烟崒嵂压洪河。计才得子斯灵矣，耽咏如余奈老何。苍狗变形占世事，青�无恙是岩阿。孤臣孝子千年泪，洒向清秋试九歌。

送子云应试南都

汉代于今两子云，满朝谁不荐雄文。囊中萍锷风时吼，舌上连花火未焚。际此瑞麟生海峤，好同宝鼎出河汾。羡君白日腾三浪，慰我青山事五耘。

宝惜龙文并虎文，眉间紫气晓氤氲。梦扪历历天边树，香散亭亭阁上芸。空北有谁追掣电，图南何又鼓垂云。江涛八月枚乘喜，万里捷书一夜闻。

答友

疏奏难辞五鼎烹，清时尤觉口难更。穹庐欲啮单于雪，泽畔时餐篱菊英。负笈有缘从巨擘，弹冠无路效微忠。贤豪犹自甘鸿冥，细子何缘便辍耕。

岱望

天开灵府见仙闾，为访东瀛曼倩居。山色未分齐鲁界，石碑难辨汉秦余。风来崖下生仙翅，雨过松边走帝车。此去蓬山应未远，不知清浅近何如。

游秦诗

千秋封禅侈人间，三尺碑额梦里闲。石磴飞桥浮未稳，天梯斜挂架空扳。云间日想仙人掌，松下风传玉女环。鲁殿齐宫何处问，落霞飞翠满青天。

十载心期五岳前，新秋初蹑岱灵颠。千山翠叠霞为帐，百尺泉飞水作帘。龙自此中行雾雨，山从何处御风烟。早教两腋能飞去，咫尺云霄亦渺然。

答友

曾于澄江夜奏弦，何人能解光明拳。诗如杜老高难和，草似张颠妙不传。十二峰青天涨玉，大千云暖佛生莲。梅花一嗅思前世，慧雨玲珑意爽然。

赠伯羽南还有小引

望门投止，张俭负累于孔融。衣褐柳车，鲁朱能全乎季布。生气犹存于千古，侠肝辉映于来兹。仰吊流风，惨悲末世，今情已事先后同符，予欲详举更端，其奈悲声哽咽，敬步余友海客之韵，用附昔年端礼之碑。

逃禅原不入枯禅，到处昙云吐静烟。亲见普门宽法械，坐来净土洒清泉。九州放脚曾无地，一刹回头别有天。百丈铁船今过海，三生石上问前缘。

山居

山樵看老万层青，鹤唳猿啼也耐听。叶隐残红春欲去，云酣湿翠雨先蒸。石龛即是函三室，布水惊参十八僧。海内可怜兵甲满，谁将五宝救群生。

堂馥

何须迷迭与都梁，涧草山花馥此堂。皎月穿松如手沐，炎天见竹已心凉。琴书寂寂钟声远，院宇萧萧鹤梦长。投老垂纶今已晚，肯将西日换朝阳。

闭关

老病山居百不宜，闭关虔诵陀罗尼。山因人静松�古，水共云流日月迟。医药有天堪托命，荆榛隘地莫争驰。春鸿秋雁黄茅屋，带索而歌荣启期。

读黄庭

最爱黄庭内景篇，崇观鼻祖验灵坚。翟公门巷原无客，杜老诗肠别有天。碧叶红枝消旱政，雄骚雌雅让粗官。安能太乙还真髓，为问琼池浴蕊渊。

新雨

新雨遥清云树岑，月中搔首自沉吟。史才自恨无班马，逸志欣然友尚禽。积册正须参二酉，餐藜何用腹三壬。廿年冷落床头者，秋水光芒卧碧坛。

登棠荅山岑

南喜何排散北吁，此中清寂道心俱。潇潇露洒无名火，炯炯龙衔不夜珠。曾见须弥藏芥子，真能麻线挽天枢。从今纵目三千界，恻恻人间辕下驹。

闭关

一挂藤萝车马稀，檐砖便是子陵矶。请瞻天上多蒙漠，谁道人间有是非。轻梦每随归雁远，清诗时共白云飞。草鞋峭紧关何事，便是龙师第一机。

读文天瑞兄弟《花萼集》赋此美之

君家斗绮压晴窗，玉笥函来不夜光。壬子被边多藻思，甲公足下有文章。月明高树回云汉，秋尽平芜骤骕骦。吐气如兰谁不见，肺肠应浴七香汤。

正月

潦倒新年可具论，题诗飞惹古梅魂。风迷人日无过客，月负元宵只闭门。隔树山钟惊鸟梦，带烟寒草返青痕。少陵病废知多慨，一枕拥书瘦骨存。

同朱菩元夜坐后湖

东宁宅里笙歌歇，来坐桥边月下湖。良夜可风还近水，旷心如子更偕吾。镜中人影看珠斗，树杪宫烟色有无。乍可乘槎接云雾，支机何日访成都。

寄可庵张邑侯

灵岩奇秀复何如，清济澄澄映碧虚。轩盖沓来摇结夏，诗觞不碍引程书。桓民洒泪随秋雨，荀令音容寄望舒。指顾未央收谏草，先言东邑日萧疏。

辽诗

此胡曾倚东门啸，夷甫清谈眼亦明。谁为貂参开汉过，坐令豺虎歼名城。愁心郡吏勤搜粟，裂眦都官大点兵。三帅游魂归未得，开原白骨又纵横。

喜雨

一雨千林散积疴，蓊郁禾黍听农歌。困蝉初试犹音涩，旷犊服犁得亩多。小圃更欢新种竹，老渔重补旧年蓑。出门一问林高士，书幌山光涌绿波。

野望

輞峪[①]森阴合四围，翻从天半见霏微。山间村落还高下，洞口[②]桃源今是非。远水和烟双鸟去，断桥背日一僧归。钟声缓[③]落云间寺，知有幽人静息机。

和十八弟来鹤诗

空亭长日坐无聊，热羽尘翰久寂寥。何事浮丘回飒驭，瞥然丁令问山樵。孤松漫当双珠树，三径犹如万里桥。共订岁寒餐白雪，青田春暖任扶摇。

萧萧形影步荒阶，足印苔成折股钗。我助琴心三叠舞，尔同蒲额八关斋。准经清古应如格，坡梦翩跹莫浪猜。从此在阴有子和，胎仙始信是仙胎。

自是览辉而下嘉，非关燕子入人家。去他轩禄恩如海，就此藤萝室似蜗。候应清风鸣永日，羽滑玉露警秋葭。茅山道士能消福，二陆华亭枉自嗟。

水意云心未少颓，芝田犹带晓香来。支公忍铩凌霄翮，逋老还栽伴雪梅。相对清癯添道念，喜将孤峻比诗才。闻天闻野寻常事，饱杀梁鹜不与侪。

---

① “峪”,《问山亭主人遗诗续集》作“口”。

② “口”,《问山亭主人遗诗续集》作“里”。

③ “缓”,《问山亭主人遗诗续集》作“还”。

辛未岁暮

鹿豕惊奔叹不辰，中宵失寐暗伤神。深山盛雪潜消骨，岁暮饥豺巧伺人。弓箭在腰成武士，衣冠存古忆天民。老来病废遭颠苦，身世茫茫问彼旻。

辛未岁除

离乱仓茫岁又除，空山追荐哭荒厨。弟兄折尽病夫在，禋祀凋零野祭余。咽哽无声徐拜祝，灵通有梦绎踌躕。老妻稚子伤心问，满屋寒云事势殊。

莱州久围不救，诗以伤之

秋蛩端为促织忙，经年忘却救襄阳。包胥枉滴七朝血，韩滉空灰千里粮。狼子野心方跳踉，庸奴误国且徜徉。少能一忆围城惨，不信当欢不断肠。

掩败为功，酿成此乱，诗以恨之

圣帝端居听自卑，岂期此辈敢为欺。腐材大将谁堪倚，乳口平章更足嗤。报捷黄旗邀蟒玉，覆军白骨饱鸢鸱。乱离老病愁奔走，泣恋图书安所之。

此事岂有和理，中外朦胧作抚局。贼果寒盟，羁我命官，诗以愤之

廷尉山头彼自知，痴人用罔益痴痴。三公扇底方安睡，六月刀尖正暴师。城下乞盟嗟国体，行人不返重予悲。老夫病废跛而瘂，强起敲壶写愤诗。

多官众兵，不能办贼，诗以惜之

满天太保地司空，犀玉辉煌照海东。宜扫凶氛且震霆，何随烟雾便抟风。投鞭不断白狼水，饱食遨游绿雨峰。驿吏惊传迎内使，旂常懋赏大军功。

老病贫苦，更值兵事漫然，诗以悯之

覆巢之鸠无定居，可怜药裹与图书。官兵杰骜同奴虏，命将尪颓类媪姝。农务三时已失序，国常六事总成虚。祈天天鉴消弭速，其奈国妖更孽诸。

东愤诗

立鬼行尸满一城，城头唾骂日纵横。睢阳著节今杨谢，钊孽当权有进明。盗贼金珠偏起焰，士民肝脑总无灵。长风安得吹冤哭，直到九天彻琇莹。

荆诗[①]

长沙南去雁声愁，亦有神仙怨白头。天际碧云迟欲暮，湖边绿草细还秋。星河动户频移榻，鼓角沿江夜送筹。水落苍梧九峰出，不将清梦携[②]同游。

文诗出塞曲[③]

沙满寒烟百草腓，从来古道是金徽[④]。雁衔月影芦中堕，风喷霜花剑上飞。毳帐酒酣人起舞，胡笳奏[⑤]剧猎初归。弯弓直射毛[⑥]头落，唾取龙城报衮衣。

古宣房

万古龙门决九河，翻惊叠石此嵯峨。河堤倏见千寻并，岱岳刊残一半多。断壁漫夸神禹烈，负薪谁诧汉皇歌。如成此策天无力，绝胜当年日倒戈。遮莫冯夷空向若，不殊精卫欲填波。海风鼓荡天吴怒，山浪崩腾地轴蹉。丰沛万家

① “荆诗”，底本和校本作“荆诗附”，据《问山亭主人遗诗续集》改。

② “携”，《问山亭主人遗诗续集》作“挟”。

③ “文诗出塞曲”，《问山亭主人遗诗续集》题作“出塞”。

④ “徽”，《问山亭主人遗诗续集》作“微”。

⑤ “奏”，《问山亭主人遗诗续集》作“吹”。

⑥ “毛”，《问山亭主人遗诗续集》作“旄”。

沉壑谷，舳舻几处驻江沱。莫言蜃市收来易，总是鸠巢结处讹。使者行堤今束手，纵横窟宅舞蛟鼍。

金陵赠武太翁北还，文太青岳父也。时余居职方

论文十载惟文子，耀武三吴遇武翁。武翁文子称翁婿，玉润冰清畅雅风。乍见瘿庞耸孤鹤，坐来高韵冷双松。秦岩题字理黄雪，江水春歌上碧空。旧业远同周鼎古，新交不待郑邮通。仙逢地肺方开口，世乱天山可挂弓。衣袖好留诗卷在，他年共证鹿门钟。

卷八

五言绝句附六七言绝句杂体九言

姜生[①]

蜡屐轻千岫，长裾曳五候。当歌须痛饮，何待月支头。

书佛国寺壁

佛国千姝会，花时七宝妆。后湖歌酒地，妒杀野鸳鸯。

有悟

莫诩红颜好，一宵便白头。恍然因了悟，江水不停流。

须白

予须何忽白，坐对苍松寒。檐际瞻飞鸟，春来自往还。

有感口号六言

输赢对面残棋，斗弄敌手讼师。万里长城自坏，一群宰相娇痴。
辽阳流血汤汤，关门蟒玉洋洋。征募国蠹四出，诛求民寇千方。
口角或变或常，眼底谁弱谁强。小儿强作解事，矮人随众观场。
蓬蓬岂是直麻，莽莽错认当家。搽掌热肠乃尔，揸颐冷眼看他。

① “姜生”，《问山亭主人遗诗续集》题作“与姜生”。

和新嘉驿壁女子题诗[①]

秾华到地便成尘，妒杀穿帘燕子身。拾得片红潜下泪，夕阳堆里已无春。
女儿三乡忆昔游，琼奴烟壁更深愁。古来才貌偏生祟，说着长门已白头。
壁上题诗寄阿谁，有心人解有心悲。行人过尽墙苔老，古驿寒花月露垂。

病中送子柔

两疟总君视我来，病颜聊复对君开。又当南北三千里，送远凄歌费几咳。

卓文君图

一曲凰鸣意已深，琴声原自有琴心。他年仔细当垆者，客过临邛都解音。

入署

法垣遥置后湖间，客舍台城绿一湾。不计苦风兼溽雨，每朝三[②]过覆舟山。

刘庆所亭子

我忆遥岑红树秋，牵情几上望山楼。谁期雪压寒流日，又得湖亭一度游。

庚申十月初一闻报

南风烈烈吹沙急，燕[③]尾涎涎啄矢频。抔上未干孤六尺，千年草檄是何人。

江行

南来微雨逆江生，江上飞帆之字行。才背摄山忽当面，与君不觉恁多情。

---

① 《问山亭主人遗诗续集》未收录前两首诗，仅收录第三首，题作“和新嘉驿壁诗”。

② “三”，北大藏清初刻本和《问山亭主人遗诗续集》作“两”。

③ “燕”，底本和校本作“雁”，据《问山亭主人遗诗续集》改。

石城月

金陵王气未曾消，水泊秦淮江上潮。月到石头城下好，碧云红树听吹箫。

北邙山

北邙山下冢累累，半是当年龙虎姿。松柏自青人自老，英雄空有泪如丝。

华清宫相传唐明皇所构，晋天福中改为灵泉观，今倾圮殆尽，惟頳梁上余瓦半存，感赋一绝[①]

华清宫殿自唐朝，一闭千秋锁寂寥。頳瓦尚留残[②]迹在，当时曾覆可怜宵。

登凤凰台有引

金陵凤凰台，在城之东南，今之讹传以为凤台者，乃在城西南隅一抔土耳。其号为瓦官寺者，予固疑之。观此东南隅，四顾江山，下窥井邑，则今之讹传并寺亦非也。古题咏推谪仙为绝唱。予游览壁间，刻宋齐丘诗，与梁间悬今人诗，而乃无此篇，予作绝句曰：

骑鲸仙伯已凌波，奈尔三山二水何。地老天荒成脉脉，凤凰台上独来过。

过洞庭弟湖上居[③]

水尽荷消柳瘦枯，乱篁丛覆一亭孤。主人淫艇归何处，野鹜闲鸥竟日呼。
湖心叠土拟苏堤，何必称苏堤始奇。桃李对栽多置酒，王堤千载也堪题。
也学江南日采莲，放生池是镜湖天。采莲歌发采莲女，捕鱼咒禁捕鱼船。
半住山腰半住湖[④]，湖烟山雨总模糊。廿年古寺依僧处，壁上题诗字在无。

---

① 在《问山亭主人遗诗续集》中，该诗题作“华清宫”。

② “残”，《问山亭主人遗诗续集》作“遗”。

③ 《问山亭主人遗诗续集》仅收录后两首，题作“过洞庭弟湖上居二首”。

④ “湖”，《问山亭主人遗诗续集》作“潮”。

王补之舍

转峦回谷织罗文，陡辟灵窝且置君。我屋正当沮洳地，斸芩秋寄两三斤。

自一字至七字

清、清。琴谱，茶经。读书韵，击磬声。竹篱茅舍，水馆山城。霜天孤雁唳，雪屋一灯明。宝篆香浮瓦鼎，铜壶漏滴金衡。梦断长江千里月，一枝梅影上窗横。

野言四篇

惊风败叶簌簌落寒川，感慨凄凉依稀似去年。一别长门不复事君子，婵娟仳倠犹自争媸妍。两岸春刍仅可饲乳犊，一溪白石取以界山田。遐想此时城中斗蟋蟀，笼籓胜负于我何知焉。

初闻古时有一怪异事，克举天下轻付与都君。幽囚形迹孰能为之解，放勋当日实乃倦于勤。爱身乐闲亦有巢由辈，玉食臣妾视之如浮云。颍川洗耳一瓢尚须弃，箕山草木终古常欣欣。

寒露重重着草少华滋，檐下踟蹰负暄且惜时。腹但免饥乎无复求果，体已不勤矣奈何言疲。窗中窥见牛羊上西坡，枕上厌闻鹅鸭喧前陂。偃仰乾坤一身若疣赘，举此宜乎谋抉而去之。

鸣鸠噪雨寒雁解催霜，二物何知气化使其忙。语繁节短出乎不得已，群咻众聒然后为不祥。往者已闻济北产鹳鹆，今年复道中洲来凤凰。圣人御极四灵自见瑞，嗟乎老矣而乃见纯阳。

午梦 ①

晴日欣书誓墓文，石林雨过异香闻。一床清梦鸣山鸟，枕畔堆书冷白云。

---

① 《午梦》《买湖不果》《三月三十日》三诗，北大藏清初刻本未收录。

买湖不果

空爱湖山似画图，无钱辜负北山湖。笔耕砚佃三千顷，幸是官家不责逋。

三月三十日

共到今朝定有诗，留春无计转成悲，我嗟莺老兼花尽，宁许莺花笑鬓丝。

卷九

诗余

冬夜 画堂春

梦回胧月恍疑暹，轻风一缕敲帘。绣衾强约怯寒砭，檀烬慵添。　　云尔蟾华渐淡，顿觉鸡口难钳。踟躇往事未心恹，欲起淹淹。

有所思 忆秦娥

枕[①]凝香，灯前独缺那人妆。那人妆，而今时候，浅绿轻黄。　　远砧惊梦倍思量，鸳帷偷恨可情娘。可情娘，万千今夜，知得衾凉。

冬思 浪淘沙

无语数寒更，檐马玎玎。妆函寥落暗尘生，闷对蠹余情已乱，佯整银檠。　　月淡印枯茎，风鸟惊鸣。夜阑人尚倚闲楹，最是一天孤另处，霜意虚清。

合卺夜 眼儿媚

嫩玉纤纤捧卺柔，动处是娇羞。凤燎瑞蔼，鸾衾香透，人早魂休。　　鸳鸯初度千金夜，春意楚云悠。最好处是，闻鸡偎脸，映月凝眸。

冬思 长相思

鹰影迢，人意昭，闹叶小庭冬日浇，枯桑几万条。　　远樵歌，近牧哨，离耳那堪更晚箫，举头山色饶。

---

① “枕”前，底本有眉批“首缺四字”，北大藏清初刻本无。

村宿 浣溪沙纯字限韵

枯树几株烟几重，隔城十里不闻钟。下马欢逢，尘外契拂须淞。　一点寒灯人不寐，数星残火共谈农。月淡棋秤慵，更着怯霜锋。

人归 相见欢

隔灯波潋山岚，被沉醃。别久乍相偎倚喜如惭。　卸瑶髻，月初上，两情含。纵说相思终夜十之三。

题李家楼四景兼托意

春 中调玉楼春

春到小楼寒渐戢，晓日慢将花气吸。穿窗柳线翠千条，觑槛李花银一粒。　醒眼看云苔里立，那管繁浓朝雨袭。任渠飘尽百千红，犹剩锦茵铺院级。

夏 玉楼春

夏簟波寒楼暑戢，晴日蕊宫犹露吸。烟媚柳带燕千声，风动荷盘珠几粒。　短扇小瓯局侧立，表里清凉仙气袭。六街任尔海尘深，一觉不知身品级。

秋 玉楼春

秋雁经楼音未戢，静院菊香和露吸。风裁庭树素罗幡，月幌池波金粟粒。　湘竹一枝高处立，不见纤尘衣上袭。晴窗终日面山光，山远那知山等级。

冬 玉楼春

冬日楼前千卉戢，闲看白云四吐吸。几枝健竹绕龙蛇，万点寒鸦飘粟粒。　晓向宝阑时一立，拂袖还嫌霜意袭。卑高远近尽琼瑶，信是天心无等级。

云夜 风入松

一宵枯树与残葭，冒冷呈华。纵横檐首粉如织，望迷恍讶乘槎。鸟翥冰花，零乱人烟，云色浓些。　骚人觅句小篱笆，党酒陶茶。这霎堪笑金门客，听鸡筹淞结乌纱。试问粉衣鸳瓦，何如银铸兔苴。

雪晨渔家傲和守虚

风骤还无风定有，袁门未扫白偏厚，斜逐凉风穿竹牖。犹认是年时，瘦洁争春友。　　七贵罢朝初释绶，五都斗侈开新卣，回雪落珠争献寿。君知否，同云也覆疏狂叟。

与所私者鹧鸪天

软步庭阴过小阑，羞郎佯蹙细眉弯。语飞脂馥萦[①],嘘惹檀霞绕翠冠。　　人渐动，漏初残，玉人和月整云鬟。当时鸡口惊欢会，别后犹惊梦里欢。

桃腮浣溪沙

仿佛轻红湿素绡，晓来惹袂细香飘，好春长叹五陵遥。　　带酒微潮，灯里含羞，轻递笑中娇，东风不减色夭夭。

波眼浣溪沙

婉转清矑玉泽深，含羞一笑落飞禽，鉴郎须发溉郎心。　　对镜雪空，乌点漆临，灯秋水月流金，恍惚人在洞庭阴。

洞房冬夜八景

晚妆伴读诉衷情

籁静闲屏相倚坐，鬓云氤。郎冷否？拨火小蛾颦。檠侧觑人频，波潾。灯辉无纤尘，意吟吟。

释纽就衾诉衷情

鸯枕凤帷红一色，夜清冷。抚郎腕，惭喜□[②]相形。甫释翠蜻蜓，屏暝。落花照膝荧，意惺惺。

---

① “萦”后，底本地脚处有“脱二字”，北大藏清初刻本无。

② “□”，底本、校本均脱一字。

卧初未暖诉衷情

纤手邀人约欲尽，膝檀𩈣。难画处，杳没雪肌辉。呵□[①]压衾飞，深帷。女郎相戏讥，意依依。

话久惭惚诉衷情

靠暖私谈清夜月，影惭羞。泥凤折，鸳枕乱堆□[②]。息引篆霞投，温柔。回郎语弗周，意休休。

微醒低语诉衷情

嫩态不胜人把束，嗽清喉。些碎语，半是梦魂绸。烛尽黐微浮，闻飕。怜郎频检裯，意悠悠。

困意重酣诉衷情

煦煦华茵寒不到，卧鸳鸯。身款动，惊堕小钗凉。枕脱碧油航，倚郎。情忘和梦忘，意康康。

鸡声怜夜诉衷情

凉月收人残梦去，远鸡音。鬟未辨，栊色淡眉岑。促婢问晴阴，沉吟。清闲平旦心，意愔愔。

乌影求衣诉衷情

可惜琉璃金弹碎，鸦喔咿。郎好起，郎意怯霜澌。女说负诗时，闻飔。嘱郎低系缕，意迟迟。

冬闺柳梢青

篆蔼妆销，檠辉眉晕，空自风流。籁静檐铃，梦回窗纸，怯他情飕。　那堪更忆前筹，春欲近双蛾暗羞。云里新蟾，枝头寒鸟，也似知愁。

冬闺柳梢青

黛结轻岚，红摇双影，浑是风流。鸳绣香沉，兽炉汤响，不惹寒飕。　倚屏笑数棋筹，酒晕处些儿嫩羞。雪霁月明，腊残春近，分去闲愁。

① “□”，底本、校本均脱一字。

② “□”，底本、校本均脱一字。

一事调虞命题一剪梅

风籁惊人佯整缡，楼影移时，恰好来时。鬟堕花钿脸脱脂，刚展愁眉，更敛羞眉。 频促人归却挽衣，两意忽忽，两意迟迟。叮咛着意那言儿，郎出疏篱，还倚疏篱。

前题一剪梅

楼角疏星作会标，月色添羞，月色添娇。人间天上两非遥，梦里今宵，果尔今宵。 私语喁喁漏已饶，惊起风飕，喜是风飕。晓天霜舀结青貂，回首妖娆，细记妖娆。

郊游浣溪沙

腊尽东风到社前，媚人晴日柳梢悬，虚清摇曳水中天。 残血垄头裁嫩玉，新芽溪畔碎香钿，茫茫春气地浮烟。

前题生查子

寒破远山明，横映晴烟陌。麦露垄头青，鸟播溪边白。 小桥徐步和清讴，含笑东风[①]。看罢却归来，樵语深林隔。

余出游乐甚归晚，内已归宁，成此少年游

垄头新蘖如结，寒退恣游无怯。阅尽溪山归时节，早人儿相别。 闲思行处人物，可惜记来未说。十日残年，一腔好景，半轮明月。

除夕浪淘沙

拨火绎前筹，事事堪羞。一年壮志止灯留，明日东风如见问，好是低头。 桃李作春邮，应欲重游。两三残漏几千愁，都道一除人面改，还更除不？

---

① “风”后，北大藏清初刻本有“客”字。

无题[①]一剪梅

东风才到牡丹枝。困杀腰肢，娇杀腰肢。琵琶字字是相思，恨自情痴，甘自情痴。　　两心只许绛罗知。柳上黄鹂，枕上黄鹂。别来重看夜来诗，寄个新词，索个新词。

春日长相思

柳色青，麦色青，花谢花开阴复晴，芳华客问程。春水乱，小桥横，乳燕雏鸠相对鸣，云山此日情。

途中寄徐海曙黄莺儿

莫道喜登科，燕北地，少阳和。行人强蹑层冰过，然来自磨，诗成自歌。梦回千里闻鸡破，猛思呵。白山月冷，泔水夜声多。

无题浪淘沙

无计可如何，强自婆娑。怕闻风雁过，藤萝。心上积愁眉积恨，只为情多。　　有泪湿衫罗，事竟蹉跎，逢人羞唱念奴歌。当日眼珠看不转，记在心么？

山云水月

山黄莺儿

岚气日郁蒸，到春朝，分外明。尖岑平岫遥相映，听牧笛晚声，听樵斤远声。夕阳过雨浮云弄，醉芙蓉。他也不管古今兴废，只是一抹色青青。

云黄莺儿

拥翠出盘中，吐天花，幻物容。归岩出岫原无定，朝来楚宫，暮压秦封。引得那天涯游子归心动，望遥空。似这等漫漫蔽日，须仗大王风。

---

① 该词亦见于山东省图书馆藏清康熙树音堂钞本和明万历刻本《峼居诗》中，题作“一剪梅词”，其内容与此处之内容完全一致。因文体，已于《峼居诗》中删去该词。

水黄莺儿

春泽碧溶溶，泛桃花，出汉宫。风来吹绉金波涌，映云霞在空，送年华此中。无情声咽愁人动，问朝宗。茫茫昼夜，何事只奔东。

月黄莺儿

初见一钩斜，渐团圆，映彩霞。千门破梦深深夜，照闺人窗上纱，照征人塞上沙。嫦娥孤另何年嫁，望玉华。也有那清歌妙舞，恨不得常驻海云车。

湖朝黄莺儿

几处起渔讴，点残星，水面浮。一霎时柳梢日影熹微透，鸥睡醒远洲，鱼浮吞聚沤。露盘牵动珍珠溜，转滩头。谁家夜饭，狼籍未曾收。

湖暮黄莺儿

击榜众帆收，噪归鸦，争树头。灯光历乱人喧凑，采的莲满舟，打的鱼满舟。回身背指阿谁后，村酤酬。相邀伙伴，明日过西洲。

春来黄莺儿

春色在何方，点花蹊，映柳塘。随烟缭绕随波漾，偕莺声到窗，送蝶飞过墙。云稍更有春三藏，且徜徉。鬓眉香透，锦绣作肝肠。

春去黄莺儿

春去可如何，问芳华，尚几多。昨秾今淡开还落，堕红满波，流莺懒歌。恼得个多情杜甫，只关门坐。恨花魔，吹来吹去，锦树变青柯。

意难忘

夜晕凝黄，想风襟待月，星户归霜。枕边惊画漏，衣上宝余香。金翥翠，绣鸳鸯，巫峡小西厢。到如今，梦中嘱咐，意里端详。　　阳关惊碎霓裳，只挥鞭败叶，马走夕阳。风勍心力软，邮短旅魂长。难情处，细思量。但愿伊休忘那夜，月影灯光。

回文

莺啼嫩柳弄春情，晓日明。香莲碧树动风凉，夏日长。秋江楚雁宿沙洲，浅水流。红炉兽炭积寒冬，过雪风。　　蝉鸣密树晚横烟，宿锦鸳。

卷十[①]

逸诗附逸句对联

乐府

盂门行

抉尔目，啖尔心，尔思乃深。华尔身，饱尔腹，尔仇乃速。

百舌

百舌一舌，声胡万千？其变于人，其因于天。当欢跃跃，悲者潜潜。百舌百舌，无然无然。

将进酒寿李母六章

将进酒，春草与云齐。水上云来去，玉珮光陆离。鹤鸣之迟迟，而子和之。

谁采青芝南山，谁树萱草堂前。萱可美颜色，芝可驻长年。

莫以九节蒲，莫以九还砂。母颜孔华，我歌三发凌清霞。浩浩流兮山海云，荧荧动兮星斗文。云星转，王母来，琼靡五色青鸾回。

春载雨兮鸟嘤嘤，鸟嘤嘤兮春水生。酌春水，歌母寿。歌母寿，和鸟鸣，母氏燕喜春雨晴。

式我金玉，惟母之度。贻我谷，惟母之福。以引以翼，启佑我后人无疆，惟我恤。

---

① 此卷底本原阙，据北京大学图书馆藏清初刻本补。

南山诗寿刘母八十有五

南山高而夏云长，�松苍苍。采彼紫芝，称我兕觥。薜萝衣，芙蓉堂。碧瞳黄发寿而康，云和之奏声孔扬。千秋百岁侍瑶池兮，与西王母而翱翔。

月曲吊曹烈女

女胡生兮梦吞月，女胡死兮梦月缺。女有志兮月有明，女有夫兮月有日。东西分兮胡居诸，未于归兮胡不渝。阴阳定，历万古。髧两髦，维我侣。生异室，死同土。夫之生兮天日清，夫之死兮天日暝。日既暝兮月无光，行有露兮葛有霜。梦月而生兮月暝而藏，千秋百岁兮皎日同行。

挽韩会宇

今夕何夕，乌咽孤骄。龙蛇岁晚，我心忉忉。少年意气轻海涛，长剑清歌万里飙，玉碎硃焚宝气消。白鹤不归草萧萧，春山秋水夜自朝。吁嗟兮凤云翱，吁嗟兮雏九苞。

大招辞挽韩冲宇

魂之来，忽玄飙，撷菡萏兮霞飘摇。怆予兮露萧，倏不见兮郁陶。长夜多猿号，嗟兮无聊。归来云路遥，嗟兮无聊。

赠毕母王孺人贞节

若有人兮北海之阳，衣芰荷兮餐琼浆。薜荔为屋兮芙蓉为堂，握金茎兮据石床，荫松柏兮濯沧浪。千秋百岁侍瑶池兮，与西王母而翱翔。

祭王万泉词

孰振衣而复公兮，长空。孰驾车而追公兮，云中。孰酬荒丘兮，露草霜蓬。孰问虚堂兮，寒灯夜蛩。吾道其衰兮，奇服龙茸。天不憖遗兮，黼黻火龙。魂其来兮，我心悰悰。魂其来兮，我心恫恫。

五古

送罗玄甫

寒水一何长，寒雁一何急。千山竞崔峨，征车不少息。君梦萦江干，我梦萦君侧。念母多苦辛，游子反行役。何处采芷兰，托此云中翼。

酌君一斗酒，为君发清商。幸勿促膏车，此曲纡且长。古人饶远念，不在行与藏。皋伊何鞅掌，巢由何徜徉。江汉日东注，灏气弥泱泱。繄我安适归，向若而望洋。

夜长不能寐，披衣行前庭。感此远行人，中心如悬旌。流光徒浪失，况复别友生。顺风厉长吟，欲以手扪星。钱塘有高人，我意空盈盈。俯仰动千古，遥瞻江月明。

挽徐先生

春草何菲薇，对之反凝涕。云满孟子山，魂隐衰鹤唳。长往为列星，而不念民暨。崇报明主恩，伏腊聊人意。大业将千秋，有子复能继。道成生死轻，伟矣身后事。风雨使君来，千家燃兰蕙。

送毕调虞达人东还访僧古诗一首

百年奄忽尔，人恨不自闲。血肉原易尽，况复苦摧残。山东有道士，独能修昆仑。避世高峰上，终日坐无言。庭前一只鹤，眼前一炉烟。常不畏狼虎，精诚游太玄。无人与来往，列石说西天。我久欲从之，全为俗虑牵。毕生大雄氏，一朝则蹶然。既悟空中空，亦了缘中缘。不避金谷园，不入五侯门。手执苍玉麈，飘飘步翠岚。道经沁河水，又陟太行颠。路岂不崎岖，心诚忘路难。禅机既入定，定来觉自圆。云霞制衣裳，松花煮石泉。日听远公法，夜伴子乔眠。蒲团系毒龙，虚室缚狡猿。脱此尘海苦，学修大涅槃。千秋以为岁，常得好容颜。今日一把手，明日分仙凡。丹成上天去，人犹梦幻间。我往寻衣钵，一庭明月寒。

七古

赠淄川二尹

洛阳有客爱寒素，淹蹇一官如笼鹜。四壁常悬放鹇图，千山预就寻芝赋。来去飘然沧海东，琴鹤无恙一囊空。清浊不必问渔父，濯足长江啸晚风。

长歌行别李白山

击筑别兮长白东，烟云敛兮日方中。望长江兮千里奏，□流水兮谁同。嗟人生之有离合，而宇宙之无终穷。离则独鹤兮，仝则双龙。燕中屠子今谁在？临风长啸兮，睥睨天空。

为烈妇作

湘有竹，节如铁，曾染虞皇二女血。山有柄，干愈修，中河常泛共姜舟。于今易水悲声溅，知为君家烈女咭。忆昔女氏正芳姿，一夕霜风连理断。连理断，忍独生。朱颜轻草露，丹心照幕檠。檠影沉，秋雨里，长号一声天地否。两期犹是未亡人，九原巾栉今夕始。吁嗟乎！如兰容易弃，匪石死靡渝。身事舅姑心在夫，身已从夫心舅姑。谁道幽明隔两处，只在游魂来与去。魂来枫树丹，夜半啼乌露未干。魂去荒原白，猿号夕阳怨云奭。君不见古来忠臣与烈妇，千年不灭史人诗。

赠宣城徐善生

灏灏乎！长江千里荡灵鼢，适钟海岳人文著。中间气运凡几更，厄塞应多调燮□。英秀何来毓宛陵，茂先发藻欣飞腾。特傍文昌起杰阁，淮南胜概忽相凭。中摩霄汉斗星变，山埋虎豹云霞蒸。迥跨鳌峰数千尺，俯压琴川亘百里。中天矗峙何峥嵘，茫茫落落称孤美。复道飞轩簇瑞烟，画栋雕楹错文绮。晴观吴越听江涛，子夜仙人晴招曳。南国奎缠映可攀，中原文笔梦相倚。却忆江淹子，花生梦亦神。翩翩文藻虽不足，锦绣今回岛屿春。复忆太白生，敬亭咏最奇。矫矫青莲亦不见，云鸟犹堪翰墨题。于时称庆张高宴，登临济济簪裾满。紫气横分春谷城，彩虹斜带鲛人馆。鲲击鹏抟足赏心，白练青山俱在眼。座中莫算樽垒似，江头最宜枫桥晚。岂但休暇比十旬，陵阳风雅振关闽。还睹地灵应间出，玉龟石马未终沦。我来行役泰山左，清秋每陟越观峰。江南一望三千里，手敲石鼓啸天风。

五律

闻诏

率土传温诏，吾皇自圣明。大来看道长，圜运识天行。有璧无妨抵，何鳞不可撄。欢呼当化日，鱼鸟乐升平。

天颜方有喜，万国已喧传。桥下争扶杖，长沙须赐环。黄麻无夕淹，大内必朝乾。野有微臣颂，中兴纪此年。

寿张在田邑侯

佳气朝来满，欢呼动士农。有砂原葛井，何祝不华封。鹤鹄来三岛，风霜耐五松。南山如可献，秋露足芙蓉。

答崔见予

好此谈天客，高临碣石宫。得诗偏有梦，感我忆含熊。片语输新好，千秋见古风。清霜相对处，冰玉拟玲珑。

晚集

选地陪玄赏，开尊集上才。风尘初结社，江汉几登台。月影过僧舍，松声落酒杯。夜深环珮响，疑是步虚来。

古城

昔日英雄地，河边但圮垠。台荒草宿鸟，庙古树生云。一旅能兴汉，三分岂定君。锦城如许县，谁与邓将军。

偕汪麟阳泛湖

相逢春欲尽，一艇大明湖。把袂存青眼，凌歌起白凤。时违行落魄，壁立亦呼卢。仙骨原生定，宁须大药扶。

挽曹大君

少室仍风雨，斯人竟不还。千秋传紫气，万泪洒青山。家骥能空野，碑龙已浸斑。谁裁高士传，一夜动天颜。

饶大母死

当日非难死，今犹凛似生。禋宗百世继，檀越万金轻。华发鸡鸣泪，幽心介石盟。圣朝只一诏，胜□女怀清。

寿宋殷母殷庶出

门有如线祚，从知母所延。即今双翮奋，可但一胞联。画荻勤长夜，采芝引大年。称觞何所献，樛木第三篇。

秋晓

醉枕惊秋晓，空中云几重。怆衰霜树鸟，幽咽雾山钟。老圃收黄叶，童儿弄冷蛩。可怜半死竹，愁向抟风慵。

瓶菊夜媚

折向东篱露，一枝插水晶。灯辉时晓暮，篆叆半阴晴。笑对双屏冷，香飞四壁清。绮栊合影处，明月若为情。

先春五日登城

落日城头挂，疏林一望空。雉餐笼雪隙，松动社烟中。杳杳遥岚冷，依依野屋丛。农家春意早，渐尔役车通。

阳朔村中即事

一夜乾坤闭，抽寒新酝醲。云囊远巘树，雾透晓禅钟。场涤庾身瘦，林凋鸟意慵。终晨何所听，邻犬与檐蛩。

雪行

薄暮天犹雪，停车觅酒家。野炊林袅叆，寒猎鸟惊哑。渚外隐踪小，云中晚柝遐。银葩满世界，不须问梅花。

南园小酌得飕字

开樽寒柏下，偶语听林飕。落叶含霜聚，归乌觑照高。杪烟农屋爨，盏影野人袍。引满非醺酒，他年羞二毛。

夜闻木鱼

谁家木鱼子，老衲急禅功。频击孤眠月，遥传五夜风。久闻耳界净，破梦色心空。那是丹成日，朦胧岁欲终。

柑子

一夜经霜后，龙阳千树丹。金衣摇组丽，琼液沁牙寒。蜡润袭宫袖，罗香散近官。还羞桃李色，红紫任风抟。

过居庸关

天意苦兵戈，雄关属汉家。高峰盘桧柏，小涧溜矾砂。阁戍腰中剑，山樵头上花。长安何处是，回首暮云遮。

大柳寺与周中虚对局联句后承寄韵和之

疏狂天作合，共话垄云深。雁峙枯丛魄，鸿思慑鷇音。谈空万象染，酒洗百魔侵。旷客而今事，寒楼忆旧吟。

送十六兄之通州

芳菲同游日，怆然各自天。三杯怜宿契，万里忆齐肩。稷下频编绝，淮阳应砚穿。行鞭君莫弃，还策入云骈。

五排律

寿大司农见峰伯父

好雨齐佳气，千山夏木长。北堂方介寿，仙箓已呈祥。玄鹤临风舞，青芝带露尝。三朝推鼎玉，八襄挹天香。燕喜斑衣动，还颜绿酯光。水云堪寄老，簪绂自流芳。儿贵沾新宠，君恩忆珮玱。枝孙皆梓樌，有子固琳琅。上苑莺花好，西南节钺扬。昔人夸昼锦，今代亦汾阳。莫讶纯禧备，其如大德昌。蚌珠看世泽，鸟引得神王。训已垂炳烛，而犹戒处堂。清斋挥玉麈，皓月坐胡床。黄石非难术，赤松自可将。泰山秦柏在，柯干足风霜。

七律

题耿侍御册[①]

万里清流好濯缨，廿年底事自分明。欢嗔不奉中书令，江汉常高御史名。莫以门闾夸定国，每为宗社贺阳城。岩泉竟老无恩诏，风满楸杉[②]万古情。

韩惺庵先生山居二首

千尺长霞万仞峰，青天罗立玉芙蓉。卜居宁必怀湘芷，去国将无问赤松。霜尽清宵闻虎豹，波澄十月见鱼龙。著书莫更存孤愤，万里居胥醉欲封。

谁拥云花坐玉壶，十年夜雨吼昆吾。金茎秋露应萧瑟，鲛室冰消定有无。自爱月明堪放鹤，岂缘风起故思鲈。只今湖海孤帆影，何似当年八阵图。

代徐督学寄宣城张守天柱阁

万壑千岩尽此邦，六朝文物未全降。啸临奇岫常孤出，缨濯名溪本自双。一望疑城窥蜃气，何年如练咏澄江。遥知风雨扬波夜，会有龙蟠碧玉窗。宣中有孤峰双溪。

谁把芙蓉扪尾箕，故将楼阁压江湄。长霞不散千秋岭，灏气先蒸九曲池。勒我清游梁父咏，忆君高会谢家诗。澄秋每系江南思，万里天风玉鹤迟。

莫讶神仙十二楼，即今人世有丹丘。我思虚步游清廓，谁吝题诗在上头。有客坐谈成四美，开尊何必是新秋。黄云湖北兼天涌，一望堪销今古愁。

陵阳孤秀郁阑删，天柱初开大地间。倚槛自能吸日月，浩歌犹可壮河山。鲛人珠泪先征雨，秋露金茎好驻颜。自是使君神力大，断将鳌臂砥江关。

---

① “题耿侍御册”，《问山亭主人遗诗续集》作“题耿侍御敬亭册子”。

② “楸杉”，《问山亭主人遗诗续集》作“松楸”。

赠韩大中丞羽猎

风入乌号九石强，昔年曾射左贤王。一时白草合围地，万里黄沙破虏场。忽讶空山呵电母，遥知大将殪天狼。晚归醉唱凉州曲，血溅蟠花旧锦裳。

送熊生之蜀

彭蠡高人爱鹖冠，每因佳兴渡江湍。千山历览齐风大，匹马能轻蜀道难。示我眠牛须有意，凭君对雪一加餐。五陵此去应怀古，王气于今盛未阑。

赠李给事山居

谁临长白闭松关，犹识金门供奉班。十载孤忠盟短发，千秋大业寄名山。琴鸣皓月龙鱼见，缨濯春流鸥鹭闲。莫倚烟波歌浩荡，即今圣主念时艰。

送游兵曹北上二首

六官司马总兵符，湖海元龙韵更殊。圣主每缘忧未雨，雄才飙雨起长飏。锡酺湛露歌周雅，倚剑飞鸿满帝图。去后绣江秋社日，蓟门千里望平芜。

天上征车不可留，山前紫气浥骅骝。南薰杯酒离知己，北国莺花表壮游。但听燕歌添磊落，何妨清麈擅风流。黄金台下多奇士，碣石谈天六月秋。

送王仪部北上

十道征书出建章，风流争识紫薇郎。小东五祀歌鸿雁，白发千人拥骕骦。天上有名元列宿，殿前终日只含香。海隅半壁疮痍子，一疏何难对我皇。

少年冰玉拟双清，曳履朝天羡此行。共于彤云占气色，我从青眼见交情。薰风不滞仙郎楫，皓月高悬帝子城。清问从容非异数，王褒一代自才名。

送刘大参以播叙赴诏

雷雨湘江慰望霓，春涛龙卧起蟠泥。反禾自动金藤祝，勒马谁留铜柱题。汉殿葱珩随漏转，燕山花月与时齐。停车倘入玄都观，长乐钟闻桃下蹊。

秋兴二首辛丑

岳云海色自相通，日观峰窥碣石宫。皇帝碑头龙虎气，大夫松下翠华风。伏蒲苦忆壶关老，入梦空劳渭水翁。白草黄榆千古事，霜清天外有飞鸿。

高秋桂子散天香，万里云霄忆凤凰。敢谓玄经分太乙，从来剑术数高阳。瑶空想像三山佩，玉洞虚无五色粮。安得清宁广成子，寥天片鹤自翱翔。

如来偈

如来原只在心头，五叶莲花日夜浮。鱼鸟玄空归宝鉴，风烟慈海泛虚舟。耳清大地雷收响，心定黄河水不流。金粟莫将同瓦砾，如来原只在心头。

如来原只在心头，舍利明明万古留。九品青莲根岂异，三生妙果种难求。法龙不动诸天近，宝象初来净土游。试看远公楼上月，如来原只在心头。

呈文受寰太守擢兵

嵩岳先开帝者师，莫于管乐浪相期。幸逢圣主多长虑，故使东人独借时。五马昔行春雨露，三山今息夜鲸鲵。狂生敢拟王褒颂，百跃天风自咏诗。

呈李赞宇督学

夫子于今亦伯阳，拟之天上两文昌。不妨问字收奇士，可忆含香侍玉皇。桃李手栽初历历，海山胸贮本泱泱。眼看碣石风云积，长铗三弹我欲狂。

答张令

春雨千家乐使君，公余原不碍论文。十年静对匡庐月，一日长挥系水云。美双已将酬帝简，时名况自满江渎。鹤鸣细草官衙肃，勾漏砂方定可闻。

韩中丞

一带明湖控玉楼，松涛鹤唳万山秋。射蛟忆入鲸鲵窟，对月翻耽鸥鹭洲。万里风烟惟浊酹，百年孤愤自中流。汉庭此日思长策，莫负金城第一筹。

赠唐秀才

蒲谷唐生故不群，翩翩丰采旧声闻。画来齏块实清腹，坐里松风论古文。白社剑囊从寂寞，青牛宝气自氤氲。神龙滴水常峥角，拭目看翔万里云。

赠王午峰

五老山人术者流，移家近住古黄州。谈玄酷似青牛客，吊古曾登黄鹤楼。万里烟涛拥桂棹，三湘风雨弊貂裘。白头莫更悲摇落，泰岱溟沧亦壮游。

赠孙柱岩

水声山色近何如，好雨应先大士居。爱客能歌呦鹿什，惭予不善换鹅书。论交此世宜豪侠，击剑青年倍放疏。坐对诸郎消永夏，鹤鸣清夜满蟾蜍。

高邑侯生子

华封盛祝多男子，今日欢呼动士民。邑内喜占新福曜，天边初降石麒麟。琼枝当户咸知实，清夜传家岂厌贫。共道充闾惟世泽，珠光中夜烛秋旻。

赠章少阳

忽来遗我卜居篇，免向沧浪问秘传。古鹤自随缑岭去，长裾不乞贵人怜。海山胸贮十千界，风雪形消四九年。春色秋光君剩物，其须囊里点青钱。

邑侯得子

天府秋生玉笋芽，人人欢拜使君车。初来日观瞻箕尾，已见龙媒自渥洼。异时飞雾能千里，此日卿云绕万家。世泽从今多雨露，河阳□[①]令好栽花。

---

① “□”，原漫漶不清，疑为“潘”。

高苑王侯文昌阁

若非跨海抚长虹，击水何缘万里通。遂有青藜来子夜，欲骑黄鹄问天风。谁人解奏凭虚赋，对雪高谈碣石宫。略似岳阳云梦泽，兴临不浅晋庾公。

送周子寅

皓月澄波接玉蛛，金台才子拥花骢。梦回彩□[①]光生笔，赋里扶桑好挂弓。岂为出关占紫气，翻于临水识非熊。千年不散风云色，待尔高谈碣石宫。

杜母

玄鹤长松在母门，至今机石苦云屯。余生幸可酬夫志，有子终当报主恩。百岁风霜销白发，千家伏腊笑青原。澄秋海水连天碧，哀诏如山招夙魂。

方挥使云溪

一从上将握兵符，海上艅艎不夜呼。出塞屡驰血汗马，无烽亦挽锦雕弧。书传黄石能兴汉，子受青藜故业儒。东国艰虞方叔壮，何如白日起长飚。

秋兴

白草迷离间野花，千秋回首一长嗟。连天远水双双棹，古屋穷檐处处蛙。农向田中伤稷黍，人从斗外望京华。采兰歌尽情何极，愁听孤城咽暮笳。

读国史

小清河水逝东奔，燕马南来河水浑。野草百年殷战血，阴风半夜斗游魂。明堂岁岁朝元后，庙祀纷纷拟圣孙。回首谁怜铁布政，桑麻今见满秋原。

---

① “□”，原漫漶不清，疑为“缕”。

扬州晓发

晓发扬州最上头，晴来河水涨新秋。日浮海外俨金阙，山隔江南似翠楼。百万稻田滨水利，四三关榷旅人愁。临流不用深怀古，撤尽牙樯看钓舟。

无题

归来谁识玄真子，野老恰无席上争。半巘晓青云百弄，一帘春绿雨三更。静几闲写观耕赋，闹市何须避世名。借问主人清几许，柳烟初散玉箫声。

寄熙明兄

清闲恰好似清狂，朝暮生涯粟一囊。砚雪三冬诗骨冷，海云千里客心长。岁残兀坐玄经阁，春近遥怜绿野堂。归路应看青逐马，无劳灵运梦池塘。

韩大中丞

苍松落落水潺潺，身到江湖梦亦安。岳麓罡风抟蝃蝀，扶桑海色照琅玕。敢期白社千秋合，欲博平原十日欢。万里长城公等在，休教白发老黄冠。

无题

万仞石边一振衣，白云不动鸟忘机。片帆湖海今陶氏，百战天山旧令威。夜半朔风招鹤驭，秋高明月坐渔矶。汉庭更忆云中守，切莫将身拟少微。

冬夜

婆娑霁月月波涟，寒宿疏疏挂远天。径雪人摇三尺影，檐风香袅一炉烟。龙泉半夜和愁看，鱼简三冬对病眠。耳力休将闲逐漏，铜莲常滴几曾穿。

晚行

寥廓霜天一敞棚，敲鞭寒咏马冯冯。山西返照云鳞远，村北晚炊烟绮凝。枯草牧儿悲短笛，荒寮禅老惨圆灯。客经饥鸟群骚处，犹记当年谷与陵。

熙明四哥投笔，歌此壮之

几岁揣摹一太玄，何难刻烛赋甘泉。羞将七尺诗中瘦，笑把三奇马上宣。塞巘凌空皆象管，胡霜满地赤云笺。书生自有封侯骨，莫叹无缨系左贤。

代熙明四兄寄友京师

才拂冠尘醉菊花，而今依旧在天涯。思乡残血燕山月，倚闾晚晖齐树霞。匹马何年腾远塞，连牛此日烨都阗。故人休厌加餐语，客里堪怜亦岁华。

自况

小楼四壁寒琴静，门扃经年落叶深。兴到檐云属好友，诗成梅雪尽知音。虚舟肯使毒龙撼，槁木还防暗蠹侵。偶尔临霜抛一醉，醒来长啸复长吟。

除夕

彻夜中衢爆竹轰，东风飘曳纸钱轻。人家扃户明新火，士子拥炉觅短赓。尘事冗填几百日，愁灯空惜二三更。数年已自羞儿戏，又见春毬谎后生。

赠高明府

清朝名吏动河山，赤舄分符大海间。三晋风流清对麈，万家春雨静鸣鹇。敢谓交陈偏下榻，每因御李一开颜。遥知刘麦民歌日，花满千山坐政闲。

五绝

东归

边县风尘苦，花朝桃李繁。正怜兄弟别，春色满中原。

北渚一首

有田在北渚，一半是芦花。每遇西风起，成诗必自夸。

送罗君

临水送将归，采兰不盈把。与子照同心，霜尽澄湍泻。

赠人

君氏何多秀，联枝耸玉群。蒸云方吐气，勒石已抒文。

冬夜

宝炉沉叆细，书照落花迟。无限幽人意，松窗月上时。

窗前柏

苍苍一树柏，干劲本愈深。相期明月意，共作岁□[①]心。

书函

卜氏传三百，子云寿五千。面对翻经日，心含作篆先。

① “□”，原漫漶不清，疑为“寒”字。

画函

卧客抱芳愁，知心王毕少。开怀一笑间，坐看江山小。

落叶

霜刀裁素绮，风浪卷琼山。更急寒畦怨，春颜难再还。

月不明

妆余窗里镜，待价锦中琼。人恨月虚夜，月羞人世情。

访调虞不遇留此

春幕风轻动，疏棂日淡如。童儿茶不至，客弄主人书。

茶

庭雪对炉红，炉傍侍儿睡。歌彻万籁无，茗香汤自沸。

六言绝句

访中虚不遇留此

檐首几株绿柏，日腰一缕红霞。好景与谁同醉，诗成人自归家。

犬吠

闹懒层云玉兔，唤醒枯树金乌。无奈寒风夜送，隔墙还惨离夫。

七言绝句

送章少阳

何人揽胜出名邦，一日千山气未降。为爱峨嵋巅[1]上雪，冲寒十月渡巴江。

送熙明兄入武闱

露冷风萧塞雁高，将军入校珮轻刀。纛前面奏双雕技，特赐彤弓鱼锦弢。

山中绝句

断崖千仞客振衣，小麦初齐燕燕飞。怪石长风悲溜急，西山落日牧牛归。

怀张公荩

满地黄花不耐看，举头又复恨枫丹。年年秋色思招隐，惟尔犹堪操猗兰。
君家二陆莫悲秋，宅近名山大河流。纵怯风前闻冷雁，也宜霜后看吴钩。
汀兰涧芷奈时何，惟有离骚自放歌。那信河边两石女，秋宵不怨雨声多。
万里黄云不可呼，每怀吾党一掀须。飞扬跋扈惟今日，意气何须尽酒徒。

秋意

蟋蟀无愁应不急，河流霜后亦溅溅。穷秋夜夜如除夕，竹屋清灯不可眠。

泛湖

何处萧萧寄此生，歌船一上百愁轻。拟从海畔探龙窟，不向天津听鸟声。

---

① “巅”，《问山亭主人遗诗续集》作“峰”。

赠徐旸谷

旸谷主人冰雪容，门前罗立万芙蓉。北潭一夜惊雷吼，千尺寒岩挂玉龙。

东归

塞上妖桃烂熳开，山东游子赋归来。抵家已失花时节，犹及花枝坐绿苔。
千山春水照春云，渔唱田歌处处闻。归落清明十日后，谁留红紫与东君。

雨

万里惊雷吼玉龙，新青着雨倍朝容。浓云已掩千村尽，犹认西南妙出峰。

送梅生归楚四首①

七年再叩穆陵关，海岱休夸揽胜还。家近先皇汤沐地，万年灵气满江山。
梅生落魄号楚狂，白眼曾将吊战场。懒画奇谋羞竖子，不如烂醉过荥阳。
总期后会亦销魂，风雪题诗过鹿门。从桂山中虽信美，忍令芳草怨王孙。
此回囊里富新诗，得意丹砂许自知。倘过商山逢四老，无须重问紫金芝。

范文正祠六首②

空山寂历好凝神，一粥何曾系此身。肉食痴肥无远略，千年弹铗是何人。
登坛犹是旧书生，番部先惊富甲兵。空洞此胸无宿物，太平天子自威灵。
元祐还思庆历年，借名朋党总堪怜。何人感事偏忧国，圣世伤心咏四贤。
瑶笔宫里怨云繁，密诏殷勤不是恩。伏阙总然非美事，何如司马赋长门。

---

① “送梅生归楚四首”，底本题作“送梅生归楚十首，刻六首”。《酉戌草》中有《送梅生归楚》六首，即为《送送梅生归楚》十首中之“刻六首”者。此处《送梅生归楚四首》，即为十首中未刻之四首。

② “范文正祠六首”，底本题作“范文正祠九首，刻三首”。《酉戌草》中有《范文正祠》三首，即为《范文正祠九首》中之“刻三首”者。此处之《范文正祠六首》，即为九首中未刻之六首。

宦成都解广田园，东并西吞利子孙。何事此公翻散粟，不愁参政作清门。
猿啼浩荡莫兴哀，况是清时济世才。出判原非明主意，休同贾傅吊湘回。

绝句

别人全是我全非，静里寻机未得机。尽力开山多种竹，不如端坐看云飞。

无题

放逐还家亦洒然，花前儿女各相怜。诸君得意荣归日，已过清明花不全。
今日清明今日回，花开未满又风摧。若言嘉会非前定，惟有清游上此台。

乞花

为园四亩尽荒莱，可惜无花饭后栽。金谷品题三百种，倘分春色雨中来。

自矢

苏武原从海外旋，风沙万里绝燕然。但持汉节还天子，啖雪何妨十九年。

送熙明兄入校四首①

九塞年年马市开，风尘冷落伏波才。太平天子昭神武，燕蓟黄金又筑台。
碧玉匣盛莫邪剑，酒后狂歌始一见。倘逞奇观奏御前，长虹白日凌三殿。
秋色浪浪云肃肃，紫骝骄带双弓箙。含情久废蓼莪篇，送远今歌关塞曲。
三年伯氏侍含香，此去燕山夜正霜。共插茱萸酬今节，登高谁信是他乡。

病

一任花残不下楼，惜春何事不春游。可知愁病因春得，莫厌春诗咏病愁。

---

① “送熙明兄入校四首”，底本题作“送熙明兄入校八首，刻四首”。《酉戌草》中有《送熙明兄四首》，即为《送熙明兄入校八首》中之“刻四首”者。此处之《送熙明兄入校四首》，即为八首中未刻之四首。

送别张姬水云

宁论月夜与花朝，多少春风恨不消。此去燕台闻折柳，其堪重忆小蛮腰。
乌衣燕子斗春晖，珠箔迎风近暮归。一自衔泥污法服，不教重入画梁飞。

无题

缝线人离方苦夏，入帘晷易已经秋。关河几度风兼雨，烟树修途马共舟。

失题

一山宛转本同居，又喜同翻中秘书。署近玉河时洗砚，日供香案不鸣琚。

无题

自来廉吏夸刘宠，刘宠廉声岂一钱。只为当年称取大，到今些少尽捐还。

无题

千江水月对清禅，香象金龙护法筵。传灯我证三生果，无象谁窥九品莲。

观涛

空山六月吼苍龙，大壑惊涛气自雄。千仞平飞如屋石，片时已抵水晶宫。

思亲九首[①]

杯棬对雪分羹日，诗礼乘春课子时。梦里愁听乌号夜，睲来话咏小宛诗。
愁见春还春又长，春来不复到高堂。青芽蒙茸东风里，一夜啼蛸泪万行。
昔奉亲闱三月游，今春独返广陵舟。去来悲喜经心处，泪洒长河水自流。
攒首相看四弟兄，五更播火对残星。当年笑语人何处，回首高堂春草生。

① “思亲九首”，底本题作“九首思亲”。

风清夜永梦回迟，梦里依稀故昔时。万斛愁思千斛泪，春流汩汩咽寒澌。
潇洒悲风小月悬，中宵泪尽未成眠。门前剩有三冬雪，儿臂谁添一缕绵。
落日长河印远天，行人竞渡号渔船。岸头忽地桅灯起，惊照鱼龙夜不眠。
风动长帷咽水流，一声哀号古今愁。高堂问寝寻常事，空听寒鸡唱晓筹。
扶柩千里度关山，北雁声哀人未还。惆怅从前都是梦，老莱衣上泪班班。

送别赵完白

使君何□[1]擅风流，十二齐封领上游。此日送君天北际，他年泣望海西头。
骊歌声发动云山，万里河梁入望间。一夜悲风千古恨，至今春色隔函关。
萧然行李足琴书，归梦依稀见倚闾。万户愁云春草里，为君一写泣辕图。

访中虚不遇留此

徘徊流水日光寒，枯树悲风客兴阑。门掩夕阳人不遇，好教何处觅陈抟。

干菊花

挺处东篱几度晖，也曾金缕战寒威。一场事业属梅雪，犹把霜枝送晓緋。

水中丞

紫岫青霞金鹈鹕，濯缨何须觅沧浪。虚中一派活泼趋，浸得诗人须发凉。

宿新婚者侧

沉水香飞笫室冷，毛诗声透洞房春。更将一首频频读，古有闻鸡解佩人。

甲首嫌银子红查

白简门前旁午忽，谁怜杼柚小东空。丝毫尽是穷民血，不入垆中也自红。

---

① “□”，原为空格。

卖犊买剑

三尺昆吾新出磨，主人羞佃喜从戈。休难离乳资豪士，异日桃山听凯歌。

过浒山泊

残血初消道路艰，愁听春水四潺潺。恼人更是泥痕袜，懒下茅床却步山。

乌巢

户对一天浓雾开，窗将八面清风吸。羞他半点世尘嚣，高在锦秋丛里立。

似题画者

红树千山飞看云，白茅檐底界斜曛。此中大有逍遥趋，难说与君尽与君。

渔父词

侬家生在小江关，孤棹轻舟自往还。沽酒醉打鱼闲乐，不管潮头大似山。

跋语[①]

问山亭有未刻诗，而此非未刻诗，盖甲寅以前之诗也。而已刻者固未尝入之逸诗也。抑自戊申以来诗皆编年付梓，曰酉戌，曰辛亥，曰壬子、癸丑，曰甲寅，曰嵴居，曰小草草。而此后之诗则所谓未刻者，上之九卷固在，而此则逸者非逸也，皆当时所未尝存焉者也。夫不存者而为存，且窜入之，是无解于伯敬所谓庸人无识以祸人诗者矣，则安敢？然今外祖遄矣，一纸一墨之留于人世者，固不可泯也。今不敢复入正刻，付刻于后而名之曰逸诗，明乎问山亭之所存者以彼，而未存者以此□[②]全也。

癸酉春日外孙徐元善谨识。

---

① 底本无“跋语”二字，此为编者所加。跋语之内容为手抄而非刻印。

② “□”，原漫漶不清。

杂言

睡醒戏书

尽力忙了一日，夜间才得恬息。熟睡一觉醒来，手足酸麻无力。忽听一声鸡鸣，又要催我起去。漫着！等我趁闲想想，看你好没来历，不管老牛瘦肥，只管拿着耕地。呸！我也晓得些了，还把当做儿戏。

残年歌

残年歌，对此残年可奈何？去年今日说新年，不觉新年忽已过。漫有春花红于锦，漫有春山青似螺。良时不乐空碌碌，只今花谢雪山皤。忆昔杜蜎曾相唤，日复日兮成蹉跎。东郊南陌无消息，事业赢来一病疴。年已残，空悲歌，利名那复乐安窝。莫把残年当容易，百岁残年亦几多。只道年残天不老，青丝不奈海中梭。邯郸于今浑未醒，世局烂尽几人柯。残年歌，可奈何？梅花半已落南坡，欲往从之一婆娑。莫得后时思前景，凄然空写残年歌。残年歌罢又明年，不解明年也残么？

逸句

五言

清风来处远，白日静中长。
正当思肉餍，何日馈蒸羊。
郎本无急意，侬痴还等早。棘枣子夜歌散句

七言

秋拥寒江摧世事，雨随黄叶点离情。
苦留不住惟春日，未到先亲是好山。

日月笼中双过鸟，衣冠林下一闲人。
怀中磨灭祢生刺，架上凋零季子裘。
野花有意还相媚，山涧无名也自流。
蒲坛花月还公济，玄圃方州又子云。
故人一笑宜千古，薄俗诸愁误五湖。
寒江万里猿通梦，故国围城雁不闻。
磨石自镌瘗笔志，拨灰聊写祭书文。
围城隔岁希来雁，万里寒江忆故猿。
青草马驰萦北梦，绿蘋舟荡怨南音。
鸟弄时消清梦雨，松枝不挂系情云。
豺虎九边传夜火，蝗蝻三辅困新畲。
襟怀自是无羁鹤，身世应同不系舟。
炎天偏忆峨嵋雪，痾日眙将玉井莲。
道路神巫能监谤，壶关三老不陈书。
山溪过雨潺潺玉，陇柿经霜缀缀金。
秋风萧瑟关门雁，明月流光思妇楼。
不是征人和泪寄，何缘天上有书来。

散句

巨灵劈地斧痕齐。

七古逸句

李郎崔秀犹童稚长子璘珣拟兄弟次子。
亦雁行贯珠累累三五至。

对联

窗里游天地，春前种薜萝。
熊丸勤岁月，鹤领介春秋。
赋草三都重，家声万石余。
彩凤乘风起，飞熊入梦来。
万古照天惟日月，后人知我在春秋。大成殿梦句阳和载起还春色，霄汉常悬捧日心。

握中白璧光生夜，赋里青山色自春。

四壁图书光旧舍，万竿松竹驻新云。

琴书便是三生业，日月闲消百刻香。

关前紫气瞻河岳，花下春风足古今。*八兄园对*

千秋草木含生气，此日河山对烈祠。*烈妇祠*

赫奕奇勋万里蛮烟瘴雨，肃清遗像百年春露秋霜。*忠勤祠*

百年母子全清福，此日天人聚太和。

脱簪归养十六年圣主恩深，戏彩乘春八十岁慈亲燕喜。

泛柏表贞剩有丹衷对日，将荼育子今成紫翼摩天。

明屋漏以对朝廷百世心照白日，吸物华而观化育千秋目送浮云。*赠李给事*

百炉点药医和癖，举国拈香祀鲁神。*钱炉门联*

为造化裁成圜象天方象地法周官九府之元，于国家利用衡如水流如泉辑天启五宝之瑞。*铸钱厂联*

丛卉芳呈见株昭或垂或笑或飞或舞或倚或昂多费东君铺设，空花观复与泉妙偕月偕风偕雨偕晴偕吟偕醉总由老子平章。

君子存诚近智近仁近勇，人生不朽立德立功立言。

自惟诚意正心平生所学止此四字，敢谓居仁由义大人之事备于二端。

溯圣贤千古心宗惟精惟一严严帝鉴神明，承祖考历传家法兴让兴仁蔼蔼太和元气。

节宣四序阳和载喜室家锡胤，调顺九天风雨愿为士女祈年。

春色著芳林万紫千红皆性地，闲居饶岁事一山半水总君恩。

祈十雨五风永歌大有，愿黄童白叟共庆长春。

阳和遍送乾坤福，兵气销为日月光。

房海客含丹总翠亭对联

酉戌草[1]

题问山亭诗

竟陵友人钟惺

今称诗不排击李于鳞，则人争异之。犹之嘉、隆间不步趋于鳞者，人争异之也。或以为著论驳之者，自袁石公始，与李氏首难者楚人也。夫于鳞前无为于鳞者，则人宜步趋之。后于鳞者，人人于鳞也，世岂复有于鳞哉？势有穷而必变，物有孤而为奇。石公恶世之群于鳞者，使于鳞之精神光焰不复见[2]于世。李氏功臣，孰有如石公者？今称诗者遍满世界，化而为石公矣，是岂石公意哉？

吾友王季木，奇情孤诣，绝才异骨，所为[3]诗有蹈险经奇，似温李一派者。乃读其全集，飞翥缊藉，顿挫沉着，出没幻化，非复一致，要以自成其为季木而已。初不肯如近世效石公一语。使季木舍其为季木者，而以为石公，斯皎然所以初不见许于韦苏州者也，亦乌在其为季木哉？

季木居石公时不肯为石公，则居于鳞时亦必不肯为于鳞。季木后于鳞起济

---

① 在王批明抄本中，王士禛把“酉戌草”删改作“问山亭诗集选己酉 庚戌”，并眉批“此卷诗多可存，较后殊佳”，“录九十一首”。除王士禛之批语外，另有眉批“坦□处极似唐人”，然字体细小模糊，与王士禛之批语迥异。以下注、校若无特别说明，则王士禛之所有增改删减及批校之内容，均为其在王批明抄本上直接为之。而《问山亭主人遗诗正集》中所收录之诗，即为王批明抄本经王士禛批校、删定后所选刻之作品。这些被王士禛批校删定后所选刻之诗，大多与王士禛在王批明抄本中所作之删减、批校完全吻合，只有少量作品之内容与王批明抄本有所出入。下文只著录《问山亭主人遗诗正集》中与王士禛在王批明抄本中所作批校、删定不相吻合之处。对于相吻合之内容，则直接用“王士禛删”“王士禛删改作……”“王士禛改作……”等予以表述，不再赘述《问山亭主人遗诗正集》的具体情况。

② “见”前，国家图书馆藏清王士禛批点之明抄本（以下称“王批明抄本”）脱。另，在“见于世”之前，书之扉页有“王季木诗稿四册，家大人曰此为新城王氏诗稿。季木系渔洋山人祖父，行卷内点窜涂改处皆渔洋手笔，盖为之修订以备刻行也。读其修订批评可悟作诗之法。棉纸蓝格，仍存明代旧式 培檖仅识”等内容。

③ “为”，本作“谓”，据明万历刻本、王批明抄本、《隐秀轩集》改。

南。予与石公皆楚人，石公驳于鳞，而予推重季木，其义一也。假令后于鳞为诗者人人如季木，石公可以无驳于鳞，以解夫楚人之为济南首难者。

穷则必变，自是看诗定法。无故不新，安知今日不自于鳞窠臼中出？固知步趋排击，俱忘却一个自在。

崭然怪石出泥，棱棱触目。[1]

① “穷则必变……棱棱触目”，底本、明万历刻本、王批明抄本原阙，据明崇祯六年陆云龙刻本《皇明十六名家小品·钟伯敬先生小品》卷一补。

王季木西戍诗序[①]

西极年弟文翔凤撰

秦百二，齐十二。昔秦昭与齐闵争为帝，梁赵欲帝秦，鲁仲子弗整许，至欲蹈东海。齐信有倔强士。余窃笑秦之却军五十里于鲁连先生也。转忆周郁郁乎文时，以禽父鲁、师望齐、姬公主陕以西，匠礼甄乐提天下命。自西而纬东，如帝车指吾师，闻风而悦，以得与斯文幸。至曰：吾其为东周定十五国风，而冠以周乱余。余将游大东，自月蜎探日域，固不敢以上林之巨丽，小彼客之成山、之罘、青丘、海外。然所谓一变至道者，何说也？季木必不自后于邹鲁之士，言必称先王者，无徒安于倜傥生。而纵观周人未黍离之前，则其《西戍诗》与余之《西戍诗》，汔不比于秦声、齐讴也。

① 明万历刻本、王批明抄本无此序。

山中赠许春石十二韵

昔游长白下，隔岁复招寻。古寺攒松色，春涛洗石林。谷虚传远吹，午睡逐繁阴。野草僧医病，溪流客助吟。山辉思璞玉，雨溅识沙金。童浴惊花蝶，鱼游避水禽。乐意关蚕事，友声听鸟音。① 女萝存古意，鸡黍见情深。君富凭② 云志，吾③ 悲负米心。壮怀时击剑，清啸独鸣琴。岩岫无朝暮，芳华自古今。当歌青玉案，莫负碧山岑。

题画

雪压燕支山，朔风吹骨裂。岩树半无枝，雁鸿久飞绝。草尽羝猥④ 眠，空山惊觱栗。南向者苏卿，敝裘抱汉节。傍有李将军，亦洒沙漠血。

桓岭得古字

上山星可扪，下山海可俯。灏气敞虚明，纵目及天宇。幽涧多奇木，氲足三春雨。满面出芙蓉，我手自挹取。山鸟知朝暮，山云何今古。座有五色石，欲将炼而补。持杯发浩歌，长霞秘吞吐。

赠徐旸谷⑤

噫嘻乎，余之不善治生已久矣，旸谷徐生又如此。

家临长白多晓青，大河绕户但濯缨。市价不知征贵贱，瘠田百亩赁牛耕。金虎文章青虬剑，长揖可傲汉公卿。衣冠刺踏容奇古，有酒不惜千斗⑥ 倾。忽来邀我寻山去，万壑回合不知处。古木层阴老鹤飞，长藤峭壁玄猿居⑦。齐中

---

① “乐意关蚕事，友声听鸟音”，王士禛删。

② “凭”，《问山亭主人遗诗正集》作“凌”。

③ “吾”，《问山亭主人遗诗正集》作“我”。

④ “猥”，王士禛改作“群”。

⑤ 王士禛眉批该诗“后半散乱不成章”。

⑥ “斗”，王士禛改作“石”。

⑦ “居”，明万历刻本、王批明抄本作“踞”。

七十二名泉，每同漱齿翻如醵。河山此日游，伯业几千秋。禾黍年年事，朝晖海气浮。仲子僻[①]纻於陵地，田文养士古淄川[②]。淄水城边沙畾畾，仲子祠下雁啾啾。古来得失浑蕉鹿，眼前蝶梦幻庄周。丈夫能得意，天地何处不空阔，宁必豪富博封侯。少年披襟相对啸，壮志飞扬百不忧。君不见守钱奴，百尺珊瑚怨绿珠。金谷萧条野鸟吁，何人清世坐菰芦。白云聚散海风疏，白云聚散海风疏，惟我与尔有是夫。

同刘顷阳诸公游长白山得小字

百年每负青山好，今如海鹤凌天表。凭虚直[③]能窥帝座，扶摇而上星关邈[④]。涧峦步步可探奇，片石孤云莫[⑤]草草。相将但漱玉龙湫，宁惜秾华暮春少。长日深潭霜雪飞，对之蒸炎去稍稍。况是石林宿两余，时当修禊气袅窕。山头阴霁云全白，何言齐鲁青未了。山谷弄云云弄山，鯈忽万变[⑥]谁为考。递西传是聚仙峰，仙子何年炼酉卯。又[⑦]云东牢有大药，我欲求之苦不早。曳马吴门有也无，对面沧溟目中小。有松不受大夫封，有芝但延黄绮老。老僧卓锡制毒龙，童子长竿落飞鸟。蒸雾桑麻十万家，屿回溪合桃源窅。煮盐铸铁胜事遗，海右孤城严聚保。数年凿矿伤地脉，此山藏灵不藏宝。山民不识使君来，犬吠牛鸣山悄悄。座中更有竹林贤，白须洒洒玉山倒。夕气淋漓鸟声清[⑧]，直北湖田暮光森。

山行

不为生计即闲身，矮帽无风驴背驯。雪树千寻时度鸟，山行终日不逢人。
新云新鸟满春溪，日遍千峰也恨迟。偶遇高僧相对语，一山经月不思移。
岚光山色望宜遥，下马穿林度断桥。义手崖头更回首，二三里外已堪描。
随溪婉转一村村，都有奇峰对屋门。百尺断崖藏树杪，近家犹疑是平原。

---

① “僻”，王士禛改作“擗”。

② “川”，王批明抄本作“州”。

③ “直”，王士禛改作“似”。

④ “而”，王士禛改作“直”；“邈”，王士禛改作“渺”。

⑤ “莫”，王士禛改作“休”。

⑥ “变”，《问山亭诗拾遗》作“恋”。

⑦ “又”，王士禛改作“或”。

⑧ “鸟声清”，王士禛改作“山鸟啼”。

凤凰山下

此乡春事自年年，石底新开百脉泉。鸡犬相闻村落静，家家童子剥榆钱。

山家

山家香穄饱椿芽，雨歇蓠傍自种花。割麦积麻旋剥枣，一年三度坐牛车。

李生将之蜀过舍

君来月满楼，尽[①]酒与君酬。好事机难定，芳华色自留。云生堪寄目，鸟语莫关愁。从此载书去，瞿塘占马牛。

赠苏门山客

一漱冰溪水，蒸炎再不如。喜翻高士传，因卜古人居。石笋当虚牖，云花覆著书。清时希外事，莫浪拟秦余。

却赠汪历阳二首[②]

与君当此世，或好是名流。日读离骚醉，时偕野梵游。赋成羞狗监，冻剧却狐裘。春入湖冰绽，有无钱买舟。

前日华山雪，汪生定有诗。我居云冷处，转爱水澄时。熊梦何年叶，鹏飞勿尔迟。风尘今得士，标格不须疑。

赠陈幼安

孤往其[③]何意，乘高听海潮。但无妨雪屐，何事厌风瓢。鹤子常为侣，兰芳未可招。本游方以外，岂弃圣明朝。

---

① “尽”，王士禛改作“酌”。

② “却赠汪历阳二首”，《问山亭主人遗诗正集》题作“赠汪历阳”。

③ “其”，《问山亭主人遗诗正集》作“君”。

喜孟明至自历下[①]

犹是怜春别，来归亦麦秋。开襟询泺水，贳酒坐明丘。放废成今日，山云[②]忆昔游。河边足茅屋，不改是清流。

曹大君故居[③]

华表今归鹤，清泉夙照心。道能存伏腊，身亦可山林。漱齿无余石，传家不积金。大招新自拟，霜夜每援琴。

怀人[④]

岁月成何事，潜潜去已多。故人江汉绝，疏雨户庭过。习静初驯鹤，迎秋一放歌。好同禽子夏，五岳问金鹅。

斋坐

旱久沾微雨，榴花已稍燃。身闲堪对客，云至恰钩帘[⑤]。童捡抄书纸，妻烦获麦钱。南山新卜筑，风物足清妍。

---

① 王士禛眉批该诗“未失矩矱”。

② “云”，《问山亭主人遗诗正集》作“人”。

③ 王批明抄本原有眉批“公《西戌诗》苍硬不及后作，而省净高雅，剔绝芜积，为足留存”，非王士禛所书。

④ 王批明抄本原有眉批“远则襄阳，近则大复”，非王士禛所书。王士禛有题下批“集中第一诗也”。

⑤ “帘”，王士禛眉批“失韵”。

暮雨

暮雨应无客，高林日[①]度风。穿花知野鼠，汲水望山童。白马羞雄辩，赤[②]松冀早逢。圮崖新得石，闲日可磨砻。

自笑

事事堪长笑，之人亦太痴。敧床消暑尽，谢客与情宜。伎俩羊公鹤，行藏楚水龟。芙蕖称净质，好自着须眉。

内

山妇何曾解艳妆，纻麻衫子也鹅黄。箧中检有青田石，学锲秦人急就章。

寄友

解道能相忆，何缘不答书。好友今谁在，空山复我疏。甘遗蕉下鹿，莫食铗中鱼。清福须消受，荣名敢自居。

闲书

不废千秋志，仍虚五岳游。尝新惊改候，减睡识多愁。照水云高下，空庭鸟去留。总将身拟鹤，终日愧浮丘。

小鸟

小鸟踏餐指甲桃，开帘细女斗嗔娇。入时妆掠传新样，眉额重开一寸高。

---

① “日”，明万历刻本、王批明抄本作“且”。

② “赤”，王士禛眉批“赤字拗”。

旱

蕴雨宁辞毒热来，密云飞度不曾回。老农泪血迸空尽，禾黍高低半作柴。
午斜有燕摩霄飞，喜雨欢征瓮着衣。一片黑云笼屋角，急呼北泊趁午[①]归。
瓴[②]倒盆翻也未狂，又劳钟鼓报斜阳。豆苗休怕提萎丕，出土先看一寸强。

怀孟明

日迈心逾动，秋居忆友生。耽君草色绿，孤我月华明。婚嫁人情剧，桑麻国赋平。相思披杜集，百过渼陂行。

小曲

蛾眉妒，爱水情[③]山生死路。背崖草，鲜春风。春风不道无转期，草色难留片时绿[④]。

赠徐李二生

二子读书处，高云日日留。清歌随鸟和，飞濑蹴窗浮。子夜来仙侣，新秋忆旧游。支离转可幸，莫更赋登楼。

古意[⑤]

荆棘每钩衣，雨露易滋扬。莒兰可揽结，芽茁畏严霜。兰棘悔杂植，纷披满西堂。烈士峻崖宇，抚剑更彷徨。出门期康衢，轴轮摧太行。太行多积雪，山鬼怒跳梁。念远不能致，高徽徒夜张。古人重一诺，报义思首阳。

---

① “泊”，王士禛改作“渚”；“午”，明万历刻本、王批明抄本作“牛”。

② “瓴”，明万历刻本、王批明抄本作“缸”。

③ “情”，本作“清”，据明万历刻本、王批明抄本改。

④ “绿”，王士禛眉批“绿字入声”。

⑤ 王士禛眉批该诗“少年诗尚有格”。

高苑令

长才不必厌官卑，官里余闲好赋诗。幸际民如无怀氏，更怜郊有仲连碑。孤城卤簿堪挥涕，秋水兼葭不尽思。昨日河边醉骑马，官桑课罢又何之。

送王将军入武闱

朔气高秋隼，天王御总章。材官当大阅，旄羽兢[1]先扬。星动经天纪，铗[2]寒入夜霜。应颁珠勒马，可恋郁金堂。

送熙明兄[3]

君王检将自登坛，策献平胡白日寒。飞食姿材[4]谁不见，铁衣休叹度关难。
少年原不重离家，走马西风苜蓿花。万里月明看雁度，滹沱河上足秋笳。
敢夸小陆总能文，骠骑由来勇冠军。预奏饶歌供鼓吹，为君拂拭陇头云。
宣武门西足酒楼，呼卢赌胜紫貂裘。忽然阙下材官集，一对安边便列侯。

古意四言[5]

万木瑟瑟，秋风改容。临高望远，寒水西东。有怀欲语，人心不同。念彼同心，浮云间之。山川曲阻[6]，胡能坚期。燕去草衰，暮流孔悲。援琴载问，思

---

① “兢”，王士禛改作“競”。

② “铗”，《问山亭诗拾遗》作“刀”。

③ “送熙明兄”，王士禛改作“送熙明兄四首”，《问山亭主人遗诗正集》作“送熙明十四兄三首”。王象春《送熙明兄》共八首，此为四首，北京大学图书馆藏清初刻本《问山亭诗》卷之十《逸诗》收有其他四首，题为《送熙明兄入校八首刻四首》。

④ “姿材”，《问山亭主人遗诗正集》作“雄姿”。

⑤ “古意四言”，《问山亭主人遗诗正集》题作“古意”。王批明抄本原有眉批“隽致促节，本自嵇生，仍通子桓”，非王士禛所书。王士禛眉批该诗“有弘正名家之气”。

⑥ “阻”，明万历刻本、王批明抄本作“组”。

纷不长。岂其每生[①]，善志自[②]藏。濯以清流，嗅[③]其菊芳。

游燕

咄咄游燕去，休同妆倚门。藏名原落魄，惜别转消魂。远树浮暾色，轻沙静雨痕。长裾无可曳，弹铗复何言。

送客

十日长阴只昼眠，轻衫送客过平田。澄秋一望湖山色，贫病何曾损少年。

赠路继山将军

刀鸣便识是新秋，照夜欃枪杀气流。猿臂未随头共白，休嗟飞将不封侯。

莫因三[④]矢失廉颇，甲上啼痕绣可磨。老死沙场亦何恨，拊[⑤]髀今日主恩多。

立秋

晚虫集宇下，此夜是秋声。白露孤城闭，凉风百草惊。披衣澄远念，感事惜浮生。辟谷神初王，参同百字经。

秋日感怀

含意惨不乐，自心亦难筹。静中暗寻索，乃是伤新秋。万物及时成，我独若浮沤。三十名不立，弱骨病而瘘。青霄昔托志，泥沙今埋头。晚嗣固常数，惧贻先人羞。饮泉吸芳凉，探山得远幽。世态杂山鬼，寸心可谁酬。千古思同志，柴桑有高俦。悲欢从古然，此人独无忧。与时谐容与，龟缩胜龙游。廿年快心事，都如不返舟。我本芙渠质，讵难复净收。散发坐蒿莱，默观元化流。

---

① “生”，《问山亭主人遗诗正集》无此字。

② “自”，《问山亭主人遗诗正集》无此字。

③ “嗅”，《问山亭主人遗诗正集》作“溴”。

④ “三”，本作“二”，据明万历刻本、王批明抄本、《问山亭诗拾遗》改。

⑤ “拊”，王批明抄本作“附”，王士禛眉批作“拊”。

答公浮来

竟从何处寄新诗，世事身忧重我疑。回首苦霜销骏骨，伤心白日曳龟泥。石言莫尽谈妖事，天问谁曾置对词。碧落游期应未晚，满楼风雨不禁①思。

送梅生归楚②

君才八九吞云梦，何③更悲秋赋远游。哀郢只今招正急，沅湘浩浩拍天流。
即看树树是新声，何事狂歌不暂平。若到汨罗休作赋，只将天问答分明④。
祢生赋名鹦鹉洲，崔子诗高黄鹤楼。千古风流汉江水，君当秋渡奈深愁。
君家住赤壁之傍，山川相缪郁苍苍。晓晴醉卧胡床看，傲杀苏公夜举觞。
谁将齐楚互争雄，乌有先生亡是公。今日有人过宋玉，重夸千里大王风。⑤
何事齐门学吹竽，从教归去任樗蒲。白云莫道难持寄，秋入潇湘好画图。

闲立

青山排远势，白露荡浮空。岸帻临风立，孤城秋色通。农歌知稔歉，估渡杂西东。怆我怀人意，寥天飞野鸿。

送宾王于醴泉寺⑥

最是高秋思不胜，江南有客更相凭。湖经积雨添新涨，山忆重游唤旧僧。送远长歌开瀑布，礼禅清夜问传灯。黄花红叶溪云满，汗漫天风定可乘。

---

① “禁”，王士禛改作“胜”。

② 王批明抄本作“送梅生归楚二首”。王士禛所选两首诗为第二首和第五首。此两首诗被收录于《问山亭主人遗诗正集》之中，但诗之顺序有颠倒。王象春《送梅生归楚》共十首，此为六首，北京大学图书馆藏清初刻本《问山亭诗》卷之十《逸诗》收有其他四首，题为《送梅生归楚十首刻六首》。

③ “何”，王士禛改作“那”。

④ “只将天问答分明”，王士禛旁批“正自难了”。

⑤ 王士禛旁批该诗“有豪迈之气”。

⑥ “送宾王于醴泉寺”，王士禛改作“送张宾王醴泉寺”。

同宾王游大佛山

大佛山高压海霓，孤峰飞出峼湖西。居民逼水寒光重，游客当秋归思迷。旧国鱼盐存胜事，空岩词赋隐留题。名泉七十俱奇绝，尽好浮家学范蠡。

赠云栖隐者

云自入我室，我饥云可吸。故此好栖云，云窝人不及。铁笛昨吹海水间，雪合千山云益密。

大柳寺[①]

黄雾如垂幕，乌鸢集上原。客来十里外，僧室未开门。

回舟

风清芦叶鸣，水动云光荡。回舟山已暝，又坐西桥上。

赠张隐

地从汉士名，山悬汉时月。何人吸天霞，夜半清歌发。

偶来

偶来不自解西东，独蹑穷岩向此中。我欲乘流一漱齿，因而羽化便凌风。岳云连海十洲碧，猎火烧山万雪红。最爱清宁广成子，寥天片鹤起空同。

打枣竿

打枣竿，光莹莹，岸上小儿赤身檠。去而复来无时停，终日剥啄不盈升。低枝已尽高枝熟，我竿恨无三丈六。

---

① 王士禛眉批该诗“不失雅道便可取”。

打枣竿，莫浪拍。急风旱雾伤已多，七月之中红半侧。道傍几树已无枝，园中几树备冬饥。早晚贪食尔童痴，不向打草打枣为？

一条鞭法

一条鞭，茧丝织。鞭成条，缫未息。当时织女幻天工，谁料于今杼柚空。六马之御鞭常缓，颜阖贪鞭马力穷。吁嗟祝融鞭火龙，大火西流炎已灭。何况祖龙鞭，石成桥，桥不裂。

鄭[①]州

十年三过鄭[②]州城，羸马狂歌堤上行。到眼灾祲曾射策，违时才调故逃名。山云作雨先衣润，湖水乘风与树平。无计补天思避地，鹖冠海上老书生。

王鹤伯过书赠[③]

君当良夜至，无酒奈君何。佳会溪前少，新诗雨后多。惜时堪秉烛，发兴剧长歌。宅倚王樵洞，轻车定数过。

徐母

母去儿何归，儿啼母不知。泪血容易竭，神魂竟安依。山水迷芒母何处，慈乌夜宿青枫树。陇麦初黄茧蛾飞，千古何人悲芦絮。坟傍泊泊大河流，猿号一夜愁云驻。千秋百岁草花[④]开，长风吹雨土生苔，杜蛸[⑤]为我从西来。

---

① “鄭”，底本、王批明抄本作“鄭”，王士禛批为“鄭”，明万历刻本、《问山亭诗拾遗》亦作“鄭”；因底本诗中首句亦作“鄭”，故改之。

② “鄭”，王批明抄本作“鄭”，王士禛改作“鄭”。

③ “王鹤伯过书赠”，王士禛改作“王鹤伯见过书赠”。

④ “花”前，明万历刻本衍一“死”字。

⑤ “蛸”，王士禛改作“鹃”。

昔年 [1]

昔年忆度[2]广陵潮，望入銮江亦不遥。萤苑高低长[3]薜荔，迷楼风雨弊鲛绡。九秋作赋凌三殿，一路看山问六朝。锦树琼花俱寂寞[4]，青鸾黄鹄自扶遥。

小杨生

君家日日读书声，山到门前分外明。世卜玉环黄鸟报，梦回白凤草玄成。七朝駃騠能超母，一石才华总属卿。八月海涛惊地轴，好将彩笔问长鲸。

宾王南还 [5]

寒水霜澄苔转肥，临流一酌送将归。何堪病里人分手，况是秋深雨洒衣。神骏如君当自远，好龙近态好谁依。还家诗酒推豪长，咫尺清江燕子矶[6]。

熊生 [7]

飘然云水总堪疑，瘦马奚奴随[8]所之。无态可消诸贵酒，有怀不写四愁诗。彭篯预借何年约，若木曾攀第几枝。周穆八龙如未老，细将山海与探奇。

---

① 王士禛眉批该诗“有格有调，非晚作所及”。

② “度”，王士禛改作“渡”。

③ “长”，王士禛改作“生”。

④ “寞”，明万历刻本、王批明抄本作“莫”。

⑤ “宾王南还”，《问山亭主人遗诗正集》作“送张宾王南还”。

⑥ “燕子矶”，王士禛旁批“远”。

⑦ “熊生”，《问山亭主人遗诗正集》作“赠熊生”。

⑧ “随”，《问山亭主人遗诗正集》作“任”。

九日同孟明登南城

去年重九多[①]离思，今日登高是病身。社鼓半沿诸旧事，黄花总愧两愁人。望临寒水诗逾壮，饮对穷交意转[②]真。好是清时甘自放，不妨天地有垂纶。

答张学海寄韵[③]

幸有名山压海浮，何堪斗酒博凉州。忽来遗我诗如玉，正值悲秋月满楼。明主怜才终买骏，野狂任诞好呼牛。果能中夜思千里，莫返山阴雪后舟。

敬亭先生[④]

千秋泰岱自嵯峨，阅世冰山转眼过。弗爱发肤膺虎怒，知[⑤]将得丧付渔歌。临溪结社樽常满，去国忧时岁几何。天福直臣应不薄，雷阳今日竹枝多。

偕汪麟阳、林荫旻[⑥]泛湖

曲水泛轻舟，泠然风满头。山光浮日动，树影逐人流。自击狂生楫，谁怜少妇楼。长缨如可濯，从此付沧洲。

送傅生归金溪

彭蠡无波细雨生，蓠蘅[⑦]披岸客舟轻。春风不惮三千里，为及梅黄听鸟声。

① “多”,《问山亭主人遗诗正集》作“日”。

② “转”，王士禛改作“最”。

③ “答张学海寄韵”，王士禛改作“答张学海兄寄韵”。

④ “敬亭先生”，王士禛改作“赠耿敬亭先生”。

⑤ “知”,《问山亭主人遗诗正集》作“已”。

⑥ “荫旻”，康熙《新城县志》作“尚木”。

⑦ “蓠蘅”,《问山亭主人遗诗正集》作“江蓠”。

送陈生归楚

南鸿过尽江天远，北地花残杏子肥。五老峰高孤客梦，三湘风急片帆归。芳春药裹愁仍佩，皓首青囊愿莫违。绿绮初弹声便切，岐予日望楚山微。

旅宿

空谷传鸡犬，霜风薄斗牛。有声多在树，夜听易生愁。

秋凉

一雨丰林好，秋凉加布袍。平收千里色，坐对一园蒿。溪度流云细，鸿鸣古岸高。冷风便好去，莫问小山招。

雨后

雨后野塘水映明，花间隐月凉风生。窗前吟倚古楸树，童子山归系胆瓶①。

青州②

云门壁立古青州，十二齐封拥上游。盐铁常通山海利，淄渑空咽古今流。何年帝子求仙药，此日倭奴供小球。庾信感怀偏有赋，凉风涕泪万家秋。

新城③

新城县北半污莱，旧是桓公戏④马台。长白俯临青海上，郑潢遥自碧天来。三齐陵墓金蚕冷，废苑风霜玉鹤哀。杼柚小东财力尽，枫⑤楸无处问龙媒。

---

① “瓶”，王士禛批“瓶字韵误”。

② 王批明抄本有题下批“此公摹七子时作也”，非王士禛所书。

③ “新城”，康熙《新城县志》作“桓公系马台”。

④ “戏”，康熙《新城县志》作“系”。

⑤ “枫”，康熙《新城县志》作“松”。

望长白[1]

朝望长白山，暮望长白山。山朝复山暮，望望自[2]堪怜。晕霞返照三千丈，拂拭齐州九点烟。山岚邈[3]杳连沧海，疑城疑阁气摩天[4]。傍峰更出芙蓉色，以手攀之不可得。岩阿仿佛有居人，招拽曾无城市客。人言欲雨云全白，何似雨余云黛黑。六月箕踞坐长林，凉风时飞纱帽侧。山脚回溪转面回，日丽金沙蟒蛛开。须眉可照缨可濯，石激中流更吼雷。渔人樵子独何事，尔我看山心自醉。今日看山最有神，明日看山竟谁似。终日看山山不改，不谓山灵独无意。终南捷径亦胡为？君不见，敬亭不厌北山移。

别友[5]

春山着雨好，春雨别人难。到处怜芳草，其堪操猗兰。孤舟劳梦舞，三岁足泥蟠。再献仍吾璞，宜僚自弄丸。

归自济上赠傅念源十一韵

晓日流云细，春归兴转扬。征裘看鋒振，山酒已鹅黄。新水欢鸥鹭，长干度骕骦。谈天非孟浪，说剑自昂藏。伐木听莺转，差池见雁行。笔曾干气象，缨欲濯沧浪。齐物知吾道，达观次大方。君才元百二，我志固荒唐。莫以逢重坎，因疑悔亢阳。每怀千古意，不惜少年狂。海国长风夜，惊涛未可量。

别友

冬日淡以涵，山松驻流云。下为千年苓，清朝郁芳芬。志士激平生，羞以莤杂薰。寸心但可托，不为儿女勤。相与对[6]天地，我何悲离群。

---

① 王士禛评该诗“不谐音调”。

② “自”，王批明抄本作“目”。

③ “邈”，王士禛改作“合”。

④ “疑城疑阁气摩天”，王士禛批“不谐音调”。

⑤ 王批明抄本原有眉批“前半调似昌谷”，非王士禛所书。

⑥ “对”，明万历刻本、王批明抄本作“在”。

寄林尚木[①]

近海海气飞秋露，水落天高雁寒度。芷兰好自怀佳人，蟋蟀能无悲岁暮。长白西去聚仙峰，醉舞谁歌万里风。莫教十月惊雷雨，匣里中宵走二龙。

玉露吟寄徐钟岳先生[②]

太清玉露飞洪蒙，浩荡万里秋光通。大地吐吞呈灵气，水落天根见化工。长白山高九千九，白云湖连东海东。山岚湖蓐夜郁薄，英英上蒸不可遏。天酒神浆人力平，石发水帘珠错落。大鹏饮之而上击青天，蟋蟀濡之亦自鸣跃。灵椿含液度年年，海鸡沐羽白濯濯。七月千家禾菽收，蓠蘅兰芷乱汀洲。曾否金茎偏沆瀣，曾否菰芦尽浊流。大哉秋露之为惠也，淈淈湑湑绵绵悠悠。远自日观峰，华不注而东。过我苍莽之长丘，下有幽人不可见。少年学书复学剑，归来每笑食无鱼。裾敝依刘无长线，于时感露自淫沉，西风飒飒动琴心。下弦初弹猗兰曲，上弦翻挑玉露吟。我琴三弄，有鹤高鸣。丹霞约约，雪衣莹莹。授我九华芝，盛以玛瑙瓶。我虽受之不敢餐，持为美人介大年。美人食芝颜色好，缁衣纱帽对偓佺。君不见勾漏于今葛洪井，年年飞露荡长川。

秋日漫书二首

中原一望日艰虞，万户千村苦未苏。已见官衙晨寂漠[③]，更闻榷吏夜招呼。兼葭刈尽波光远，乌鹊飞余月影孤。愧我感时忧漆室，不妨随地着潜夫。

一从便殿撒云和，乐事曾无往岁多。共道一蛇悲介子，谁将百战忆廉颇。西川日进青毛锦，中殿希闻紫玉珂。年少贾生难上疏，清霜吟望满藤萝。

---

① 王批明抄本原有眉批“似何”，非王士禛所书；王士禛眉批该诗“尚不失调”。

② 王批明抄本原有眉批“不喜人学玉川，此等公初放笔自恣，恣言却不□”，非王士禛所书；王士禛眉批该诗“乱”。

③ “漠”，王士禛改作“寞”。

大招词为刘母

莫招母魂，魂不可招。骑箕尾兮凌清飙，珮芙蓉兮和云璈。驾五龙兮气不骄，南游苍梧兮东海潮。木叶零兮鹤萧骚，鹤有子兮江之皋。一鸣兮流徵，再鸣兮角声高。声冷冷兮谁和，母不归兮望劳。千秋兮雁度，长虹兮不可消。长虹兮可消，母魂兮[①]不可招。

济上一歌者记余诗最多，因[②]赠之

闹里孤清亦有之，都如秋月照玻璃。谁知酒肆藏名地，唱我黄河远上词。

读书[③]

岂能天外做人家，幸有深山领岁华。除读楚骚俱闭眼，延将吴客只烹茶。种花半夜行占雨，祛病丁年自养砂。坐看窗棂松影尽，檐云轻袅净于纱。

小园[④]

窄门细径近城开，不速诸昆好自来。花未擅名俱有态，亭当问月总无猜。竞将险韵临池咏，忍负新篁冒雨裁[⑤]。偶检禽经知鸟语，闲中日月不相催。

山居

略似清禅不入枯，又能乘兴作吴歈。敲来石火炊先熟，服久山泉体自癯。隔舍有僧同说梦，抄方无剂可医迂。每思摩诘诗中画，为写长松过雨图。

---

① “兮”，明万历刻本、王批明抄本无此字。

② “因”，《问山亭主人遗诗正集》无此字。

③ 王批明抄本原有眉批“未恶□问山习气□□□□”，非王士禛所书；王士禛眉批该诗“俗甚”。

④ “小园”，王士禛改作“西清园”，康熙《新城县志》作“西清园”。

⑤ “裁”，明万历刻本、王批明抄本、《问山亭诗拾遗》作“栽”。

再[1]赠徐海曙

勿以骊龙蛰，惊雷何太狂。珠原喉下得，君莫贮奚囊。
满室皆风雨，飞龙在眼前。闻君谭剑术，终夜不能眠。[2]

赠吴加瑞

吴生七尺何昂昂，双睛灼闪碧玉光，大言小言声琅琅。峨冠束发如峰崿，襟裾不碍卿云翔。有时扼腕弄清商，又或击剑自飞扬。问奇门有如云士，铁脊先生不下堂。堂前自种[3]双枫树，清秋夜夜搏浓雾。雾中仿佛动飞龙，图书恐有惊雷妒。吴家兄弟拟凯元，莫向云间数二陆。王郎侠少不饮酒，每对吴生必醉吐。仲子祠前数雁行，十二河山当一顾。吴生吴生何不携策燕京见明王，终岁蓬蒿坐夜霜。又不肯七贵侯门曳长裾，满庭黄叶一床书。且待天寒草木枯，与尔同登日观峰。头望海隅，二十年来秋兴积，捋须作赋亦何如。

问秋山

谓尔秋山愁，气澄烟岫好。谓尔秋山乐，霜后无青草。诸峰罗列长儿孙，不记生年日应老。

赠徐生

我齿日云迈，所为无大成。仰卧长萝下，悱然百慨生。庭前繁秋木，惊栖鸟嘤鸣。风雨西北来，掠过长白城。所虑淫霖多，禾黍滋蝗螟。对坐两徐少，逸气蔚英英。勉我以佳言，因而赋大鹏。我为感之泣，击剑复自惺。我志托秋旻，我心履春冰。

---

① “再”，《问山亭主人遗诗正集》无此字。

② 王士禛眉批该诗“今作”。

③ “种”，本作“树”，据明万历刻本、王批明抄本和《问山亭诗拾遗》改。

秋夜

秋夜一何长，秋思一何苦。风催百虫鸣，骤急空山雨。

张凤台先生[①]

七月湖水平，芰荷千顷妍。鱼鸟乐澄波，山云对长年。蓐气日郁蒸，清宵降大仙。此翁居湖上，好读《秋水》篇。海色窥晓蜃，繁木聆清蝉。著书能细字，伏枕时安眠。未须铅与汞，乃能有大还。子姓满三十，渐已及曾玄[②]。诸少蔚英气，翁复戒恌儇。经旬积伏雨，百卉爱清鲜。巾车或省田，晴鹭静娟娟。饮酒何曾醉，玉树姣风前。一心百不竞，万物静之天。秋月照大湖，解意惟偓佺。

有怀

离情落日满清秋，自赋兰芳载酒游。重来旧渡惟寒水，坐对黄花看牧牛。

庆云观

萧萧秋满古招提，风度钟声万壑迷。一旦[③]乘闲来骋望，千峰岂惮费攀跻。身穿云窟常沾雨，僧送游人不过溪。我欲诛茅相结社，朝朝和露煮青泥。

高苑道中

枯草凄风白堿场，年年水涝困青黄。捕鱼不饱三冬饭，解马常赍千里粮。但指条鞭称两利，谁将玉烛借明王。南箕北斗东人什，呼向天风万里长。

小清孝妇两河攻，数万居民野水中。抚字有方惟县吏，逃亡无力补司农。水边鱼食欢青鸟，屋角舟行叹老翁。谁议河工勘此地，廿年淄脉不曾通。

---

① “张凤台先生”，王士禛改作“赠张凤台先生”。王批明抄本原有眉批“力□气清”，非王士禛所书。

② “玄”，《问山亭诗拾遗》作“元”。

③ “旦”，明万历刻本、王批明抄本作“日”。

系河

缛草繁阴古系河，野云不散海风多。往来射猎诸年少，醉唱凉州放马歌。

赠吴生孟元

三吴年少气凌秋，匹马常为五岳游。每听燕歌多磊落，近能齐语亦风流。我因蝶梦知飞舞，君若龙成莫点眸。再了峨嵋当速返，家人无处寄征裘。

羽猎①

满饮叵罗碧玉浆，紫貂青②马佩鱼肠。高山雪气连沧海，大野尘飞晕夕阳。猎火无边燔草木，烹鲜不用裹糇粮。一时结客多年少，风入乌号九石强。

平陆

道经古平陆，朔风吹我马。霜草尽猎烧，溪云自飞泻。传是古谭国，哀诗列风雅。何年丽檐宇，耕人辨古瓦。消沉尽所悲，徘徊泪难洒。民力不如昔，况复重掠扯。岂不瞻斗箕，寒芒无可把。岂不瞻天汉，呼之如聋哑。圣主玉烛明，不照覆盆下。菰芦坐腐生，章句日聊且。亦有豪华子，名园自矜假。不及漆室人，犹能虑大厦。皇天均四时，寒暄胡多寡。我忧发浩歌，当得同心者。

卢龙塞

九月苦霜来，远出卢龙塞。山高道且长，糇糧不能载。盱衡白驹坡，古人竟安在。承平亦既久，战儿多缓带。竞馈渔阳酒，幕前相倾盖。野火烧枯桑，骄狐穿古寨。道多奔命卒，半为中使赉。目不见兵戈，而谁守要害。我马迟溪旁，观云饶变态。

---

① “羽猎”，《问山亭主人遗诗正集》作“大猎”。

② “青”，王士禛改作“白”。

范文正祠 ①

朝朝暮暮听泉声，千仞振衣非世情。岂畏四知严一介，黄金原不富儒生。
异代萧条此地同，读书台上问天风。湖边树树皆明月，可惜当年后志公。
朋党之名世所悲，何人解写四贤诗。后来元祐还堪涕，端礼门前一片碑。

塞上

晓出蓟②南城，别山照我眼。远树雾如油，日出烟翳敛。辽阳望何处，千军竞飞挽。大将宣虎威，白旆云间闪。书生事空文，自顾一何赧。肘傍有长剑，星文尽尘掩。猛志欲请缨，天门聊复远。塞草既离离，园流应浅浅。感我游子心，别离惊寒暖。

清秋

每到清秋气便豪，纵多悲咏也孤高。全同厘妇闻清雁，拟酹忠魂答怒涛。耽病渐将凋仆妾，浪游羞自问钱刀。峰岚片片都如削，送尽轻云读楚骚。

闲居 ③

庭宇虚无人，长松青郁郁。菜甲乱阶除，池水青可漱。悠然念游好，攀枝纷违④绪。秋日多穷阴，雷雨横西麓。

① “范文正祠”,《问山亭主人遗诗正集》题作“醴泉寺范公祠”。王象春《范文正祠》共九首，此为三首，北京大学图书馆藏清初刻本《问山亭诗》卷之十《逸诗》收有其他六首，题为《范文正祠九首刻三首》。

② “蓟”，本作“苏”，据明万历刻本、王批明抄本和《问山亭诗拾遗》改。

③ 王士禛眉批该诗“韵有误”。

④ “违”，明万历刻本、王批明抄本作“远”。

晚归

河流秋浩浩，禾气暮郁蒸。农气[①]隔林呼，屋隙瞻心星。春昔苦无雨，秋复祈新晴。欲知岁时移，但听草虫声。我从西山归，恻恻抱余情。

赠吴生

气类燕荆生，霜前弄匕首。醉时云满庐，亦惜秋山否。

塞上

要镇风霜苦，严城鼓角摧[②]。健[③]儿秋跃马，开府夜登台。未尽白狼贡，应须健鹘才。先皇勒铭处，千仞仰磨崖[④]。

卢龙

卢龙十月塞[⑤]云骄，飞挽千军夜渡[⑥]辽。帐下骍骝皆北款，穹庐岩岫亦南朝。天山今日无传箭，虏马何年此射雕。飞将营前初享士，呼卢雪夜奏吴刀。

古意

游子晚萧萧，秋风一何苦。檐宇绝鸣蝉，树枝惊哮虎。帝京竞豪华，过眼无所睹。当年陈与雷，势悬相尔汝。人心如其面，对面谁可语。早经宣武门，暮归西山雨。侧身望乡书，如婴以待乳。僮仆汲寒泉，昏灯窜鸣鼠。案堆古人书，文字儒而腐。壮岁不成名，日月委于土。

---

① “气”，明万历刻本、王批明抄本作“憩”。

② “摧”，明万历刻本、王批明抄本作“催”。

③ “健”，《问山亭主人遗诗正集》作“边”。

④ “磨崖”，王士禛批“崖出韵”，并改作“崔嵬”。

⑤ “塞”，《问山亭主人遗诗正集》作“寒”。

⑥ “渡”，本作“度”，据明万历刻本、王批明抄本改。

送周砺斋先生

度雁高秋色，还乡老国师。青山今日梦，碧落昔年期。纵减忧时泪，能无恋主诗。五湖迷去住，莫更号鸱夷。

永启至京

山春与月秋，客子只书楼。更有王生至，差堪载酒游。碎琴喧上国，恤纬念宗周。示我诗千首，孤奇类柳州。

夜兴①

披衣急起延秋光，雁叫一声一断肠。欲理孤弦问知己，指酸调促绝宫商。穷途不少飞扬志，天上月明镜相似。湘水离骚是闲书，不干长安贵公事。

赠永启

跃马凌秋色，携书献紫宸。我怀千古意，君正一时人。调本高春雪，歌宁藉郁轮。昂藏醉燕市，天地岂风尘。

同浮来子寅夜坐

莺花春近大明宫，河上清②游满袖风。对景自怜身病后，论交不在世名中。泠然说剑神初动，率尔成诗法未工。太史纵能占聚宿，何妨滑稽与时同。

赤虹曲为王烈女

女之生，赤虹翔。女之死，赤虹藏。长风吹海水可扬，白露不可挹③我裳。明河照我屋，皓月照我床。生不见夫面，死当与同行。琪葩散绮树，一夕委

---

① 王士禛眉批“惜后四句太出入”。

② “清”，明万历刻本、王批明抄本和《问山亭诗拾遗》作“晴”。

③ “挹”，明万历刻本王批明抄本作“浥”。

秋霜。乘黄鹄兮挹天香，冢边白草何茫茫。人言至今苦雨霁，犹有千尺虹气挂扶桑。

语永启

青晨舞剑歌君歌，千片万片卿云过。谁能将胸蟠五岳，更以口吞东海波。招隐何方春桂发，披猖我占月明多[①]。手持巨觥饮知己，对眼风尘可奈何。

赠陶帅

少年七尺美琅玕，击楫飞来彭蠡湍。每许狼烽追虏马，何妨羽扇袴齐纨。君恩痛忆河山誓，敌忾应先虎豹坛。上将生身原列宿，锦囊休负二龙蟠。

宣城徐善生书阁成落之[②]

卜风问月亦堪忙，况是清邀须自偿[③]。境内洞天名小有，城南高巘出双羊。三春骚客纫兰芷，子夜麻姑度石梁。五粒松脂今得否，骊云好寄洗诗肠。[④]

往传礼佛几时还，早在文台尺五天。江水有怀歌白苎，敬亭不厌忆青莲。但看朝暮阴晴色，莫问春秋大小年。七十二峰俱在眼，何人倚剑吹飞烟。

春兴四首

轻波芳草媚吾渠，岸帻东风望孟诸。日薄云林明翡翠，气回山岳秘璠玙。春和渐下蠲租诏，年少休裁[⑤]痛哭书。昨日恩留两仆射，莫疑鲁乐飨爰居。

春风一夜解滹沱，赵女银筝倚皓[⑥]歌。太液鱼龙占节序，侯家车马竞婆娑。

---

① “披猖我占月明多”，王士禛眉批“无章法”。

② “之”后，王士禛添“二首”两字，《问山亭主人遗诗正集》则题作“宣城徐善生书阁”。

③ “偿”，《问山亭主人遗诗正集》作“傥”。

④ 王批明抄本原有眉批“妙逼迪功”，非王士禛所书。

⑤ “裁”，《问山亭主人遗诗正集》作“陈”。

⑥ “皓”，《问山亭主人遗诗正集》作“浩”。

仙人桥上天香近，帝子城西佛事多[①]。剩有御舆禋祀地，年年松鹤守烟萝。

三殿光华启上元，千官又满大明门。云和春度传封事，谷玉朝颁出近藩。草发西山调宛马，冰消北海献灵鼋。更闻太史河清颂，芝简龙函赐长孙。

买骨谁收名马来，万年风雨濯金台。货泉久厌稀王贡，薪积初通集汉才。西狩载书悲鲁史，天心涕泪罢珠崖。清时须对天人策，狗监凌云莫浪裁。

万丝园

心远而怀古，迹远而卜居。日月觉清朗，山回[②]复水纡。可以濯长缨，可以读古书。自非鹿门客，谁结虎溪庐。阴森迷仄径，何患不回车。秋云幕澹檐，抱膝方蘧蒢。帝子有遗响，仙人有故闾。俯仰一以问，乐哉洵此墟。风雨从东至，倚轩目睢睢。

榛子镇[③]

千帐绝烽火，椎牛射猎回。风霜秋马健，刁斗夜声催。紫气关前尽，青山塞上来。良家工技击，谁是伏波才。

梦回

犹是牵魂万里长，芳游处处误萧郎。从今碎却珊瑚枕，霜月冰枝对冷肠[④]。

送羽王南归

目成迟不语，竟以奏骊歌。南雁随人远，浮云何自多。越吟应有意，鲁酒可沉疴。秋入钱塘水[⑤]，轻帆日几过。

---

① “帝子”,《问山亭主人遗诗正集》作“子弟”;“帝子城西佛事多”，王士禛眉批“时太后好佛，而神宗久不亲郊，故云”。

② “回”，王批明抄本作“过”。

③ 王批明抄本原有眉批“似苏谷原”，非王士禛所书。

④ “霜月冰枝对冷肠”，王士禛眉批“俗”。

⑤ “钱塘水”，王士禛旁批“远”。

漫书

何事经年只守玄，书生真让缩头鳊。每言世态今如疟，自笑无怀只似癫。福种生前疑有果，梦回舌上不生莲。长风一夕吹鲸浪，八柱何当可问天。

不寐

不寐听偏远，无怀夜更凉。雁声忽南度，月影渐东墙。旧友书来少，新诗句厌长。立秋逶五日，消暑且徜徉。

解

岂有苍苍彼，而遗草草斯。好援塞马例，还作杞人医。拗手棋难下，双头马莫骑。可因秋水至，一唱采兰诗。

喜永启过

避人如避暑，独喜子相求。携酒秋三月[①]，开窗月一钩。风花不待嗅，枝鸟若为留。辛苦长安地，前人此寄邮。

南海子歌同唐中台、任渌水

六月六日如火熯，乘闲得至昭和殿。殿背南台台枕湖，湖引树风风泼面。一区蒹葭一区荷，西山沉影远垂螺。紫光阁对趯台坡，曾是宸游系玉舸。椒园钓[②]矶石嵯峨，鱼龙不居芰菱多。偕有任卿并唐髯，携棋潜对古石边。内酒罐醉敢狂叫，又敢偷摘玉湖莲。[③]回首北台矗摩天，金鳌玉蝀镇迎仙。下有五亭如珠圆，守珰望幸空眼穿。一从静处稀传奉，辇道封苔已六年。

---

① “月”，明万历刻本、王批明抄本作“日”。

② “钓”，本作“钩”，据明万历刻本、王批明抄本改。

③ “偕有任卿并唐髯……又敢偷摘玉湖莲”，王士禛眉批“不知音节”。

闲居

朝报堆十日，束来成枕头。分葵欣骤雨，移座引轻飕。客久书增帙，门闲仆散骰。西山僧有约，避暑得重游。①

古意

东家女儿名东施，西家女儿名西施。东施检得豪家婿，嫁来不使西施知。终岁浣纱②江水冷，苎萝村里闭门时。

好云③

莫须悲旅病，计日是秋分。静寺来朝雨，西山更好云。慵童消茗火，小儿检苏文。客至谈朝事，蒙头不愿闻。④

送汪麟阳出使

新爽才三日，长林送远归。乘秋持汉节，问晓侍亲闱。欲度霜溪水，须增游子衣。作歌来谂意，四牡正骓骓。

闲居

秋色何堪对，兼之忆旧游。谁能⑤风雨夜，不⑥系古今愁。乐事闲双屐，长谋任一阄。惜时复念远，心目两夷犹。

---

① 王士禛尾批“何物诗”。

② “纱”，本作“沙”，据诗意改。

③ “云”，王士禛改作“秋”。

④ “客至谈朝事，蒙头不愿闻”，王士禛眉批“浅率”。

⑤ “谁能”，明万历刻本、王批明抄本作“可知”。

⑥ “不”，明万历刻本、王批明抄本作“总”。

湖上逢徐雅池先生，为言蜀中之胜

裂帛湖水明心骨，莹莹错错迸青玉。裂帛湖上逢君时，掠水西风吹寒木。指我山形几十峰，尽道孤奇不如蜀。帝城暖云烘万家，歌声半是西山曲。蜀山燕山在君腹，我欲从游苦不速。安得千片薛涛笺，只作峨嵋雪一幅。不然三画巫山图，也凑烟峦三十六。

忆游

西直门西三月暮，寺楼花满照云开。一时才子临溪水，多少新妆礼佛来。

盆草

盆草开生意，檐云引静香。检书参古字，得茗试新汤①。衣渐闲于客，睡应记有乡。西山饶爽气，小啖紫芽姜。

昭君②

临行初得觐君颜，咫尺天门可再攀。虚负青娥遥出塞，单于仍猎玉门关。
为惜薰残百蕴香，春风不弃旧罗裳。早知玉貌翻成祟，悔杀宫中日整妆。
沙满黄河朔气匀，遥瞻汉月当新春。未央今夜争歌舞，唯恐君王念远人③。
君恩妾貌一时移，枉拨琵琶怨画师。塞草胡霜秋梦觉，从前何事不堪疑。

寒雨操挽子寅

山川高洁草木菲，寒雨既零，尔将安归？石渐渐兮雉孤飞，雏鸣于野声式微。萧萧白日暮，皎皎明月辉。朱颜既萎千秋冷，素车宿野夜猿吹。长风激水溅我衣，招魂不至我心悲。

---

① “汤”，明万历刻本、王批明抄本作“甗”，王士禛删“甗”字，并眉批“飏、飂、甗押字皆大谬”。

② “昭君”，《问山亭主人遗诗正集》作“昭君曲”。

③ “唯”，《问山亭主人遗诗正集》作“只”；“未央今夜争歌舞，唯恐君王念远人”，王批明抄本原有眉批“蕴藉风神，似通龙标”，非王士禛所书。

有闻

把剑空歌行路难，且将缨濯大江湍。临流莫恨怀沙赋，犹胜风悲泜水寒。

送沈无圻还

何事焚舟更渡河，应怜春色故园多。一凭上苑云堆锦，奈尔青山雨后螺。璞未连城终不剖，骛先十步亦能过。鲲池击水寻常事，碣石宫前竟若何。

野行

客行野塘中，独漉没车嘴。牛羊春犊生，相将饮塘水。

送罗玄人①

何事清真客，临风独忍予。江南多古寺，不为四腮鱼。
锦瑟为君弹，万里动风色。莫弄奚囊珠，舟轻杨子汐。②

赠张居士挂冠岩③

昔人此挂冠，饮水坐白石。石水自年年，又有挂冠客。
有冠从此挂，松云不我疑。若须称吏隐，已恐北④山移。

感怀

云压长干雪压衣，冰间盈尺鳜鱼肥。悔当晴日贪沽酒，错卖十年旧钓矶。

---

① “人”，王批明抄本作“甫”。

② 王批明抄本原有眉批“古意”，非王士禛所书。

③ “赠张居士挂冠岩”，王士禛改作“赠张居士挂冠岩二绝句”，《问山亭主人遗诗正集》作“张居士挂冠岩二绝句”。

④ “北”，《问山亭主人遗诗正集》作“此”。

老女[①]

三十无媒老女儿，秋风欲动泪先垂。总然得嫁金吾婿，不是莺花二月时。

古意

斑姬鞶蹩对花开，手拾花枝泪溅苔。花到长门原易落，不干风雨夜重摧[②]。

何缘生长苎萝村，更得西施相对门。手浣溪纱空溅泪，可怜宛转未能言[③]。

宿旅

村醪且共酬，霁色夜悠悠。数客争残奕，一童取落筹。高山衣白雪，古木响寒流。何处归渔子，长歌明月舟。

怀子寅

愁里云山觉更多，不因才尽减狂歌。金台散后无清赏，河上怀人涕远波。

赠刘云从

刘家公子美翩翩，结客齐州尽少年。雪夜合围青络马，春风沽酒锦囊钱。荆卿自爱千金匕，苏季宁须二顷田。辽左建酋今跋扈[④]，可将名姓勒燕然。

寄卢主政

一从短疏触明王，廿载钟声忆未央。但听猿啼歌浩荡，休投鹏赋吊潇湘。

---

① 王批明抄本原有眉批“□晚唐人□□”，非王士禛所书；王士禛题下批“如此诗却可存，此评是也”。

② “摧”，王士禛改作“催”；“花到长门原易落，不干风雨夜重摧”，王士禛眉批“用意蕴藉似唐人”。

③ “未能言”，王士禛批“词不达”。

④ “辽”“建酋”，王批明抄本被抹去，是否王士禛所为，存疑。

送友还[1]

郭外溪边寺，一年两送行。攀条犹在眼，落叶已无声。忆昔春山色，能轻故国情。好将诗酒约，归问鲁诸生。

庚戌十一月朔

去年月蚀残桂兔，今年月[2]蚀天吴怒。棋盘街上官如鹅[3]，锦绣牙牌纷无数。侍臣朝房虔点斋，童妇敲盆争救护。四方水旱起离云，饿殍如柴僵道路。官长车上不忍顾，盗贼攫人愁日暮。四月火书正阳门，蠲赈一诏随甘澍。牛产三头儿连胕，占以土崩岂非误。奴酋[4]歹酋如跳猱，开原黄花无强戍。近侍孝顺催滇金，太仆司农悬老库。环甲健儿鲜生色，飞挽血目辽阳渡。小臣欲叩阊阖诉，老成低眉合眼叹。道尔辈聒噭胡为乎，天王圣明将自悟。呜呼，天王圣明将自悟！日月之更何足虑。

文太青母夫人至都寿之

秦川十月风力盛，咸阳门西云夜冻。母忆游子不可忍，曲江驿使鱼车送，奴耕婢织付阿仲。苦雾玄霜劳远梦，梦中仿佛呼翔凤。念子乍著进贤冠，可似旧容颜。念子朝天奈晓寒，客久衣尚单。念子未知世路难，秀才初为官。一从手线缝衣上，每卜金钗过夜阑。燕秦相越二千五，亲搴缁帷渡漳釜。潼西之树何冥冥，潼东之树何楚楚。汝今鱼须文竹为笏苍玉佩，汝亦荣矣尚无太仓斗米供母簋。母乃冲寒跋涉来觑汝，汝之头颅已如许。汝见母时作何语，母到适当初度时。人子报亲，可愧反哺之乌羊跪乳。我其为汝预写南山诗，我可长歌汝击鼓，汝可持觥我起舞。君不见天子中秋万寿晨，小臣鳌呼望苍旻。问晓慈宁犹未出，六龙之驾方逡巡。

---

① “还”，王士禛改作“人”。

② “月”，明万历刻本、王批明抄本作“日”。

③ “鹅”，明万历刻本、王批明抄本作“骛”。

④ “奴酋”，王批明抄本被抹去，是否王士禛所为，存疑。

太青邀坐中庵上人舍同冯羽明

初雪凌微晨，爽色动四壁。梳头厉长吟，神气如洗涤。以此占清游，或得晤佳客。持简者谁子，促我一何蓦。文子坐精舍，冰澌从须滴。我至未成笑，小冯已欣即。眉山中上人，携诗过三百。几卷锦城江，披面直倾泻。袁三遒蜂气，雷老复高杰。如雪渡湘阴，澒洞谁可测。视我腹背羽，愧此排虚翮。长安走终年，风沙满巾帻。了无书画缘，周旋拘故格。马上望西山，中情徒脉脉。静公久不来，寺云空自碧。或理西行装，或增东归策。上人云水身，益知无定锡。庭前老双桧，迎风日淅淅。后之忆斯话，不殊今视昔。

别朱菩元、刘善夫二年丈

屋角有星大如斗，赤虬浪跳天猊吼。朔风吹雪不成花，寒云压面难倾酒。磨洗昆吾断老狐，太乙仙人劝停手。恨无丈二坚铁帚，共对风尘空噤口。脚踏支机漱银汉，织女新丝系琼玖。欲持赠君苦不偶，身为虱肝柳生肘。我家海上日所生，夸父至今不知徒狂走。世事茫茫乱苍狗，圣人筮之逢阳九。我车驾矣勿复言，铢衣拂石之劫君知否。

送林茂之归金陵[①]

初文先生不可起，能读父书称有子。风雷在腹云满纸，初文先生竟不死。当年万里客燕京，朝谭名理暮谭兵。十诋公卿九欲杀，至今南海北海存[②]其名。茂之[③]走燕才五月，芦沟风卷西山雪。短褐周身烧榾柮，受人一钱斗米堪羞杀。画壁每呼钟五郎，题诗只示王十七。笔法咄咄逼古人，屑[④]学云林摹米芾。今朝对酒咽不饮，昂首出门何超忽。眼前朝事如沸湍，言及初文便泪弹。有才如子宜用世，何为苦携双屐问钟山。即今河冻马毛缩，伯敬留子舌头干。子言母氏劬劳忆子甚，欲挽子车心先酸。我今何以赠子为归养，中泠一泉在江上。

---

① 王士禛眉批该诗“七古全不知法”。

② “存”，王士禛改作“留”。

③ “茂之”，王士禛改作“林生”。

④ “屑”，王士禛改作“不”。

辛亥草

季木辛亥诗序[①]

季木尝造予说诗，无昏晓手。市头风蓬蓬穿耳，仆大苦不耐。申旦，马乱行，才彷徨释祛去，且揖且语者，旦复旦也。大指可献吉而微憾于申国、弇园。予尝谈鲍、岳诸君子，晚不可请国门之关，季木即我，他寺中共被极论，舌挢而辄下者，夜复夜也。予谓季木："使子陟八座九列而弗李、杜，子甘之乎？"季木眦溢曰："子知我肯以许易祊者乎？使子谒孔氏，不坐于两庑之间，揖配圣之座，拊其背而弗李、杜，子甘之乎？"季木太息曰："我岂甘中计！子言作圣者虽竟也，诗可屐之孤璧，可查之独津与？李、何我可代而取比予道。"临邑邢子愿[②]过，诧我，尝一致季木，讯所获曰："一天瑞，坚如[③]石。其人乎？其文乎[④]？"曰："之二者，嗟邢氏过听于王生矣。"已访季木之新城，客歌骊驹，主人歌毋庸归。为留信，信舍诗无它说。观其所架阁者，所轴装者，眼青青弗能白也。季木又姑舍子愿曰："东夷之人，其孩之乎？迨子而才之矣！"且曰："苏侍御为我言，阿文颇时名噪人，以其言月旦，若谋不朽。异代不此君折心[⑤]，使拈百二十二语，行远不自迩乎？子与[⑥]我果然安处？"嗟！王君[⑦]过听于苏氏矣。子右氏，子少小，搴千百人帜，不以八座九列之程途，桎梏其独往之匈，以身殉不竞之冷业，曰："吾且百年，吾且万古。气若天策上将斩敌头。"孩之曰："王季木济河焚舟之孟明视也，再来吾将卷甲矣。"孩之不妄，昂然来，不竦而待乎？

---

① 此文亦见于《四库存目丛书》影印江西省图书馆藏钞本《文太青先生文集二卷》（以下称"文太青文集钞本"）。因王批明抄本《季木辛亥诗序》错讹漏误之处颇多，故下文以"文太青文集钞本"为校本。

② "邢子愿"，文太青文集钞本作"邢子愿先生"。

③ "如"，文太青文集钞本作"于"。

④ "其人乎？其文乎"，文太青文集钞本作"讯其人乎文乎"。

⑤ "折心"，文太青文集钞本作"心折"。

⑥ "与"，文太青文集钞本、明万历刻本作"于"。

⑦ "君"，文太青文集钞本作"生"。

予好以唐吻写宋肠，终不叶于此道，行将遁去。使尔辈成名诗坛，当撤此一座也。子不闻释澄空之模佛，三收铜阅六十载，身投炽汁中，而庄严端好之相成。作诗、作圣如模佛，不殉不成，不庄严端好，子其终李、何氏颉盻矣！万古一生，终身一计。志公卿百年而公卿，公卿百年矣。志李、杜百年而李、杜，李、杜百年矣。志孔、颜百年而孔、颜，孔、颜百年矣。咸此岁月，不假再蜕，各专一家，靡专弗遂。干将、莫邪之于剑，吴鸿、扈稽之于钩，夫妇并殉[1]，冶金而见。荣星文之上流，灿今夕之余。予即不能诗，又安知子不终微[2]道乎。子固曰："我于天经，将颜氏子矣！"

辛亥十月十四日文翔凤言，盖在登之逆旅簟上。

---

① "夫妇并殉"，文太青文集钞本作"并身殉"。

② "微"，文太青文集钞本作"志"。

卷之一[1]

赋得芦沟桥别王永启、文太青二年丈[2]

寒草短，芦沟桥上风如剪。寒水浅，芦沟桥下石如卵。嗟君送我别桥头，共倚桥栏狮子愁。马嘶欲扑山碧去，子牵我袖留我住。欲别不别淹日暮，鸾枭如[3]满城边树。但畏鸾枭乱夜听，那畏冰霜满前路。我心在腹不在口，宁知暂离与别久。古来侠人死意气，意气于[4]死亦何有。君不见灞陵桥人伤别，至今犹唱灞陵月。[5]

涿鹿道中

三角店，涿鹿官道周[6]。来车去马日无休，蒸饭日赢两三钱。河上迎官过夜眠，官来台皂喊如虎。催取保甲齐火炬，卷扯芦席照徒旅。窜伏圮墙寂不语，有儿新产畏鸣锣。无席室如水，儿啼当奈何。

白杨店[7]

湖边枯树枝，老鸦衔鱼骄自啼。渔子罾竿敲不去，晒网网丝杂虾鲑。少妇抱筐入荒苇，行人问渡立沙嘴。丐儿乞鱼不可得，以头触船泣寒水。此是畿南鸥鹭池，今年水涸人苦饥。闻道山东旱更甚，感我游子心悲之。嗟哉渔子不得意，北风吹歌声历历。

---

① 王士禛眉批“录三十首”。“卷之一”，底本无此三字，为编者所加。

② “二年丈”，《问山亭主人遗诗正集》无此三字；王批明抄本原有眉批“□□一语，须溪所云，理不在多”，非王士禛所书。

③ “如”，《问山亭主人遗诗正集》作“欲”。

④ “于”，《问山亭主人遗诗正集》作“与”。

⑤ 王士禛尾评“一结有调可存”。

⑥ “周”，《问山亭诗拾遗》无此字。

⑦ 王批明抄本原有眉批“乐府语□于叙风土纪时物最合”，非王士禛所书。

白沟河

白沟河，沙滆滆。今日咽流朝宗道，鬼风过面肌生粟。燥云星树饥鹳恼，石晋割地臣契丹。十六名州尽荒草，金元饮马水犹腥。射兔搜狐延野燎，唐朝东征战亡卒。悯忠阁成天悄悄，闷杀游魂迷去住。夜半河边空缭绕，五百余年衣带水。我祖渡之颜为愀，眼前一片桑麻地。何人过拙何人巧，我祖之心应未了。吁嗟乎，姚少师，于少保。

瀛州道中①

瀛南京都之孔道，十里五里皆圻哨。早拨包马三十匹，暮送皇租四百鞘。东西一望尽污莱，无衣可典无粮粜。星散荒村②四五家，壮丁应差妇比较。水掠风寒屯湿烟，崖头枯柳学牛叫③。驿夫赤脚踏冰草，隔日归来荒月照。俱言王命不可稽，虎头双牌引牙轿。邮亭厕上铺氍毹，曲室回廊银烛烧。也知此辈寒，难博上官笑。但得上官欢，此辈何足劳。

吴景筠歌童病归，卒于单桥，吴求诗，因为赋此

仿佛轻绡容，宛宛歌喉转。忆唱望江南，声凄香唇软。苏州断肠后，瘦尔病而返。胡为霜草桥，遽作芳霞敛。树鸣白项乌，岁暮归魂短。魂北情云薄，魂南哀流④远。草榇荒村⑤中，发派谁为浣。嗟我念何戡，书字于棺板。

① 王批明抄本原有眉批“杜纪事诗露矣，而不嫌露，亦则过露此”，非王士禛所书。

② “村”，王批明抄本作“郊”。

③ “崖头枯柳学牛叫”，王士禛旁批“不成句”；“学牛叫”，王士禛眉批“直是鄙俚”。

④ “流”，王批明抄本作“声”。

⑤ “村”，王批明抄本作“郊”。

立春日至吴桥

游人隔年归，欣情忘岁宴。东渡桑园水，春来正当面。勾芒答我揖，青帝斯可见。树头动微色，娇如含羞媛。[①] 小鸟舒冻羽，向人学 [②] 婉娈。昔值客中春，空为归者羡。今我偕春来，也沐和风扇。新春与故乡，无一不堪眴。箧中刻新诗，一字一匹绢。回首右安门，几多知己饯。山中饶名泉，云锦都成片。本为探春归，细与春缱绻。如鸟出樊笼，不比 [③] 久飞倦。何如 [④] 杜少陵，怜春云安县。

山老鸦

山老鸦，过河拾杜梨。群呼若云聚，朝东暮复西。日晚腹饱不归去，风寒蒹葭 [⑤] 迷归路，缯缴又潜河边树。尔腹已饱尔不知，饱人之腹良足悲。

赋得颜鲁公庙过 [⑥] 赠李季重

厌次城西沙溜溜，我走沙中肌骨瘦。鲁公古庙空白昼，老树叠苔新雨透 [⑦]。河边横僵曼倩碑，铁笔模糊断螭斗。汉庭公卿客岁星，蓝鬼偏为忠魂疚 [⑧]。公觑此辈如雀鼠，枉埋碧血千年后。人心如面从古然，今人面生青铁绣 [⑨]。共道有疑须问天，天今塞耳双眉皱 [⑩]。当日平原宾客凑，保无谄谀居左右。作雨为云手反覆，朝爱寻香暮逐臭。我今归家问岩岫，山中一室松阴旧。子居我西对峼湖，峼山如屏更娟秀。有山可耕泉可漱，何必姓名垂宇宙。君不见鲁公古庙空白昼。

---

① “树头动微色，娇如含羞媛”，《问山亭主人遗诗正集》无此二句。

② “学”，《问山亭主人遗诗正集》作“觉”。

③ “比”，《问山亭主人遗诗正集》作“必”。

④ “何如”，《问山亭主人遗诗正集》作“差胜”。

⑤ “风寒蒹葭”，王士禛改作“蒹葭烟水”。

⑥ “过”前，明万历刻本、王批明抄本有“歌”字。

⑦ “新雨透”，王士禛旁批“俗而凑”。

⑧ “蓝鬼偏为忠魂疚”，王士禛旁批“不成语”。

⑨ “今人面生青铁绣”，王批明抄本原有眉批“不雅相”，非王士禛所书。

⑩ “天今塞耳双眉皱”，王士禛眉批“魔乃至此”。

春日同游南野即事

轻衫初浣不生尘，旧地重游趣转新。喜见旱余仍秀色，且容春日作闲人。小溪曲岸抒情话，野饭常蔬共比邻。每恐好时孤胜事，岂将疏慢拟清真。

白杨树①

白杨树，围圯坟，老枭夜夜叫幽云②。多少艳华眠土底，不管海徙与山移。清明新妇来焚纸，修鬟缀珠明双耳③。隔岁清明妇已旧，怀中又抱初生子。白杨树，吹风何时止。

寿荣安人伯母

春雨惠至新水生，碧萼如缬鸟和鸣，一窗一座④读书声。母从屋里⑤瞻启明，曰咨尔男思令名，牛医者子可从行。涧有芳芷洲有蘅，晓露未晞揽其英，琅玕高并何亭亭。

读槎翁诗⑥

旱风梢云无润色，风过沙消稍涓滴，庭树槭槭鸟淅淅。氤氲窗前一片黑，我起推窗抒燥臆。前日清明未出游，今朝上巳更跼蹐。山中无人可来往，河流浅⑦涸草不长。阡陌无苗不课耘，囤中无黍罢春酿。懒作乡邻誉墓文，湖边绝⑧少寻春舫。兀兀只检槎翁诗，长篇短什俱解颐。嗟哉槎翁当乱离，乃有万首槎公诗。

---

① 王批明抄本原有眉批“本张王乐府，而欠蕴藉”，非王士禛所书。

② “老枭夜夜叫幽云”，王士禛改作“老鸱夜叫不可闻”。

③ “修鬟缀珠明双耳”，《问山亭主人遗诗正集》作“修鬟缀珠耀双耳”。

④ “座”，王批明抄本作“坐”。

⑤ “里”，明万历刻本、王批明抄本无此字。

⑥ 王批明抄本原有眉批“近放翁”，非王士禛所书。

⑦ “浅”，王批明抄本作“水”。

⑧ “绝”，王士禛改作“又”。

挂画

壁上新图动浅霞，午前调息小趺跏。人情闲似偎枝鸟，诗兴乾于待雨花。长脚有书酬旧缔，方园无竹乞邻家。酸迂生事终何补，炼石空将愧女娲。

马蔺草

马蔺草，风吹满荒路。牛羊不食蝶不飞，飒沓柳根滴清露。古人谱兰不谱蔺，七十名种空厮[①]混。不问漳南与剑南，花花叶叶堪同认。今日真兰趋价高，千钱竞卖五陵豪。不记孤芳在幽谷，终岁无人萎蓬蒿。兰也蔺，莫解嘲。

访刘昫崖阻风未果，承寄韵答此

溪边树树好莺鸣，拟倒君家力士铛。滕阁夜舟虚一序，小山春桂忆丛英[②]。坐中定缓三军[③]演，诗里还憎五两轻。白社近来宽令甲，几多佳士入新盟。

小憩

快雨洗枯卉，鸟声顿清淑。午睡如隔朝，浓云[④]犹幕屋。客至商黍豆，楞伽不终读。山翠抹西南，风林月簌簌。壁间唐子西，佳话堪三复。

饮介石兄园[⑤]

有竹当迤径，孤亭可共醺。入门看翠色，泼面得晴云。邻意朝昏习，山光远近分。雨余欣种树，商略柳州文。

---

① “厮”，王士禛改作“自”。

② “小山春桂忆丛英”，王士禛改作“小山丛桂忆冬荣”。

③ “军”，明万历刻本、王批明抄本作“车”。

④ “云”，《问山亭主人遗诗正集》作“雨”。

⑤ “饮介石兄园”，王士禛改作“饮介石兄迂园”。

周自淑修孟氏志成，遂过汶晤王坦山，有寄答此

孟庙古柏青铁干，怒虬高盘平阴散。周郎十岁能属文，读书声落树头云。峄山堆雾玲珑玉，半天犹存小鲁处。周郎扪萝临古碑，牛角诗囊差自富。迩修孟志峄山巘，半载时人不睹面。神清夜遇子舆氏，坐邀山灵藐长倩。告子公孙与万章①，剌剌高谭不知倦。于时周郎阁笔彷徨写浩然，跼蹐章缝殊可厌。平生最善坦山子，抛书十渡汶阳岸。坦山一屋杂榆柳，谭禅谭兵不离口，无须可掀直倾酒。周郎闻之毛竖舌缩袖两手，恂恂却立思引走。一自乡愿为盗薮，性命之学车载斗。我欲谭兵胆不竖，谭禅不忍髡其颠。往曾从子谈仁义，今时又言王道非良剂。炙毂舌头空鼎沸，不如缝却坦山口，焚却周郎著，睡却窗前八尺阴，便是炎天第一事。

闲居

小巷纡如太极图，长杨垂似碧流苏。巧②云远岫诸容备，细雨清斋一事无。时序适当分醉竹，鸟声今始办提壶。客从范老祠边至，惠我云封九节蒲③。

寄张全铭年丈④

长安日日飞沙土，须眉没没难可睹，拜望纷纭差厌苦。但能搦笔坐吟诗，不山不水有远思。多少名园与古刹，金铭咏题茂之画。和韵只许钟伯郎⑤，杂以俗客遭长骂。即今作吏谒督邮，犹歌五噫写四愁。半年案牍一日清⑥，便可轻车河上游。城边咫尺名贤墓，风雨过之挽其树。欲酌济水以⑦酬君，愧无天半峨嵋⑧句。

---

① “告子公孙与万章”，王批明抄本原有旁批“亦是他人不敢写”，非王士禛所书。

② “巧”，王士禛改作“轻”。

③ “惠我云封九节蒲”，王士禛改作“持赠仙人九节蒲”。

④ “年丈”，王士禛改作“同年”。

⑤ “钟伯郎”，王士禛改作“竟陵钟”。

⑥ “清”，王士禛改作“了”。

⑦ “以”，王批明抄本、《问山亭诗拾遗》作“一”。

⑧ “半峨嵋”，王批明抄本为空格。

喜孟明[1]过舍

早起梳头鹊满墙，急[2]呼新水注修篁。知君袖有青山色，就我松前白苎凉。园叟供将风落果，方书参识禹余粮。诗题酒政都无纪，客主均宜号半狂。

桃源诗

水痕深浅识春秋，童叟相将坐碧流。一自桃花浮涧外，篱边都是晋渔舟。

闲居

壁上悬清磬，神慵起自挝。急风频惜果，长日只呼茶。避客藏深树，听蝉过远沙。老农来课事，三向主人嗟。

移竹

仲夏十三朝，古传竹醉日。于是日移栽，无或不蕃植。从友乞八竿，珍于八竿玉。炎暑可销骨，生意疑难必。园丁事甫竣，黑云已四密。骤雨为之沐，疏风为之栉。如客遇贤主，馆谷于佳室。蜻蜓时过赏，蝼蚁不能嫉。旧叶半摇箨，新芽针茁茁。童仆日十溉，剪拂无宁刻。一座置竹傍，早暮挹其色。更当月上时，此意其何极。

雨旸篇[3]

吁嗟天翁独何意，暮四朝三不能剂。一家特铸一阴阳，长短犹难齐众志。况是万民命所关，何事颠倒只如醉。三春望雨眼成枯，一滴真同鸾髓贵。有云如拳方瑟瑟，孟婆啰嗹老龙睡[4]。井底生烟林欲焚，湖涸鲤鱼焦脊背。麦田赪赪放豪光，老农拄杖流红泪。社人虔祷饰刍龙，春秋繁露皆儿戏。守令哀

---

① “孟明”，王士禛改作“徐孟明”。

② “急”，《问山亭主人遗诗正集》作“自”。

③ 王批明抄本原有眉批“《问山诗》急删此等”，非王士禛所书。

④ “孟婆啰嗹老龙睡”，王士禛旁批“俗到十分”。

茕稍缓征，乡民携釜思远逝。忽尔上帝课神功，瞥然开眼睹憔悴。罚治云将并雨师，雷公电母同其罪。初得一犁号甘霖，继之半尺犹欢对。豆方出土谷未锄，有司火急催完税。但说恒旸宜以阴，谁知否后仍无泰。从来物极势必反，淫淫绵联不思霁。应恶阳君曩太骄，因之重渊羲御闭。灶有游鱼禾生耳，月离于毕犹未退。早檐淅淅水成帘，夜夜床头声玉碎。伏枕听之起叹长，被衣行立百忧萃。寥落荒村半孑遗，无禾何倚以卒岁。想像圣明今侧躬，料有人兮调鼎鼐。

送徐孟明之清源，兼讯熙明兄三章

十年共一榻，与子不相离。素言输深心，每当晏语时。听雁生远慨，对雪发遒思。握手照溪水，修癯[①]双影奇。维惠子知我，誓以岁寒期。时违一以失，踪迹坐参差。人乃为我羡，子独为我危。与其牺被绣，不如龟曳泥。

我当再刖余，滥以燕石售。维子爱其鼎，不与市儿觏。将身比古人，申椒以芳臭。有屋伏河干，脱粟日一豆。作赋不逐贫，中酒骂田窦。往[②]来燕赵间，诗雄骨清瘦。

忆我客京华，秋风损颜色。之子惠思我，冰霜不为隔。今我返旧庐，正好温畴昔。子癖耽名胜，炎天理征舄[③]。吊古过祝阿，探奇问雷泽。清源集舳舻，贾人尽阳翟。近当凋敝余，睹之应恻恻。[④]我有鹡鸰诗，托子云中翼。别子城西冈，城头片云碧。[⑤]

便过伯石兄园

对此疑濠濮，因思营菟裘。小闲能独往，祛暑即佳游。馈茗来童适，敲门吠犬幽。袖中诗草满，细向水边修。

---

① “癯”，明万历刻本、王批明抄本作“臞”。

② “往”，《问山亭主人遗诗正集》作“从”。

③ “舄”，《问山亭主人遗诗正集》作“策”。

④ “清源集舳舻……睹之应恻恻”，《问山亭主人遗诗正集》无。

⑤ 王士禛眉批该诗“尚不恶道”。

陈仲子祠

仲子乃敬仲裔孙，田齐同姓也。愤宗人之为篡，耻攘禄以自封。僻居於陵，犹称陈氏。避兄离母，有所托而逃也。不但清风淑世，抑且大义灭亲。惜孟夫子止评其矫廉①，未彰其隐衷。呜呼，仲子岂矫廉者哉！不矫廉又②何以为仲子！暇日谒祠，恻然有慕，敬书短诗如左③。

巢牛虽渴，不饮洗水。鹓雏虽饥，不食腐鼠。凤凰于飞育于姜，窃国者王窃钩死。犹是重华帝者裔，胡作田和篡人子。④陈家先世有高躅，文子去乱晏婴哭。小釜入，大釜出。之罘墓，盖邑禄，高国鲍庄田氏奴。维彼孺子不与我同欲，宁向螬争李，不共兄食肉。於陵的是⑤首阳薇，伯夷不忍贪周粟。年年苦风吹古井，夜月空临緌纩冷。古来义士重纲常，心事难明目不瞑⑥。君不见延陵季子耕，汨罗左徒醒。

伏生祠

及见滈池玉，及听妖姬哭。汉业朝暮间，秦皇三十六。幸免死儒坑，千代存枯⑦腹。东巡望海时，携编窜何曲。谁收相府书，舆图共医卜。四皓羽翼成，硕人犹薖轴。文帝重六经，始求⑧书洛数。或云出壁中，二者应参覆。太常方授笔，老人口咿喔。译字有女郎，阿婿为晁错⑨。传之非其人，刑名受奇辜。幸当帝爱老，平津未仄目⑩。

---

① “孟夫子”，《问山亭主人遗诗正集》作“孟氏”；“评”，《问山亭主人遗诗正集》作“讥”。

② “又”，《问山亭主人遗诗正集》无此字。

③ “如左”，《问山亭主人遗诗正集》作“于壁”。

④ “凤凰于飞育于姜，窃国者王窃钩死。犹是重华帝者裔，胡作田和篡人子”，王批明抄本原有眉批“光明洞达，令孟氏无词夺之”，非王士禛所书。

⑤ “的是”，王士禛改作“何异”。

⑥ “心事难明目不瞑”，王士禛改作“心事弗明，目难瞑”。

⑦ “枯”，王士禛改作“便”。

⑧ “求”，王批明抄本作“来”。

⑨ “阿婿为晁错”，王士禛改作“授经即晁错”。

⑩ “平津未仄目”，王士禛改作“未仄平津目”。

王蠋墓

淖齿乱，蠋可谏[①]，蠋言不听燕人畔。乐毅来，蠋可死，蠋魂怒立临淄水。燕人莫侈万家封，太史家有灌园子。火牛不神小卒神，鲁连一矢泣燕人。谁食禄，谁乘辂，倡义功臣固衣布。时水愚山围古墓，犹却秦军五十步。何人为歌松耶柏，共建误养受金客。

南寺与梅柱之话

长夏枕端惟苦睡，一行郭外颇关情。翛然入寺看题碣，恰得临溪晤友生。足雨黍禾骤蓊郁，迎风襟袖露俜停。方言土俗总堪识，望鸟夕阳虚翠屏。

六月伏日雷

狂雷昨擘城南树，真见火龙腾骧绕青雾。童子惊呼牛倒犇，枝柯如剪干如炷。连年异事不胜纪，或击陵寝之碑碣，或灾有司之公署。虢虢震躬理或然，荒凉野树独何兴。吁嗟此龙胡为乎，谪[②]居下土如蚣蝑。譬之忠良触主遭放逐，一当圣明转环身复苏。宋儒说理何过迂，阴阳搏击不得舒。树中未必阴阳伏，胡为划然一电掣昆吾。信矣耳食之多诬，淫雨浃旬啼[③]饥乌，聊为此树立斯须。

东皋曲

牧牛东皋[④]，蒺藜生满路。刺牛口，不可食。血我足，不能步。欲驱牛归，又恐逢主之怒[⑤]。不是蔓难除，自是偏雨露。吁嗟上天[⑥]，胡不令黍稷茂生蒺藜死，饱我牛腹饮河水，笛儿欢杀牧牛子。

---

① “淖齿乱，蠋可谏”，王士禛旁批“此等调习气”。

② “谪”，明万历刻本、王批明抄本作“摘”。

③ “啼”，王批明抄本作“鸣”。

④ “皋”后，《问山亭主人遗诗正集》有“上”字。

⑤ “又”“之”，王士禛删。

⑥ “吁嗟上天”，《问山亭主人遗诗正集》无此四字。

行路难

车辙水，不可航。对面语，不可量。我思君，如路长。君思我，如箸长。砾土无活草，急风无鸣螗。我心不离鸡埘与鱼梁，君心乃在五岭与三湘。有曲溪流，无曲我肠。君不见，秋宵历历明星皇①。

闲眺

傍城官渡愁积涨，近午农家未早炊。田稚得时差有意，鸠妻唤雨自还疑。刀锥难佐有司急，镃镈其如痴子啼。堤上感情我生慨，柳阴无暑谁奕棋②。

空城雀

空城雀，飞且鸣。厉风吹沙羽无力，怨云愁月一声声。空城雀，鸣③相随。晴日晒羽④古庙碑，徘徊莫为昔人悲。空城雀，飞且止。不营栖巢不哺子，相呼莫向网罗死。

公孙弘

弘赴公车时，贫不能治装，有同里邹长倩者，解衣裳冠⑤履厚赠之。又以生刍一束，素丝一緵，扑满一枚，遗书曰："刍束则谨，丝积微至著，扑满贵聚而散。"世传三事喻。弘字季，淄川人，家贫牧豕海上，年四十始治《春秋》，对策第一。仕至丞相，封平津侯。开东阁延士，故人高贺从之，弘饭以脱粟，覆以布被，怨曰："何用故人富贵与？"弘叹曰："宁逢恶宾，不逢故人。"

牧豕儿，公车行，刍丝扑满故人情。平津侯，东阁开，脱粟布被故人猜。

---

① "皇"，《问山亭主人遗诗正集》作"皇皇"。

② "谁奕棋"，王士禛旁批"不谐"。

③ "鸣"，《问山亭主人遗诗正集》作"飞"。

④ "羽"，王批明抄本作"雨"。

⑤ "裳冠"，王批明抄本作"冠裳"。

宁逢恶宾勿[1]逢故，中心岂肯尊辕固。老却淮阳守，寂寞江都傅。长倩书，今何处。[2]君不见五羊皮，歌扊扅，何用故人富贵为。

冯驩

有蒯缑，客不贫。客归来，歌何频。券何市，薛裘何[3]入秦。三窟既成主无虑，客为鸡狗主为兔。出入上卿门，乘车食鱼客愿足。谁携匕首易水渡，车上风寒不回顾。

终军

入关而弃繻，出关而乘传。关吏识终生，终生犹弱冠。少年请缨亦孟浪，贾生未必笞中行。莋都渐通碧鸡路，徒矜负弩看题柱。何人夜梦白头翁，车丞相，寤主功。田千秋，假梦白翁[4]教之云云，以寤武帝，因年老出入乘车，号[5]车丞相。

祢衡故里

在淄川西[6]，有才辨，尚气。曹欲杀之，怜才送之刘表，士大夫宾礼之。又送之江夏太守黄祖，杀之。年二十六，文多亡失，惟《鹦鹉赋》传。

三弄声悲壮，能泣孔北海，难动曹丞相。一赋词清切，太守不识字，试问登楼客。

改句[7]

岑牟谁擎鼓，文举独掩泣。丞相怒如虎，鹦鹉谁作赋。青青矶上草，惨惨江边墓。

---

① “勿”，王批明抄本作“莫”。

② “长倩书，今何处”，王士禛删。

③ “何”，王士禛删。

④ “翁”前，明万历刻本、王批明抄本有“头”字。

⑤ “号”前，王批明抄本有“因”字。

⑥ “西”后，明万历刻本、王批明抄本无他语。

⑦ “改句”，《问山亭主人遗诗正集》作“祢衡故里”。

愚山[1]

临淄愚公谷之南，齐桓公逐鹿至此，问一老父[2]何以名愚公山。对曰："臣畜牸生犊，卖犊而买驹，少年谓牛不能生马，遂持驹去，邻人以臣为愚，故名。"《水经》：汉北智水川上有唐公祠。唐君字公房仙去，鸡犬都升，唯以鼠恶留之，鼠乃感激，以月晦吐肠胃更生，亦仙去，时人谓之唐鼠。[3]

汉北有智水，唐公居之仙其鼠。济东山名愚，愚公居之丧其驹。卖犊得驹亦非智，谁畜五牸千倍利。世人好智不好愚，面目水妖臆山魅。[4]此公守一愚，千智不与易。愚者智之伯，智者愚之吏。君不见，塞翁马，楚[5]人弓，得来失去如飘风。齐桓之智五伯首，一问愚公应噤口。

履弟过舍[6]

浃旬怜尔病，我屋甫经过。藤蔓新抽砌，鸠雏渐出窠。睡当徂暑减，诗比暮蝉多。试茗初调火，看云一和歌。

答丘六区年丈

五得丘郎书，只道山中好。尔山薄海边，渊静而窈窕。自春徂夏秋，几云几芳草。何酒可驻颜，何诗为绝倒。我僻居泽国，波臣偕[7]沙鸟。岂须向若叹，河伯特英矫。水容朝暮间，揽秀苦不了。有草亦青青，有云亦妖娆。秋月涌涛夜，心目为之姣。壁挂潇湘图，床衾都淼淼。即以水当山，一湖已堪老。丘郎夸山中，犹存乎见少。

---

① "愚山"，王批明抄本作"愚公山"。

② "父"，王批明抄本作"夫"。

③ "《水经》……时人谓之唐鼠"，《问山亭主人遗诗正集》无此内容。

④ "世人好智不好愚，面目水妖臆山魅"，《问山亭主人遗诗正集》无此内容。

⑤ "楚"前，《问山亭主人遗诗正集》有"与"字。

⑥ 王士禛眉批"不俗"。

⑦ "波臣偕"，王士禛改作"烟波与"。

忆昔

昏晓苦挨排，消沉殊未觉。及至总课之，岁时忽已左。春草未尽妍，鸣蝉渐摧锉。岫喜与岚[①]愁，风开并雾破。如大壑藏舟，暗中谁弄簸。明月照梁时，梦覆芦花卧[②]。何思不凄凄，岂必分苦乐。细检往事因，实从当面过。转眼迹成尘，碧翁亦无那。

贾人歌

北胡南越常为客，掣风抹雾逐寒舶。朱提纵积与檐齐，不道风尘摧[③]发白。尔家江水年年好，胡为泪滴关山草。尔不闻金陵名妓湘兰老，茜罗瘦死垂杨道。[④]

闻汲

霜露削高崖，迅流哀石激。童子汲微晨，仰牵垂萝碧。棹讴声厉清，能感静居客。

秋感[⑤]

桓公台北大湖县，湖上虺雷夜不眠。每听悲风伤往代，几当时祀数流年。鱼龙扼地争民食，豺虎横天索郡钱。欲把流移传绘事，呼风洒泪圣人前。

上林花萼气融融，岂惜封圭一片桐。飞鹄原垂横海翼，汉高帝歌，群蛇漫意要[⑥]天功，介子推语。休将南内板舆事，误拟虞渊夹日同。白石水磷歌罔极，万方疑望五云中。

南牙默与北司孚，长日清居一事无。丰采祗鸣花底珮，栖迟真泛水中凫。

---

① “岚”，本作“风”，据诗意改。

② “卧”，王批明抄本作“睡”。

③ “摧”，王士禛改作“催”。

④ “尔不闻金陵名妓湘兰老，茜罗瘦死垂杨道”，王士禛旁批“可笑”。

⑤ “秋感”，王士禛改作“秋感四首”，拟选第二、四、六、八首；《问山亭主人遗诗正集》作“秋感二首”，收录第六、八首。

⑥ “要”，王士禛眉批“应仄”。

风来西土堪遮扇，秋老长安不忆鲈。漫道扶天须八柱，惊传依样画葫芦，时封事中有此语。

我皇亲谒九陵回，侍从当年尽妙才。手抚松楸霜惨淡，肃陈剑履意徘徊。香山翠色铭天语，上便幸西山，谓诸峰独香山有翠色，永陵亦云，野寺清共[①]忆圣裁，上至功德寺，谕膳用斋素。怅望銮舆希警跸，草茅何日一趋陪。

封章露简日纷缪，玉女程书回[②]素愁。未见恩牛兼怨李，动言白马与清流。即妨双语成诗案，也许孤舟载酒游。薄禄小臣忧纵切，一身栖泊祗如鸠。

昔游雪压卢龙塞，吊古悲歌射虎原。止谓貂参劳债帅，谁闻荆棘长荒屯，诸镇屯田俱废。胡雏方据穹庐啸，努尔哈赤始强[③]，都护休邀锡荫繁。昨日辽阳犹奏捷[④]，玄[⑤]沙吹没一军魂。[⑥]

岁晚天涯放逐多，江烟湖雨易蹉跎。鹤鸣不彻天阍听，鹏羽时从客舍过。黯黯须眉嗟九死，泠然松柏耸孤柯。制残荷芰谁招隐，石自巉岩水自波。

黄花对我哭知己，塞雁冲风过暮潮。白马素车怜死别，遗文故简莫萧条。西州[⑦]泪下无干土，楚些声咽[⑧]有大招。北望燕山存旧色，依稀同侍紫宸朝。余有师友之痛，故及之[⑨]。

---

① “共”，明万历刻本、王批明抄本作“供”。

② “回”，明万历刻本作“迴”。

③ “胡”，《问山亭主人遗诗正集》无此字；“据”，王士禛改作“倚”，《问山亭主人遗诗正集》作“傍”；“努尔哈赤始强”，底本无此内容，据明万历刻本补。

④ “昨日辽阳犹奏捷”，王士禛改作“昨日元戎方奏捷”。

⑤ “玄”，王士禛改作“黄”。

⑥ 王批明抄本原有眉批“哀□惨淡，如嚼芦裂竹”，非王士禛所书。

⑦ “州”，《问山亭主人遗诗正集》作“川”。

⑧ “咽”，王士禛改作“残”。

⑨ “余有师友之痛，故及之”，《问山亭主人遗诗正集》无此句。

卷之二①

七夕三解②

悲七夕，桐疏清露湿。离妇瞻河鼓，停梭不能织。欢七夕，芙蕖生晚凉。宫吹催乞巧，婕妤调轻妆。七夕多悲欢，悲欢非牛女。此夜自生情，不闻天上语。

惜槿花 槿花朝开暮落

惜槿花，尔胡不学丹衷露葵倾向日，晓风疏疏晚风密。尔又不学菊花秋老叠金钱，霜欺雨打骋清妍。能将孤蕊耐冷色，对我无聊闷饮之杯前。惟尔槿花难具问，旋开旋落无远韵。朵朵绣簇媚朝阳，曾不留取一枝消暮凉。有花之貌无花骨，薰风枉自吹尔发。誓将诉花神，重尔罚。惜槿花，嗟咄咄。

秋夜有怀

月不遮邻树，松能对主人。气澄身失病，波静意如春。久忆京华别，潜伤胜迹尘。二三旧同志，萧飒隔江滣。

湖上曲为高苑侯王孟凤赋

湖水清，蘋蓼满岸③凉风生。湖上居民缬蚤英，舴艇洒洒走歌声。城边孤月照湖明，水下可渔水上耕。三年此土无苛征，早蒸香穄晚莼羹。我侯省民踏沙行，鸥鹭习人坦不惊。彷徨树下新雨晴，我歌湖水清④。

---

① “卷之二”，底本无此三字，据明万历刻本、王批明抄本补；王士禛眉批“录一首”。

② “三解”，明万历刻本无此二字。

③ “岸”，王批明抄本作“崖”。

④ “我歌湖水清”，王士禛眉批“不合调”。

高叔子入学

西岭芙[①]容浥高露，霜肃钩般雁鸿度。羡尔乘秋夜读书，藜火照云山兕布。箧里阴符费揣摩，梦来花笔初成赋。尔神如水气如虹，望海直窥日观峰。恍惚襟袖拂箕尾，灵心伟手招赤龙。即今风雨无虚夕，炼石暇日好磨砻。

章丘令张心居

玉露夜澄绣江水，北绕女郎清见底。山侧老农获[②]熟禾，河边野妇淘新米。我骑款段走凉风，叹声乌乌远盈耳。歔欷白发说荒年，嗟我生民半惊喜。三春无麦复无禾，乡井流离同野兕。北来茕独走枯杨，抱雏泪滴黄埃里。我侯焦思夜不眠，亲抚疮痍哭问天。墟里烟生官廪粟，大道黄旗内府钱。双户单丁尽蠲赋，火耕水耨高低田。子妇攒首得不死，黄鸟无家鸿雁还。今看一苗复一粒，言念我侯感之泣。昨日皇华彩凤衔，满城传是褒侯敕。吁嗟爱民之官受褒敕，小民作苦甘食力。我听此语为驻立，一漱河干望山日。

寄张禹门年丈

云朋昔盛长安市，维尔避喧居远寺。我骑瘦马象房桥，日日敲门惊尔睡。听尔高谈时事非，庭竹也染新亭泪。饮尔壶酒捉尔臂，西山飞鹘西风吹。自尔谒选出都门，我怀漫灭袮生刺。尔身八尺声如钟，气同云将逐丰隆。百里之才非所屑，近闻作吏多苦容。我归济阴勤薙葑，念尔时折秋芙蓉。

赠许季子济甫

海西之山如虬怒，星流浪涌不回顾。独有长白称左辅，分取秀枝学凤翥。云成人物水成文，草有书带鸟朱鹭。我每至此马不行，时坐绣[③]苔成一赋。尔家水上山之丽[④]，兄弟璘珣宝珠树。占断水媚与山灵，逞异抒奇化工妒。夜诵真

---

① “芙”，王批明抄本作“美”。

② “获”，王批明抄本无此字。

③ “绣”，王士禛改作“苍”。

④ “丽”，明万历刻本、王批明抄本作“麓”。

言紫气生，晓点周易滴清露。席末少者更英英，鞭叱风雷轰日驭。太翁持铎莱子国，闻子得隽痊宿痼。莱君寄我观宇篇，读之百转不能悟。谁解兔角与龟毛，亲携支机当星渡，我须就尔求诠注。

寄云峰八叔

三年饱饫汶阳翠，河上谈经委文罽。宦况莫将鸡肋同，课儿夜灯寒可耐。问字诸生散冷斋，宁少雁声与菊暖。东山清对罢弹棋，园亭淅淅秋色吹。嗟我风尘尚摇曳，惹许头颅空尔为。

南村即事

鸷鸽夜叫山容销，踏露怜英意沉寥。恍到古庵符昔梦，去秋别友忆今朝。掠鱼鹭子寒翻水，牵犊童儿晚过桥。较岁乡邻欢小有，蔓菁煮粟一相招。

怀张倩

南溪伤别听鸿鸣，北巘迟君攀树晴。何梦不随风恍惚，含情自照月分明。休言罔象盐投水，笑是禅机酒解酲。倘及王孙春草绿，鱼[①]舟歌扇任卿卿。

九日

春山[②]非不妍，峰容近选懦。芳林固都郁，蘼芜嫩于娈。维此澄秋晨，意淡而神远。久以协佳名，高以抒旷眼。水气含霜冽，石溜映清浅。菊以傲而孤，便以孤而显。爱菊爱其芬，怜菊怜其晚。龙山多介气，柴桑意酸涩。迎风掠劲须，万古同一转。

黄自如至

策马来何许，霜澌在尔须。廿年嗟泛梗，一好窘倡竿。重啾泺泉水，乃添东岳图。高秋诗胆在，得句付狂飚。

---

① “鱼”，王士禛改作“渔”。

② “山”，王批明抄本作“日”。

自如欲因而东[1]

观海旷奇事，村居弗尔留。但今鸿谢影，岂有蜃能楼。待露滋三秀，乘春问十洲。且为谈越绝，小署醉乡侯。

自如竟不可留

客子忽来去，我山空月明。壮游兼浪迹，南弄杂燕声。倘遇碑黄绢，其瞻标赤城。长安何日返，为和五侯鲭。

长至

日车复长至，予心乃独短。寒禽顾惊心，晚山何应眼。好友随云去，攀云云岂返。佳会同风散，呼风风岂转。日日过迂园，伯石兄园，萧洒青芹饭。一望长河冰，坐能瘦肝胆。

雾行

寒气扑地来，浓蒸千里雾。五步不见人，十步不见树。远村递鸡声，近窟迷狡兔。高山仿佛间，如在重帏处。微阳战亭午，眉目稍开著。考之五行占，宜谷复何虑。我行大野中，呵手扪荆路。隔涧故人居，群鸟喧西渡。

杨洙源邑侯举子

华山翠压西天外，君家扪[2]扑三峰翠。夕秀朝岚映读书，午夜熊丸贫不惫。短褐携策立承明，居官如水当秋澄。十世阴功万声祝，帝遣南斗为注生。古佛抱送志摩顶，谪来奎曜璧之精。试啼呱呱学凤鸣，头角郁郁生云英。爱民半载得佳子，谓非神力不及此。君不见汉家关西古杨氏，五世三公胡能尔，黄鸟玉环为信使。

---

① 王批明抄本原有眉批“章法老”，非王士禛所书。

② “扪”，明万历刻本、王批明抄本、《问山亭诗拾遗》作“门”。

和文太青秋海乘槎之韵

阴火跳华影渐长，拟将一缆系曾桑。霜磨鲍石时堪煮，月照鲛珠晚[①]益装。倘失客星八月信，谁通帝子白云乡。泠然莫怯风吹顶，急恐琼田草欲荒。

寿文太君

帝坐紫阙课元会，大明之世胡瞑寐[②]。七火八水未消沉，天竺函谷为魅祟。天开于子壬之岁，西极夫子受简书。帝语浪浪[③]来翠黛，欲还古梦追元魂。洞眼垂天复竟云，银汉水流通宿海，阳精车转拂昆仑。探宙钩宇，三百六十帙之灵脉。尊天辟佛，一千八十篇之雄文。三乂七步岂才子，飞笔悬藜得创闻。青铜学士天喉舌，六月玄经奏帝门。红锦袍藏钩陈笥，一赐庖羲再洙泗。特遣天官赍一纯，汉伯钧天白云肆。华冈侯管城子莫浪泣，昆仑之妍[④]若木笔。已一朝而同畀，帝对阊阖更逗眙，宝颂升闻二十四。摩尼顶上失明珠，柱史牛颔销紫气。性原不死道原恒，荆桃驳李岂难明。素威先生承帝意，一十二载费经营。矢经始五箓终九，帐悬甲乙无停手。世路焦火与凝冰，兀兀穷年只玄母。再逢壬子更起元，金母木公并延首。我读先生书，正如鹖鹟遇希有。但能跃跃何能口，谁携两篇来东极。海水无涛照星斗，猰貐不骄鳄不吼。天地于今当大辟，十二万载非为久。太微亦当同不朽，令子莱君吾至友。[⑤]

---

① “晚”，王批明抄本作“脱”。

② “寐”，王批明抄本作“昧”。

③ “浪浪”，明万历刻本、王批明抄本作“琅琅”。

④ “妍”，明万历刻本、王批明抄本作“研”。

⑤ 王士禛尾批“总是魔道”。

壬子草[①]

王季木壬子稿序

予之友[②]季木者十年所矣。季木为人体不胜衣，而语仅上口。生平自手一编，吾伊外几不知一[③]马之四足。予尝戏谓季木曰："君若不识数行字，定当饿杀。"季木笑，予亦笑。里中人无论知不知，咸慕季木而愿友[④]之。然季木性喜为诗，而又喜予之所以[⑤]为诗。季木诗才过我不啻十倍，其独喜予诗者，则以吾两人之言诗合也。惟[⑥]昔丙午，篝灯燕市，以为诗至我朝凡几变矣。献吉雄浑，以工部变国初者也。于鳞工致，以王、李变献吉者也。然变者变矣，而其不变者常在，岂非以工部、王、李之真不足以掩献吉、于鳞之似耶。盖诗有神、有趣，以神赴趣以发神，两真相会，若不知其吞吐，即为文而嘘之便韵者，此诗之所以为妙也。独怪世人于[⑦]诗好曰：某调宗某家，某事出某典，无来历则不可以为词，无门户则不可以为格。不知诗者声也，喜声高，怒声厉，哀声要眇，乐声恬愉。大而噫气之号雷谷之响，小而吟虫鸣鸟喁喁轧轧发乎天籁，中乎桑林者，乃自然之声也。今观三尺童子歌而过市，意足以解颐，而声足以赴节，音移代变与日俱新者，岂其皆有从入之途，典故之籍，而后可以转歌喉、被弦索乎。必[⑧]若世之所言，则黄[⑨]歌断竹于何？发声泛泛，关关[⑩]从何度曲也？予持是说，而季木莫逆于心。壬子冬晤于都市，出一编示予，乃近稿也。高奇出天外之峰，

---

① 王士禛眉批"录三十首"。

② "友"，王批明抄本作"交"。

③ "一"，王批明抄本无此字。

④ "愿友"，王批明抄本作"交"。

⑤ "以"，明万历刻本、王批明抄本无此字。

⑥ "惟"，明万历刻本、王批明抄本作"忆"。

⑦ "于"，明万历刻本、王批明抄本作"论"。

⑧ "必"，王批明抄本为空格。

⑨ "黄"，王批明抄本为空格。

⑩ "关关"，王批明抄本脱一"关"字。

险刻削老吏之牍，古言近事，驱架豪端，即欲名季木诗以唐也可，以明也可，以非唐非明也亦可，而季木之诗真矣。近日诗人才情似是不乏，而边幅不无少窘。体自律与绝外，五七言古已度高阁。至于乐府，摇手终身噤不敢吐一字。季木于乐府多[①]专攻，而入不以门，此又季木诗之所以真，而与予言诗之所以合者也。因思白香山为举子时制乐府百余篇，讽时讥事，靡所不有。然尚流传禁中，至使天子播之管弦，何[②]其遇也！季木诗不逊香山人，而人之[③]温温，汶不作讥切语，乃右文之代，不以集宫庙而但写其侘傺不平之感[④]。吾甚感虽然世而长庆尚能容一伉直之乐天，岂以今日如季木者终写其不平已[⑤]也。季木其兴乎！

万历癸丑季春东蒙友弟公鼐顿首撰。

---

① “多”，明万历刻本、王批明抄本作“有”。

② “何”，王批明抄本作“行”。

③ “之”，王批明抄本脱。

④ “集”，明万历刻本、王批明抄本作“秦”；“写”，原脱，据明万历刻本、王批明抄本补。

⑤ “已”，王批明抄本作“之”。

康钟白枉过[①]

春雪惊三尺，留君过六朝。亲情鸡黍在，清话水山遥。名窟嗟淹蹇，书堆破泬寥。好将高士竹，多种绣江桥。

赠张溟海[②]

闻君读我问山诗，痛饮蒲桃二百卮。应似瞿塘舟一泻，且看碣石风长吹。剸犀乳虎昔谁事，卧雾披云自我宜。他日相访五松侧，共寻玉函金简奇。

烹茶

休将心血焰头销，且点新芽紫乳浇。耐雪夜翻周穆传，听松小拟浙江潮。书生远略无三策，傲子闲身寄一瓢。回忆廿年赏心事，真同明月隔轻绡[③]。

北行

东风只许柳丝狂，沙上鸡鹊不逐行。惜矣[④]韶华消旅色，怆然兄弟别河梁。山情水意难酬国，花事诗题诧异乡。幸我长途无内热，袖来橄榄味清长。

再过临邑留赠李季重二首

犁丘帝子陈书处，环堵藤萝是尔家。宦况概如袁柳浪[⑤]，骚坛近号李杨花。李有《杨花诗》一百八十首。闻曾三守庚申法[⑥]，得否九还子母砂？涉世我今知退步，懒将雄辨折田巴。

昔踏雪归今冒雨，半生心话隔年灯。诗囊新料知多少，盟社清明几减增。

---

① “枉”，《问山亭主人遗诗正集》作“见”。

② 王批明抄本原有眉批“老蛟瘦虬”，非王士禛所书。

③ “绡”，王批明抄本作“销”。

④ “惜矣”，王士禛改作“可惜”。

⑤ “袁柳浪”，王批明抄本原有旁批“欠方雅”，非王士禛所书；王士禛眉批“有此理否”。

⑥ “庚申法”，王批明抄本原有旁批“又堪塞”。

誉尔才情同佞佛，怜余踪迹近如僧。虱肝虫臂从标目，鸡肋羊肠莫重憎。

书唐介祠壁

蝇蠛抵死呐盆血，老猾固宠肺肝热。[1]唾面不拭自能干，十层绵里十层铁。古来顽局破不得，小臣弹击空薄劣。千古疑说锦纱笼，潞公忍隐舌如结。九十犹将出洛中[2]，当年相位肯虚歇。莫假长厚招时髦，难道此身真似叶。至今壮气在鱼龙，沽酒听歌对江月。

陈荩卿年丈邀饮

我入春明才脱屐，面皮黝黧无远意。眼中山色耳中泉，清夜思之如隔世。默祝庶得素心人，早暮披肝无遐弃。束带龙钟谒部回，突逢陈季褰衣至[3]。握手欢呼招我饮，更扯六七皆同志。不衫不履不科条，棋局骰盆具道气。但谈除目与时宜，浮以大觥请无勚。案头朝报可涂墙，要人崖宇堪捉鼻。见今春暖盛韶华，高梁桥西苍翠积。勿吝五斗三白酒，了此长安清另地。长安饮酒与吟诗，原是太一仙人秘。

闲居

一联半句吟方稳，冷地闲居更少愁。见有似人差已喜，饮逢山鬼亦相酬。角边扰攘争蛮触，梦里蹁跹混蝶周。暂辍常参忘束带，莺莺燕燕足夷犹。

陆君启为其师刘大母寿赋此

小陆才名一何噪，舌头笔底珍珠跳。逢人慷慨说吾师，如海之泓山之峭。时事艰危在廊庙，一官淹蹇闲高调。昔博五斗奉阿母，风雨宛陵望长啸。今奉阿母渡江来，象服鱼轩光四耀。但得母颜贫可疗，不爱民钱江可照。欲为母寿征我诗，青鸟蟠桃亦已套。师之所教母之造，岂有昊天可为报。天边行有五花诰，陆子持觞重舞翾。

---

① “蝇蠛抵死呐盆血，老猾固宠肺肝热”，王士禛眉批“潞公名德，岂可轻诋”。

② “九十犹将出洛中”，王士禛眉批“谬论”。

③ “突逢陈季褰衣至”，王士禛旁批“音节似评话”。

清明日柬刘蓬泽年丈

清明那可燕中过，寸草枝花到眼曾。总被黑沙仇好雨，更怜故套隔良朋。珰园戚第原无韵。永字休诗莫问僧。最羡高怀刘博士，例骑官马典诸陵①。

寄莱阳令文太青年丈②

海边夜夜喧风雨，人与鱼龙共片土。磨天荡地几千年，鸿蒙耳目犹终古。帝遣一人叩灵秘，天五岳长文明府。五车两骑雪中来，驱石之鞭射蛟弩。天吴阳侯莫予侮，鱼骨耑车截作床。云衣裁取鲛绡补，诞怪禹鼎不能志。居人持献如搏鼠，昔读秋海乘槎韵③。毛发森森腋生羽，脱落风尘忘却苦。长安热人焰十丈，安得清冷沃其矩。眼前文字可汗牛，安得洪涛洗其腐。千钱一杯如可许，当须急问高悬圃④。

石驸马宅

仙人冷卧屠苏断，门厂西风官尉散。狮石成精槐瘦枯，薜萝夜雨芳魂怨。平阳南阳贵盛年，玻璃笼烛气薰天。龙琴雁瑟欢何已，村饮侠游⑤今撤帘。帖⑥商岁岁犹征宝，杨冉甲第钟声晓。

坐龙华寺

以我员之冗，无妨日占闲。袖书来远寺，隔水望苍山。未尽消三业，何时见八还。近于着眼处，齐后解秦环。

---

① “例骑官马点诸陵”，王士禛旁批“结果佳”。

② 王士禛眉批“七古总未讲究”。

③ “韵”，王士禛改作“诗”。

④ “高”，《问山亭诗拾遗》无此字；“高悬圃”，王批明抄本原有眉批“高出也”，非王士禛所书。

⑤ “侠游”，《问山亭诗拾遗》作“游侠”。

⑥ “帖”，《问山亭诗拾遗》无此字。

壬子二月漫书

偃月堂西冰满窖，妖桑吐叶猫儿笑[①]。谁将一手扼重关，勾陈文曲光失曜。芝兰碍户也遭锄，鸿鹄无梁空鼓翮。神武门高可挂冠，绵田草长延寒烧。去国老臣心含荼，大声呼天天藐藐。东门送客三忠祠[②]，我写清歌哀碧篠。

送萧大座师省觐

赐沐正当春涣涣，思亲甫望柳毵毵。廿年海宇心虚左，从此天王目必南。畏路莫嗟坂折九，调元须念室函三。稍闻羽翼歌黄鹄，芝满商山未可耽。

听孙绁阆弹琴[③]

峄阳枯枝通地肺，园叟双耳闻天籁。喁于刁调都不怪，如啼如笑如澎湃。孙郎何曾动指尖，五仙欲来鹤翙翙。空山无人自水流，多少龙鳞与蛇蜕。河边鬼传广陵散，商调愁人那可对，行吟大夫已憔悴。蒯缑堪作招魂带，瘦倒孙郎贫不卖。

同徐青壁、孙绁阆坐朱云来书舍

清兴百年每孤发，琴心笔意一宵同。纸间滴滴看烟雨，天外萧萧送雁鸿。北客歌来能子夜，吴侬醉后已冬烘。看如坡老居阳羡，绝胜陈昂老射洪。

静上人过舍[④]

瞥然来古衲，爽矣泛崇兰。别我霜林后，移居水寺寒。慧中收小部，闹里[⑤]布旃檀。会尔叮咛意，宗禅岂碍官。

---

① “妖桑吐叶猫儿笑”，王士禛旁批“丑甚”。

② “祠”，王批明抄本作“词”。

③ 王士禛眉批该诗“野调”。

④ “静上人过舍”，《问山亭主人遗诗正集》作“赠静上人”。

⑤ “闹里”，《问山亭主人遗诗正集》作“尘外”。

感书

朝衣骤把换渔蓑，眼底苍生奈尔何。老伴忍抛清社饮，连宵移去北山阿。浅深眉扫蛾犹妒，累若腰缠鹤恁驼。纵使时危忧大厦，谁言作柱可持荷。

徐青壁邀同朱云来、刘蓬泽、朱菩元、孙绁阆诸丈游草桥

每怜杜老曲江醉，今典春衣坐草桥。帝里韶光三月可，半年清福此中消。应时欢鸟变新弄，闹眼奇花各一娇。谁好临溪无丽句，酒瓢更许作诗瓢。

集草桥得虽字三首

从来诗政刻，险韵莫如虽。对此芳华日，能无汗漫思。酒依金谷数，歌满习家池。竹院逢僧话，消棋日更迟。

渔歌闻欸乃，方语辨须虽。略似江南意，繁兴故友思。花经泼火雨，水尽影娥池。正惜看来晚，何妨归去迟。

苏老吟三惜，江州咏四虽。眼前收景尽，春后好长思。但藉花为幕，无将墨洗池。倘祈休沐假，百日此栖迟。

过周子寅年丈旧邸怀哭之

屡痛清宵入我梦，再难苦雨共闻钟。青山何处埋奇骨，春水重来想旧容。一去翛然胡幻影，两亲寒泪滴孤松。仲宣辜负遗书托，断册犹消蛛网封。

鞁带行

款虏全仗三娘子，六[①]十面似胭脂蕊。诸酋纷争挂鞁带，山头火起牛羊死。黑雪僵埋夜不收，狼烟日传四百里。游击醉倒卧营中，堡民奔去如穷兕。声息一宵飞入京，昌平道傍排[②]弓矢。可叹汉家弛武备，倚此虏妇为安垒。四十年

① “六”，底本、王批明抄本作“八”，据《问山亭主人遗诗正集》及“三娘子”之生卒年代改定。

② “排”，《问山亭主人遗诗正集》作“彀”。

来金币增，三百万去如流水。部落屯聚乱蜂蚁，封贡即成莫浪喜，吁嗟此妇诚[①]老矣。

望夫石

云云，尔何我妒。遮我望夫眼，又遮夫来路。我今化石在高处，云不崇朝，石立如故。行人见作石，夫归认[②]是妇。敲石看腹中，暗长相思树。

移居

长安觅宅百难可，僻性何兼四不宜。安得松杉笼旷牖，绝无车马扰围棋。盆鱼跳跃晴云爽，瓦枕回环午梦迟。纵使我今能壶隐，又妨惊世复传奇。

赋得笠泽云为冯太翁寿

笠泽之云如笠浮，当时晌照吴山游。近照吴山点点愁，旱魃阳侯叠作祟。农因白粮商困税，江民十斛呼天泪。笠泽鱼鸟都憔悴，黯云久减吴山翠。我侯乘云渡江来，太翁送之江。举酒语徘徊，吴越共此一江水。吴民越民不隔纸，嘱以爱民报君恩。能报君恩称孝子，侯见吴山云一缕。听民叹声忆翁语，三年拮据心如焚。不畏貂冠与翼虎，吴民得餐一粒糈。吴民得安一片土，我侯含荼不知苦。江云依旧覆春波，吴儿山头太平鼓。天子何曾负循吏，阿翁食报以子贵。万声齐驻笠泽云，为翁裁作春衣祝翁岁。

曹启秘年丈至京

门籍日纷沓，虚格殊不古。一语在喉中，展转谁能吐。僮仆环湫厄，耳目如聋瞽。对友不觉欢，无友始知苦。骤闻曹生来，投书先起舞。中州江山秀，面上俱可睹。稍稍对说时[③]，凛栗飞风雨。别后读何书，遇人或姓吕。试尽披我诗，神工抑鬼斧。从此得知言，哀梨庶免煮。

---

① “诚”，《问山亭主人遗诗正集》作“今”。

② “认”，王批明抄本为空格。

③ “时”，《问山亭诗拾遗》作“诗”。

魏太史道冲邀游北门水湄

洞庭彭蠡吾何有，一勺都城便可怜。添寺更拖山雨润，游人不碍梵僧禅。忆乡恍见长堤柳，消暑无须太华莲。试看昔贤清赏地，浣花溪水至今传。

送高硁斋年丈[①]东还

大海尔家物，长风满户庭。有潮洗肺热，无暑铄山青。方酒千朝醉，渔舟过夜听。此行差快意，如女遂归宁[②]。

菩元共话厚载门[③]

一听君谈得一奇，况当深夜对清陂。惜他楼阁都喧酒，惟此涟漪可着诗。姣尔月能成问答，快哉风不辨雄雌[④]。重游弗[⑤]怯衣沾露，更过桥西扪[⑥]古碑。

王太君

惊雷擘山龙绕树，阿翁读书不回顾。吞云吐雾三十年，深山未识京华路。课儿窗埋十日雪，口饫菜根身衣布。莫讶大者能献赋，小者又已骞高翥。翁曰儿须学古人，须知画鹄无类鹜。挺身果能报天子，阿翁山居亦已足，读书山朝复山暮。

送王带如年丈[⑦]东还

西寺探僧回，门阻三日雨。抱册走室中，鹊声愁邻杵。王生忽来别，欲说颜如土。反覆强留之，尔情已太苦。千里有倚闾，十日无资釜。归去万山中，

---

① “年丈”，王士禛改作“同年”。

② “如女遂归宁”，王士禛眉批“俚”。

③ “菩元共话厚载门”，王士禛改作“朱菩元夜话厚载门”。

④ “快哉风不辨雄雌”，王批明抄本原有眉批“丘海石取此联，书之柳亭”，非王士禛所书。

⑤ “弗”，《问山亭主人遗诗正集》作“未”。

⑥ “扪”，《问山亭主人遗诗正集》作“问”。

⑦ “年丈”，王士禛改作“同年”。

暂作峰岚主。垂杨拖十丈，终夏无炎暑。尔归岂不畅，孤我谁为语。市心日已多，嗟哉狎屠贾。丈夫气如龙，当其潜也鼠。山中倘得奇，迟我共恣取。

骨董行赠谈御怀

吁嗟谈生古人也，形如老松栽广野，风翻颈洞从须泻。好古夜夜剔精灵，梦魂屡叩轩辕马。腰间狂吼吴双龙，案上飞传商三雅。今人自拟张茂先，不好其真好其假。真古尚嫌有尸气，什袭况是燕石者。虎头道子谁所写，哥窑定窑谁所冶。马肝红丝可作字，却羡建安一片瓦。最忆坡禅医世病，病惟一爱医惟舍。我日读书小屋中，千万古人在我把。谈生欣携一鼎来，翠线银絛血瘢赭。模糊字透文信侯，辗转视之泪为[1]洒。吕侯巧窃嬴神器，奇货居之胡不可。胡为有子能鞭石，身死西蜀泣寒苴。我欲碎以铁如意，恨无千金竟不果。谈生谈生尔既不肯降心为时调，不遇其人终坎坷。尔不见淮上之鼎至今苦饶舌，象山夫子也遭扯，不如吾爱吾鼎重裀裹。

赠郑医绍康

燕儿夜角声悲另，摧芳挫秀风枯硬。雾尘蒸骨复销神，何人不带三分病[2]。恶宾套札更相仍，湖山鱼鸟迷真性。长安有病苦无医，死生庸手操其柄。日来造化儿戏予，脑眼肩尻都不胜。七发无功鬼子骄，强引图书与之佞。谁知郑子肘后一囊草，乃有阴阳司我命。施予圭七改予形，初剂入妙再剂圣。予乃启户一窥天，月露烟云几失政。吁嗟古之仓扁与我亦何有，郑子特除上池令。三倒敝笥无可憎，我有一言君须听。眼看邪气浸淫国若狂，祈尔凉犀消热症。倘得火不发于肝，便可生羽乘风归静正，臼中大药些须剩。

送徐青壁年丈之杭州

乍离盆盎走方壶，尚念长安旧侣乎。已可舣舟饮坡老，更欣对面榻西湖。诗于降格存南弄，法到真参断二愚。我欲著书先寄尔，休将如意击珊瑚。

---

① “为”，王士禛改作“沾”。

② “何人不带三分病”，王士禛眉批“如何是诗”。

夜过四牌楼

四牌楼间西大市，十丈愁云埋脑髓。冷风吹折白旗竿，几千罪鬼无巾履。败骨潜消沁腐沙，厉灵夜闹鸮枭喜。中有一鬼声特异，惨悲更壮抑复起。磷火中间乍远近，含糊天顺初年语。疑是余姚[①]少保魂，千年不散秋雨洗。

闲居

病起云愁眼，书慵客驻轩。谱花收野品，持偈绎微言。济胜空耽梦，如聋且避喧。旅餐饶至味，一菜当熊蟠。

高枕堪资懒，无题可赋诗。敲门惟宋子先之，开卷即孩之。儿病繁乡思，时闻重客疑。消炎拟选地，西寺足清池。

答周下[②]奇韵

倒[③]海诸山尽爽神，因知云窟有高人。拟骚从九疑悲屈，借论规三岂过秦。烟水函来肝可洗，风尘忆往泪何频，伤其兄子寅也。支机原是人间石，误道天边有汉津。

叶尉之母

尔欲得诗歌令寿，我能无句祝南山。微官也可分天宠，薄禄何妨驻母颜。花日放衙春泄泄，松前奏舄鹤姍姍。愿将一片冰壶玉，常照鲍华二济间。

---

① “余姚”，王士禛眉批“钱唐”。

② “下”前，明万历刻本、王批明抄本有“子”字。

③ “倒”，明万历刻本、王批明抄本作“到”。

坐李增华年文公署同陈企云[1]

百干公桑四亩芜，谁能衙署有方壶。开帘共我看蝴蝶，对酒呼僮唱鹧鸪。聊复累心一[2]片石，有时合眼下团蒲。城头一幅西山雨，急索朱郎云来作扇[3]图。

崇国寺

乃成祖为姚少师建，其西北一堂，奉少师像，容甚少，睛有赤色，额自赞诗。

十劫疑冤填未了，杀气茫茫难可晓。江南塞北千万魂，髑髅枝上新巢鸟。君于此时眉还皱，焦[4]芭柱杖看来瘦。纵苦两日费辛勤，机关妙在中秋后。龟毛[5]拂子也无灵，不拂搀抢拂天厩。虚空还他是虚空，西内老佛叫[6]夜风。

过陆君启

我当病起能骑马，尔纵爵然也正巾。一写新诗支傲骨，遥倾山影洗烦尘。邻鸦带[7]暝寒依树，晚菊含霜不媚人。并是冷官消岁月，积书翻尽未言贫。

霜[8]

十日霜摧树，怆然未有诗。冲风来饮尔，叹菊已含滋。鲑菜江船至，襟裾越客疑。相期寒水上，一一问招提。

---

① “年文公”，王士禛改作“同年”；“坐李增华年文公署同陈企云”，《问山亭主人遗诗正集》作“坐李增华同年舍”。

② “一”，明万历刻本、王批明抄本作“移”。

③ “扇”，王士禛改作“画”。

④ “焦”，明万历刻本、王批明抄本作“蕉”。

⑤ “毛”，《问山亭主人遗诗正集》作“手”。

⑥ “叫”，王批明抄本作“呼”。

⑦ “带”，《问山亭主人遗诗正集》作“啼”。

⑧ “霜”，明万历刻本、王批明抄本无此字。

相逢行

咄尔徒行，子其避之。我马蹀躞嘶新骑，粲此黄金勒，来自白玉墀。至尊目送，贵珰披枝。将邀金张氏，快游北水湄。彼谁者子，敢尔来？[①]

陈生

北平十月落烽烟，霜重风高菊不妍。尔听燕歌悲万里，我怀闽客已三年。

官马行

市上官马骨如柴，腐糟一升草一束。当日来时光满衢，解户摩娑恭如仆。红绒络首金镂缰，热豆浑水恐伤燠。千难惧遭冏乡怒，一驳定须卖田屋。宁知宠过能消福，发与京营生已蹙。内厩痴肥云锦闲，坐使骅骝双足蹴，羡尔南山服犁犊。

赠沈医诗

谁汲峰头玉井[②]凉，泼翻狂焰浣空肠。存将瘦骨支长日，犹及黄花荐晚觞。怀袖有书惟本草，云山欲问早褰裳。何时乞得长生术，辟谷从君饮月黄。

喜李心石至[③]

隔年相见且舒颜，正是天边奉使还。舌上山川仍踊跃，游来巾履亦高闲。孤舟买酒浇青帝，一路收碑付小蛮。愧我有[④]官同絷鸟，不干雨啬与风悭。

---

① 王批明抄本原有尾批“以古调写新愤”，非王士禛所书。

② “玉井”，本作“井玉”，据王批明抄本改。

③ “至”，本作“室”，据王批明抄本改。

④ “有”，王士禛改作“一”。

赠王如如先生

皮骨敌风霜，何殊瞉当鸷。岂堪久别离，飞鸟孤愁思。四千里山云，二十一年事。乍见欲欢陈，语悲不成字。念我侍趋庭，黄花浸血泪。意多恨语稀，千言达一意。头[1]颇倍昔时，乃不如童稚。君老膺冷官，书魔犹苦祟。嗟我石笋形，于世胡能媚。自分不宜官，况有耽奇累。君游重湖间，青毡了苍翠。酌酒驻南车，寒星满萧寺。

懊侬歌九解[2]

晋隆安初，有懊恼，俗间讹谣之曲。侬，我也，吴人自称曰侬。[3]
欢若夜深来，渴死莫饮井。山泉入腹中，一口便心冷。
绣枕蛛摛丝，侬枕处丝密[4]，欢枕处丝稀。
悔欢容易去，欢去联绵雨，雨不在前许。
欢来不引烛，侬过疑，中途不可知。
饮酒莫饮清，饮清见杯底，杯底无余情。
赠欢腕中钏，不赠头上珠。珠圆不可定，钏守不相离。
嘱欢莫看花，见花任风转，并疑侬心软。
愿郎出门勿逢樵子逢渔父[5]，渔父得藕归，樵子负薪去。
宁俟[6]秋初来，莫以残春至。秋初有早英，残春无新卉。

箜篌引

公无渡河，阳侯不汝亲。隔岸空朱楼，飏风正恼人。宁失坚期勿轻身，且缆堤上柳，酣饮瓮头春。公无渡河，阳侯不汝亲。

---

① “头”，王批明抄本无此字。

② “解”后，王士禛添“存二”二字。

③ 明万历刻本、王批明抄本无此注。

④ “侬枕处丝密”，王士禛旁披“费力”。

⑤ “愿郎出门勿逢樵子逢渔父”，王士禛旁披“不成调”。

⑥ “俟”，王批明抄本作“似”。

同陆君启坐陶不退舍限韵①

懒②云压屋长松豪，官马瘦闲冰填濠。秋官畏冷罢提牢，瓦炉炷烬歌声高。新亭不泣泣东皋，酒倾桑落燎白蒿。壁上瞿昙失颠毛，岁残多阴碧翁髦。天狼夜叫③长弓弢，三笑亭子加扁额，又愁天裂银河滔。

简李季重于承恩寺

滕六手划滹沱水④，云压西山如重纸。法龙僵伏作蛰虫，野鬼乘阴独跳喜。李郎短褐睡不温，诗成无火空画指。一宵十起抚寒松，敲钟狂叫参寥子。文章每与穷为邻，文到惊神便穷死。西家作官玉已垂，东家作官金复累。子独蹭蹬十年间，人心不平已久矣。我愿冲寒走问天，子扯虬肩曰止止，紫薇冻合勾陈徙。

城隅诗⑤

岁晚鸦团树，阴寒鬼掠人。有歌当痛哭，无力叩苍旻。胡以风销骨，应知齿离去声唇⑥。几时山屋下，新酿复新筠。

顾此亭亭我，胡来扰扰中。玄蜂警似瓠，乳虎也⑦吹风。扶掖谁知伥，痴聋乃是翁。年华随去鸟，书卷对愁枫。

愁里休看镜，眉棱亦可芜。但思山社竹，敢伏帝阶蒲。众口从生莠，臣心只茹荼。何时题郡壁，惊喜说哥奴。

开门风剥肌，矮帽且低眉。检历行忽腊，还家未有期。阴晴人面在，冷暖自心知。此日谁堪似，孤舟泣妇嫠。

---

① 王批明抄本原有眉批"近山谷'仪鸾供帐饕虱行'"，非王士禛所书。

② "懒"，王士禛改作"浓"。

③ "叫"，《问山亭主人遗诗正集》作"呼"。

④ "滕六手划滹沱水"，王批明抄本原有眉批"丑"，非王士禛所书。

⑤ "城隅诗"，王士禛改作"城隅诗三首"，拟选第一、三、五首；《问山亭主人遗诗正集》作"城隅诗二首"，收录第三、五首。

⑥ "应知齿离（去声）唇"，王批明抄本无"去声"二字，而"唇"后有小注"欧阳公动而得谤"。

⑦ "也"，王批明抄本作"已"。

失寐窗窥月，间听鼠啮床。回肠难计曲，新句不充囊。寸步时防虎，一[①]官类转蜣。邮书兄念弟，千里寄愁长。

孤灯无意绪，终夜照斯人。频卜龟先厌，穷途仆不亲。寒风吹远哭，情语助长呻。待罪何多日，明朝且立春。

以分校场事挂吏议[②]

年来正苦诗题少，说病耽闲又可疑。恶井[③]借人相出脱，青山从此不支离。放游万顷波无碍，睡彻三竿日也宜。稳当门生真座主，捕鱼老叟牧牛儿。

不堪世路，因有浮海之思[④]

鸟啼城角灯无花，推枕起行叹[⑤]斗华。新雨渐知动[⑥]竹树，深山何处睡[⑦]龙蛇。萦心兄弟频封字[⑧]，引首关河莫听笳。拟尽海洋寄我[⑨]友，将身图入小灵槎。

挫之摧之，七尺若减其半，更加颠越，才数寸耳。太青子忽以觐至拉去词坛，论文话旧，舌纵横焉，犹然七尺我也。因赋四章志感[⑩]

自我伏城隅，冬初复春初。幸省租马钱，实稀长者车。呵冰砚冻裂，拥枕翻残书。怒风欺破窗，稚女泣穷厨。僮仆怖于鼠，逻者蹲巷闾。传说[⑪]御史怒，

---

① “一”，王士禛改作“微”。

② “以分校场事挂吏议”，王士禛题下批“门生乃吴江张异度世伟也”。

③ “井”，明万历刻本作“阱”。

④ “不堪世路，因有浮海之思”，王士禛改作“鸟啼”。

⑤ “叹”，《问山亭主人遗诗正集》作“嗟”。

⑥ “动”，《问山亭主人遗诗正集》作“滋”。

⑦ “睡”，《问山亭主人遗诗正集》作“动”。

⑧ “封字”，王士禛改作“传语”。

⑨ “我”，王士禛改作“吾”。

⑩ “挫之摧之……因赋四章志感”，王士禛眉批“题目俗甚，古人无之”，并改作“感兴赠文太青”，《问山亭主人遗诗正集》作“感兴赠文太青三首”。

⑪ “说”，王士禛改作“闻”。

尚然鹰视雏。

城侧千尺冰，枯柳号其上。重阴绝飞鸟，澹日晚相荡。孤臣放逐深，疏飒鲜亲傍。屋对埤埦开，天阍敢呼撞。近午始推窗，风霾过海浪。贵人纷鸣驺，避我如莨菪。病骨欲孱死，声出金石壮。嗤愚太青子，和歌独惆怅。

除彼常饮食，如瓶守我口。三月无快谈，牙颊渐蠹朽。衷言积膈间，难量以斛斗。文子自海来[①]，三年一握手。稍稍除语禁，坐见开荒莽。灼灼发天葩，自卯而[②]及酉。今日舌为龙，昨日犹蝌蚪。

虎腹果苦饥，百兽供食具。岂有啸风威，而攫彼跛兔。浊河几时清，白日忽以暮。彼姝者谁子，鬼乃踵其步。纵劓潘安仁，不解厉儿妒。[③]道傍无甘李，放逐有贞妇。寄语耳食子，新人不如故。

喜伯敬、全铭、耳伯诸社丈一时俱至

闭门兼闭口，二苦久相仍。何意迎新岁，翩然集旧朋。谈该吴楚胜，诗里岫云层。此夜欣无寐，烹茶屡凿冰。

伯敬至京，有轩以僦月名者，因同仲良、颜之[④]

前年陟峨嵋，山月映孤发。去年卧竟陵，江月浸清活。思月思故居，江山两超忽。有居不得月，何以休瘦骨。僦轩贮床席，僦月为诗窟[⑤]。月是轩主人，僦轩先僦月。计租日一诗，不以三五阙。租居苦垂囊，索诗诗不竭。祝云勿点缀，祝风勿干谒。其有人猜月，如僧而蓄发。其有月猜人，狐埋而狐搰。主客既相安，朝暮无唐突。此言书券中，违者加显罚。

文仲子圣瑞至京省其兄太青

太青诗卷当名山，我日披临一破颜。正拟秦声追大夏，又闻阿仲出函关。春寒共被连清梦，客兴提壶坐碧湾。二妙莫嗤伧父赋，三都也不自人间。

---

① “自海来”，《问山亭主人遗诗正集》作“海上来”。

② “而”，《问山亭主人遗诗正集》作“遂”。

③ “彼姝者谁子……不解厉儿妒”，《问山亭主人遗诗正集》无此内容。

④ 王批明抄本原有眉批“终是辣手”，非王士禛所书。王士禛夹批“起合古，以下又离”。

⑤ “僦月为诗窟”，王士禛旁批“俗”。

闻丘六区修谈海山之胜，因有移家之思

每闻丘生谈海心胆动，峄屺沙门咸入梦。始皇尚恋琅琊台，九旂鸣凤六龙控。丘生匍匐称土臣，明珠巨错随方贡。献赋止祖木玄虚，祈招之诗未敢诵。春也望海不望仙，李斯休篆之罘颂。多少强骨老温柔，帝子谁能海上游。涛雷未没英雄气，欲吊英雄消我愁。

夜坐

岁暮天涯诗可题，题诗无字不凄凄。鸡声挟雨来寒塞，烛影摇风对老妻。春到尚含枯草色，旧游何日女萝蹊。千摧万折诸情死，远岫高云学鸟栖。

同天瑞、圣瑞阅天坛

南郊辟地自文皇，玉殿盘松袭古霜。尚忆虔灵陈璧帛，预申冠珮肃宫墙。草经大辂千年碧，云护圜丘一带黄。白发太常谈往事，世宗怆泪议明堂。

正月二日即事

金箔市名火连江米巷，赤蛇朱雀斗空雷。青君正自吹三律，沧海谁能掬一杯。莫惜明珠频下泪，且怜红粉已成灰。殷勤捍府将军力，辛苦连章御史台。

有梦

人入新年如晨起，须将栉沐试危冠。胡为土木生妍秀，只是风尘妒沃丹。暮鼓晓钟催急急，怀山忆水意酸酸。一宵纪梦诗三什，更把诗同梦里看。

杂咏四首①

燕京正月已冰融，赛会轻车候早钟。罗扇袖笼恭顺玦，一时衣尚荔枝红。

---

① 王士禛有题下批“如此正经，何尝不好”。

宣宗盛日开灯市，官假三宵好放游。十客同沽三斗酒，千钱止①赁一间楼。
朱楼紫陌迥透迤，星汉何人抚桂旗。油壁车来东市上，相逢只作有情痴。
烧凤燃龙争唱采，遗簪拾珮待同心。巧名烟九拖余兴，花炮仍喧快活林。

听鸡

听鸡冲雾谒官贵，走马耽饥待上书。昔恃文章干列宿，竟将眉目困门胥。故人见说悬如斗，避我谁能谓后车。康对山同孔北海，令人千载泪沾裾。

二月一日

瞥眼一年一月过，山缘水约今如何。此身梦去不成去，好草生多空复多。北雁自矜一声暖，燕歌尽许五音讹。昨日有人怜寂寞，郊林邀我病微瘥。

送内子东，因②过大青广惠寺

往岁离家志别处，只知官道柳萧萧。送归此日情何耐③，一院松阴晚自销。沉雨沉烟追叫啸，似僧似鹤任飘飖。还愁入夏分秦客，更上芦桥忆灞桥。

昼睡太青画帐中

不能④饮酒，不能读书，眉焦喉涸中肠枯。竭走僧房绕树呼，文子卧我鲛绡幕流苏，四周大作蓬来海山图。城郭草木烟模糊，千里万里青银铺。有船如豆，说是冲风捉鱼，怒涛澎涌泼被冷。古石巇嶫，压碎枕上之珊瑚。合眼游去国，长须卢敖邀我战天吴。金光草，赠满车。才欲缩身波底尾闾，忽见文子之使立鸡豬。放鳗千头不忍屠，我乃合掌曰善哉。猗嗟吁，松鸣鹊鸣醒蘧蘧，起看细雨初湿芜。我身胡为羁此都？愤扯尔幕，吞幕入腹如倾壶。有沚浸喉，冷冷大小沽。

① “止”，《问山亭主人遗诗正集》作“只”。

② “因”，王士禛改作“还后”，《问山亭主人遗诗正集》作“归后”。

③ “耐”，王士禛改作“奈”。

④ “能”，明万历刻本、王批明抄本作“乐”。

癸丑草[①]

题王季木癸丑稿

记去为诸生时，得季木制义读之，喜而卒业焉，恨未得旦夕见其人。今年客招提，握手相视，意欣欣如故也。私心谓卒业矣，见其人矣，观止矣。未几，复出诗相示。今人语诗，辄哆口李杜。李杜自李杜，我自我，宇宙许大，宁无弹丸地可以雄长，而随人跟脚作生活，何居？故能不为李杜乃所以为李杜也。季木诗大都損己陈眉黛，具一种奇达之气。夫奇故季木本色，奇且达又何必李杜哉！昔有沙门问佛如何见性，佛曰：政如六窗内有猕猴，东呼东应，六窗俱呼俱应，无他，达故也。季木之诗政复如是。季木今归矣，不识以余言为然否？试取而辨之，使余谓今之慕季木不徒以制义，后之与季木相忘者，又不徒以其诗。观止矣，李杜不设可也。

通家弟莆中曾楚卿元赞甫。

---

① “草”，王士禛改作“集”，并眉批“录十二首”。

题文太清梅花帐

君何梦，乃至春冰碎玉罗浮洞。一龙老秃鳞叠银，横歌洞口抱珠弄。惊派怒髯渴澄波，波底映月吞嫦娥。更值崟岈堆古雪，冷浸肝脾光照骨。嗟我剌飒遥天回，鞭风控霓揖列缺。久矣予之疲于游，酒傲诗狂火焰喉。安得剪此冰潭作纸帐，貌取老龙璘珣三百丈。

虎欲噬人，不避豪贤篇

南山吹风，北山积雪。虎蹲深堑，虦声石裂。我欲回车，荒莽路绝。嗟尔虎，我无一寸肉，尔有三尺舌，王事靡盬，我非遨游之辙。虎曰：嗤！尔骨瘦，我腹饥，苦遭尔迟，恨尔无犨肌，何文尔辞。

闲居

山头木落尽，湖上草还生。一掷年华去，堆酸怨别声。探囊气坐索，瞻月思能清。不敢呼风问，孤臣罪未明。

书山园记后

晓课诗书晚课田，更开白板对清泉。睡乡醉国应游遍，石丈花妖[1]又结缘。展画细为山出面，行歌惊起鹭如拳。东村赛社喧郎女，预办施僧净业钱。

张华东山房

山不岳，暾岚生。溪无名，石韵成。盘松窈，窈覆楹。翔鹄翛，翛应鸣。湖水弥，弥秋澄。春草霾，霾吐英。主人梦，醒酒醒。山僧经，声磬声。

---

① “花妖”，王士禛眉批“俗”。

不落夹[1]食名

慈宁宫里佛龛崇，瑶水珠灯照碧空。四月虔供不落夹，内官催办小油红，器名[2]。

罗汉图

有问和尚者，珠顿掌上，不烦竖指模棒。人看影子烛天，我看影子树边。放不下迦叶富，藏不得释迦悭。金毛狮子同狸狖，误道天寒日光瘦。

送费幼徽南还

游梁兼入洛，从古号嘉名。马可冲霜去，诗应照水清。友书瞻过鸟，乡梦苦啼鼪。买艇便东下，又看江草生。

苦执柬曹在鲁

火云低逼榴花红，苦遮暖帏十二重。山渴仰首呼浆水，树无栉沐发乱蓬。西户如笼扇力小，午梦烦郁啼饥鸟。一约荷边须百钱，无钱痛念西山道。敲棋曹子来朝朝，葛衫黝腻眉光消。

闲居

茶颠似也似诗狂，竹下科头傲日长。食案每同斋五卯，睡乡亲自约三章。画中山路游曾识，床上书堆校复忘。不是浃旬阻霪雨，瓣香随意宿僧房。

雨

七夜狂龙斗，天渠荡不关。惊闻裂北极，势且动西山。炼石推娲手，回曦照帝颜。鹳鸶休浪喜，六月已催寒。

---

① 王士禛眉批该诗“似张祜《宫词》”。

② “器名”，《问山亭主人遗诗正集》无此二字。

公浮来社长

何须细叩与周旋，相对移时便洒然。见尔侧身扪太华，令予搔首问青天。几宵亲梦云中犬，浮来梦得“问稼亲将犬入云”之句，从古休奇木作鸢。只恨诗无纱帽气，一层禅意一层仙。

赠公茂才昆季，浮来子也

桑水澄而冽，蒙山翠作屏。君家宅此地，草木郁多灵。薄产惟鞭犊，堆书只照萤。怜予空老大，后出日亭亭。

怀李季重

忆别仓皇泪浥裾，千愁百病此身余。豺狼塞道书难寄，风雪怀人岁又除。一榻一灯嗟老矣，何时何地可归欤？寒云北望黄河水，不信当歌不念余。

寄宋显之二首

海边归去狎鱼龙，石燕斋头手种松。八股未偿文字债，双鬟只爱雨山容。可同野叟酣春酿，每坐僧房过午舂。为拂东劳一片石，垂纶迟我倩云封。

帝城雪夜咽铜龙，共卧禅庵几听松。已别春花兼落木，依然病骨与愁容。三年园柳知盈把，迩日官粮不给舂。寄尔题诗当腊日，寒云浥泪未堪封[①]。

寄黄贞甫老师

金焦老江心，肤润而意静。龙鬣蟠石坳，喷沫于其顶。四方方火炎，不烁此中冷。一饮已病除，再三便神醒。迁客与游人，挹煮虎丘茗。燕西岂无山，燕北亦有井。马嘴涸泉腥，山容困酩酊。腾跃一城尘，尘埋一大阱。其下为蛇窟，其上为虎岭。以此忆金焦，双螺正波靓。嗟我怀佳人，三年如画饼。夙昔梦见之，秋涛浮江艇。早得江南书，婆娑照清影。

---

① “寒云浥泪未堪封”，王士禛旁批“不成语”。

王恭敀

藏眉老僧鬼窃油，太白长光照旄头。少相不忧老相忧，水犀直与熊耳浮。东南竹箭均四镞，三札不穿弓人愁。欧冶二子换双钩，幽室黑云二百秋。绿沉镌字咸宁侯，老猿弄戈戴鍪兜[①]。霜含碧血声啾啾，将军大铁虚硝硫，痴珰金蟒夜醉游。

雁过红 北方果名

雁过红，红满树，九月风吹霜夜度。阿母不念奴，嫁奴三百路。阿夫牵船去不归，阿婆闻雁摧[②]寒衣。恨奴两手止十指，砧血红殷洗衣水。尔雁今年太早声，不入夫耳入婆耳。

北雁祝

雁雁尔勿南，火云满衡山，射工在湘潭。黄梅雨方酷，青草瘴又毒，燠伤尔毛湿伤足。何如北地黄芦里，雌雄咿哑双哺子。只将字排雁门月，岁省一万六千里。[③]年年木落尔趋南，砂碛征人都[④]愁死。雁雁尔其止，偃我钲[⑤]铙折我矢。

南雁祝

雁雁尔勿北，代云插天沙砾塞。纥千山头雀脑枯，老雕秋翎吃霜力。猛士镞如雨，小儿也[⑥]操弋。尔息不得息，尔食不得食。八月江南水满湖，湖有莲子水有鱼。暖日晴滩[⑦]蘼芜枕，女郎不肯惊尔寝[⑧]。

---

① “老猿弄戈戴鍪兜”，王士禛眉批“西游中语”。

② “摧”，王士禛改作“催”。

③ “只将字排雁门月，岁省一万六千里”，《问山亭主人遗诗正集》无此内容。

④ “都”，王士禛改作“尽”。

⑤ “钲”，《问山亭主人遗诗正集》作“征”。

⑥ “也”，《问山亭主人遗诗正集》作“亦”。

⑦ “暖日晴滩”，《问山亭主人遗诗正集》作“日晴滩暖”。

⑧ “女郎不肯惊尔寝”，《问山亭主人遗诗正集》作“女郎不惊尔安寝”。

郭圣胎为陆晋侯乞诗赋赠[①]

高岩雪压水晶枝，燕燕莺莺莫重疑。歌里多情名渌水，眼中无物比红儿。郭郎舞[②]袖今谁似，苏[③]史柔肠好自持。错把云间拟日下，能文小陆复能诗。

又似初春最瘦枝，玉屏不设且风吹。姗然远望竟疑是，个里含情只作痴。楚岫从今无暮雨，汉宫何事怨飞雌。新闻更诧三生醋，对尔终朝不解饥。

和王补之重游女郎山韵

山禽识面集行车，旧处山精扫落花。野老还留折齿酒，园丁初献枕头瓜。那能无说酬苍壁，又恐重题费碧纱。深谷虽稀车马迹，犹嫌蚁阵与蜂衙。

和房蔚居年丈韵

早起趺跏诵准提，旋披萝带听黄鹂。应门童子员犹冗，对饮田翁姓不知。九锡又颁花异数，百城也让睡便宜。闲中局变今参透，恋子求生是涩棋。

送钟伯敬使衡藩

此时岂可送君行，从此喉喑目似盲。[④]月际花朝浑未醉，天涯草色已牵情。舟经清济吾乡水，歌听商依渐楚声。恨别无言堪再嘱，殷勤只问小谭生友夏。

怀感[⑤]

秋山可耐举头看，秋半芙蓉已自残。当日别来真草草，经时入梦转难难。行云照水无留影，飞鸟栖林只暂安。世上纵传广陵散，不逢中散不轻弹。

---

① “赋赠”，《问山亭主人遗诗正集》无此二字。

② “舞”，王批明抄本作“无”。

③ “苏”，《问山亭主人遗诗正集》作“刺”。

④ “此时岂可送君行，从此喉喑目似盲”，王士禛旁批“胡说”。

⑤ “怀感”，《问山亭主人遗诗正集》作“有感”；王批明抄本原有眉批“旖旎憔悴，音不尽于字句”，非王士禛所书。

七夕恨

露浥蟾蜍摇桂树，迷离不认去年路。见君牛骨瘦秋凉，我丝更比银河长。一年愁望一年老，支机石上生青草。恨君见秋不见春，秋容那及春容好。含悲含愧如新知，握手无言天已晓。

中州刘娥以哭其兄死，其兄以侠死也

华颠如水月，圆照芳娥魂，缺照芳娥骨。伊水带月流，波涌哭兄泪，声咽哭兄愁。炎霜可变，兄不可见。荆卿车上风吹面，聂嫈罗裙沙血溅[①]。嗟尔荒坟秋几换，磷烧古木无巢鹳。

夜雨

夜雨何堪听，况今秋已深。声声哗我梦，滴滴入愁心。蓟柳无多叶，山妻寄一衾。此时怜旧社，晓起望高岑。

过文受寰老师于燕邸

怆神关塞几千里，过眼风霜又十年。乍见无言疑此梦，尚存瘦骨莫余怜。深秋游子衣如水，北地寒沙菊似钱。落魄不堪酬顾盼，抱书直可老山泉。

柬曹在鲁年丈

多君有远心，澄秋瘦诗骨[②]。邀我汶泗间，各买半湖月。靠山支草堂，垂杨烟雨没。浩波蹴飞鸟，乘晓濯青发。秀岑缥缈间，正对图书窟。冬夜披雪歌，剥芋烧榾柮。岁时世与疏，木落复花发。

① “聂嫈罗裙沙血溅”，王士禛旁批“俗”。

② “瘦诗骨”，王士禛旁批“俗”。

送友归江南

嗟吾子，其归只。此年之天未可问，云猪雾马瑶光晕[①]。口吹不散眼难认[②]，匪毕则雨匪箕风。狼星叫跳弧矢尽，史奏巫占那可信。彼有胡僧咒日法，尔无夸父杖，追取沉乌下复上。嗟彼计都食蟾蜍，尔持吴刚之斧徒惆怅。骊龙鼾睡不知晓，谁弄颔珠夸富好。木魅笑舞山魈恼，恼不即裂参旗作媪襖。自称千手千眼佛，尔纵排阍帝力小。不如归去坐江城，老枫古石占月明。休阅古史滋流涕，遍谒名山续水经。

赠张去华

横月绝南云，吴淞渺天末。客泪滴燕山，十睹木叶脱。晓雨寒鸣鸡，拭眉披短褐。投诗干公卿，游鲋问濡沫。戟髯抚之悲，漫漫岁月夺。草没昭王台，奇骨向谁秣。想当雁尽时，归思剧于割。倚楹几沉吟，决明含露活。

送高孩之归莱阳

云海三千里，沉迷两京路。揭车与江篱，见君思我处。四年再遇君，易水秋之[③]暮。我瘦骨犹存，君贵情如故。肝胆剖灯前，庭松风雨妒。

君来自江南，六朝囊括之。燕矶与蒋山，别须酬以诗。石根露浓雾，不雨垂蛟螭。三年洗肺肠，水底扪古碑。于此得佳士，圜丘及支提。今归来海上，况有岛屿奇。新错开秋酿，披菊于旧篱。壁有太青诗，念我尚支离。

柬高孩之

君听海上歌，声是乾闼婆。我听燕儿笛，愁吹叫天鹅。岂无横海羽，其如遮山罗。离人吐中素，苦语不须多[④]。北枝少秾萼，西风斗落索。溱洧

① “云猪雾马瑶光晕”，王士禛旁批“无一字不丑”。

② “认”，王士禛旁批“字俚”。

③ “之”，王士禛改作“已”。

④ “语”，《问山亭主人遗诗正集》作“雨”；“多”，《问山亭主人遗诗正集》作“歌”。

正游人，芳[①]笑赠芍药。塘上孤禽栖，颈与塘水齐。唼喋莲叶间，啄莲不啄泥。[②]

追送高孩之不及，怅然书于寺壁

揭揭送客来，不驶于归骑。徘徊西新门，倾酒自成醉。野水浅无声，落木寒多吹。人苦行路难，我乃羡而泣。今年送归客，十来此荒寺。翘足望长途，扑面空山翠。恨客不少留，喜山不我弃。尔山颇耐秋，愁人日相视[③]。

答苏云浦侍御十[④]首

走遍黄河内外山，山晴山雨作何看。说归又是秋风老，莫逗云花[⑤]出袖间。
楚山湮润晋山干，可据胡床仔细看。谁似大米谁小米，灰堆泼墨混人间。
恰似骑驴又觅驴，中宵听雨费踌躇。呼灯急起披衣坐，番尽苏禅七卷书。
大水今淹须弥山，老僧自救不曾闲。拖条柱杖冲波立，却到平沙浅树间。
秃翁平倩与中郎，三个死方俱好方。死狱死禅兼死色，一齐裸浴藕花汤。
募缘功德可曾圆，闻道登公已系船。若使无缘空费募，有缘不募也随缘。
太行脊背矗中原，千丈吴门百蓟门[⑥]。两岁塞风充卯饮，几峰朔雪当余樽。
官不离禅禅更诗，诗是禅灯第几枝。雁叫牛鸣相涉不，花开木落又多时。
金刚圈子栗蓬窝，邸报传将费纸多。高坐猢狲明说法，放参个个是维摩。
此日河东秋若何，燕山黄菊已开多。刁清滦鲫虽无分，铁史苏林足散痾。

---

① “芳”，王士禛改作“巧”。

② “塘上孤禽栖，颈与塘水齐。唼喋莲叶间，啄莲不啄泥”，王士禛眉批“末四语似古乐府”，并尾批“古雅集中仅见”。

③ “视”，王批明抄本作“见”。

④ “十”，王士禛改作“四”。

⑤ “莫逗云花”，王士禛旁批“俗”。

⑥ “百蓟门”，《问山亭主人遗诗正集》作“北蓟山”。

虚谷贺年伯册[①]

翁床坐对澄江水，门窗满泼金焦紫。朝昏只诵蕊珠经，右邻夏黄左[②]角里。北望京云万里黄，呼儿半夜披衣起。暗指河魁叹未平，鸶鸽嘈杂芦花底。父曰嗟予子行役，来归莫待车生耳。抱书共尔耕山趾，耳洗清流石砺齿。

喜李[③]季重内召

正依枯树苦吟诗，诗思枯如枯树枝。忽道故人官易绶，喜同春草梦生池。拟瞻去鸟催行旆，便可挑灯说恨离。自分此生长潦倒，伫君稍见汉威仪。

旅客怨[④]

梦中山树眼中路，一夜海边走十度。笼里鹌鹑不得飞，座上猢狲那复住。泣折腊梅两岁花，愁望月明十四兔。骚首朔风临日暮，手拾枯枝烘破袴。过活如斯虚岁时，算清须向天翁䜣，除取二年归闰数。

九日再柬刘蓬泽年丈，仍用前韵

年年两度谒山陵，每得西山一问僧。剩有御香参卧佛，若携昌鲊给诸朋。湖间鱼鸟应收尽，石上龙蛇属和曾。疏木凉云更清远，休将春苑薄秋澄。

十日叹

昨日重阳今日雨，衰杀蟋蟀忙杀田鼠。嗟我无菊无茱萸，无酒无钱酤攀树，树枯望山山模糊。酒若有钱酤，有菊有茱萸。今日作重阳，可补其逋。待雨住，登高去。

---

① “虚谷贺年伯册”，明万历刻本、王批明抄本作“虚谷年伯寿册”，王士禛改作“为虚谷先生寿”，《问山亭主人遗诗正集》作“赠虚谷先生”。

② “左”，《问山亭主人遗诗正集》作“坐”。

③ “李”，明万历刻本、王批明抄本无此字。

④ 王士禛眉批该诗“以此为风雅，误之又误”。

望寒衣

海上未涤场，北平霜已凝去声。竹枝秃于帚，榆柳何能胜。雁哀叫秋山，百叫百不应。拥被学蚓屈，诸愁一刻并。水滂梗长途，乡使期难定。我以葛御寒，亦却狐白赠。山妻缝八撮，念远泣孤暝。

寄哭亡嫂兼慰长兄

白沟十丈冰，风塞南北路。晓起意作恶，愁吟倚庭树。仆来泪遮尘，仓皇闻嫂讣。三年成永别，回思莽如雾。昔在亥子年，扶榇广陵渡。雪压万里山，冻血殷行辂。家政如颖川，维嫂总诸务。荐藻复湘蘋，自朝而及暮。童子一缕丝，婴儿一滴乳。子侄逮臧获，琐屑及盐醋。稍有未能周，悍者或叫怒。拮据五春秋，维嫂无安豫。戛羹与留田，嫂耻踵其故。长山一抔土，夙草埋霜露。嗟我客燕山，半为儒冠误。登高忆弟兄，黄花雁鸿度。心折岁时移，闻此益惊怖。歔欷一寸灯，展转生千虑。两稚女未归，一小男未娶。呱呱饥与寒，嫂宁不回顾。长侄促我归，笼鸟不能去。中年悲丧妻，坡老曾此遇。我兄偶遭之，是亦天之数。人生如海萍，倏焉而散聚。亦作如是观，当或不深恶。溯风写哀言，聊以当酒絮。

喜高硁斋年丈报命

远自江南挹胜还，袖来江水与金山。愧予笼鸟无长羽，羡尔餐英得好颜。桃叶桃根春渡暖，莲歌莲曲夜声间。何时也使乘流去，六代遗文可共删。

赠许岩长闽客也

许生划石如划泥，龙文鸟迹鬼夜啼。许生作诗如作画，秀水灵山烟洒洒。写景更能写情语，壮志悲风嫠泣雨。情语不遇有心人，照夜宝珠吹作尘。武夷万里远含青，南天无雁北草生。持诗悲歌瘦欲死，投人争如投之水。

云从子在予为世好，壬寅先君之事，匹马奔焉。今再遇于长安，则十年矣。予方在网罗，不堪为别，赋赠以此，并自写其牢骚耳

燕军卷芦吹夜雪，酸风冻晕居庸月。我骑瘦马如寒虫，寸纱罩眼心愁绝。踉跄遇子西市间，不道姓名几仿佛。十年心事十年容，欷歔满衣迸冰血。嗟我蹭蹬尔飞腾，尔须如戟我须折。鸦栖故垄叫冬青，游子两见黄花歇。未得同归重尔怜，呼云不住愁歌发。

清源王行素，本韬钤士，而雅慕饵芝之术，亦奇矣，辄为赋赠

前身或是云房子，丰颔疏髯意复豪。乌引有方先数息，鹖膏无刃可吹毛。歌声已作南山研，避地何求东海劳。只为眼明双辨得，仙云清[1]渺阵云高。

又另诗别之

四年再遇燕之市，总是寒风木落时。旧约忆君深夜语，言归先我得春期。禽声鹿迹随棋酒，汶水凫山养肺脾。来去如云竟何意，腰间只系一军持。

再遇吴茂才

十年过眼何知苦，乍对无言似梦时。寒菊又当销涕泪，风沙可认旧须眉。

简仁宇、明馨二丈

冷署同居二妙才，米虫相伴蠹鱼猜。屡逃恶客藏深竹，时损斋粮买腊梅[2]。壁有瞿昙当法案，酒无史佐已衔枚。上元官假应无事，携我新诗百首来。

① “清”，王士禛改作“缥”。

② “买”“梅”，王士禛旁批“声病”。

癸丑除前

强欲诵椒花，笔神先忸怩[①]。春风纵无言，我心独不愧。蹉跎故山盟，纷披游子泪。井桃晚含情，岸柳早输意。铺张盼我归，三年未能至。日斗蚁子穴，嚼蜡亦何味。面皮愠其狰，嚷我无色媚。肝肠愠其枯，从我索深致。三百六十尘，岂敌一峰翠。月夜与花朝，总得蒙头睡。顾我久非我，吃塞而聩聩。霜高城乌啼，寸灯照心碎。

除夕柬浮来丈

僧房岁暮愁偏切，忍泪挑灯坐待明。山月已孤十二望，木鱼听尽早昏声。蒙东诗叟差怜我，海上岩居久定盟。接得老妻薄幸字，佛前一忏[②]一伤情。

癸丑除

先除犹五日，已成除夕诗。愁人觉日速，此言始信之。今夕真除矣，灯意果更悲。宿鸟鸣庭树，似解惜岁时。歔欷掩残卷，故乡千里思。妻孥怨不归，情已见乎词。引灯焚其书，行歌望斗移。

人情当此夜，一倍觉思偏。古今为客者，未有不潸然。况我触世网，一步一迍邅。苦知贱子苦，怜耻贵人怜。风吹相杵声，入耳心为煎。回思身所历，三十又七年。三十七年事，一一攒灯前。往日如可返，当亦有回川。

明馨约同在鲁、仁宇、先之夜坐限韵

新蟾苦被湿云溅，云歇风慵影渐穿。燕地客衣须仗酒，广文官马不胜鞯。促灯心话年来少，到梦溪山夜每牵。相对几人冰似骨，冷肠休共热肠煎[③]。

---

① “笔神先忸怩”，王士禛旁批“俗”。

② “忏（懺）”，王批明抄本作“谶”。

③ “冷肠休共热肠煎”，王士禛旁批“俗”。

赵上乾邀郊外小集

蓟门何地似江南，台对青山屋对潭[①]。歌学采莲喉欸欸，行攀垂柳发毵毵。客情五苦常兼四，春意十分已近三。不是古人拼斗酒，经年愁寂老书蟫。

张瀛海太史尊人

鸠杖贮浦云，嵯峨类松石。结屋在云窝，行年且九十。未睹市尘黄，只解山容碧。藏书不藏金，溪声喧四壁。子已直龙图，澹焉固畴昔。花谱志春秋，曲公娱朝夕。白发浩清歌，鹤影日萧瑟。渔叟与牧竖，习而无异迹。扁舟来帝都，骈观填巷陌。长耳复方瞳，咸疑大罗客。阿翁忆江水，回棹挹春色。轻衫拂旧几，垂萝已千尺。

送李柽铭之任故城

海上酒狂李云许，向我十言九夸汝。我疑海上芦苇场，未必两雄一栖处。见汝乃更胜所闻，冷冷齿窦飞风雨。汝才岂以百里见，聊试畿南之小县。翼虎飞狐久食人，破屋流离满畿甸。舳舻又值封亲藩，仿佛隋堤起行殿。殿脚女子罗裙茜[②]，千羊百牛供一膳。疲民望汝眼流血，牵船清夜闻歌谚。过里春酿休久恋，瓠子河边已有雁。

赠张任甫[③]

双睛火毫射云铃，风洞却从踝骨鸣，耳孔折叠铁蛇青。猿公越女竹枝轻，拳毛狮子镫旋明。奴驱剧孟隶田横，血颊呼天问不平。茱萸烟暖罢吹笙，手焚开元玉女屏。吊古袖拭金狄泪，缬眼日买渔阳醉。施全掷头岂无谓，唐珏冬青心已[④]碎。丝绣孔融铸刘毅，鼻吐绛烟成心字。

---

① “台对青山屋对潭”，王士禛旁批“句法俗”。

② “殿脚女子罗裙茜”，王士禛旁批“俗”。

③ 王批明抄本眉批该诗“有魔气”。

④ “已”，原脱，句旁有注“脱一字”，据明万历刻本、王批明抄本补。

和唐张谓题壁韵

结交何须问黄金，说着黄金便不深。悠悠行路或相许，一见黄金变夙心。
休于烈士说黄金，生死根前见浅深。千载寒风吹易水，图中匕首是知心。
曾将一日散黄金，行照桃花潭水深。多少往来三叠泪，不如岸上踏歌心。
世间何事不黄金，犹向交情辨浅深。题壁总因参不透，空怀一片阿婆心。

甲寅草[①]

甲寅稿序[②]

甲寅春末，友人王季木过余里，挑灯竟夜，大半谈诗，其指括之于峭、于紧、于瘦。夫峭以砭泛[③]，紧以砭缓。今日返摹古之滥觞，当为第一义。盖世尽一摹也，故泛而不中窍，缓而不见捷，去彼挹此，恐其不迫。乃瘦之一言，竞藻割腴者，且以为郊、岛之癖，恶乎益之以癖？不知向之摹古，粉黼太多，正非不腴，乃不瘦耳。姑以貌为韵，比昭仪、飞燕，相并如玉，而沙棠舟上，独能随风欲去，则瘦胜腴也。季木诗篇，大抵不离所谈之三指矣。余以季木殆类李长吉，季木抑自梦[④]为长吉后身。昔人云：太白天仙，长吉鬼仙。天恢乎大也，而天不以鬼，天亦易狎耳。故天鬼均不可知，不可知而至。噫！季木所愿自诡也。三指之异，当令太乙夜[⑤]藜下观，不然即五[⑥]丁摄去。季木能仙能鬼，故语语能异，谓之自诡，非知季木矣。惟是戛戛陈言之去，即不必摹古也，而为长吉。长吉非古耶？羊瞶，古也；芰嗜，亦古也。古而不摹，自我作古矣。大抵论诗于明，逊唐而逾宋，似以摹古胜[⑦]。中朝李空同、何大复、徐昌谷以追七子，非李、杜、王、孟不为也。而近日乃元、白、仝、贺、郊、岛诸家，以颖见售，少所闻，多所怪。守七子之墨者，以为拖曳良苦，庨豁未弘。而余以诸家乃向所未及摹也，于习标创见，以为新奇可喜。譬之泰山、东海，习而常之；雁荡、洞庭，诧为摩天抉地；释迦之雪山，反出宣尼洙泗右。取未及摹而摹之，古今虽廓，当问之宫锦坊售时花样耳。然摹古之倦，返之故有术。蹈奇测险，发昔人未发，其境侠；滔滔莽莽，信心信腕，其境霸；冲淡潇洒，无一毫脂朱态，其境隐。三百风雅已远，得其一二肖者可也。季木固似[⑧]仙而侠也夫！因序之。

年家弟李若讷季重书[⑨]。

---

① 王士禛眉批“录八首”。

② “甲寅稿序”，天津图书馆藏明万历刻本李季重《五品稿》作“王季木诗稿序”。

③ “泛”，原脱，据《王季木诗稿序》、明万历刻本和王批明抄本补。

④ “梦”，《王季木诗稿序》作“以”。

⑤ “夜”，王批明抄本为空格。

⑥ “五”，《王季木诗稿序》作“六”。

⑦ “胜”，本作“盛”，据明万历刻本、王批明抄本改。

⑧ “似”，《王季木诗稿序》和明万历刻本无此字。

⑨ “年家弟李若讷季重书”，《王季木诗稿序》无此内容。

春雪诗[①]

雪到春深更奇杰[②]，犹如秋杪见花开。何分六出成五出，且喜残梅变早梅。妒客黄鹂浑不语，知期紫燕且空回。幸余旧岁消寒酒，邀客今宵尽此醅[③]。

送公浮来使金陵

胜地须慧[④]眼，巢松须高鹤。簇秀诶灵荃，夙缘亦今约。江南稀尔迹，六朝成糟粕。尔不到江南，英怪吼空膜。天风送飞舟，澄秋横一鹗。江水无藏妍，山精露奇削。莫愁肃歌喉，降魂于官阁。[⑤]尔当搦管时，谢庾纷踊跃。秦淮走流云，蘼芜绿于昨。

上元时以慈宁不豫，戒严废灯事

金压鳌山百尺翠，十四还堆东上外。嫦娥扫宫候迦陵，云将抟沙霓裳碎。[⑥]铜驼望月听宫莲，夜光愁照春罗腻。才人绎络问慈宁，老珰摇首[⑦]寒鸦鸣。灯市无人骄狸走，金张翟轩屯巷口。鱼钥日高迥不传，千官如噎颊生烟。外家小枝琐鹦鹉，小枝，小灯也；琐鹦鹉，不火也，挈壶老令占参五，是时孛入参五度。

书天宁寺壁，寄怀刘彬予先生

先大夫丙申客燕，与彬予先生缔交，朝夕莫逆。尝偕游天宁，余时步从。己亥先大夫榇归过淮，彬予走哭水次，嗣是山川邈绝，莫能闻问。癸丑忽遇于燕市，则余方在网罗。相对欷歔，真同隔世。未几，而彬予又之楚藩。今年春再过僧舍，先大夫及彬予唱和，旧迹宛然，不堪重缅，辄赋一诗。

---

① “诗”,《问山亭主人遗诗正集》无此字。

② “杰”，王士禛改作“绝”。

③ “醅”，王士禛改作“杯”。

④ “慧”，王批明抄本作“惠”。

⑤ “莫愁肃歌喉，降魂于官阁”，王士禛眉批“魔”。

⑥ “嫦娥扫宫候迦陵，云将抟沙霓裳碎”，王批明抄本原有眉批“恶道”，非王士禛所书。

⑦ “首”，明万历刻本、王批明抄本作“手”。

塔影横压天宁寺，寺里黄花秋色悴。我嗅黄花一断肠，血殷壁上先严字。分韵题诗四五人，回头一十八年事。雨暗风霾江水深，孤舟万里招魂至。荒草萋迷古道傍，忆君白马天南泪。消息浮沉更可怜，怆皇忽遇如梦寐。痛把予手不能言，吞声共买长安醉。一唱骊歌秋复春，洞庭有雁书难寄。思君每到别离地，长歌短咏写悲意。故垄松楸乌夜啼，游子只怨西山翠。

东归

欣然别旧友，只稍恋西山。鸟乍开笼去，云嗟不雨还。折花留胜日，酌水洗尘颜。一出春明外，征车步步闲。

出京

纵是风波地，三年已自亲。宁无岐路泪，洒向障天尘。放浪从毛马，萧疏任角巾。不愁五湖水，不许有潜鳞。

题虎丘画卷

吴王愁卧铁花雨，郑旦游魂尚吴语。石井皴鳞煮碧芽，游客停舟忆[①]陆羽。千人石上老头陀，夜半讽经驯猛虎。只有苏小与贞娘[②]，罗袜随波听游橹。

题百花卷

一枝花是一枝情，画里看花意自明。折得无蜂兼[③]无露，年年春在石头城。

---

① “忆”，王士禛改作“怀”。

② “只有苏小与贞娘”，王士禛改作“惟有贞娘墓上魂”，并眉批“苏小在杭”。

③ “兼”，王士禛改作“又”。

别于虬先于富庄驿时虬先使滇南[1]

已分经年别，还惊此日同。与君俱坐拙[2]，投老莫悲穷。驿古狐啼树，灯残鬼啸风。山川新簇簇，万里酒怀中。

归家简诸兄弟

无端小草惹常[3]缘，回首荒庐已二年。猿鹤无言能不愧，江山有态且依然。生涯寂寞存黄犊，墓祀萧条老杜鹃。今[4]与诸昆盟息壤，一壶酒对一花妍。

又简伯石兄

何官肯换此春闲，况是漂零远道还。兄弟尊前消垒块，风霜影里惜容颜。看花次第休轻掷，破产追游未可悭。松径竹居烟雨窟，从今严与置重关。

赠贾湘秋

湘君魂恋九疑山，醉杀秋光是此间。多少牵情怨别者，年年竹上点新斑。

宿许生山室

征衫才脱便山游，转悔京华两岁留。几负鸟声拖雨呏，可虚泉水带花流。官租纵急须修具，野酿虽漓可共酬。愿尔高秋饶远兴，同携蜡屐问岣嵝。

简林学衢先生

露花夜洗书带草，窗落凉云光不扫。先生抱膝目飞鸟，鸟声不妒汀兰好。江猿海燕梦南天，万里壶公山窈窕，公闽人也。莫宝鸟篆问庖牺，时贱文章

① “别于虬先于富庄驿（时虬先使滇南）”，《问山亭主人遗诗正集》作“别于虬先使滇南”。

② “拙”，王批明抄本作“折”。

③ “常”，王士禛改作“尘”。

④ “今”，王士禛改作“若”。

如土稿。危坐斋宫说古人，苜蓿只对冰盐饱。坡公多事叹决明，金钱岂为西风老。

长门怨

原许金屋贮，乃落长门去。阿娇今不娇，长主作事误。只见倾城人，不记欲得妇。红颜吹作地皮土，玉兔金蟾销三五。

同林学衢、徐孟明诸友饮李将明西园

花际休教杯暂空，花红争胜酒光红。狂呼五白收赢马，拟注三江饮降虹。山于出林分面背，鸠因无雨闹雌雄。西园雅集真堪纪，好入龙眠笔意中。

早枝浓菀晚枝空，谁不酬花爱早红。毂转于髡频逐北，羽飞白堕尚呼东。亲人鱼鸟休相避，亭长山泉且自雄。拟发清商催晚雨，共调松韵入歌中。

王带如年丈过舍

此归乐事本兼三，展社看山与快谭。[①] 冷我苹中才聚雀，多君柳外已鸣骖。衰容乍对泾何浊，软语深更蔗渐甘。非俗非僧竟谁似，似僧只可号憨憨。

我家山北尔山南，鲁国于今有二男。袖里新诗携小陆，诗中转语醒瞿昙。到来心口双无碍，始信疏慵七不堪。今日老夫饶一著，愿将棋局赌书龛。

示长侄

古寺幽松灯照愁，我曾忆尔怆高秋。食贫终岁翻残卷，痛母冲风卜旧丘。只为病癯多蓄术，何知花信已开榴。眼看叔氏途穷矣，犊鼻长竿好自留。[②]

---

① “此归乐事本兼三，展社看山与快谭”，王批明抄本原有眉批“习气”，非王士禛所书，王士禛旁批“俗调”。

② “何知花信已开榴。眼看叔氏途穷矣，犊鼻长竿好自留”，王士禛旁批“俗极俗极”。

闲居

我有山亭可下帘，顽尘休再扑眉尖。自知五石匏难落，心觉飞泥絮已沾。供客鹅黄新酒熟，惊时蛇蜕旧篁添。耽泉爱石今成痼，不遇明医不与砭。

王三若过舍

闻君扃户未轻开，冲暑何能远道来。六载谈风倾燥吻，一时红雨点新苔。闲消长日棋无谱，坐老空亭梦不猜。笺注笑林供客笑，园丁又笑鹤生胎。

初雨乞竹

怜予无麦复无禾，天遣云师谪孟婆[①]。才听蚕声到庭树，已闻蛙部满城河。垄头历乱谁家耒，湖上娉婷几片蓑。五月碧篁多嫩玉，年年循例乞新柯。

寄汪麟阳年丈[②]

近居病窟与愁城，十里风吹蟪蛄声。渐老面如沙里[③]卉，伤离人似雨中橙。忆君鸡骨支床日，定有牛腰束卷行。为问大安方便地，可曾调伏可怜生。

湖雨

两湖十里隔西东，莲曲菱歌声不同。苏老只怜晴潋滟，那知一样色空蒙。

答公浮来回自金陵寄韵

判风断雨水之方，病里怀人觉夜长。闻向江南参白足，可曾台上忆归昌。歌传吴趋从多态，露到山村几倍凉。愧尔有书寻旧约，伤心一抹色葱苍。

---

① “天遣云师谪孟婆”，王批明抄本原有旁批“问山此等最吃累”，非王士禛所书，王士禛旁批“俗”。

② 王批明抄本于此诗原有眉批“作香奁自佳”，非王士禛所书。

③ “里”，王批明抄本为空格。

送吴怀洋之京

碧眼皤须老炼师，浮云不定往来期。淮南种术秋堪刈，冀北听鸿夜有思。换骨秘行烹月法，逢人休唱步虚词。长安宾客中如火，此去多携五粒脂。

送朱原颖形家还清源

曾于闹处一窥天，无个峰峦[①]不俗缘。自尔洗霜来指点，从教剩水也鲜妍。安身有室藏凫渚，得意奚囊挂马鞯。凭此番书兼济胜，随余生活过年年。

送吴怀洋南归

庸医不证道，草根木皮尔。顽仙废吟诗，何贵乎不死。子本陆地仙，托之乎匙匕。衿袖风泠泠，发鬋云弥弥。横目极江天，梦游于角里。我当尘坌间，对子独狂喜。如火正燔中，饮以佳泉水。读君一囊诗，未药而病已。不贪金银气，三山其咫尺。欲更逃之禅，尚其遗只履。

送何海若画师

妖云媚雨[②]共盈函，多貌名山也是贪。愁听雁回仍冀北，细于烟里写江南。几家皴法留神品，未语禅心已上参。但遇寒林兼瘦石，为予一豆点画[③]龛。

闲居

柳谢莲枯又一时，兀然散发复支颐。只来北雁为愁友，谁倩西风与病医。林外黄冠通八蜡，城边白草哭村嫠。南山泉水宜秋酿，菊日何人寄一鸥。

---

① “峦”，本作“恋”，据王批明抄本改。

② “妖云媚雨”，王士禛旁批“俗恶”。

③ “画”，明万历刻本、王批明抄本作“书”。

王补之过舍

蔓户长萝经老夏，稍亲凉雨读残书。夜澄易梦寒山鸟，居僻常稀远地鱼。韵事愁中都潦草，壮年病起已蘧蒢。感君能不多忘我，聊赠诗蛩与墨猪[①]。

补之夜话

霪雨虽无赖，泥途幸客留。湿云低贮屋，饥鸟暮争榴。各话湖山胜，聊当汗漫游。宵凉灯焰白，剌剌贾长头。

中秋雨

已分樽前辜赏月，只应天上有中秋。山云填壑迷归雁，野屋沉烟恼逐鸠。好事只余三寸菊，晴湖还可一扁舟。因风寄语文夫子，此夜愁肠[②]老莫愁。

再游北湖

春游未可敌秋游，更爱深秋胜浅秋。空阔无风时[③]送响，澄光虽老不生愁。荷枯水静鱼纹见，露洗天明雁影留。好景一年收局处，新诗何样足相酬。

再简林学衢

厚藓长松坐斋屋，晚秋过雁客山城。每怜薄俸收书尽，时到乡茶选水烹。深夜吟诗英鬼听，清池泼墨睡鱼惊。重阳对酒兼看菊，莫向南天忆熟橙。

送吴怀洋

伏雨堆门亭扑雾，新知旧交迷江路。抛卷呻吟发不收，说病仍嫌林鸟妒。吊问耕莳随暮暮，揽镜才嗟少年误。两月高僧去未还，尔来悠然生远趣。尔药

---

① “墨猪”，王批明抄本原有旁批“如此用，未大雅”，非王士禛所书。

② “肠”，明万历刻本、王批明抄本作“伤”。

③ “时”，王批明抄本为空格。

最灵我不餐，尔棋过高成虚具。听尔鸣琴坐嘉树，雁叫凉云鹤警露。一弹一听衰颜驻，六月暑消祝融怒。促我梳头尔欲归，日过中阶刚两步。

送陈青岳归临清

门对青矶卫水西，藤梢柳线晚堪迷。桥边多少如焚女，只乞囊中一粒犀。

送朱源颖归临清

长船短艇压春流[①]，南北游商一日愁。煮玉炊金歌舞地，书声讵有竹边楼。

赠歌者王伽

池上杨枝染越罗，柔情不耐[②]早花多。年来更有添春瘦[③]，为听伽儿[④]一曲歌。

闲居

汎汎今谁可，何缘自尹詹。废诗嗟鹤断，治产类蛇添。侈享新枝缛，佳朋远岫尖。衣冠从了鸟，朝暮总涵淹。

何海若画竹卷

崖头亭子如檠笠，从篁夜作女儿泣。风雨深山不得眠，科头赤脚披竿立。摘枝和露入茶烹，坐咽绿珠八千粒。游魂睡去竟何之，筼筜谷口墨光湿。

---

① “长船短艇压春流”，王批明抄本原有眉批“本大复‘龙蛇春压九河流’”，非王士禛所书。

② “耐”，王士禛改作“奈”。

③ “有”，王士禛改作“遗”；“瘦”，王士禛改作“恨”。

④ “伽儿”，王士禛改作“王伽”。

坐履弟舍[①]

瓦炉香篆舞飞幢，日晷潜移测石矼。全福可消书满屋，无人得共绿盈窗。奇闻久诧能农耒切三足[②]，文缴思加鸟六双。我欲时来参秘谛，恨难一口吸西江。[③]

题徐生泰山[④]室

独脚带萝高岸憩，松精柏灵[⑤]执介弟。千年夜听帝魂泣，鹿女衔花供天祭。暑雨吹冰摘龙嚏，泉轰不乱书声脆。无字碑截成砚制，神房留题小篆细。天孙卜媒求嘉婿，晓起流云绾高髻。

---

① 王批明抄本于此诗原有眉批“七律亦五十六字，贤人也不宜著此屠沽儿”，非王士禛所书。

② “奇闻久诧能三足”，王批明抄本于此句原有旁批“习气填塞”，非王士禛所书。

③ “我欲时来参秘谛，恨难一口吸西江”，王士禛旁批“直致”。

④ “山”后，明万历刻本、王批明抄本有“书”字。

⑤ “松精柏灵”，王士禛旁批“俗恶”。

北湖游记

惟辛亥九月，曾一泛舟，自吕埠遵郑潢沟之委流而东也。及暮，止届诸葛庄。东望华沟，邈在天末。询之黄头，云此湖如胡芦，今所到者，自颔及项，去中膈与其阔腹尚远，盖指马踏、会城言耳。今秋欲了前志，蹉跎未果。适归自长白，日已晏，闻伯石[①]兄偕诸弟侄已先巩桥牺舟[②]，待余始发。巩去邑东四十里，正欲顺湖之南岸，直当其阔腹处，乃北入也。

次日，余急驰追诸人。出门，云如笠笼头上。甫二三里，大澍，马行泥淖如拜。余私祝雨师，定不负此湖。俄而雨减，迨暮亦得[③]抵巩桥，见诸人尚危坐听霖铃[④]，虑不得发舟。余笑曰："迟余至，始霁耳。"至夜雨转剧，余曰："但睡无虑，我已有祝达雨师矣。"及天明，果大光霁。两侄急起戒舟，伯石又申之曰："携糇无啬，楫缆维利；仆无哗，指顾无乱。"约定乃遵乌河顺下[⑤]。两岸柳相绾斗如长廊[⑥]，枝柟时时扫拂肩背，亦颇碍舟。惟龙湾桥最阔，水旋转如磨。俗传湖中往往龙挂，雷雨飞散，还窟于此。孙楼、夏庄俱在西岸，牟庄在东岸。牟之东北有古城浮拍水面，其水俗传为李白泊，其城则[⑦]汉元帝封李谭之延乡城也。至今犹呼"会城"者，盖仍桓公之盟云。《水经》谓此城为古平州。《春秋·宣元年》"公会齐侯于平州"是也。龙湾南，水底有石闸，以篙铁触之洞洞[⑧]，是赵尹所凿内渠，欲通舟孝妇、小清，以西达济南者。其后赵去，竟废。

北行二十里许，始西转入湖。北视博姑城才十里，舟高于墉已[⑨]数尺。城之南门有亭翼然，点苍即[⑩]"锦秋亭"，元中统间邑人所建，盖取坡老诗命名。坡老昔尝过此，爱其风景绝类江南，赋诗云："霜风收绿锦，万顷水云秋。海

---

① "伯石"，康熙《新城县志》作"思止"，下文均如此，从略。

② "巩桥牺舟"，康熙《新城县志》作"牺舟巩桥"。

③ "亦得"，康熙《新城县志》无此二字。

④ "听霖铃"后，康熙《新城县志》有"声"字。

⑤ "约定乃遵乌河顺下"，康熙《新城县志》作"约既定，乃遵时水而下"。

⑥ "廊"，本作"郎"，据康熙《新城县志》改。

⑦ "其水俗传为李白泊，其城则"，康熙《新城县志》无此内容。

⑧ "以篙铁触之洞洞"，康熙《新城县志》作"篙触之洞洞然"。

⑨ "已"，康熙《新城县志》无此字。

⑩ "即"，康熙《新城县志》作"曰"。

气朝城[①]市，山光晚对楼。舟车通北阙，图画入南州。且食鲈鱼美，吾盟在水[②]鸥。”又云：“鲈虽小，亦四腮，不减松江，并有[③]莼菜，土人皆不识，目鲈为豸鱼[④]云。”舟西行六七里，是荷菱最盛处，环合数百顷，下不见水。水花种类繁多，都有清馥，不但莲香已。采莲惟取白菂，其深红、浅粉者，便委弃狼藉，殊觉暴殄[⑤]。渔人诧见游客之至[⑥]，竞献鲜美。给以钱，摇首不顾惜[⑦]。索[⑧]鲈鱼，曰无之；索豸鱼[⑨]，则柳穿荷裹，不可胜用。就烹，味迥异诸鱼，信足为张季鹰抛一官也。其羽禽有骨顶红鹤、淘河等鸟。其水菜有谓慈菰者，即菰米，恐不堪作饭。坡老所为莼菜者[⑩]，被盖水面。出此，则湖之腹脐，水渊澄，下视数丈不见底，鱼游镜中可数，渔人指为湖囊。西南长白，东南则愚公诸山，簇簇矗矗，直走水中，波稍撼击，吞峰峦如浴螺。相顾喜曰：“洗山浴卉，信宿雨于我不薄哉！”

舟行净[⑪]水，较河港稍驶，望青冢、华沟，宛在西南，水荡屋树如荠。其北即鹅鸭城，是慕容燕养畜之地，阴雨夜[⑫]犹闻鸣聒，理或然。及暮始抵华沟，古鲁连坡[⑬]也。邑人太守宋锐与方伯李延寿奋迹于此，今但存破屋数椽，足晒鱼网耳。迨伯石兄[⑭]又卜筑吟咏其上，匾之[⑮]曰“鲁连遗清”。有宋光显者，老渔也，见余舟谓曰：“此去诸葛庄尚十里，须渔[⑯]艇加桨乃可。”折而南，余速易舟。

---

① “城”，康熙《新城县志》作“成”。

② “水”，康熙《新城县志》作“白”。

③ “并有”，康熙《新城县志》作“亦多”。

④ “鱼”，康熙《新城县志》无此字。

⑤ “殊觉暴殄”，康熙《新城县志》无此四字。

⑥ “之至”，康熙《新城县志》无此二字。

⑦ “惜”，康熙《新城县志》无此字。

⑧ “索”，康熙《新城县志》作“从索”。

⑨ “鱼”，康熙《新城县志》无此字。

⑩ “坡老所为莼菜者”，康熙《新城县志》作“莼菜”。

⑪ “净”，康熙《新城县志》作“静”。

⑫ “夜”，康熙《新城县志》无此字。

⑬ “坡”，康熙《新城县志》作“陂”。

⑭ “迨伯石兄”，康熙《新城县志》作“思止”。

⑮ “匾之”，康熙《新城县志》作“题”。

⑯ “渔”，康熙《新城县志》作“鱼”。

方鼓摇[①]，而月已可中，下照菰蒲、蘋蓼、荇带、萍蕊[②]，历历如画。诸人长啸浩歌，余亦击榜而和之曰："月亟清兮龙窟寒，浥白露兮惜朱颜。"歌声未竟，遥闻马嘶，已届南岸。庄西水湄，有庙祀孔明[③]。孔明步齐门歌《梁父》时，或寓此，想在未卧隆中以前耶。西北[④]数里则辕固镇，固墓在焉，今讹作牛固，亦五婿十姨之类也[⑤]。是夜宿于南寨，是为甲寅之七月十三日。

同游者思止象艮、又损象益二兄，吉甫象明弟，与亮、与能、与才诸侄。[⑥]

北湖别记[⑦]

湖心有土，名青冢，在金刚堰正东。上有青凉寺，又为齐高士颜斶故居，今俱废。周环数百余步，水瀑溢亦不能没，但时如马、如象、如牛[⑧]耳，人谓随水浮沉，恐涉诞。《传》载齐景公有马千驷，田于青丘，与晏子游于少海。按《齐乘》："青丘在清水泊。"则青冢之为青丘无疑。今会城泊亦称少海，《子虚赋》云："秋田于青丘，彷徨于海外，吞若云梦者八九于胸中。"正[⑨]谓此也。注乃云："青丘为海外山名，出九尾狐。"此丘一抷土而[⑩]九尾安所掉哉！且桓公牧马台，本齐之千乘别城也，驾其千驷田青丘，于理近似。或谓此丘地小不称其名，不见天齐以之名国耶？自伪齐刘豫填鹊湖、塞[⑪]泺水入大清之路，湖中始断舟楫。

---

① "摇"，康熙《新城县志》作"棹"。

② "荇带、萍蕊"，康熙《新城县志》无此内容。

③ "孔明"，康熙《新城县志》作"诸葛孔明"。

④ "北"，康熙《新城县志》作"南"。

⑤ "今讹作牛固，亦五婿十姨之类也"，康熙《新城县志》无此内容。

⑥ "同游者思止象艮、又损象益二兄，吉甫象明弟，与亮、与能、与才诸侄"，本作"其同游者为伯石、又损二兄，吉甫弟明，仲钦、仲其三诸侄"。据《新城王氏世谱》知，王与亮，字信明，王与能，字仲良，王与才，字其三，故此处易以康熙《新城县志》之内容。

⑦ "北湖别记"，康熙《新城县志》作"北湖游别记"。

⑧ "如牛"，康熙《新城县志》无此二字。

⑨ "正"，康熙《新城县志》作"殆"。

⑩ "而"，康熙《新城县志》作"耳"。

⑪ "塞"，底本原脱，据康熙《新城县志》补。

然在胡[①]元，犹可以达济南。元人于钦[②]，常奉其母柩[③]自济南华不注山下，经小清而东入北湖，折而南入时水，至索镇舍舟，以归益都。今泺水复入大清，而此湖所受之小清，乃章丘之獭[④]河耳。索镇即故西安城，乌河则时水也，一名畛，“襄三年，齐晋盟于畛”是也。湖水仰给于[⑤]此河者居多。《水经》谓：“时水自西安城南石羊堰分为二支，其一北入湖，其一西北合黄山之德会水，至梁邹入小济。旱则枯竭，所谓‘乾时’也。庄九年，公及齐侯战于乾时，今又名梧[⑥]河，不知何考[⑦]。”呜呼，此水视杭之西湖与燕之裂帛，宏阔不啻倍之，使郊于都会，将粉妆黛抹，课柳谱桃，只为游侠佐觞耳。幸处僻寂，名不闻于四方，非耽奇穷幽者不一[⑧]至，鱼鸟草木乃得全其神而终其天，亦湖之老而休逸时哉！虽然，湖之阅人多矣，姜齐、田齐、南燕、伪齐，俱尝以之濡马吻矣。乐喧乐寂，唯冯夷自知之。

北湖游诗

天与[⑨]新晴得放舟，水痕一夜没沙洲。遥遥苇岸深鸣犬，曲曲杨湾稳聚鸥。市客初尝菰作饭，湖名不负锦为秋。爽鸠城在悲齐景，幻似浮沤小似瓯[⑩]。

远山印水浑如合，积涨无风亦小波。钓艇每随游艇乱，晚莲不及早莲多。几家居室[⑪]邻鱼鳖，何代荒城叫鸭鹅。明月照人生恻恻，别汀咿哑[⑫]又闻歌。

湖纳百川海纳湖，桑枝日日浴灵乌。向洋已可开愁臆，漱洁兼思醒病肤。月夜惜抛鲛室泪，雨朝疑铸水心垆。秦台寂寞东游马，闲杀寒潭不结蒲。

幸无诏赐成私水，更少郎官点俗名。鱼鸟有天迷旧谱，阴晴多态太憎生。

---

① “胡”，康熙《新城县志》作“前”。

② “于钦”，康熙《新城县志》作“于侍郎钦”。

③ “奉其母柩”，康熙《新城县志》无此四字。

④ “獭”，康熙《新城县志》作“漯”。

⑤ “于”，康熙《新城县志》无此字。

⑥ “梧”，康熙《新城县志》作“吴”。

⑦ “不知何考”，康熙《新城县志》无此四字。

⑧ “一”，康熙《新城县志》无此字。

⑨ “与”，康熙《新城县志》作“雨”。

⑩ “瓯”，康熙《新城县志》作“鸥”。

⑪ “居室”，康熙《新城县志》作“茅屋”。

⑫ “别汀咿哑”，康熙《新城县志》作“呕哑别渚”。

飘浮远羡鸱夷子，顾盼今怜不齿伧。泽国波臣原享用，芰荷衣带虾蟆更。

人见龙车络水来，青丘书动六丁雷，用青丘元老事。岸边谁操公无渡，笛里依稀阿滥堆。沙月迥悲鸿雁过，槎风亲拂斗牛回。武侯遗庙埋荒草，水底疑存八二魁。

十年凿石营山室，咫尺烟波负水隈。即附此乡差可老，况当吾土莫生哀。峰峦崒嵂风随换，楼阁虚无天与开[①]。怪得志和驯白鹭，绿蓑青笠不归来。

天吴不荡冯夷喜，五月无炎六月秋。波似葡萄醅乍酦，云成文罽幕行舟。纬萧有意探龙颔，画壁还须借虎头。八九平吞曾蒂芥，苍茫一粟是青丘。

谁从海若网珊瑚，更向翔山貌垒荼。东渡嗟同五技鼠，北方诧有四腮鲈。主人田氏仍姜氏，遗俗徐吾兼李吾。安得周官问泽薮，且教重定九州图。

① “天与开”，康熙《新城县志》作“镜倒开”。

李杜诗评

读李诗评卷之一①

五言古

李四言二首，虽力摹魏武，形神两失。《来日大难》一首前六句，《上崔相》一首前四句，稍存风骨，以下排偶近腐。

唐人中五言，能以新声并汉魏格力者，惟青莲、龙标二君，杜老则间杂六朝诸体。

《侠客行》，太白自写其本色，故语多遒上，若“十步杀一人，千里不留行”，又若“眼花耳热后，意气素霓生”，与“纵死侠骨香”一语，肝胆激烈。

太白发边塞、闺阁之思者，凡数十见，俱极情致，若“明月出天山，苍茫云海间”一首，气韵笼罩异代。

《结客少年行》与《侠客行》同调，“舞阳死灰人，安可与成功”，当令此觞鬼汗背。《长干行》一首，得古乐府之神，勿复计其音韵之同异。“八月蝴蝶黄”，“黄”字有作“来”者，味浅。

《古朗月行》托意极远，末结以忧恻，亦自常情。《上之回》即就述事“阁道步行月，美人愁烟空”，亦非近世语。

相如欲娶茂陵女，闻《白头吟》而遽止；班姬宠衰，武帝见《长门赋》而复幸。盖缘武帝英断，相如豪侠，有是君，有是臣也。予意《长门赋》笔意或②得自《白头吟》。《独不见》一首，写闺情，不堪读。

《妾薄命》曲，太白自况也。太白初蒙宠遇过渥，后以谮废，阿娇诚的对。“昔日芙蓉花，今成断肠草”，悲极却得风人之致。按陶弘景《仙方》云：“断肠不食，其名美好，又名芙蓉。”古人下语精切如此。

《幽州胡马客歌》写边塞如画，他人操笔，断无此气魄。

《门有车客行》不失六朝古意，虽有画瓢之诮，无伤也。

《君子有所思行》落落穆穆，中情巨殷。

---

① “卷之一”，底本无此三字，据天津图书馆藏清抄本（以下称“天图清抄本”）补。在天图清抄本中，《读杜诗》卷之四的内容在前，其后为《读李诗评》卷之一和《读李诗评》卷之二的内容。

② “意或”，天图清抄本无此二字。

《东海有勇妇》与《秦女休行》叙事并赞美之词。二女固烈，诗亦相称。《黄葛篇》总窃意于《周南》，“寄远”以下，其情脉脉。

《白马篇》又与《侠客行》同意，结句复重。

《怨歌行》又与《妾薄命》同意，皆自况也，情虽更怨苦，不及《薄命》曲近古。

《塞下曲三首》与《幽州胡马》同意，总不及《塞上曲》更苍。

《大堤》《湖边》二曲，俱思而不淫。“花开大堤暖”，“暖”字工极。

《鼓吹入朝曲》缩《帝京篇》而简之也，但末段不涉悲叹，亦太平音也。

《秦女卷[①]衣》与《邯郸才人》同意。太白以绝才见弃，故离骚之悲不减屈宋，勿谓古今才不相及也。《东武吟》直而浅，断系赝作，即真亦可废。东武即今之诸城县，岂其被放后，又复到东鲁耶？

《出自蓟北门》与《幽州胡客》意大同。“画角悲海月，征衣卷天霜”，语逼古。

《北上行》峭耸如生裂石，求之古人，自陈思、太冲而外，他人不可问。

太白冲怀慕道，故多为游仙之曲，思以驻颜久视，如《短歌行》中“麻姑垂两鬓，一半已成霜”，语何过奇！

《大鹏赋》太白之志极旷；《空城雀》太白之遇可悲。

《发白马》一首，得之王仲宣，可谓青出于蓝。

《陌上桑》意致未出前人行径，而词亦明洁。

《枯鱼过河泣》亦就题意示诫。

《丁都[②]护歌》与题意妙在离合之间。

《相逢行》善作深情语。

《千里思》以苏李事发论，觉味短。

太白多创乐府题，如《树中草》等，皆有巧思。

《折杨柳》婉丽胜诸人之什。

太白诗，意重者颇多，如《少年子》《少年行》与《侠客行》等，虽长短不同，实无异意，然俱不废。

“胡风吹代马”与杜老“落日照大旗”一首，旗鼓相当，如“半渡上辽津，黄云惨无颜。老母与子别，呼天草野间”等语，当于六朝以上问之。

《凤凰曲》味薄而声却不孱。

《秋思》《春思》两极悲肠。《子夜四时》，各抒婉思。

《对酒》《长歌》二行，苦口劝觞，声气俱促。“枯枝无丑叶，涸水吐清泉”措语诧新。“桃李务青春”“务”字，“秋霜不惜人”“惜”字，俱异。

① “卷”，底本、天图清抄本俱作“衮”，据王琦注《李太白全集》改。

② “都”，底本、天图清抄本俱作“督”，据王琦注《李太白全集》改。

《南都行》与《鼓吹入朝曲》同意，而语不及《鼓吹》为健。

《秋浦》两歌，趣韵双绝，如“千千石楠树，万万女贞林。山山白鹭满，涧涧白猿吟。君莫向秋浦，猿声碎客心”，古人亦无此格致。[①]

《玉真仙人》不俗。

《清溪行》令人心骨澄净。

《历阳壮士》直稚无味。

《拟古》便古，非时可测。

“君为女萝草”一首，是李诗中绝唱，当与古诗《上山采蘼芜》并论，杜老于此不在个中。

《古风》六十一首，拟阮步兵、陈拾遗两作，的是一篇大文字，非小手笔可能。然沙金石玉未必择言，吾所深取者，如《蟾蜍薄太清》一首，《代马不思越》一首，《胡关饶风沙》一首，《天津三月时》一首，《秦水别陇首》一首，《芙蓉娇绿波》一首，《孤兰生幽园》一首，《恻恻泣路岐[②]》一首，皆其精粹。余者或完而石，或瑕而玉，未尽取也。

《登高望四海》一首，载本各异，今存吾定本云：“登高望四海，天地何漫漫。繁霜群物秋，风飘大荒寒。杀气落乔木，浮云蔽层[③]峦。孤凤鸣枳棘，遗声何辛酸？游人悲旧国，抚心亦盘桓。倚剑歌所思，曲终涕回澜。”

《胡关饶风沙》一首中，予去“天骄”二句。

《世道日交丧》一首，予去其首尾，只存“不采芳桂枝，反栖恶木根。所以桃李树，吐花竟不言”四句。

《芙蓉娇绿波》一首，载本各异，今存吾定本云：“芙蓉娇绿波，桃李夸白日。偶蒙春风荣，生此艳阳质。岂无佳人色，但恐花不实。宛转火龙飞，零落互相失。讵知南山松，独自立萧飔。”

《恻恻岐[④]路》一首，一本于“素丝易变移”之下，又有四句云：“万事固如此，人生无定期。田窦相倾夺，宾客互盈亏。”语不类，去之者是。

《献从叔》一首，《翰林读书》一首，俱无足取。

《系浔上崔相》二诗，“毛遂不堕井”一首，意公正在窘，尚急自白，亦不佳。若《胡马渡洛川》一首，共十六句，中六句云：“贤相燮元气，再欣海县康。

---

① 《秋浦歌》共十七首，其中两首为古体诗，其余均为近体。王象春此处所述“《秋浦》两歌”即为两首古体诗。

② “岐”，天图清抄本作“歧”。

③ “层”，本作“曾”，据天图清抄本改。

④ “岐”，天图清抄本作“歧”。

台庭有夔龙，列宿粲成行。羽翼三元圣，发辉两太阳。”颠沛之际，乞哀正切，不觉其词之过谀也。使才子屈心而为此恶语，以谀菜佣，古今悲之。予昔被奸谗所中，当在网罗，每读至此，未尝不掩卷愤恚。

《赠张相镐》二首，亦多谀言，末有自效之志。第二首自叙家世，出于李广，他诗中每称飞将，至于李陵则不讳。

《赠从兄皓》诗，前后亦句。“托身白刃里，杀人红尘中”，二语近古。

《淮海对雪》诗，载本不同，今定云:“朔雪落吴天，从风渡溟渤。海树成阳春，江沙皓明月。飘飖四荒外，想像千花发。剡溪兴空在，郢路歌未歇。寄君梁父吟，曲尽心断绝。”一本于“千花发”之下添“瑶草生阶墀，玉尘散庭阙”二句，丑恶。

《赠徐安宜》只四语可取:“浮人若云归，耕夫满郊岐[①]。川光净麦陇，日色明桑枝。”其余俗气。

《早秋赠裴十七》诗，起句云“远海动风色，吹秋落天涯”，高卓不群。“吹秋”一本作“吹愁”，无谓。

《赠金卿》《赠王少府》《赠周处士》俱无足取。

《玉真宫公主别馆》二首，语亦不俗。

《赠弟子春诗》丑恶。

《赠韦侍御》二首，语直亮而多风。

《赠何七判官》诗，古本甚佳，今本末添“夫子今管乐，英才冠三军。终与同出处，岂将沮溺群”四句，蛇足。《诸葛武侯》诗，甚庸。

《赠参寥子》《赠张司户》《赠清漳侄》《赠临洛令》《赠王大》《赠卢征君》数首，俱无足取。惟《司户》一首，首四句与《清漳》中“琴清月当户”以下八句，差爽人意。

《赠新丰少年》一首，有爽气。“内手如怀冰”，“内”字即古“纳”字也。

焦炼师以妇人得仙，盖麻姑、何姑之流也。太白赠诗，起句有采，以下平平。

《赠张公洲诗》亦平平。

“木落识岁秋，瓶冰知天寒”，不必论其有本与否，自是名句。锁句“何事空摧残”，有改作“拥”字者，不通。

《书情赠蔡舍人》一首，佳句与恶语相间，可惜鱼目混珠，姑摘存其语，如“猛犬吠九关，杀人愤精魂”，如“倒海索明月，凌山采芳荪”，如“黄鹤不复来，清风奈愁何。舟浮潇湘月，山倒洞庭波”，俱非率语。

“归心结远梦，落日悬春愁”，直追宣城之驾。

《访道安陵》备露丑态。

---

① “岐”，天图清抄本作“歧”。

《赠崔郎中》以“胡雁”作起句，豪俊，以下俱称。一本无“仲尼”六句，亦可。

《赠崔咨议》与《赠崔侍郎》诗，虽借喻于“鱼”“马”不同，总是乞怜之意，然语亦不甚俗。

《赠裴司马》一首，犹存古乐遗意。

《叙旧》《赠从孙》并《草创》三首甚俗，而“非天雨文章”二句奇。“江北荷花开”以下可存；“绿水寂以开，白云有时来”，二语娴雅；“骑龙无鞭策”，一句诞奇。

《赠崔司户》谀语可羞，末云：“千金散义士，四坐无凡宾。欲斫月中桂，持为寒者薪。”四语劲奇。

《赠宋少府》无可取。

借陶令作诗，《戏赠郑溧[①]阳》却有趣韵。

《赠崔公诗》[②]亦觉平衍。“晚谒太山君”四句，与“凌兢石桥去”四句，稍见眉目。

《赠僧崖公》语腐，精神亦散。惟“晚谒太山君，亲见日没云。中夜卧山月，拂衣逃人群”四句，萧然物外。《游溧[③]阳北湖》一首，顾盼不常，烈士之语。

《赠秋浦柳少府》笔力在晋、宋之间。

《赠王判官》语意饺鲍、谢之腴。

“月化五白龙”，起句何诞异，大势气格亦不弱，但腐语堆尘，宝玩埋没。

太白日散万金结客，一片心地，有如皎日，顾应多得奇士，如武十七者，自乐为之用，然得此诗而武为不死，李之报之亦已渥矣。“马如一匹练，明日过吴门”，唐人惟龙标能为此语。

《赠闾丘宿松》存十四句，末二句蛇足，去之是。

《赠刘都使》《赠常侍御》二首，颇开莽丈夫气习。“归家酒债多，门客粲成行”，二语有致，固《刘都使》一首为胜。

杜老自叙有《北征》一首，与青莲“经乱离后为长诗赠韦[④]太守”之作，皆汗漫数百言，断非弱骨能辨，然而薮泽纳污，令人心懒目呆。

《赠王汉阳》则借王乔，《赠卢司户》则借卢耽，《赠赵太守悦》则借平原君，此法觉开后来俗格。三诗又以《卢》为胜。“秋色无远近”二句，竟非嵇、阮

① “郑”，天图清抄本无此字；“溧”，底本、天图清抄本俱作“漂”，据王琦注《李太白全集》改。

② 《赠崔公诗》之诗题有误，据内容知句中所涉之诗为《赠僧崖公》。

③ “溧”，底本、天图清抄本俱作“漂”，据王琦注《李太白全集》改。

④ “韦”，底本、天图清抄本俱作“常”，据王琦注《李太白全集》改。

以下语[①]。

“东平与南平，古今两步兵”，可谓游戏三昧。

“双歌二胡姬，更奏远清朝”，“二”字有作“寄”者，“远”字有作“唱”字[②]者，俗浅可嗤。“举酒挑朔雪，从君不相饶”，写出醉态，却不用描画。

《稚子舞》一首，味虽薄，却天然。

《赠宇文太守》又露逸气，起首句不俗。“错落千丈松”四句，与“猕猴骑土[③]牛”六句，俱有别趣。

“淮南望江南”四句，起得爽剀，以下腐陋。

《五[④]松山》一首，首末俱类乐府，而结句更不可及，直追汉魏。

结高僧，游名山，自关前生福力，如《赠会公》一首，情与景合，而感慨系之矣。

《赠友人三首》托意深远，摛词激烈。唐人五言古，惟太白于汉魏为近。“与君同岁寒”，有作“同急难”者；“张帆当涉川”，有作“济川”者；“谁知道南宅”，有作“谁分者”；“时来列五鼎”，又作“时人”者，俱非，特正之。

陈情以劝友道，一篇之中三致意焉。爽语与腐语相间，而爽不敌腐。

《赠从弟》一首，英雄浩叹，目古悲之。

《赠闾丘处士》诗，气味亦类柴桑。“荷花”，“花”字当是“衣”字。

“赠三僧诗”俱多溢美，而词气遒出，则以“濬公诗”为最，“朝美”“行融”二首，远不逮也。

杜老有黑白二鹰诗，太白有《白鹇》诗，情致所会，均有别趣，而李古似胜杜律。

《登敬亭赠窦主簿》《经乱后将避地剡中留赠崔宣城》《登梅岗赠族侄》三诗中，《敬亭》首尾可观，与《梅岗》相敌。惟《经乱》一作，工奇，拟于神授。其中句如“水石远清妙”，又如“雪昼[⑤]天地明，风开湖山貌”，又如“日足森海峤”，又如“猿近天上啼，人移月边[⑥]棹”等，皆旷古希音，萃于一篇，即二谢难之。

《书赠南陵》与《登巴陵开元寺阁》二诗，备员而已。

《安陆白兆山》诗，首六句二本不同，一起句“云卧三十年”，一起句“幼

① “语”，天图清抄本作“诗”。

② “字”，天图清抄本无此字。

③ “土”，底本、天图清抄本俱作“犬”，据王琦注《李太白全集》改。

④ “五”，底本、天图清抄本俱作“王”，据王琦注《李太白全集》改。

⑤ “雪昼”，底本、天图清抄本俱作“云画”，据王琦注《李太白全集》改。

⑥ “边”，底本、天图清抄本俱作“中”，据王琦注《李太白全集》改。

采紫房谈”，当从“云卧”者为佳。

《淮南卧病》首二句亦不同，一云“万里无主人，一身独为客”，一云“吴会一浮云，飘如远行客”，当从“吴会”者佳[①]。其中“国门遥天外，乡路远山隔”，一作“卧来恨已久，兴发思逾积”，殊非，且与下“旅情初结缉，秋气方寂历”有碍耳。至“风入松下清，露出草间白”二语，则羚羊挂矣。

《寄弄月溪》，味薄。

“秀色难为名”四语，看山得山之神，真能挹秀者。

“浮阳灭霁景”，一作“浮霁[②]灭阳景”，一作“浮云灭霁景”，俱浅无味。“清辉映水竹，翠色明云松”，空媚如画。“月华若夜雪”，比之“月色如渊澄”，更真而奇。

《秋夜宿龙门》一篇，石玉杂陈。如“水寒夕波急，木落秋山空”，如“目皓沙上月，心清松下风”，唐人隽语。他如“玉斗”“银河”等以下恶道。

《闻丹丘子于城北营》诗，首八句高卓，以下叙旧，剌剌不休，殊无清头。

《淮阴书怀》一首，亦惟首六句有气色，至“云天扫空碧，川岳涵余清”，自成名句。

《月夜江行》曲尽萧飒之致。

《宿白鹭洲》一首，声响自是律体，“徒令魂入梦，翻觉夜成秋”，乃类王、孟语。

《新林浦阻风》一首，莹彻无痕，诸本大异，并题亦不同。今存定本云:“潮水定可信，天风难与期。清晨西北转，薄暮东南吹。以此难挂席，徘徊益相思。海月破圆景，菰蒋生绿池。昨日北湖梅，初开未发枝。今朝白门柳，夹道垂青丝。岁物忽如此，我来定几时。纷纷江上雪，草草客中悲。明发新林浦，空吟谢朓诗。”

《北山独酌》一首开口云:“巢父将许由，未闻买山隐。”直令终南盗儒愧死口噤。至于“川光昼昏凝，林气夕凄[③]紧”十字，画不出。

《寄东鲁二雅子》味腴色鲜，中无排偶，酷类陶作。

“举杯向天笑，天回日西[④]照”，二语诧奇，长吉诗得此一体。

《禅房怀友人》诗，风骨森然，有《出塞》《入塞》之气，其苍句难以尽举，吾最爱“空长灭征鸟，水阔无还舟”二语。

《下浔阳城》虽短什，却有长味，如“落景[⑤]转疏雨，晴云散远[⑥]空”，鲍、

① “佳”前，天图清抄本有“为”字。

② “霁”，天图清抄本作“云”。

③ “凄”，天图清抄本作“栖”，据王琦注《李太白全集》改。

④ “西”，天图清抄本作“夕”。

⑤ “景”，天图清抄本作“叶”，据王琦注《李太白全集》改。

⑥ “远”，天图清抄本作“晓”，据王琦注《李太白全集》改。

庾之隽也。“开帆入天镜”一句，亦萧然孤出。“石镜挂遥月[1]，香炉灭彩虹”，一本作“瀑布洒清壁，遥山挂彩虹”，便大减。

《书情寄从弟》首尾俱有古色。

《流夜郎》二首，俱悲飒切至，而“寄裴隐”者为胜。前首有作两韵者，盖误以第三作第二句耳，今特正之。“朝别凌烟楼，瞑投永华寺。贤豪满行舟，宾散予独醉。愿结[2]九江流，添成万行泪”云云。第二首中，“回峦引群峰，横蹙楚山断。鸟去天路长，人悲春光短”，四语刻奇，盖穷极而工也。

《江夏寄汉阳辅录事》诗，颇有怀君报国之思。《江上寄元六林宗》诗，乃饶悲秋念远之志，两起句俱佳，而“霜落江始寒”更孤出。

《宣州九日》诗，余去其“彤襜双白鹿”六句，觉更雅秀。“松色寒转碧”，亦隽句也。

《泾溪南蓝山》二首，凡十二句，前八句鹰待鹄翔，何处落想。

《早过漆林》一首，凡十六句，写景逼真康乐，惜尾结不称。“水色倒空碧，林烟横积素”二语，真恐泄天府灵秘。

青莲客敬亭，驰慕玄晖，声韵之间无不追肖。“登高素秋月，下望青山郭”，几于自然。至于“独立窥浮云，其心在寥廓”，是为自身写照。

《自金陵溯流》一首，景色空明，无象可指。如“川长信风来，日出宿雾歇”，须就景刻画，过期追作断不能肖。

《寄上吴王》无足观。

《江行寄远》一首，短什长思，声促泪横。

《流夜郎半道示息秀才》诗，诵美之词，无足取。

《酬谈少府》味薄。

“五月梅始黄”一首，结尾四句，意远而亦悲。

“河伯见海若”一首，苍色寒韵，穷索幽窅，至如“地古寒云深，岩高长风起。早行子午峰，颇识关路远。人烟无明异，鸟道绝往返”等语，即身历[3]其景者，犹难抒写，太白得想象答之，固知其意中有全副山川也。

《酬崔五郎中》首六句居然风骨，惜以下不称。

《以诗代书》数句腐语，殊无情愫，不知何以代书也。[4]

“春草如有情，山中尚含绿”与“月出石镜间，风鸣松琴里”，俱好句。

---

① “月”，底本、天图清抄本俱作“日”，据王琦注《李太白全集》改。

② “结”，底本、天图清抄本俱作“借”，据王琦注《李太白全集》改。

③ “身历”，天图清抄本为空格。

④ “《以诗代书》……不知何以代书也”，天图清抄本无此内容。

《酬坊州王司马》一首，余去其“阎公汉庭旧”六句，并末二句，稍觉醒。

《酬张卿》《酬[1]岑勋》《答从弟》《酬王补阙》《酬[2]裴侍御对雨》，凡五首，俱无足取。

《仙人掌茶》序与诗俱有芳洌之气，其中“白蝙蝠”更出。世传张果老为蝙蝠精，或即此化。

“君同鲍明远”“君至石头驿”二首，皆酬裴作，俱有可观。前首吾独取“秋变江上春”一句。

《答高山人》与《陵阳山》二首，皆劣作。

《崔十五》一首，短有古意，然不免画[3]瓢之诮。

---

① “酬”，底本、天图清抄本俱作“训”，据王琦注《李太白全集》改。

② “酬”，底本、天图清抄本俱作“训”，据王琦注《李太白全集》改。

③ “画”前，天图清抄本有“有”字。

读李评[①]卷之二

五言古

五言古太白有长诗二：一为《流夜郎叙怀》，一为《送魏万诗》。杜老有五言古长诗四：一为《北征》，一为《入衡州》，一为《自京赴奉先》，一为《壮游》，大抵皆无完美。石季伦锦幔，那得无数尺纰疵。

《送赵少府》《送友人游梅湖》《送崔十二》《送杨山人》《送温处士》《送赵叟之》六首，尾句意俱仿佛。其最劣者，“长桑晓洞视”一首；其差胜者，“客有思天台”一首，余则相埒矣。

《送韩准等》一首，首尾俱奇。观“猎客张兔罝，不能挂龙虎”，乃于此得解脱法。世人自投缠棚，但无太白胸次耳。

《送杨少府赴选》诗多腐语。余于中摘“衣工剪绮绣，一误伤千金。何惜刀尺余，不裁寒女衾”，四语是佳[②]乐府。“山苗”二句，亦不忍弃，余无足取。

《对雪饯六父诗》亦可废。

《鲁郡尧祠》一首、《金乡送韦[③]八》一首，皆八句，情丝缱绻，几韫于无言，而《金乡》更为清澈。

《送薛九诗》杂引古事，散散落落，若断若连，又是一体矣。

“雪满原野白”，起得陡劲，此诗绝类太冲声气。

“鲁国一杯水”数句，虽似尊孔子，其实玩弄不恭。太白与漆园更同一衣钵。

《送族弟主簿》卒[④]作也。

《鲁郡东石门送杜二甫》诗，虽只八句，情意绸缪。才曰“醉别复几日”，又曰“何时石门路，重有金樽开”，则李之与杜交好久矣。“饭颗山”之说，鄙俚无谓，然李卷中止载此赠杜一首，当必有散失。石门小地，前得子路一宿，后有李杜一送，岂此地上应宿垣耶！

“猛虎伏尺草”，略似乐府，无俗气。《送张遥之》俗浅。

---

① “评”前，天图清抄本有“诗”字。

② “佳”，天图清抄本无此字。

③ “韦”，底本、校本作“弟”，据王琦注《李太白全集》改。

④ “卒”，天图清抄本作“率”。

《送裴十八二首》前首，真情至语，风骨亦与魏人并驾；次首洗耳、洗心之说，真将盗名伪士脚色一言托出，令人心耳双清。

"秦地见碧草"，起得鲜异。昌龄集中不见有同太白送诗，想逸散耳。末句"幽桂杂芳荪"，有作"幽桂有芳根"者，减。

《送于十八》《送张秀才》二诗，具有累句，若"道可束卖之，五宝溢山河"，摛词命意，从未有诞奇如此者。

唐诗中比体最少，或中有数句比，而下赋其事者，大抵皆兴体也。《送崔度还吴》一首，则全用此意。

《送二从弟》《送杨燕之》《送蔡山人》《送岑征君》《送张秀才》，俱一于为谀，无足观。惟《送范山人》八句中，转折情致，无落尘语。道家入山抱白鸡以当祓法，今本俱改作"白鹤"，读书之不博也。"雪"字又改作"云"，"海日"改[①]作"日观"，俱俗。

《送弟》《饯叔》二首，概可相若。长诗情足，短什骨峻。

"昔别若梦中[②]"八句，喜其不对，然太白诗中能去排偶之病者颇多。

《送赵判官》首尾有骨气。

"雪满翠云裘"，起句高华。"徘徊相顾影，泪下汉江流"，英雄伟度，尽于寸语。

《宣城送刘副使》一首，惜有累句，大势却古。余意只存"昔赠紫骝驹"以下十二句，精粹如切玉，但刘君侠俊之气，则未写耳。

《泾川》一首，定本云："泾川三百里，若耶羞见之。锦石照碧山，两边白鹭鸶。佳境千万曲，客行无歇时。上有琴高水，下有陵阳祠。仙人不见我，明月空相知。问我何事来，卢敖结幽期。江湖发秀色，草木含荣滋。见尔复几时，俄然将告离。清晨各飞去，飘落天南垂。望极落日尽，秋深暝猿悲。寄情与流水，但有长相思。"

《送殷淑》《送崔氏昆季》，如圭沼澄洁，不必泓渚藏污也。"秋风渡江来，吹落山上月"，是太白本色。

《登黄山凌歌台》，太白日散万金，土苴人世所云"穷居无壮士，空手使人低"，则说尽时态。余尝有语云："钱入壮士手，酒入才人口。"太白意气生风，两得之矣。

《瓜州新河》一首，若非"杨花满江来"，末六句便可废。

唐多女道士，如李腾空、鱼玄机之类甚多，大家士女相与往来唱和不怪也。如太白且以诗送内往庐山，侠士见大有一鹤凌空之度，不似迂儒动与醋瓿为生。

"屡梦松上月"一句，无尘梦矣；"气盖苍梧云"一句，无俗气矣；"好士不尽心，何能保其身"，真英雄语，曹孟德一派人可与言此。

---

① "改"前，天图清抄本有"又"字。

② "中"，天图清抄本无此字。

《赠别舍人弟》悲怆而能远古人，自称其弟，亦称令弟。

太白难中诗，其气毫发不减，读其《赠别高五》诗，令人仰屋兴叹。

悲秋起于宋玉，喜秋创于太白。悲秋骚人之怀，喜秋侠士之概。《尧祠亭》一篇，萧然玄览，足敌楚大夫赋矣。

太白生平折服者，无如鲁仲连、祢正平之为人，“谁道泰山高”一首，犹能令燕将泣死，秦使气噎。“独立天地间，清风洒兰雪”十字，为鲁连赞。

《留别曹南群》与《王司马》《出金门》三首，虽少精警，却无乳气。

《夜别张五》却是齐梁人语。

《魏郡别苏明府》亦有古意，首八句得之六朝“长安有狭斜”。

《留别西河》诗，当是辞阙后东归时也，于时太白已有两妾，所遣金陵子尚未在。

元丹丘在唐诸公中，未见十分推服，惟太白契慕之深，且云“异姓为天伦”，以烟霞相亲，可谓素交，惜太白未克遂，终厥志。

《留广陵诸公》云:“寸心无疑事，所向非徒然。”此等爽怀，比寒潭印月矣。

《感时留别从兄》竟可废。

《别金陵诸公》诗，从“海水昔飞动”说起，似太迂，词却不弱。

《金陵白下》诗八句，俱以三杨树立意，极为近古。

宗十六乃太白妻弟也。太白流夜郎时，能跋涉相从，盖亦有高侠之气。“赠别诗”，结句有色。

《将游衡岳过汉阳》一首，气象自在，“延萝结幽居”以下更婉至。

“大梁白云起”二首，在赠别诗中，亭亭不下，其笔法得之《十九首》。

太白勤王之义，根于中心，即从永王何害？盖当日诸臣①误以永王为叛，并太白不能自白。观其《闻李太尉出兵》，便有请缨之志，节义森然。“旧国见秋月，长江流寒声”，令人顾形自秽。

“洗心向溪月，清耳敬亭猿。筑室在人境，闭门无世喧”，虽得之柴桑，尚可涤濯心目。

太白于宇内名山，无不着眼，尤必以陟岱为大观。“四月上太山”六首，气概巍然，王、孟以下，人所不能措手。如“洞门闭石扇，地底兴云雷”，如“海色动远山，天鸡先已鸣”，如“海水落眼前，天光遥空碧”，如“山明月露白，夜静松风歇”，如“举手弄清浅，误攀织女机”，皆能扪星斗、吞沧溟，非近世语也。

《游南阳》二诗，“江天涵清虚”一语，亦不落，然不如第二首秀婉。“澄映”

---

① “臣”，天图清抄本作“侯”。

六句六转，又无笔痕。

“雁度秋色远”一首，有六朝语，杂出唐音。唐储公光羲、独孤公及气俱类是诗，而神却不逮，须辨淄渑口，乃可与言此，世鲜其人矣。

《秋猎》诗而以“倾晖速短炬”为起，岂复凡肠可意想者读此。而《羽猎》一赋，只觉其烦。

《与从侄游天竺寺》句句对偶，却亦不俗。

“伤江枫”“拾海月”，似属生撰，已得之谢诗，若今人见之，则指为异物矣。

尝谓摩诘诗中有画，却画得；太白诗中亦有画，却画不得。若“暮从碧山下，山月随人归。却顾所来径，苍苍横翠微”，如何着笔？

“却话海山事，宛然林壑存”，想像之间，固得全景。

《邯郸南亭》平匀无创调。

“行歌入谷口，路尽无人踪”，奇险不可思议。“云从石上起，客到花间迷”，与“行到水穷处，坐观云起时”，意亦相类，而此二句觉方。

《游石娥溪》诗，余欲去其前十二句，自“暂出东城边”以下存之。余最爱“淹留惜将晚，复听清猿哀。清猿断人肠，游子思故乡”四句。

《春日陪杨江宁作》亦宽肥无真趣。

《宴郑参卿》八句一气。

《游谢氏山亭》诗，“花枝拂人来”以下，似陶。青莲似陶处甚多，而放纵处则李之本色也。

《凤凰台》诗，正青莲着脚处，“长波写万古，心与云俱开”，青莲自道，千载而下，诵之犹为吐气。“凤凰去已久，正当今日回”，其自占地步甚高。“东风吹山花，安可不尽杯”，亦是俊语。

《唱山鹧鸪》一首，疏快宜人。

天地间无处无胜地，惟须名贤标咏，乃能不朽。青莲酹水嘉名郎官，信与大别山共相磨灭矣。余乡嶍湖亦曾经[1]李杜泛舟，锦秋湖亦曾经坡老游历，所恨片石无存，名不加于寰宇，徒为雨潦盆盎耳。

“日晚湘水绿，孤舟无端倪”，起句原佳。“人生且行乐，何必组与珪”，锁句无蕴藉，去之亦可。

“萧飒名洞壑，终年风雨秋。响入百泉去，听如三峡流”，读之如渔父随桃片入武陵，别有天地。

古来得山川之趣者，灵运与太白耳。太白于宣城题咏更为得意，亦且极力摹谢。如《青溪》二首，无字不工。“山貌日高古，石容天倾侧”，又如“人行

① “经”，天图清抄本无此字。

明镜中，鸟弄屏风里”，岂凡子可测其边幅。

《水西》一首，读之可以涤暑，何必九成宫、凉风台哉。

《九日登山》殊无爽拔之气。至于“今日云景好”一首，乃与《九日》相宜。“地远松石古”五字，更为难得。

“化城若化出”句，与“闲居清风亭，左右清风来”同一调，“长松自吟哀”句，亦足涤耳，余无可取。

“暮雨向三峡，春江绕双流”，气概俱在，惜锁句俗浅。

中晚人说景处不患不真切，但琐屑而酸，不似盛唐人，布置宽大，笼罩寰中。观《大庭库》一首，即以之作岱舆图可耳。

“暮雨向三峡，春江绕双流”，何等自然。且其眼界撑开，不作跼态。

《登峨眉》诗，尚在俗径，口边存套[①]语，焉能“携手凌白日”耶！

《大庭库》《半月台》二诗，略足相当。《大庭》眼宽情重，《半月》色冷意惨。

太白好道怀仙之想，无什无之。《天台晓望》，足称大言，然非快作，反不如《松廖山》，短什婉转，与奇仙共招邀耳。

好山相对，每如共语，不独其苍翠沁人也。余有句“山亦能言水亦香”，及睹公“太白与我语，为我开天[②]关”，则知妙境情言，古人久已先我，“举手可近月，前行若无山”，他人真说不出。

《洪波台》《谢安墩》二作，则从永王时诗也。其云“天狼正可射，感激无时闲”，又云“请缨不系越，且向燕然山”，则其勤王灭胡，忠义昭然，何曾有窥鼎之意？惜一时奸人误害耳。“胡马风汉草，天骄蹙中原”，句古。

《孙楚酒楼》一首，观其小序并诗，俱太白少年行径，至老不减。

“江色绿且明，茫茫与天平。逶迤巴山尽，摇曳楚云行”，通篇无一句无烟波。偶于缪当时案头，批唐子华所绘《重色长江万里图》，以此诗书之，字字肖像。

“海风吹不断，江月照还空”，十字真画不得。古今题瀑布者，都宜洗去，然此篇句句警绝，尚有一短，谓其句皆排偶耳。

《皖公山》冲夷，不作偶语。

“四面生白云，中峰倚红日”，坦率而耸。“岩峦行穹跨，峰嶂亦冥密”，生拗而沉。

或问太白平生步趋[③]渊明，而《九日登巴陵》则曰“龌龊东篱下，渊明不足群”，何自相矛盾？余谓才人于笔尖倒颠豪杰，曲直纵横，是骂是尊，另有

---

① “套”，天图清抄本作“夺”。

② “开天”，底本漫漶不清，天图清抄本此处为空格，据王琦注《李太白全集》补。

③ “趋”，本作“趣”，据天图清抄本改。

别说，于此索之，则痴人说梦矣。因“何须不着鵔鸃冠”，而生帘钩冠缨之议，此类皆俗子口业。

《秋色登巴陵》一首，是太白古诗中杰构，一句一景，一句一情。

《望汉江》《登敬亭北小山》二诗，俱无足取。而“回鞭指长安，西日落秦关”，二语差胜。

《松门观》诗有二本，小有同异，虽亦稳作，却无绝语。

《玉女汤》与《松门观》不相轩轾[①]，而“地底烁朱火，沙旁歊素烟。沸珠跃晴月，皎镜涵空天。气浮兰芳满，色涨桃花然”六[②]语差胜，余乃不及。

《宿常二幽居》《宿清溪主人》二诗俱佳，足以酬东人馆谷。然“暝色湖上来，微雨飞南轩”令人欣悦忘旅怀，不似“月落西山时，啾啾夜猿起”使作客者沾衾耳。

“游山谁可游”最奇，真得游山之趣者方能为此别白。“扫石待归月，开池涨寒流”，爽气森森。第二首“我行值木落，月苦清猿哀”[③]，亦能伤人。

《题紫阳先生壁》《题王处士水亭》《题静修寺壁》《题五松山》与《般若寺纳凉》俱无可观。

《洗脚石亭》，便自不俗，太白诗亦清洁。今人亭子动口便号“濯缨”，脚跟不净，徒用衣帽观美，修容丈夫，若以冷眼觑破，与登场伶优其间一寸。左太冲云“濯足万里流”更为旷朗。或云夫子以清浊分缨足，为水作计较耳。予谓即水之自计亦不在此。若以鲁仲连、陶渊明，下视夫卢杞、秦桧，吾恐卿相之缨臭，而隐士之足香矣。[④]

“与元丘丹诗”凡五首，当以“寻幽无前期”一首为最，“故人栖东山”次之，余三首平平，其二小序转有情胜于诗。于丹丘一语会意，便欲移家就之，长往不返，古人襟期，正不可及。[⑤]

《月下独酌》四首，调啸而奇。“举杯邀明月，对影成三人”，是无中生有春令也。“醉后失天地，兀[⑥]然就孤枕”，有还归无冬令也。酒备四时之气矣。[⑦]

“我来南山阳”一首，意与“我屋南山下”诗略同，二篇气俱类陶，是以

---

① “轾”，底本、天图清抄本俱作“轻”，当为“轾”之讹字。

② “六”，底本、天图清抄本俱作“四”，据句意改。

③ “我行值木落，月苦清猿哀”，天图清抄本作“我行值木落二句”。

④ “若以冷眼觑破……而隐士之足香矣”，天图清抄本无此内容；“修容丈夫”后，天图清抄本有“却已得上参矣”。

⑤ “‘与元丘丹诗’凡五首……正不可及”，天图清抄本无此内容。

⑥ “兀”，本作“亢”，据王琦注《李太白全集》改。

⑦ “《月下独酌》四首……酒备四时之气矣”，天图清抄本无此内容。

每误入陶本。[①]

《龙门言志》得自祖生一舞，其语颇伧莽。[②]

“闲阶有鸟迹，禅室无人开”，能为此语，虽不遇其僧，却已得上参矣。[③]

曰“春草如有意”，又云“独酌劝孤影”，又云“长松尔何知，萧瑟为谁吟”，高人视草木幻影，正与世人无别，其写独意转真切。

“良宵宜清谈，皓然谁能寝”，太白终以情死；“醉来卧空山，天地即衾枕”，太白终归大道。

《春日独酌二首》句拟陶得其十九，然“东风扇淑气”，不如“东风扇微和”。“孤云还空山，众鸟各已归。彼物皆有托，吾生独无依”四句，不如“众鸟欣有托，吾亦爱吾庐”；“横琴倚高树，把酒望远山”，不如“采菊东篱下，悠然望远山”；“长空去鸟没，落日孤云还”，不及“山气日夕佳，飞鸟相与还”。而视之唐人诸作，已自高绝不可仰扪矣，可见古人难及。

《金陵江上遇蓬池隐者》自注云：“时于落星石上，以紫绮裘换酒为欢。”则解金龟宝带，皆实录也。风流如此，千古侈为美谈。“一语一执手，流连夜将久”亦[④]……

---

① “‘我来南山阳’……是以每误入陶本”，天图清抄本无此内容。

② “《龙门言志》……其语颇伧莽”，天图清抄本无此内容。

③ “‘闲阶有鸟迹’……却已得上参矣”，天图清抄本无此内容。

④ “亦”后，有脱文，天图清抄本亦如此，具体内容不得而知。

读杜诗卷之三[①]

七言律

“乘兴杳然迷出处，对君疑是泛虚舟”，殊少含蓄，死板对语。如“春酒杯浓琥珀薄，冰浆碗碧玛瑙寒”，人不甚嫌，以其气骨健耳。

“不有小舟能荡浆，百壶那送酒如泉”，意既酸乞，词且打油。

“杨雄更有河东赋，惟待吹嘘送上天”，遂开山人游客打秋风口角。

律中板用一联故事可憎，如“陈留阮瑀谁争长，京兆田郎早见招”“谢安不倦登临兴，阮籍焉知礼法疏”“湘西不得留关羽，河内犹宜借寇恂”“宓子弹琴邑宰日，终军弃繻英妙时”“匡衡抗疏功名薄，刘向传经心事违”，此类难以枚举。今之纱帽诗多犯此，盖心既不细，每遇应酬便查几种熟烂类书，取其典故之相为皮肤者填入耳。诗有读之令人当真泣下者，如“郑公樗散鬓如丝”一首是也。“万里百年”四字，为于鳞一生富贵，可笑。“仓惶已就长途哭，邂逅无端出饯迟”，断非他人做得。

“腊日常年暖向遥”，“向”字有作“尚”者，浅。“侵陵雪色还萱草，漏泄春光有柳条”，若在晚唐人写出，俗眼便以为尖嫩不大家。余甚恶人立初、盛、中、晚条格，正以杜老此类原多。

《早朝大明宫诗》实非唐人绝唱，不知前辈何以恁般惊叹，恁般作兴他？想来只是俗子取他官样，便于在公所拿腔朗诵，无避忌耳。“诗成珠玉在挥毫”以下三语，恶陋而谀，每读杜至此，几欲将此老易位。

“雪残鳷鹊亦多时”，本是凑句，却有佳趣。

“会送夔龙集凤池”，“夔龙”二字，谀而无味，亦不雅。

“掖垣竹埤梧十寻，洞门对雪常阴阴。落花游丝白日静，鸣鸠乳燕青春深”四语，清映情美，空同与国初诸君子，往往有此，到七子一派，便绝响矣。“腐儒衰晚谬通籍，退食迟回违寸心。衮职曾无一字补，许身愧比双南金”，四语太朴陋，与上四语不类，上景下情截然。

“雀啄江头杨柳花，鵁鶄鸂鶒满晴沙”，起语之新丽者。

① 底本和校本均为残本，二者都只有《读杜诗》卷之四之内容，缺卷之三。此处之“卷之三”为编者所改。

“一片花飞”六句，情境双笃，语气俱紧。第三句仍用“花”字接首句，与“吹笛秋山风月清”“风飘律吕相和切，月傍关山几处明”，又与“春日春盘”一首俱同一体格，“细推物理须行乐，何用浮名绊此身”，浅俚而腐，大类安窝中话头。余谓诗无唐宋之分，信然。

“人生七十古来稀”，用之篇中，绝不嫌俗，且有情韵可观。

前一首“每日江头尽醉归”，第二首“苑外江头坐不归”，此老高兴、贫病、老三件，魔他不动。

“龙舞新军”，四句作一句，此法近日极少，当是笔力不逮。

“不见旻公”等，是杜老足程色诗。

虞、赵二公解杜，种种可恨，杜老不敢小唾，定要说是忧君爱国。

《望岳》诗，“诸峰罗立似儿孙”以下五句幻奇。

“七月六苦炎热”一首，虽极朴，却无油气。

“羞将短发还吹帽，笑倩傍人为正冠”，此翻案之最丑拙者。

“有时自发钟磬响，落日更见渔樵人”，说不出，画不尽。

“愁对寒云白满山”，“白”字有作“雪”者，非！

“洛阳一别”，苍老多情，真不可及。

“浣花溪水水西头，主人为卜林塘幽”二句，不粘。

“老病人扶再拜难”句，沉郁不可及。

“风含翠篠娟娟静，雨浥红蕖冉冉香”，此等空峒犹知效之，于鳞则不。

“两朝开济老臣心”，学究滥话。

“多病所须惟药物，微躯此外复何求”与“细推物理须行乐，何用浮名绊此身”，二结语又腐又滞，俱累其全璧。

“渔人网集澄潭下，贾客船随返照来”，类王维语。“长路关心”以下四句则不类。

《南邻》诗“未全贫”三字新异。“未”字有作“不”字者，味减。

“东阁官梅”一首字字清脱，余谓可为七言律之法。国初诸君子每宗之，是以可爱，恨七子将此脉铲除净尽。

“肯与邻翁相对饮，隔篱呼取尽余杯”，此老胸次，极类渊明。

“近闻宽法”一首，句句用虚字宛转，便清空一气如话。

“兵戈不见老莱衣”，果是深悲极怨语。有单只写景，便令人读之嘘欷泣下者，如“黄牛峡静滩声转，白马江寒树影稀”是也。

“苦忆荆州醉司马，谪官樽酒定常开。九江日落醒何处，一柱观头眠几回”，“定”字、“何”字、“几”字，李于鳞《又作此问正甫》诗全仿之，是以于鳞此首犹未甚恶耳。

老杜每以其妻、子作一联，如“昼引老妻乘小艇，晴看稚子浴清江”“释学从儿懒，常贫任妇愁”，不能尽举。

“绣衣屡许携家醞，皂盖能忘折野梅。戏假霜威促山简，须成一醉习池回”，四语酸鄙无味。极可恨处，“勋业”“功曹”四字，那可用。

蔡兴宗正异云：“合观却笑千年事，驱石何时到海东。”题云《观造竹桥即日成》，句中“合观”字，谓聚观桥成之速，而笑驱石之诞。诸本皆讹作“欢”，非也。

“知君才是济川功”“重镇还须济世才”，断非骚人当行语。

《奉酬严公寄题野亭之作》殊不及严作，又有《严中丞枉驾见过》一首，更无足取。

“莫倚善题鹦鹉赋，何须不着鵔鸃冠”，不过调笑之语，至昵狎乃有此。俗儒便因而附会，谓欲杀甫。此《新唐书》之所以不足信，而《客[①]窗续笔》遂为吠声，可恨。

“西蜀樱桃”八句一气。

“焉得思如陶谢手，令渠述作与同游”，龙钟语也。

“山连越嶲蟠三蜀，水散巴渝下五溪”，壮丽语也，在《野望》篇中，尚为少劣，而于鳞苦为效颦。“剑外忽传收蓟北”“寺下春江深不流”“童稚情亲四十年”，皆杜老足色诗。

“更为后会知何地，忽漫相逢是别筵”，二语痛而法更奇，下句更做不得。

“大家东征”一首，无可取。

“贤声此去有辉光，预传籍籍新京兆，青史无劳数赵张”三句，曾打油之不如。

“去年登高郪县北”一首，亦自动人。

《滕王亭子》诗，鲜洁可爱。

《玉台观》与“西岳”诗，奇崛相若。

“淮海维扬”一首，是杜老丑态。

“也从江槛落风湍”，今人无此句法。

《题桃树》锁句云“寡妻群盗非今日，天下车书正一家”，与上不类，亦不可解。即可解，亦复不佳。上六句原好。

“复有楼台衔暮景，不劳钟鼓报新晴”，扫兴话头。

“梅花欲开不自觉，棣萼一别永相望”，“棣萼”乃借字，以之对“梅花”牵强。

“暮倚高楼对雪峰，僧来不语自鸣钟”，神韵双绝。“孤城返照”二语，字字苦心。

---

① “客”，天图清抄本无此字。

《诸将五首》《秋兴八首》，空同一生吃着不尽。寓意[①]谓两诗乃杜老之一般，且多累句，如“诸君何以答升平”“只在忠良翊圣朝”“主恩[②]前后三持节，军令分明数举杯”，如“安危须仗出群材”，俱打油。

《十二月一日》三首，萧疏多致。

“春日春盘”亦是杜老绝品诗。

“城尖径昃旌旆[③]愁”，古险离奇，眼界情思俱不可到，李长吉诗得此一体耳。

“江草日日唤愁生”一首，杜老自注云“强戏为吴体”，想以“盘涡鹭浴底心性”一句耳，此诗字字入妙。

于鳞读“楚天不断四时雨，巫峡常吹万里风”，应是喜杀；至“沙上草阁柳新暗，城边野池莲欲红”，应是恼杀。

《寄常征君》一首，则句句讥讽如《北山移文》，殊不似杜老长厚之素。既绝粒而又致楚妃，此君必以假为道君之术以趋世者。“獠奴阿段”，此子原奇，宜有奇诗示之。

《题终明府水楼二首》无足取，而“可怜宾客尽倾盖”四句，非后生可到。

《黄草》《白帝》两首，沉思苍色，读之愁绝。此自杜老立命所在，人那得知。《白帝》觉更强。

《吹笛》诗婉媚不减今时年少，而苍色故在。

“霜下天高秋水清”与“玉露凋伤枫树林”，不但景像，而神气亦并如秋。

《秋兴八首》吾取其四：曰“玉露”，曰“瞿塘”，曰“昆明”，曰“昆吾”。《咏怀古迹五首》吾取其三：曰“支离”，曰“摇落”，曰“群山”，余篇雅俗相半。

“白、黑鹰”二首极俗陋，然毕竟是杜老之诗。

“岁暮阴阳”一首，无字不佳，不但“五更”“鼓角”二语也。气亦沉郁。

今人作古诗犹或用时人名，而近体转须古人名字。“荆州郑薛寄书近，蜀客郗岑非我邻”，郑薛、郗岑皆公之友。

“舞石旋应将乳子，行云莫自湿仙衣”，用事虚活，神妙极矣。

“虚疑皓首冲泥怯，实少银鞍傍险行”，即入回札中，亦非佳语，况作诗结乎。

“二月饶睡”一首，极古朴而有苍颢之气，是此老本色，他人动笔不得。今人作诗要每篇一律，而篇中又要句句一律，若杜老合全卷观之，无所不有，而每篇亦无所不有。“雷声忽送千峰雨，花气浑如百合香”，乃雄爽语也。“黄莺过水翻回去，燕子衔泥湿不妨”，却又婉媚多姿。

《返照》《滟滪》二诗，高绝殆不可名言。王摩诘只画得“云里帝城双凤阙，雨

---

① “意”，天图清抄本无此字。

② “恩”，底本、天图清抄本俱作“思”，据仇兆鳌《杜诗详注》改。

③ “旌旆”，底本、天图清抄本俱作“旆旌”，据仇兆鳌《杜诗详注》改。

中春树万人家”，如台阁大臣；若“返照入江翻石壁，归云拥树失山村”，如[1]雷飙天将。

《季夏送乡弟韶》一首，鄙俚全无可取。

杜诗大概沉雄宽肥，惟《见萤火》一首，纤瘦可爱。“重阳独酌杯中酒”，视之“风急天高猿啸哀”，并佳，气格稍不甚同：前首情多，后首气胜。“万里”“百年”二语，则被于鳞嚼烂。

“霜黄碧梧”一首，于杜老秋诗中定当压卷。“客子入门月皎皎，谁家捣练风凄凄[2]”，令人不堪读，须真历其境乃如此痛楚。

“石出倒听枫叶下，橹摇背指菊花开”，人巧夺天工矣。“贪趋相府”二句陋甚，至“南极一星朝北斗，五云多处是三台”，是纱帽诗宗法，杜老第一恶句。

《简吴郎司法》二首，以诗当笺，就事言事之作，不求甚解。

《覃山人隐居》一首，与《常征君诗》同意，皆讥之深。“古人已用三冬足，年少今开万卷余”“富贵必须勤苦得，男儿须读五车书”，酸鄙可笑。因而后来有“白马紫金鞍”等诗，恬不知怪，遂使读书快事下同商贾之行矣。若“释学从儿懒，常贫任妇愁”，自是此老本色。

“一双白鱼不受钓，三寸黄柑犹自青”，俚而瘦，却不恶。“多病马卿无日起，穷途阮籍几时醒”，虽文却痴肥。

“忽忽穷愁泥杀人”，“泥”字新极，作去声读。

杜老[3]锁句多对，难以枚举，其佳者为“南望青松架短壑，安得赤脚踏层冰”“即从巴峡穿巫峡，便下襄阳向洛阳”“共说总戎云鸟阵，不妨游子芰荷衣”“已忍伶俜十年事，强移栖息一枝安”“楚江巫峡半云雨，清簟疏帘看弈棋”“莫愁剑阁终难据，闻道松州已被围”“弟妹萧条各何在，干戈衰谢两相催”“请看石上藤萝月，已映洲前芦荻花”“一卧沧江惊岁晚，几回青琐点朝班”“关塞极天惟鸟道，江湖满地一渔翁”“彩笔昔曾干气象，白头吟望苦低垂”“已诉征求贫到骨，正思戎马泪沾巾”“心折此时无一寸，路迷何处见三秦”“古往今来皆涕泪，断肠分手各风烟”“先踏炉峰置兰若，徐飞锡杖出风尘”；其不佳者为“口脂面药随恩泽，翠管银罂下九霄”“更有红颜生羽翰，便应黄发老渔樵”“鹏碍九天须却避，兔经三窟莫深忧[4]”“虚疑皓首冲泥怯，实少银鞍傍险行”“莫度清秋吟蟋蟀，早闻黄阁画麒麟”“南极一星朝北斗，五云多处是三台”“朱绂即当随彩鹢，青春不假报黄牛”“早春重引江湖兴，直道无忧行路

① “如”，底本、天图清抄本俱作“入”，据文意改。

② 底本原脱一“凄”字。

③ “老”，天图清抄本作“句”。

④ “忧”，天图清抄本无此字。

难”“不但习池归酩酊，君看郑谷去夤缘”。

《舍弟观赴蓝田》三首俱佳，“鸿雁”“鹡鸰”字面，只可一用，今人动手便来，几成兄弟仪注。“短墙若在从残草，乔木如存可假花”与《东山诗》“不可畏也，亦可怀也”同意，且有巧思。

《人日》一首亦匀妥，但“剑佩”“匣琴”一联，是后世恶诗鼻祖。

诗题那好为人记族谱，如“郊扉俗远长幽寂”一首，其题云：“宇文晁尚书之甥，崔彧司业之孙，尚书之子，重泛郑监前湖。”此题大可笑，杜老岂重势者，聊为调啸不恭之意耳。

“楼上炎天”一首，是近日山人献谀之诗，“碧窗”“朱栱”字俗，“杖钺褰帷称具美，投壶散帙有余清”，鄙气令人欲呕。

《又作此奉卫王》诗，“远开山岳散江湖”一句自精，余俱学究滥语。

杜诗多悲壮语，如“时危兵甲黄尘里，日短江湖白发前。古往今来皆涕泪，断肠分手各风烟”，不妨宽肥。

“北城击柝”等诗，予嗜之几成痂癖。

快语如“春水船如天上坐，老年花似雾中看”，正是快人，恐莽君子又以为晚唐人语。

《燕子来舟中》句句悲痛，不即不离，咏物诗至此可谓神妙。

“拖玉腰金报主身”，那成话说。

能于近体中不失古意者，惟杜老一人。“霜黄碧梧”音韵雅唐，而气骨直逼陈思。

“简吴郎”二首，情真语朴，却不碍大雅，而汪南溟甚诋其愧丑，正坐不知味。次首指一事而言，今不可考，句句家常话。

“天畔群山孤草亭”，“孤”字炼得巧；“忽忽穷愁泥杀人”，“泥”字炼得新；“心折此时无一寸”，“折”字炼得苦。

“鸿雁影来连峡内，鹡鸰飞急到滩头”，“鸿雁”“鹡鸰”字近俗；“峣关险路今虚远，禹凿寒江正稳流”，沉雅有蕴。三首中，“马度秦山”一首更好，“短墙若在从残草，乔木如存可假花”，悲喜双至。

“午时起坐自天明”，此一句倒用也；“明到衡山与洞庭，若为秋月听猿声”①，此二句倒用也。

《赠韦七赞善》前四句谀而呆，后四句情思悠然。《长沙送李十一衔》诗不见佳，然“李杜齐名”一句，恨此诗不以之赠李十二白也。李杜齐名者屡矣，汉前有李固、杜乔，后有李膺、杜密，皆节义著称。唐前有李乂、杜审言，李白、杜甫，又有李益、杜牧，皆以文章著称。总之白、甫为胜，下至儿女子无不知者。

---

① 此二句非杜诗，乃出自王维《送杨少府贬郴州》。

附　录

传记类

王季木墓表[①]

钱谦益

昔有宋庆历之时，国家休明，老成登用，而雄骏强直之士，如石守道、尹师鲁、苏子美之徒，比肩而出。方其信眉扼腕，横骛而离立，盖所谓千人而亦见，百年而一遇者也。然其不幸而为世所指名，奸邪小人相与出力挤之，惟恐其不困。而天之于斯人也，恒使之龃龉连蹇，邑邑不得志以死。天之意殆勇于厄君子，而巧于助小人也。呜乎！吾友季木，抑亦其流也欤！季木姓王氏，讳象春，济南之新城人也。嘉靖以来，其门第最盛，祖父诸兄，皆为显官。而季木少负逸才，其所为文，出辄惊人。自其为举子，已隐然名动天下矣。万历庚戌，举进士第二。季木每叹诧，奈何复有人压我？诸推毂季木者亦云。而科场之议适起，壬子分考顺天，言者亦用科场事抨季木。季木所取士，才而贫，且无雅故，所司具狱上，竟不能有所傅致，然卒坐降级以归。居五年，补上林苑典簿。又五年，升南京大理寺评事，迁寺正。久之，升南京工部营缮司员外郎，历兵部车驾、职方二司，转吏部考功司郎中。当是时，党论已成，凡南北部魁，海内所指目为东林者，季木皆与声气应和，侃侃然以裁量贤佞、别白是非为己任。其在南曹，当大计京朝官，慷慨为主者言之。或移主者之怨于季木，弗顾也。逆奄用事，季木坐东林削夺。奄败，诸隶废籍者皆起，或起而旋逐，独季木一斥不复，而无何遂病且死矣。奄祸之方殷也，小人谋死季木，死之易耳，而不死。及奄之败也，小人谋锢季木，即锢之亦良难矣，而竟锢，锢且竟死。呜呼！死季木者亦小人耶？所谓勇于厄君子而巧于助小人者，然乎否耶？

季木奇伟有大志，时发愤闷于歌诗，似苏子美。遇事无难易，勇于敢为，似尹师鲁。指切当世，贤愚善恶，无所讳忌，似石守道。若其科场之擫拾，则监院之一网也；奄祸之牵连，则饶州之俱贬也。谤议喧然，死而未息，则发棺之诗祸也。三子者之祸，以一身兼之，奋乎百世之下，可不谓豪杰之士哉！世之惜季木者，以谓意气太盛、肺肠太热，善善恶恶，或溢而为加膝坠渊，以贻小人口实。呜呼！此其所以为季木也。士生斯世，遇而为韩、范、富、欧，不

---

① 辑自钱谦益《牧斋初学集》卷六十六。

遇而为石、尹。令韩、范诸公终老颇颔，亦所谓一班鬼怪耳。人徒见石、尹之穷死也，挟奴婢小人之论，妄相訾謷，岂足道哉！季木卒以崇祯五年十二月，年五十有五。子与仁，生十二年矣，走使于吴门，属张子异度为行状，而请余表其墓。异度名世伟，季木壬子所举士也。余曰："欧阳子之哭守道不云乎，待彼谤焰息也。"异度曰："虽然，安知吾师之谤焰不待子而息乎？"余曰："诺。"遂书之。

王考功象春①

钱谦益

象春，字季木，新城人。万历庚戌举进士第二人，与苕上韩求仲名相次也。季木每叹诧："奈何复有人压我！"其语颇为时所传。而求仲科场议大起，遂以季木为讦己，党人用壬子北试，移师攻季木，牵连谪外。稍迁南吏部考功郎。季木雅负性气，刚肠疾恶，扼腕抵掌，抗论士大夫邪正，党论异同。虽在郎署，咸指目之，以为能人党魁也。卒用是败。归田，久之，遂不起。季木于诗文傲睨辈流，无所推逊，独心折于文天瑞。两人学问，皆以近代为宗。天瑞赠诗曰："元美吾兼爱，空同尔独师。"其大略也。岁庚申，以哭临集西阙门下，相与抵掌论文。余为极论近代诗文之流弊，因切规之曰："二兄读古人之书，而学今人之学，胸中安身立命，毕竟以今人为本根，以古人为枝叶，窠臼一成，藏识日固，并所读古人之书，胥化为今人之俗学而已矣。譬之堪舆家，寻龙捉穴，必有发脉处。二兄之论诗文，从古人何者发脉乎？抑亦但从空同、元美发脉乎？"季木挢然不应。天瑞曰："善哉斯言！姑舍是，吾不能遽脱履以从也。"厥后论赋，颇辨驳元美，呰謷子云之语，盖亦自余发之。季木退而深惟，未尝不是吾言也。季木尤以诗自负，才气奔轶，时有齐气，抑扬坠抗，未中声律。余尝戏论之：天瑞如魔波旬，具诸天相，能与帝释战斗，遇佛出世，不免愁宫殿震坏；季木则如西域波罗门教，邪师外道，自有门庭，终难皈依正法。季木《问山亭诗》不下数千篇，而余录之斤斤者，诚不忍以千古之事，累亡友于无穷也。

---

① 辑自钱谦益《列朝诗集》丁集卷十六。

南吏部考功郎王季木志铭[①]

文震孟

辛未之岁，吾友张孝廉异度自公车还，致其座师文水王公之言曰："吾交知满天下，而所最心折神往者，乃在吴门，恨未得相从与上下其议论也。"吴门盖指不佞云。而无何王公卒，其犹子与莅介其子与仁，不远数千里走书币而请铭以葬，曰："此吾叔父遗言也。吾叔父病且革矣，卧而命之，谓必使我瞑且含者，其以异度状我，文君铭我。"夫异度于公，盖患难之师生也，状自不容辞。公豪气溢发，睥睨一世，以余落落穆穆之踪，何所当于公？且素昧平生，非有倾盖之交，而惓惓相属，此真千古之知己矣。顾不佞虽未识公，而公文章节气，得之见且闻者且三十年。其始仕即斥，既起复踬，怀材抱璞，没身不振，天下意志之士，靡不扼腕而咨叹者。故予记公生平，至于摈斥摧折之际，不胜感愤激壮之思焉。宁独惜其遇之不偶，良以伤其志也。

公讳象春，字季木，别号文水，世为新城著姓。其始祖有讳伍者，乐善好施，树槐于门，至今称大槐王氏。伍生教授公麟，麟生参议恤赠太仆少卿公重光，忠勤卒官，赐祠于黔。两世皆以大司马公象乾贵，赠官如司马。少卿公五子季观察公之猷，以子中丞公象恒贵，赠官如中丞，亦生五子，而公其季也。母李淑人梦神授棋，一握而生。公少颖异，三龄能诵唐诗，九龄读《离骚》《左》《国》，谈言射注，长老皆异之。十六为诸生，试必居首。既连奉二亲讳，益肆力于学，凡天文地理风鸟壬遁之术，无所不通晓，遂以庚戌成进士。其成进士也，魁其经，科名亦峻矣。乃闱中既已甲而复乙之，则不能无嗛。素善楷书，谓廷对必当甲而更甚乙之，则又不能无嗛。众口嘈嗒，竟成水火。越二载，场事大发，公适分校京闱，乃更释憾于公。师生间龙战俱伤，玄黄之局，震动天下，此公始蹶之由也。归卧八年，始授上林簿，转南评。至赵忠毅公为冢宰，周忠介公为选曹，始擢郎职方，改考功，然皆不离南。而公素事父执邹忠介公甚谨，为序其集，语多讥刺，攻道学者操戈俟矣。癸亥南察，公实与其谋，大与南总宪忤。至甲子秋，杨忠烈公具疏劾逆珰，奏草至南都，公门人何允泓锓板以传，公又为批、为评、为赞、为跋，而仇忠义者，乃欲剚之刃矣。是时方屏殛众正，人人思得当以贽珰，而给谏某得公，因以中旨削夺，此公再蹶之由也。公既以编氓居里，而诸奸犹耽耽狺狺，谓未尽厥辜，至《点将》《天鉴》等录，无不列名，必欲使继十八忠魂之后。家居四载，日办生离死别之计，塞门泥首，神魄俱惊。

---

① 辑自蔡士顺编《同时尚论录》卷十五。

噫！此际情形，落笔犹痛，余实不禁泪之潸潸下矣。圣明御宇，日月再辟，废籍诸公，连茹并进。而昔为南总宪而公忤之者，入为太宰，选郎复为之比以摈公。于是东省废籍二十五人，起者二十四人，独遗公启事，以至于殁。此公终蹶之由也。而异度乃云："诸公从废籍起者，或中他端复废，或坐法不良死，公不迫杀，名不大显，不永锢，身不必完。"呜呼！此亦可谓巧譬者哉！然而长歌之哀，乃过于痛哭矣。公虽禁锢不起，无时不以忠君忧国为念。自奴酋发难以来，若辽民内窜，若皮岛挟饷，以至京师戒严，登抚再设，咸有凿然规画，可见施行。盖其经纶蕴抱，足当大用，虽居小官，咸有谟可重。如上林奉使，不取羡，羡归秦辖。廷评判狱，入一豪，出一豪，咸允于理，不泥成案。缮司司街道城垣厘然一新。督铸精严，凡出公手者，以工字为号，无不坚好。南都至今犹识王公钱也。武部核军政精能于其识，绝弊窦，杜请托，选才伎，公用舍，京营为之肃清。其居乡亦好行其德。乙卯、丙辰，东土大祲，公率族属设法以食饿者，婴儿别为一处，长即以婴儿女配之，十余年不尽。至辛壬间，叛贼暴起，公先期占天象，谓虚危之分，应有急兵，屡为当事者讲绸缪之策。比贼临城，公兄郡丞公象复，及侄孝廉与夔，捍御杀贼。城陷，父子骂贼死。公时病痿半岁矣，使公不病痿，或竟以城全，亦未可知。不然，其守城殉国，岂在郡丞公后？是又天之以病公而完公者欤？而公之的然可用，与朝廷始终不获公之用，是可叹也矣。神宗崩，公以进香入都，复值光宗晏驾，选择陵寝，莫所适从。公故精堪舆家言，为相庆陵地吉，众议乃定，故天语有"溯龙望气，尔与有劳"之褒。或欲酬公以玺卿者，公毅然曰："吾昔为亲卜兆，乃究心于此，今不敢不移以事君，士大夫其肯以术媒进乎？"其凛然守正侃侃不挠如此。吁可敬矣哉！前一岁，公语异度云："天时人事，吾邑未知所税驾矣。吾束发立志，谓即不能高议庙堂，亦思独当一面，马革裹死，不虚此六尺，而今皆已矣。"因出其子见客，英英秀颖，曰："以属吾子。"言既愀然。是时公且无恙，异度绝骇以为不祥。而今观之，若类有前知者。且公位不通显，而三十年来，得丧升沉，每关时局，生而梦棋，岂神告之乎？

铭曰：世之所难，有士无才。士之所难，才蕴时乖。夷于冀飞，进退维坎。气决守刚，亦勇于敢。其节不夺，其摧不折。状之表之，其死不殁。

南吏部考功郎季木王公行状[①]

张世伟

岁壬申之杪冬，济南季木王先生以疾卒家。越岁夏四月，讣于吴门张子世伟。世伟，先生壬子顺天闱中分较所取士也。犹子与荩同幼孤与仁，以行略来属之状，曰：此先生治命也，状必张子，张子能识其大者。行略叙闱中得人，又辄指伟为首。伟读之泣曰：天乎！此真称知己也耶！忆壬子彻棘，同事诸公间语，拆卷得伟名。监试娄江钱公揖向两大主司曰：此吴中名宿，久负屈声者，今得之，敢为两先生贺。两主司询各房曰：此卷何房所得？转揖向先生贺。于是分较，即有肘先生者曰：误矣！弗能追矣！此故交游中某某所深嫉也。再阅月，庚戌，隔房搜卷事发，族而谋者，遂指为救赵之一奇。台省各一人，牵率攻本房师生，世伟至对台狱罚三科，先生亦镌官数级，几废。比事白，而伟发种种。老矣，公车弗效，何所光大于师门？而先生谆谆属之，并命厥子若犹子辈也，先生真伟知己已。两月间，使命再至，其敢以不文辞？

先生讳象春，字季木，号文水，独以字著闻遍宇内，操觚家无不知有季木王先生者。先生为济南之新城人，始祖自琅琊迁。善人公伍，慕义乐施，尝植槐于门，日赈其下，敷荣至今，世称大槐王氏云。伍生教授公麟，麟生参议公重光，用忠勤死官，得赠太仆寺少卿，建特祠黔中，后俱以冢孙大司马公象乾一品恩，复赠如其秩。子五人，季观察公之猷，扬历中外，声称藉甚。长子中丞公象恒，贵赠右佥都御史。子五人，先生其季也。母李淑人方娠，梦神以棋子授之曰：是当以国能震天下。幼而岐嶷，三岁能歌唐诗百章，九岁手录《楚辞》《左传》，对客朗诵不休。十六补弟子员，试必居首，兼攻今古文词，大为通人赏识。弱冠从父观察公宦淮扬，奉母淑人讳。不两月，旋奉观察公讳。跋履冰雪，艰关抵家，卜葬地，日涉万山中，因是究心青乌家言。服阕，以礼经举于乡。历辰涉未，七年中肆力经史，钩玄抉要，寻师求侣，不难重茧折支，务臻其至，以踞诸士之上，诸士亦屈指心仪焉。庚戌成进士，得第二。主司出语众曰：闱中定会元数日矣。竟以一易卷先之。先是，易卷与易房师门牒雅故，入闱拔荐第一，风调魄力，自有所钟，非必如壬冬攻疏摭有万金要汤、一元答敬之谣。然临场牍皆所点定，又从他房弋获，众口哗然。此时先生何能无介？懊词怼语，主臣有之，不虞蕴毒侵寻，至壬子冬凑发之师生间也。先生素工黄庭书，胪传闻有挤之，乃得守部，与诸守部偕入壬子闱。时承庚戌后，讹传不靖，纷置多

---

① 辑自张世伟《自广斋集》卷十一。

端，房不能颛阅其经。先生以礼经探筹，得诗五，伟幸入彀，判无相涉理，独先生场后向人辄如监试公揖贺云云，人以是得指目之狱成，台省两人所善手遍踪，无能举其交者，稍薄其罚。不然，伟何辞永废，而先生能昂首掀眉，徊翔南北，称逆珰摧折正人耶？

先生崇祯改元冬，具有披沥孤贞之疏，首云："一生科名屈于赝鼎，仕路塞于媚臣。"以此比伟身亲其事而详为述者，若仕路通塞，屡出屡蹶，世道人心，实大有系，非止为一身鸣轴轲也。盖自壬子一番磨刷，仕途已为先生画一区界矣。镌级归，五年，出补上林簿。上林簿奉差归。五年，升南大理评事。未赴任间，用前差居里，乐省会山水，移家焉。适省中前劾分较事者，以东省试差出程式，大不惬人，士子并有所摭拾，相传为笑柄，心怯。先生复用前事傅致琐细论之，不报，先生亦且休矣。居二年，南廷尉屡移咨促装，弗获已，始拟拭莅任。神庙升遐，南九卿例遣属进香，同事为太青文公，齐名厚善，有李郭仙舟之羡。至都，而光宗皇帝又泣鼎湖矣。方择陵寝，举朝无精青乌家言者。先生以葬亲时肄习，为众推从。卜庆陵，得荷恩诰，纶音中有"溯龙望气，尔与有劳"等语。当事欲收先生者，拟晋玺丞酬之。先生曰："吾实有技，不敢为朝廷靳耳，敢以技进耶？"谢绝颇峻。其人大以为望，弗顾也。逾年，改寺正。至赵忠毅公为尚书，周忠介公为郎，摄选，乃升南缮部副郎，改南驾部。又逾年，而郎南职方，改南考功，称今官焉。

方己未、庚申间，前此往还，诸名公无一在事者，止大洪杨公、浮丘左公考选向用，落落如晨星。先生与顾公伯钦皆从闲曹周旋其间，所规画联合不少。癸亥南察，考功郎涂公届期始从北来，所持指与前主其事者太异，舆论称允，谓咨之先生，即前后易置本末亦归之先生。先生嘿听，知罪外已藉藉，而南总宪闻考功非其旧，星驰抵任，以正月廿日渡江。功司已宿部，总宪好谓之曰："吾有的札相参。"功司弗应，又危词胁之，弗应，于是转恨先生。盖即视山陵时，欲以玺丞收先生者。后至今上大起废籍，方位太宰当路，终尼先生无怪也。尔时先生气稍发舒，然殷忧即伏之。盖逆珰魏忠贤魁柄已执，诸为正人裁抑者，窜身入幕，赞导特有待而逞。无何，大洪杨公劾珰疏出，先生在南拟具稿未上，后见踵袭而上者则弗欲上，遂镂杨疏。行南中，为跋系名于后曰：珰罪定于是，吾心亦尽于是。请假归里，矢不再出矣。又为邹忠介公集序，自称年家子门人，有刺讥谄佞语。微此二端，固不能与区分。子平进相忘，况又屡矶之，宜乎人人以先生为奇货也。甲乙丙丁，时事大异，首逮杨、左六君子，次逮缪、周诸君子，最后逮高、逮周、逮李五君子，掠死狱底。天日昼晦，狐虺公行，各攻一正人为进身之资。科臣陈某遂以先生应险辅魏，矫旨："王某穷凶极恶，党邪害正，本当重处，姑从轻革职为民当差，仍追夺诰命。"诸邪窥逆珰与险辅意，劾疏叠闻，且云仅仅削夺，未尽厥辜者。嗟乎！必置先生死乃快耶？十八忠魂化碧之后，诸奸所造《点将》《同心》等录，将按次尽之。先生与吴门诸公，无藉不为项为领。世伟每阅邸报，一为吾苏忧空国，一为东省虞震邻，不啻提心在口，而先生身当其境何如也？杜门泥首，日办生离死别之事，自疏固然。然每接先生手书，盖未尝不呼天控地，惧人云亡而国殄瘁，一身一家，犹时置弗及已。天祚社稷，圣主当阳，拨乱返正，歼巨憝以及虎彪。再阅岁，颁行逆案，尤严于阴行赞导一款，诸奸底里洞照无遗，正人始弹冠相庆。先生荐疏先后十六七，报闻，只以原官给诰命，而卒未登启事。大究厥施，则由太宰故。然而先先生出者，或中他端骤废，或坐法不良死，则屡出屡踬之在先生也，又安计哉？且死生必至之常期，所争不朽誉问耳。众正人誉之，又得众不肖毁之，而论益定。先生始进，能抑其科名，不能损其文价。今操觚家无不知季木先生，足见第一人自在矣。伟亦在交游中，姑不深论。若迫见杀形，无如南乐之魏；巧行锢术，无如长垣之王。乃两人之贤不肖足征也。然非迫杀先生之名，不能如是之显；非巧锢先生之身，未必如是之完。两人者，又安知不生为先生地耶？至于分较镌秩，世伟方引为惭，先生乃居为慊，连蹇老生于此，世复何所藉，而谆谆身后属之。即此谓先生怜才至性，止寻常声气人，伟不信已。伟言伟之所知毕，而循览事略，记诸宦迹颇备。

上林奉差，有奇羡不取，归之秦辖，为异日分给费。廷评坐一豪别案，出一豪牵累者，俱允众心，不以刑曹成案为泥。缮部副郎所职街道、城垣、窑政，先是用私记请铜章，自先生始。其整罗城，开马道，厘然一新。督铸独坚完，背负工字，为识公家利倍，都人至今歌思之。武选值考军政，军政故为敝薮，先生初入署，即揭请托两札于门，无不慑而听命者。前职方有留册，按次迁官，第比试能否，与众公其用舍。举不尽骈语夸通才，刺不作微文暴秽行，盖皆持大体，识时务焉。又仁心为质，无问在官在里，若宽窑犯冷出热出之锾，省遣戍遍笞之刑，皆著为令。乙卯、丙辰，东土大旱蝗，约本宗酌出钱粟分赈，先生活婴儿独多，即以活婴儿女配之，数十年不尽。伟谓此循吏佳绅常行，弟据事略书其端。若夫五品郎官，数经挫折，而诸贤规为同野，彼已惮其当门，以出处关天下者二十年，若日在棋局，先后着中，梦征殆谓是乎？所谓识大足纪耳。至于孝敬过人，伟得睹其扶伯兄中丞丧，茹素绝饮，数月接宾，终日百拜，言与泪俱。又京邸草祭丘嫂文，谓有母道，忾然饮泣，以知丁内外艰时，骨立灭性，可想见也。

先生生万历戊寅三月之有七日，卒崇祯壬申十二月之十有九日，得年五十有六。元配李氏，赠宜人，长山文学公女，有妇德，宦邸佐姑，锁钥未尝私一钱，甚宜其家，伉俪仅五年卒。继配许氏，封宜人，长山学博公女，幼以仪轨自持，闻其贤，委禽焉。读书知进退，大有佐于先生，是必能振王氏之孤者。子一人，与仁，方十二龄，聘青州大宗伯赵公秉忠女，许出。女三：长适同邑廪生徐熙如，李出；次适济南守备穆光胤；次适同邑廪生沈德润，俱许出。将以崇祯六年十一月初八日未时，安厝于长白山之北，先期粗述生平，以请于负千秋之望，慰九原之知者。先生所著有《四书尊经录》《礼记尊经录》《长白山志》《问山亭诗文集》《五声韵选》《历代诗赋地里》《十书评》《廿一史通鉴》《经子史》《李杜诗评》，半未刻。先生于书无所不窥，星卜数术、释典仙经，皆能举其梗概。尤精天文、地理、兵策。自奴酋发难以来，寝食未尝不在榆关内外也。迄辽民内窜，皮岛挟饷，以至京师戒严，登抚再设，先生更迩其忧。

忆辛未春暮，伟下第南还，念患难师生，从未登堂候问，适届先生悬弧令辰，语次愀然不乐，特见其子云："将以后事为托。"伟逊谢："师年少于弟子，计日出山，何忽作此不祥语？"先生曰："吾比揣体不佳，且上占星象，当虚危之分，秋冬应有急兵，物怪人妖，种种迫出吾邑，吾殆不知所税驾矣。"又云："吾初有经世志，即不能高议庙堂，为朝廷进贤退不肖，亦思独当一面，马革裹尸，不悠悠牖下终老，而今皆已矣。"伟深怪非素，然或得瞿昙柱下之力，年至归根，更见稚子秀颖特异，颇以为慰。后闻逾月病作，入冬益甚。登变贼至，许宜人豫属其徒翼，先生登车亟驰，矢不相及者二百步，竟以家免。前云甚有佐于先生，犹信。阅岁归旧居，病小愈，次第经纪仲兄贰守公恤典，贰守亦逆珰特旨削夺名臣，与其子孝廉同死登贼之难，感触病发，不三日，竟卒。

先生天显素笃，诸兄长中丞、三文学、四参将，俱先逝，独贰守存而死最酷，稍详之。初城陷，报至苏，伟重虑先生，先生非病愦床褥，城守御贼，岂在贰守公后哉？稚子秀颖特异，则信其必免，兼有竖也。先生不特正人为徒所拥护遏抑，多不言之功，甚则反以蒙累，即屡以边才荐，稍逊一格矣。然前如御史叶公，后如大司马王公，推奖尤力，皆奉俞旨起用不果，彼锢人者亦已太甚。嗟乎！以慷慨许国之襟期，值抢攘毁家之遘会，赍志不酬，考终牖下，天其有意耶？无意耶？明旨具在，真正被逆珰摧折，许自辩理，今先生死无所置喙矣。采风君子核东省废籍二十有六，独遗一人，论定盖棺，是否例合请恤赠，以信圣恩，当必有任其事者。伟椎不文，深惧负知己之托，撮录如右，摭显阐幽，俟之椽笔。谨状。

王吏部[1]

张世伟

王象春，字季木，少余十岁，以壬子房取中，称房师云。高才好交游，先执贽黄贞父，甚赏之。余旧为名诸生，固其口角所津津者。闱中得余卷，甚赏后六义，微嫌首篇。浮签有“六义冠场，首篇未称”语，其用大黑笔点定出。大座师郭公填榜时名发，监试钱公向座师贺得人，大座师转向房师贺，师不禁意得，见人辄曰:“多年张异度，今被我收得。”盖余字久在人口，言之如熟串然。郭公见谓曰：“君是我取者，本房有浮签见否？”余谢不见，盖填榜时去之也。座师既以庚戌会场为人有意夺元，素树大敌，场后隔房搜卷事发，疑师有力，借乡场报之，其人又出苏城，余几无以自解。后耸一浙人发及余，余与座师同难，无所悔，然亦是师以收余为快事，召此衅端也。浮系逾年，忽一日草素进难文，笺之曰：“古德有云：石压笋旁出，患难亦须行。”谓余何安坐不动？余曰：“素即行也，我用我法止此。”居无何，坐罚三科归，师谓我必大恨。余泰然曰：“言行素时安之矣。”辛未下第归，乃迂道过师家，正值师生辰，集群从子弟，师谓曰：“此即先弹文谓君过订关节处也，十里亭安在耶？”时未六十，意色甚恶，令郎君出拜，申后死之托，且言天时人事，县中必有兵变。逾年果然，亦遂卒，不知何法知之。

王考功传[2]

邹 漪

公讳象春，字季木，号文水，山东新城人也。高祖伍，乐善好施，树槐于门，至今称大槐王氏。祖父诸兄，世为显官。母李淑人，梦神授棋，一握而生。公少颖异，谈言射注，长老皆异之。长益肆力于学，中万历庚戌进士第二人。每叹诧：“奈何复有人压我！”壬子分考顺天房中，得张公世伟。张公为诸生时，已名满天下，所选庆历小题，天下士以其进退为荣辱，忌者啧啧，遂发难于公。然张公贫甚，不能有所傅致，坐降级归。居五年，补上林苑典簿。又五年，升南大理寺评事，迁寺正。久之，升南京工部营缮司员外郎，历兵部车驾、职方二司，转吏部考功郎中。公素事父执邹忠介甚谨，为序其集，语多伤时。癸亥

---

① 辑自张世伟《自广斋集》卷十五。

② 辑自邹漪《启祯野乘》卷四。

南察，公慷慨与其谋，大与南总宪忤。至甲子秋，杨忠烈公具疏劾逆珰，奏草至南都，公门人何允泓锓板以传，公又为批、为评、为赞、为跋。是时方屏殛众正，因以中旨削夺。崇祯初年，珰败，东省废籍凡二十五人，起者二十四人，独遗公，以公所忤南总宪时为太宰故也。公虽禁锢不起，无时不以忠君忧国为念。若辽民内窜，若皮岛挟饷，以至京师戒严，登抚再设，咸有凿然规画，可见施行。盖其经纶蕴抱，足当大用，虽居小官，咸有谟可重。如上林奉使，不取羡，羡归秦辖。廷评判狱，入一豪，出一豪，咸允于理，不泥成案。缮司司街道城垣，厘然一新。督铸精严，武部核军政精能。于其职，绝弊窦，杜请托，选才伎，公用舍，京营为之肃清。其居乡，亦好行其德。乙卯、丙辰，东土大祲，公率族属设法以食饿者。至辛壬间，叛贼暴起，公先期占天象，谓虚危之分，应有急兵，屡为当事者讲绸缪之策。比贼临城，公已病痿，兄郡丞象复，及侄孝廉与夔，捍御杀贼，城陷俱死。未几，公亦病卒。公故博学多通，凡天文、地理、风鸟、壬遁之术，无所不晓。当光宗晏驾，选择陵寝，莫知适从。公为相庆陵地吉，众议乃定。或欲酬公以玺卿者，公毅然曰："吾昔为亲死，乃究心于此，今不敢不移以事君，士大夫其肯以术媒进乎？"其凛然守正，侃侃不挠如此。

论曰：钱牧斋先生称王公奇伟有大志，时发愤闷于歌诗，似苏子美；遇事无难易，勇于敢为，似尹师鲁；指切当世，贤愚美恶，无所讳忌，似石守道。可谓知公者哉！顾公初筮仕，即以张异度先生去其官，而终其身与先生为生死交，即此可以知公之为人与寻常相去万万矣。顾生不逢时，不得展其志，而三十年来，得丧升沉，每关时局，生而梦棋，其神告之乎？

南京大理寺左评事王象春①

刘鸿训

敕曰：大理，古之廷尉，而属寺实分理之。所以辨已具之辞，不狃于法；核未定之狱，求得其情。自非明恕端敏之人，曷克任此？尔具官某，英姿雅度，博学宏词。龆年窥二酉之藏，射策中重瞳之选。文能贵纸，赋可夺标。乃自上林，暂移留署。饱阅江山之盛，宏开经济之才。其于丽察之中，平反之当，特尔余绪耳。顷尔以祀事北来，适值山陵卜度之会。溯龙望气，尔与有劳，知尔为有用才臣已。兹以覃恩，授尔阶文林郎，锡之敕命。怀德怀刑，庶狱庶慎，是为上下共凛之意。尔能于棘寺益才累庸，宏我钦恤，朕将有显擢焉。尔其敬哉！

敕曰：妇德不逾阃阈，国恩可达幽明。即结褵之久捐，宜同纶之并涣。尔

① 辑自刘鸿训《四素山房集》卷四。

具官某，妻李氏，毓自名阀，来匹英人。秉德柔嘉，服躬婉淑。当合卺而见庙，遂解佩以同心。衿鞶笃其敬共，琴瑟谐其静好。方叶凤偶，遽掩鸾辉。是用覃恩，赠尔为孺人。贲丝纶之五色，慰魂魄于九原。

敕曰：朕读《吕刑》，至惟内惟货之戒，而知俩成之吏，所资内德多也。从贵有章，可无并逮。尔具官某，继妻许氏，有美其仪，不愆于度。下惟绩学，爰需筐筥之劳；曳缟从官，克赞素丝之美。尔夫惟良，折狱执烛以从。繇戒日勤，鸣环相佐，亦惟汝贤也。兹用覃恩，封尔为孺人。爰服锦衣之褧，弥殷彤管之规。

王考功季木①

王培荀

王考功季木，徐东痴之外祖，渔洋山人之从祖也。才气纵放，傲睨一切。著有《问山亭集》，务欲超出常轨，惊骇流俗。如项王瞋目叱咤，千人皆废。《题项王庙》一篇，狮吼鲸翻，几欲唾壶击碎，压倒从前作者矣。其余未能称是。自引文太清天瑞为同调，第文太支离，钱某拟以佛法中之魔波旬，考功则未戾大雅也。《谒岳忠武庙》云："衰草寒烟日暮时，伤心瞻拜岳王祠。君王自得偷安计，臣子应班痛哭师。东海未填精卫死，南风不竞杜鹃知。由来和议非长策，千古英雄恨莫追。"比樊宗师文从字顺，不得以怪奇目之。

《东廓记》辩二则②

王士骊

先季木祖考功公，文采风流，自当时出众之才也。其诗句，笔气纵放，诽戛不加检点，睥睨一世，傲放则有之。至于孝友传家，原非世俗嚣嚣轻薄之流，且小取邪说，亦非其才。表兄徐东痴尝为余言之矣。乃有姊丈孙孝堪，与其弟仲儒，指《东廓记》出先季木祖之手，为刺指先伯祖大司马公之剧，而盛称其才之妙。东痴表兄力为辨云："外祖从不见有词句。"仲儒则曰："家相君所言，岂得有误？白雪楼主人，岂不是王季木耶？而更言原是刺谬其令兄而作者，言之高兴。"东痴仁厚长者，不面讦人之非，其实心且恨之衔之。不知何以造此不根之谈，以坏前辈名望，兼坏人家家法，是何等心术！况余家以孝友相传久矣。当先高祖母刘太夫人在堂，家法甚严。先曾祖观察公，与先伯祖四五人俱年相若，

① 辑自王培荀《乡园忆旧录》卷一。

② 辑自王士骊《幔亭公漫录》。

同攻举子业，在一学内。嘉靖甲子、乙丑，先二祖方伯公捷去。隆庆丁卯、戊辰，先三祖光禄公又捷去。至庚午，先曾祖二十八岁，中第七名。先大祖二十五岁，中第二名。叔侄二人同举乡榜。辛未，大祖联捷。癸酉，先四祖中乡榜第二名。至万历丁丑，先观察公始第进士，选平阳司理以后，庚辰先季木祖始生，行次十七。以年岁，比先伯祖少三十余年。以科分而论，相隔四十年。以如此尊且长之兄，何敢以轻薄之词加之？以理以情而论，更所不敢。且不闻本县亲友言之，本家先伯叔辈亦不曾有一人言之，不知孙氏兄弟，何所见而播扬如此之背谬耶？前于黄学使昆圃公席间，曾说此一假话，云是舍甥孙淳夫所言，余未毕其辨。今赵太史伸符来诸邑，亦是此等语。余不能不以寒家世纪说明，而知者自识其诬矣。余又闻之姑丈毕刺史载绩公言云："《东廓记》，乃申文定公使其门客某做出者，且是伯外祖大司农之言，更是的确，因在京师赴一大老席上演戏有错误，得罪申相之剧。"且申文定壬戌与先司徒曾祖同年，且最相好，是大司马公嫡亲年伯，纵有所指，亦非刺指大司马公之剧明矣。且苏州亦有白雪楼，何得以苏州之楼，即济南之白雪，而为问山亭主人之编纂耶？亦谬甚矣！

先大司马太师公为东林大匠，与少弟考功公合志同方，所以阮大铖《点将录》以大司马公为阮小乙，先郡丞伯祖赠光禄卿为阮小二，考功公叔祖为阮小五，此与《党人碑》所传之名何异？虞山钱宗伯称"王季木是东林之表表者"，如此刚方气节，而以词曲谪为詈长兄之人，可见人之高兴短见，恃才傲物。公子性情无人敢与较长论短，从来忌才乐谤，而失实之事，大抵然也。余衰朽迟暮，每以此等事凝于心胸而不能释，思不辩明，恐有误以为真者，则余之知而不言，是又一大罪人矣。病中两次亟为书而记之，时丁酉夏日，六十八岁老人幔亭骊记。

评论类

王季木《北湖图咏》序①

李若讷

湖之为胜，水所钟也，大抵江南饶有之。余山东虽海岱大观，而湖光陂景，不及江南十一。以故自昔占湖之幽者，亦多出江南名士。贺监之于镜湖，大白之于洞庭，苏公之于西湖，皆其灼然水乡，洗发千古，江北则寥寥矣。北湖之名不著，而新城王季木家于其近，自举南宫归，尝与群从泛舟沪瀁中，一片空翠，目眙心赏，不能已已。绘之为图，湖有色；笔之为记，湖有文；咏之为诗，湖有韵。湖亦何负于江北之名人耶！据记文中所称，湖达济南，而小清与时水俱相潆漩，淈泥扬波，靡非古迹。春秋之盟彨战时，皆以水上为牛耳。至如中流襟带，李白泊、鲁连陂、诸葛庄、辕固镇、王蠋故居、景公青丘，各各齐之故事显名者，而锦秋亭为最佳。此亭乃元人取坡老诗"绿锦云秋"之句为名。坡曾过此水，爱其风景酷似江南，故抒为佳咏，而更津津赏水中之鲈莼不减松江也。季木记文，特于此加渲染，而诗中亦曰："湖名不负锦为秋。"又曰："北方诧有四腮鲈。"指写佳胜，惘慷涣而縠文生，不惟仿佛江南，将江南移于北湖矣。然坡老当宋新法之世，不获大用；辙迹所至，往往攓云捉月。而北湖鲈莼，得与金虀、盐豉并显；非名人之好事，固借以寄情浣忧耳。季木世家魁名，而遭时排挤，寄浣尤多。北湖如在江南，方且一棹以往，况淼淼者即庭除物也，而手撷口讽，栩栩然乌知南北耶！余尝以天下胜概，绘之不如叙之，叙之不如咏之，而能兼者，亦属暌世之名人。若坡老者，能画，能文，复能诗者也。北湖未得坡之画与文而得其诗，已为天幸，足以出色；乃季木庶几乎坡者而图之、记之、咏之，北湖又幸矣。季木诗□□奇绝，如海底珊瑚；而兹北湖诗更饶□静，奇而且逸。计北湖烟波袅袅，收于胸次，即千丛翠篠而帘篁笼筱之，安得不句中滴滴秀色也！余谓季木已有三绝，而湖适与靓，足成四美。北湖之名，易以苏、王可矣；南北皆以人重，皆以咨嗟感慨之人重哉！余为季木序，其深致如此。季木得无曰浮柏湖舟，四鳃之脍、千里之美，即身后名不以易也，而又何必名之苏、王？若是，则愿分我一杯，而余序当毁而沉之于波中。

① 辑自李若讷《四品稿》卷五。

王季木《峼居诗》序[①]

李若讷

余不敏之服膺吾季木也，犹曩者七子中子与之尸祝于鳞也。于鳞生济上，子与生吴兴，一日千秋，不免两地。乃季木及余俱济郡人，则其尸祝者，昕夕以之。季木顷避岁，遂于历下卜居，买得于鳞白雪楼故址，依明湖潺湲之泮，峼桥风月，批抹斯人，而其秀句从湖心涤出，命曰峼居。手以示余，再四读竟，弥新弥工弥妙。勿论子与自菰芦和雪，即于鳞华注雪色乎，恐撒盐起絮，韵亦差殊矣。请为之喻：于鳞如白雪，孤高峻绝，直难和耳；季木如绛雪，奇情巧肖，将使鬼可为人，鸡可入云，乃和之而益见其难。于鳞不免后起者揶揄之，而季木方今无不津津艳异，涎流馋吻也。季木曰："子无逊，试为王生品。"余终不能品季木。弟生于济，道其济而已。于鳞、季木，时不同，好不同，而其一片劖空修月之肝肠，似不甚异。于鳞扫古今而下风之，然诗中绝佳者，乃亦抉唐人之精华耳。惟其时好，自唐以下，不顾盼宋、元，而阿堵中应待妙手一点耳。季木扫古今而下风之，然绝佳之句，抉唐精宋，并抉宋、元精华，画龙及睛，靡非云电哉！季木曰："子之说似矣。"余又惟济上盈盈，宋之子由、子固，元之子昂，尝以其风韵淘洗之，讵减唐子美啸咏鹊湖也者。更数百年，而于鳞居峼，季木移居峼，而季木且以宋、元之韵韵唐。夫以宋为唐，彼其世代咫尺，化腐而新，斤削犹易；以元为唐，相距七朝，化谐而雅，礲之鈒之，非易也。索季木之解，且若自得于能化元人者。唐人化陈、隋，宋人化五代，其始皆以近而远，既乃得远而忘其为近。季木非善化乎？此实向来未泄之窍，而季木幻心出之，非绛雪丹不能也。季木曰："子之说近真矣。"余又惟季木自为元，自为宋，且自为唐。佛定中不知为水，观者认为水，余犹以砾掷定水者焉。李生妄和季木，徐公虚祝于鳞耳。季木与余相视而无言，于是为峼居诗序。

王季木《李杜诗评》序[②]

李若讷

诗莫盛于唐，而李杜竞爽，李之诗仙也，杜之诗史也。五尺童子能操说铃，进之则谓李杜乐府、五、七言、古相颉颃，而五、七言律推杜，五、七言、绝

① 辑自李若讷《四品稿》卷五。

② 辑自李若讷《四品稿》卷五。

推李也。缙绅士林能握谈麈，乃友人季木枕籍二家为之签品，语语抵掌，篇篇扪心，以成《读李》《读杜》二评焉。可谓两家之益友，艺苑之功人乎！余受而读之，其于李也，择其隽什隽语矣，且订其真本与误字。其于杜也，择其精语精篇，而亦稍稍正其讹字与其赘解。于李多及其古体，于杜多及其近体。兹吐之季木，播之世人逊心者，易耳。乃其指斥二家之疵颣，大抵李往往有浮冗，杜往往有俚陋。或欲删芜就净，或通篇悉劆，而尤摘挡于杜，恐世人见者咋舌攦指乎。噫！此余所以谓其益友功人也。李杜并生，亦相善。杜称李无敌，而李“饭颗山头”之句，似姗戏杜者。迨宋人提衡大家，则若皈依少陵。元之虞、赵，明之献吉，亦各云少陵知己。益更四五百年，李杜皆尸祝，而杜似偏灵焰矣。然攻杜攻李，虽自有之，不进字比句栉耳。如季木于二家无所偏袒，而就其胜批其败，李似嬴八，杜似输二，竟主于求工者之未工，不惟识者首肯，抑使死者心折，讵不益？讵不有功哉？余因而论之，李杜俱负不世才，而俱无大遇，李不屑屑争寒燠饥饱，旷然侨之于仙。杜扼腕其贫贱无所试，时时以吟咏抒经济，犁然隶之于史。二公为仙为史，总一不遂志，而李若自见其时不可为已，亦不能为姑流霞叱石以洸洋耳，所识较晚。至于青莲搦管，本期谢朓，故语语烟霞，不似人间，抑有偶用玄晖之句鼓舞笔端不觉者。少陵自咏便曰“谁知二谢苦学阴何”，然则以二公自位置已稍轩轾矣。惟是诗不逸致，即非风雅而不真情，亦非风雅。青莲大概近致，少陵沾沾近情乎。要以诗家得其风者居多，取李以六，取杜以四，固无不可。季木之评盖曰：“李于古体不失汉魏，杜于近体不失古。”夫谪仙尤近风耶，有二家不可少，此评而功益盖在古人之上云。

跋《齐音》小记①

王士骊

《齐音》百首，乃《问山亭诗集》之一，皆是济南城中、城外之故迹，随地随人物，境内所关者，即记一绝句，实是纪载之要笔。而每首加以小记，又最有关于地方事迹之略。当年旧刻是先叔武科公同淄川门人姜子柔刊劂者，其版草草，今剥落甚夥。先渔洋兄在京师，闲中将《问山亭》各集删选近千首，欲刻，偶以他事未谐，遂付儿子启座收存。后有更选八先伯祖姚安公《思止园集》，暨十八叔祖大宁公《来鹤园集》，与《问山亭》合为一集，为《三王诗选》，附有先六伯封公《笼鹅馆诗》，具付剞劂而未逮。随归田，后又托寄朱竹垞先生选入《明诗选》内，亦聊聊不多。《齐音》百首，使余手录一册，数录而为

① 辑自王士骊《幔亭公漫录》。

人借抄而未返，余更有所存。先君子于己亥、庚子年在济南府，患难中，同寓有乐安令黄公讳甲云，进士出身，大有经济才，相友善，善书画，遂画一册曰《济南百咏图》，有序、记、目录，欲将此图刻十三幅，附《齐音》诗之前，刊一家刻，以存风土人物之佳话。先君子以劳瘁之身，多病多误，遭家不造，徒抱志而未成。余又不肖，不能克家，蹉跎日久，年深而无复问矣。家渔洋先生拔余于群从之中，兄弟相依，三十年来如一日。余始知文字家学之事不可忽略，乃将祖训手迹，积成一柜藏之，而已散失无几。刻其橱联曰："训诫心声不远，诗书手泽犹存。"从残篇断简中，检出《济南百咏》画册，从新装潢，思欲得一因缘，将此案了结刻成，以存先人之志。于辛卯年冬月来青郡，请黄学使公为先兄点主。言及问山亭主人未入乡贤，承黄公力，为取结入祀，复言表彰诗刻。余将手录《齐音》并《百咏》画册呈览，一并取去，余以为刊刻有主矣。会有济南郡丞公为同宗讳朝佐者，身任其事，亦钞一本览之，许云："取画册来，同为刊刻，得附不朽，是吾之幸也。"余感其盛意，入京师求黄公查发画册，云是送过者。遂托同邑何澹庵太史，致意黄公，发来临样，刻出，仍以原本送上，再送几册刊本。从此杳无信音，而府丞公亦罣误去矣，至今惶惶于心。而余迟暮之人又多病，志意一切恢颓，惟有此事未能去怀。今又使人钞录一册，似比余手录之编尚有错讹，而东痴表兄及先中翰兄诗句亦未录附。病中偶以检及，随手记一跋，以附于后。

《问山亭诗》后序[①]

王祖昌

余读屈大夫《离骚》《天问》《哀郢》诸篇，其忠爱之心发于不容已，因不敢明言，故以美人比其君，以兰蕙比君子，以萧艾比小人，冀其君之一悟，俗之一改。一篇中三致意焉。后世忠烈之士有所感激而托诸诗，往往效之其纯笃之至者，光焰万丈。虽陵谷变迁，不能朽也。吾叔太高祖季木公，明季之忠臣也。其生平大节，见于文太史震孟所为墓志铭。中有云："公豪气发溢，睥睨一世。"当赵忠毅公为冢宰，周忠介公为选曹，始擢南京吏部考功司正郎。平素父事邹忠介公甚欢，为序其集，语多讥刺，攻道学者操戈俟矣。癸亥南察，公实与其谋，大与南总宪忤。至甲子，杨忠烈公具疏劾逆珰。奏草至南都，公门人何允泓锓板以传，公又为批、为评、为赞、为跋。而仇忠义者，乃欲刺之刃刃矣。给谏某劾公，乃以中旨削夺。既以编氓居里，而诸奸犹耽耽狺狺，谓为未尽厥

① 辑自王祖昌《秋水亭集拾遗》。

辜，至《点将》《天鉴》等书，无不列名，必欲使继十八忠魂之后。然公虽禁锢不起，无时不以忠君忧国为念。故几登高望远，临水送归，春去秋来，萤飞磷走，偶有感触，皆见于诗，以自鸣其不平。文简公称其"天才排奡，目空一世"，而钱虞山乃讥之，谓为"西域婆罗门"。盖虞山自托仙佛，随时自乐，视国家之兴废，漠不关心。卒以有明遗老为二臣而不惜。呜呼！此其所以谤公与？然虞山在明季时，文名藉甚，而持论不公，世之人又多信耳而不信目。其所摈抑，往往掩没不行于世。故文简拔公雅驯之诗二百首，以解虞山之嘲。然余自束发受书，学为吟咏，物色二十年不可得。乾隆五十一年，从兄余人先生没，其所遗乱书，家人欲焚之。适遇余妻，乃命送至秋水亭。余一检阅，即得文简选本，乃伯曾祖力庵公所编，曾祖幔亭公所录也，遂什袭藏之。今又二十年矣，尚未见原本。至嘉庆十一年清明，余来淄川，谒县令王坦园先生，先访故人司训刘梅亭，梅亭偕余见司谕苏卮园。卮园谈及吾家诗，而首季木先生，且曰："君有《问山亭诗》全本乎？"余曰："无之。"遂搜藏箧，取四册见贻，则淄人乱书中所得也。余亟取阅之，虽非全集，正癸亥甲子数年所作也，多文简选本所无者，其文简所遗与，抑或文简所未见与？然余既得之，则焚香细读，将其真挚者拔二百首，以续文简选本之后，名曰《问山亭诗拾遗》。呜呼！自季木公至余，已六世矣。此卷藏者不知经几家，读者不知经几人，断简残编，无首无尾，而蠹鱼之蚀、屋漏之痕，不可胜数，其不至于没灭者几希矣。今乃遇卮园收之而归余，殆公精忠之气不可磨，有鬼神呵护，以至于今与？抑或余之学诗，专心致志，四十年不倦，冥冥中特赐于余，令余表彰先人与？选既竟，质诸侯君柳谷，细参阅之，遍示同人，皆以为变雅遗音。至于虞山诗自以为可传，然词义悖谬，其《初学集》《有学集》尽在禁例，谁复读之哉！谁复读之哉！

嘉庆十一年，岁次丙寅，三月三日，六世侄孙祖昌顿首，拜撰。

王象春①

朱彝尊

字季木，济南新城人。万历庚戌进士，除上林苑典簿，迁南京大理评事，历工部员外，改兵部，终吏部郎中。有《问山亭集》。

万历中年，诗派杂出，季木自辟门庭，不循时习。虽引关中文天瑞为同调，然天瑞太支离，未免邪径害田矣，未若季木之无戾群雅也。《题项王庙壁》一篇云："三章既沛秦川雨，入关又纵阿房炬，汉王真龙项王虎。玉玦三提王不语，

① 辑自朱彝尊《静志居诗话》卷十七。

鼎上杯羹弃翁媪，项王真龙汉王鼠。垓下美人泣楚歌，定陶美人泣楚舞，真龙亦鼠虎亦鼠。”比于谢参军《鸿门》作，更觉遒炼。亡友颍川刘考功公勇亟赏之，几于唾壶击缺，此非邪师外道之传也。《谒岳武穆庙》云：“衰草寒烟日暮时，伤心瞻拜岳王祠。君王自得偷安计，臣子应班痛哭师。东海未填精卫死，南风不竞杜鹃知。由来和议非长策，千古英雄恨莫追。”《石城月》云：“金陵王气未曾消，水泊秦淮江上潮。月到石头城下好，碧云红树听吹箫。”《不落夹》云：“慈宁宫里佛龛崇，瑶水珠灯照碧空。四月虔供不落夹，内官催办小油红。”

考功诗①

王士禛

从叔祖季木考功象春，跌宕使气，常引镜自照曰：“此人不为名士，必当作贼。”尝奉使长安，饮于曲江，赋诗云：“韦曲杜陵文物尽，眼中多少可儿坟。”其傲兀如此。有《题项王庙》乐府一篇云：“三章既沛秦川雨，入关更纵阿房炬，汉王真龙项王虎。玉玦三提王不语，鼎上杯羹弃翁媪，项王真龙汉王鼠。垓下美人泣楚歌，定陶美人泣楚舞，真龙亦鼠虎亦鼠。”此诗刘公勇绝爱之。公与文光禄太青友善，诗亦齐名。钱牧斋尚书云：“文天瑞如魔波旬，具诸天相，能与帝释战斗，遇佛出世，不免愁宫殿震坏。王季木如西域婆罗门，邪师外道，自有门庭，终难皈依正法，然其警策处，要自不可磨灭。”《列朝诗》中仅录三首，又非佳作。

十七从祖季木②

王士禛

十七从祖季木象春，仕南吏部考功郎中，以诗名万历间，与文光禄天瑞翔凤齐名。牧斋论之曰：“天瑞如魔波旬，具诸天相，能与帝释战斗，遇佛出世，不免愁宫殿震坏。季木如西域婆罗门教，邪师外道，自有门庭，终难皈依正法。”此虽戏论，其言自确。然今所传《问山亭前后集》，汰其芜杂，撷其菁英，可传者尚可得什之二三也。少时诗，如“故人江汉绝，疏雨户庭过”之句，不减大复、苏门。八叔祖伯石象艮，仕为姚安府同知，著《迂园诗集》，诗名远出考功下，然谨守唐人矩矱，不失尺寸，如《咏鲁仲连》云“孤城一飞矢，六国

① 辑自王士禛《池北偶谈》卷十六。

② 辑自王士禛《居易录》卷十四，题目为编者所加。

有心人”，又“萧条两岸柳，怊怅五更鸡”，“鱼藏芦底穴，雪压竹门庐”，“青荧茅舍火，缥缈竹林烟”，“南雁迎花早，东风带雪多”，“月明才十日，人病已经旬”，皆五言之选也。后人不振，予购其刻板藏之。十八叔祖晦甫象明，著《鹤隐》《雨萝》诸集，才不逮考功，而欲驰骤从之，故时有衔蹶之患，未能成家，今刻版仅有存者。予有三公诗选，颇有可传。

十七叔祖考功季木象春①

王士禛

十七叔祖考功季木象春，*原名象巽*，天才排奡，目空一世。使秦，游曲江，有诗云：“韦曲杜陵文物尽，眼中多少可儿坟。”《题项王庙壁》云：“三章既沛秦川雨，入关更肆阿房炬，汉王真龙项王虎。玉玦三提王不语，鼎上杯羹弃翁姆，项王真龙汉王鼠。垓下美人泣楚歌，定陶美人泣楚舞，真龙亦鼠虎亦鼠。”古今判刘、项，无此雄快。八叔祖郡丞伯石象艮，亦有诗名，五言如“萧条两岸柳，怊怅五更鸡”，“鱼藏芦底穴，雪压竹间庐”，“青荧茅舍火，缥缈竹林烟”，“孤城一飞矢，六国有心人”，“龙源花外水，鹿角雨中山”，皆中唐之选也。十八叔祖大宁令用晦象明，*原名象履*，诗亦有足传，如“日日轻雷送雨声，小窗历乱竹枝横。水痕时落还时涨，枕上看山秋欲生”，“细雨新晴百草菲，含桃初染杏初肥。奚童竞扑柳花落，娇鸟时衔榆荚飞。水净欲浮蝌蚪字，苔深争迸箨龙衣。阑珊春色归何遽，帘外轻寒蜡屐稀”。又有句云：“老松带露滴巾角，乱石欹风迎马前。”余尝辑为《琅邪三公集》。

先叔祖季木考功公②

王士骊

先叔祖季木考功公，博学好古，风怀俊烈，梗概自负，蚤蜚声誉，为先曾祖观察公少子，最所钟爱。先曾祖卒于淮扬时，尚幼，在官舍中。经纪大小事，气度不凡，与先伯祖少司马中丞公，皆以天下事为己任。及庚戌，中第二人，从此坎坷迍邅，厄于权要，不得志于仕途，而文章声气则名振一时，卒以党锢郁郁而死。其始末著于钱虞山宗伯墓表内，距今七十余年，虽著述甚富，后起无人，亦不能以传世。家司寇公选有《问山亭集》，近千首，亦未刻行，尚有

① 辑自王士禛《渔洋诗话》卷上，题目为编者所加。

② 辑自王士骊《幔亭公漫录》，题目为编者所加。

过问山亭而兴慨者谁耶？北平黄昆圃先生督学山左，于竣事之日，遍及先贤，有未入名宦乡贤者，或询之故老，或考之志书，飞檄查核，我先季木祖乃得与焉。秩祀既崇，诗文亦将流传不朽矣。而其子孙流落长白山中，潦倒[①]不堪，今其嫡曾孙启振，茕茕孤裔，更得依例为奉祀生，庙配千秋，祀典弥光，皆黄学使公表彰前贤之大德也。骊实感勒，遂为跋语，以附崇祀录之后云。

王季木制义小序[②]

黄汝亨

余里居灵鹫，与移而为坛石，长所讲席，过从多东南之美。齐鲁以北，绝少朋侣。近以罗玄父得王季木，以季木得周子寅、徐孟明。三君俱齐士，所落笔俱洞筋擢髓，不屑为时人语。子寅骨俊，孟明气赡，而季木之思按之弥深，其力又时如万石之弩，应手而赴。理有旧没者出之，说有已陈者扫而更张之。每观其临文时，幽讨遐注，真若不自知亡失衣冠。洎乎神来，出奇无穷，即东南诸隽，何能驾季木而先之也？子寅近已空北，群嗣季木起，独孟明以病格非战之罪，登公车而奏凌云。二子并驱，天下之贺战胜者谁往？季木勉旃哉！

书王季木制义[③]

汤宾尹

举业一道，极其至，非沉思不得也。然吾意夫思之沉者，其资必拙，其起家必于贱贫。慧异之士，手口便疾，出之有余于度，而入之不必深取胜，材情足以驾矣。士之生长高门者，饱其浓佚，不耐辛艰，诚有意乎奋飞之业，而文章科第，皆家物耳，深心走苦，宜亡所用之。夫惟贱贫而拙者，进无前门，退无后地，困顿之致，穷于尺幅，即欲简恬其思而有所不可。盖余既拙绝家，寒窭无聊，当其事举业之时，每手一目，魂气阒寂，舌数转，未敢轻吐也，心谓拙者之政如此耳。以遇材士，伸纸淋漓，辄赧然发汗，乃今于季木而异之。季木世贵，勿复言，言其才可以霸齐。又年少乡举矣，独身啖苦，伏腊一灯，有窭人所不甘。所为文，舂胸擢髓，极思力之变，吾不谓慧异之士之出于斯也。以季木之才，试之举业，犹用沉思，天下事其可以聪明用哉！《相法篇》云："藏

① "倒"，本作"到"。
② 辑自黄汝亨《寓林集》卷七。
③ 辑自汤宾尹《睡庵稿》文集卷三。

不晦，发不露。”材人无浮薄相，富贵子弟无轻肥相，其福必大。吾以举业知季木，以季木知天下士矣。

杂诗犹有风人之趣①

姚 旅

杂诗犹有风人之趣，如新城王季木《打枣竿》诗：“打枣竿，光莹莹，岸上小儿赤身檠。去而复来无时停，终日剥啄不盈升。低枝已尽高枝熟，我竿恨无三丈六。”

评王季木《山家》诗

姚 旅

王季木《山家》诗：“山家香穄饱椿芽，雨歇篱傍自种花。割麦积麻旋剥枣，一年三度坐牛车。”不雕饰而趣自别。

北雁南雁②

宋长白

钟伯敬序《问山亭诗集》，谓其出没幻化，非复一致，要自成其为季木而已。“雁雁尔勿南，火云满衡山，射工在湘潭。黄梅雨方酷，青草瘴又毒，燠伤尔毛湿伤足。何如北地黄芦里，雌雄咿哑双哺子。只将字排雁门月，岁省一万六千里。年年木落尔趋南，砂碛征人都愁死。雁雁尔其止，偃我钲铙折我矢。”“雁雁尔勿北，代云插天沙砾塞。纥千山头雀脑枯，老雕秋翎吃霜力。猛士镞如雨，小儿也操弋。尔息不得息，尔食不得食。八月江南水满湖，湖有莲子水有鱼。暖日晴滩蘼芜枕，女郎不肯惊尔寝。”此王季木拟乐府二首也，镵削之中如绵里铁。季木名象春，新城人。又《题程婴祠》一首，亦奇崛。

① 以下两篇辑自姚旅《露书》卷三，题目皆为编者所加。

② 辑自宋长白《柳亭诗话》卷十四。

酬唱类

上王季木书[1]

顾大韶

韶荷先生知我之恩，与生我等。然违颜五载，未尝修咫尺之书，祗候兴居者，自念既以下流之人，点污高明，誓必待成名后，然后通刺于门墙，此宿心所期也。既而先严见背，奇病洊臻，每伏枕思之，俟河之清，人寿几何？使必待成名而后通刺，假令终身不成名，遂终身不通刺耶？况今吴越之间，皆知有么麽顾生，则韶之名已成矣，又何必荐贤书，登甲榜，而后谓之成名也！故敢遂以尺书祗候，惟先生垂览焉。往者壬子之事，弹章累累然，自今思之，实无愧也。昔欧阳公知贡举，得子瞻之文，以为有孟轲、韩愈之风，必眉山氏也，拔置第二，及开榜，果子瞻也。吕东莱为读卷官，得子静策，以为必江西小陆氏，拔置第一，及开榜，果子静也。盖自古豪杰之士，其笔墨蹊径，必与人殊，而巧心慧眼者，亦往往暗中摸索而得之，固无足怪。今韶之才不敢望子瞻，其识不敢望子静，而先生之巧心慧眼，则何负于欧、吕二公哉！议者不察，妄谓先曾识面，通以关节，何谅韶与先王之浅也。就使如识者之言，先生知吴中之有顾大韶也，慨然以关节授之。韶亦自知其人，足以当先生之举也，亦慨然受之而不辞。两心皆可对天日，无容议者。

昔嘉靖中，张文邦尝失之于归有光；万历中，冯开之尝得之于方应选。并为士林美谈，不为诟耻。韶与先生又何愧焉！窃闻诸道路，士子之疏，非为韶发也。盖先生会试之卷，当得第一。已而有捷得之者，先生不能无少望。后捷得者败，而忌先生独完，故借此名以相中耳。呜呼！人情至此，总付之一笑可也。今先生之文章德行，可传可法，卓然为当代伟人。韶不肖，颇崛强自负，生平未尝修门生之刺，亦虞山一男子也。韶虽失一科名，而得当代伟人为之师；先生虽失一官，而得虞山男子为之弟子。其中皆有以自乐，夫复何恨！夫复何愧！记先生临别时，执韶手诲之曰：子之文章妙矣，而厄于遇，岂于阴德有亏耶？韶三复此言，铭之肝鬲。今春病稍愈，遂欲舍七尺之躯，为一邑吐气，作大阴德事。若先生察其诚而壮其志，不以为谯让，则知我之恩，又当在生我之上矣。

---

[1] 辑自顾大韶《炳烛斋稿》卷一。

答王季木 ①

缪昌期

江右诸人奉坛公为教主，坛公开广大之门，欲收之局外，而今乃失之局内。坛公严好杀之戒，每致恨于东，而今乃特发于西。此皆弟之所不解也。嗟乎，当其风雨凌乱，羽翼分投之日，亦何心复有室家。今巢窠重整，饮啄争鸣，而自相拏攫，求其手拮据、口卒瘏者而首驱除焉，亦岂祥禽灵族所忍见哉？坛公仁者也，或可以此言质之，如其言出而有咎，又非弟之所忍料矣。

答王季木 ② 象春

倪元璐

神交二十余年，即不能知面广狭，而梦中可寻。七载颠波，龙蛇走陆，清霜皎月，挂于妖虹。今则大昕既出，明霞四飞，岂非浑蒙之又霁，仪象所重陈乎？弟偶以蛙怒腹胀，发其詹詹然。而处此昌辰，数理并会，虽使千夫塞默，如蓄栗红灰，势无不爆。来教侈啁嘈于节足，非其质矣。蒲轮朝下，英州夕还，所恃巨灵，下开生界。要使熙宁绍述，无往复之忧；钟乳芒硝，有循环之用。则尧壤坐击，周器无欹，卫士儿童，共此手额耳。扇头诗绝唱，有辞鹖探骊之愧。新刻便中，望多多寄教也。戊辰。

又得衷言，弥益气义，山、阮神交，未有逾于此者也。世灰大涤，器界重新，长沙前席，足使痛愤化为讴吟。主上综核名实，英武莫伦，而微窥睿意，尚似尊富强于仁义之上，则亦未有人委曲陈明者。今使六韬左列、七策右陈，苟不得公望、夷吾而用之，亦何益乎？浮翁硁老人有一箭双雕之叹。然事既至此，只合从容计之，恐矶激，则又成穴斗也。己巳。

---

① 辑自缪昌期《从野堂存稿》卷六中。

② 辑自倪元璐《倪文贞公文集》卷十八。

王吏部季木①

姚希孟

不孝母子间情事，天下人所稔知。以四十余年相依为命者，一朝降割，何异中路婴儿失其母？鲜民之痛，千古所同，其在不孝，又逾常情万倍矣。扶柩南还，屏居庐舍，瓦灯荧荧，寒风飒飒，苫凷梦魂，惟与先灵相环绕。其他长安棋局，浮生戏场，皆付之空华阳焰，岂留置八识田中哉？师翁抱千古之识，固不以谗口撄怀，因所居介在潜惕，即至圣如西伯，不能无忧患，况于后人？然君子之所谓惕厉者，正恐潜之不固，其声光锋颖，犹涉隐现之间，则又涉于亢之悔，而非遁之时义耳。至于祻福休咎，适然而来，莫非数也，岂能一一为之销弭哉？不孝近日所服宽中丸如此，敢以此为食芹之献。

寄王季木②

袁中道

都门获奉教益，匆匆别去，不胜怀想。伏庇出都后，虽属深冬，了无寒气，遂得从容道上，看趵突之飞泉，玩灵岩之秀色，登东岳以观海日，拜孔林，揽峄穴，匝月余，始至河干。客装虽贫，烟云甚富，新诗如决河放溜，虽不中宫商，亦一时雄快，恨不得一一缮写求教也。承命作佳诗序，他人之诗序犹可轻作，序季木之诗岂是易事？每下笔辄中止，愈求佳愈不得佳，以此尚未脱草，当于新安了之也。人便寄候，不尽欲言。

於陵吊古和王季木③

范景文

枯峭涧石寒溪水，洗耳之清冷漱齿。吊古借问谁氏居，传是於陵高士里。於陵何必逊首阳，山薇芬留井上李。夷齐兄弟仲夫妻，千载将无一致尔。怪是峄山著论高，强欲律以中庸旨。不思中庸解误人，易为贪夫作嚆矢。欲挽颓波

① 辑自姚希孟《文远集》卷十一。

② 辑自袁中道《珂雪斋前集》卷二十四。

③ 以下三首，辑自范景文《文忠集》卷九。

砥中流，行径何妨太卓诡。肯将耳目易廉名，虽然矫节亦可喜。若仿庄生《齐物》篇，夷跖谁非以殉死。孔门思狷难其人，吾欲举一陈仲子。

冬夜同王季木介孺泛舟

范景文

看月兼听浪，湖中胜事多。迎寒消浊酒，得景付清歌。木落澄空镜，梅开映素波。秋游那得此，好去傲仙坡。

王季木招饮济上高林堂

范景文

风物何时最爽森，除将秋霁是春阴。客因同调成孤赏，地以高林畅远心。梅影偏宜灯下取，竹香细向酒中寻。眼前未尽氛埃气，欲掬寒泉洗碧岑。

赠王进士季木①

高　出

名家如岱宗，千秋望齐鲁。之子飙继起，磊落驱今古。词赋小天下，高视旷狎主。突兀见黄初，小儿杨德祖。中原一相遇，我抃君起舞。所愿北面时，他人莫敢侮。烈士已然诺，何况逊心许。此道式微久，勉旃振钟鼓。

王季木席上歌

高　出

燕台婀娜谁家楼，名贤声气聊相求。置酒徵歌繁白雪，急觞缓语增客愁。宫阙参差斜日静，冰霜岑寂野阴浮。时危安得致身去，调合无论拂衣休。大吕不见空磨室，黄金已矣荒蓟丘。君看易水长城下，依旧萧萧东北流。

---

① 以下二首，辑自高出《镜山庵集》卷十七。

除夕与王季木守岁[①]

公　鼒

去家近二年，饱食离乡味。为官一载中，半付懵腾醉。牵缠儿女情，滴尽心头泪。潦倒风尘缘，折尽英雄气。穷忙愁病中，不觉岁已易。饥鼠窜空庭，寒鸦搅清睡。岂无北阙书，恐似众声吠。岂无南山田，耦耕少其类。勉强立人朝，日夜计休退。赖尔好相过，差能慰憔悴。寒灯剥枣栗，深谈忘梦寐。共怀千秋图，一壑未能遂。前期指白云，比屋分山翠。

读王季木《喈居诗》

公　鼒

向言尔诗似长吉，如今秀与青莲匹。无论天才及鬼才，思来都使风云失。华山舩藕哀家梨，冷比雪霜甘比蜜。吾侪得尔如巨灵，世界新从斧头出。趙歌僛舞笑时人，终日槃膜礼火毕。余才既老行复尽，掩卷垂头屈如蛣。犹有生平狎主心，邈姑绰约萦吾笔。

寓中同季韫、季木分得有字

公　鼒

檀槽不榨长安酒，问事如瘖但指口。王生呼来作小友，更拉婆娑一髯叟。三千僦居仅如斗，画轴瓶花少而有。狂击唾壶当鼓缶，倦欲睡者掏其肘。烛跋屡换止君走，仰视明河堕吾牖。长安贵人热炙手，推轮折轴不可狃。扬则云霄抑培塿，黄龙一碗能尝否。区区熟视令人呕，香饵未吞身罥笱。前当毒蛇后瘈狗，不若寻岩与栖薮。撇曳长裾带轻绶，人心不同面好丑，谁能有瘿临嫁灸。

周子寅坐中赠王季木

公　鼒

寒夜清尊共一浮，雄谈犀利比吴钩。斗边御气通仙掌，月里清砧散帝州。老眼向来无世界，真才从此压名流。千秋献吉同长吉，见尔何能不点头。

---

① 以下至《邹平道中望见北湖，疑即季木所游处》，皆辑自公鼒《浮来先生诗集》。

春夜同王季木、周子寅饮房海客宅

公 鼒

烛跋呼童唤二三，与君倾盖即深谈。欢邀白眼人皆达，酒是青州客尽酣。国宝有谁称照乘，世情无事不终南。尊前自笑狂如许，始信嵇康果不堪。

除日简王季木

公 鼒

春色初从一夕过，梅花绽尽柳烟拖。官常托病亲书卷，客喜逢君少睡魔。今日岂知明日事，新愁恐似旧愁多。东山剩有兰亭景，待尔同开晋永和。

春夜与季木坐而诵其所为诗者

公 鼒

相依连夜到参斜，人斗琼枝语斗花。尔将六师凌绝壁，我惭千仞掇明霞。雄才倒泻明河水，险语齐驱下坂车。莫怪闭门甘寂寞，除逢君外只呼茶。

寄王季木

公 鼒

尔今旅食在何方，我走江南江路长。胜地有诗惭谢朓，怀人无处梦王昌。蟏蛸网户灯花暗，络纬鸣阶秋雨凉。满目相思难住着，大东峰顶立苍苍。

用韵答季木

公 鼒

久为离君叹索居，相逢已是一年余。肯将踪迹同凡鸟，更有诗篇附鲤鱼。薄宦难羁游子辙，穷交忍绝故人书。前程预拟长安事，闭户先生发不梳。

寄王季木

公　鼒

闻道东方乱已成，君无忧岁咸诗情。已知到处山将买，况是惊人句有名。誓墓休同王逸少，述征还待郭缘生，君常有志为地史云。云翻雨覆长安事，见尔从头话不平。

王季木卜居嵖湖，迹为避人，情非隐里，因以陆放翁“何处桃源可避秦”之句，倡始为诗六章。余虽才谢王维，颇亦病同冯衍，拈笔和之如其数

公　鼒

何处桃源可避秦，如今且忖少年心。饶他蛇腹能吞象，自信羊头可炼金。注就六丁谁下上，既无三甲任浮沉。他年一叶沧溟里，好向麻姑痒处寻。

何处桃源可避秦，小东茅屋已无邻。近来糠秕难充口，旧日渔樵肯待人。千卷赐书仆蠹腹，几竿修有郁龙鳞。山中云物知无恙，留作归时白纶巾。

何处桃源可避秦，买田淮海未逢人。耳中白鸟雷万罢，阶下玄驹战又新。傲骨老来弥跳浪，诗情穷杀不逡巡。仙才第一王摩诘，许尔他年共卜邻。

何处桃源可避秦，不成充隐不成真。门虽近市仍栽竹，客过高轩劝摘巾。如画宦情聊写意，卖文活计岂谋身。闲来爱检南华读，无适从来果是因。

何处桃源可避秦，东西南北任波奔。根柴自笑鸠巢拙，尺鬣难容水性浑。说鬼穷时须说项，留宾散后不留髡。伤心夜夜松楸梦，犹为荆花解覆盆。

何处桃源可避秦，且将岁月付遭迍。五年七品郎官俸，十口三餐乞子贫。典尽朝衣仍买醉，烧残熟结正怀人。诗瓢茗碗围棋局，聊毕吾生现在因。

雨中同季木七多斋畅谈分得书字

公　鼒

有室荒芜不扫除，客窗惟检读残书。喜君侠骨共禅韵，就我谈空兼课虚。鬼斧神斤诗辟径，竹风松月坐观鱼。阶前雨滴能知数，收向盘中作意珠。

放言示季木

公 鼒

此道向来遭百六，蛙潜灶养何陈陈。驱除格套君无敌，收取菁华谁有神。欲掣鲸鲵番跳跃，岂须岩壑斗嶙峋。休言画手丹青诀，未识枝头一点春。

与季韫别八年，戊午春，夜会于燕邸，不胜今昔之感。己出其新诗，共季重、季木读之

公 鼒

诗才老去益槎枒，冰箸垂檐烛吐花。万事说来惟洒泪，百年过半尚无家。谈深饿隶难支冷，客散天街渐有鸦。闻说故园今岁好，桑泉携尔共沤麻。

王季木归自秦中

公 鼒

尔踏三峰几日回，如今可住峼湖隈。探奇定遇秦毛女，访古曾登汉射台。国事向来筹借箸，诗坛惟见木为灾。君能熟读人间世，饱饭蒸羊醉落梅。

邹平道中望见北湖，疑即季木所游处

公 鼒

湖似春缸初泼醅，山如佛顶翠崔嵬。囊中携得王家句，好共湖山秀一堆。

与季木①

文翔凤

自出昌阳不咢诗，枯毫涸研只幽思。每遭文水辄长叙，翻恨问山多雅词。宦况我今亦论左，交情尔独偏相宜。尔无羽翼方罗网，我即归来忘尔为。

---

① 以下至《入洛杂咏》，皆辑自文翔凤《皇极篇》。

季木将其内归，过我寺居拨闷，遂与分韵

文翔凤

王十七郎思乍热，疾行双树绕垂胡。将挥快剪分江月，欲掔明霞出镜湖。神女恨追飞去雨，鲛人句是泣来珠。凭谁遂作还家梦，一叶须看渭壁图。

季木拈案上洞箫，遂写四韵

文翔凤

苦篁聊兴学调啸，一管能传二十三。可道君诗谐凤嘴，相将篔谷唤烟岚。谁能见帝惟因鬼，且恁浮杯共破颔。拘闷肯来频探韵，脱巾而漉我还堪。

季木以公浮来访我广慧寺

文翔凤

笑人目我以跋胡，山妪烹珠烛四庑。白晓弃之骨始苏，我读落花过廿轴。研光真舞山香曲，遂向王生颔然之。此客倘来洗庭竹，平头忽载洞庭至。千树霜橘流瘴气，快风穿肘飒吟床。话久微红上海棠，我即陇廉为子好。嫌君口过长安道，猗嗟！天五岳人如可猜，君不见王生育、公浮来。季木一号生育。

雨归崇福寺，季木召我

文翔凤

出城逐马淋铃雨，入寺弹棋滴石雨。召我冲泥往和诗，九回肠直无觅处，天公索句应催汝。

陆赌季木纳两册子，我负一诗，遂以诗质册

文翔凤

赌墅尔欠东山馆，赌袍予轻集翠裘。緉袜非缘好采致，金盘姑为佛名休。中原欲缴六双鸟，齐地堪收十二筹。不惜新诗当蛀简，征还只拟付银钩。

相送曲寄王季木

文翔凤

相送竹亭子，阿中有回叟。拜回叟，愿我文章不妒，子亦蚤脱于口。一解觅马来，觅马来，马不出，西新门。呼蹇驴，印追我友，足有茧痕。二解侬有车发，阿无马归。侬行三四里，回首阿犹待马骑。三解我宿良乡塔，塔边有月不是月。是镜照我影孑孑，我将诅月。四解阿季阿季，臆有滴泪手不掬，一滴臆有千万滴。五解

梦季木

文翔凤

我到滹池梦子来，不知我往，不知子来，两人相思神夜出。中界忽构一楼台，风吹楼台成十二。我撰玄卿铭，君题少霞字。遂攀摇光覆桂酒，酒星连注酣十斗。每斗推君君摇首，軿罢守灵出白云，云出尽作天经文。天门钟磬俄戛尔，我仆我马飒在此。

鸣谦驿怀季木

文翔凤

帝府图书主二星，精流堕地丈夫形。上林巨丽收西极，大国泱风运北溟。作圣斋头抄地典，问山亭子注天经。相遭并作青琴看，不比尹姬愧见邢。《天经》《地典》皆家夫子所著，时季木遥拜称弟子，故交勖云。

入洛杂咏三首

文翔凤

其三

季木嗜李贺，杂以白香山。嗤我类一人，千古真比肩。汝是昌黎叟，诗文若巨川。王郎毋墨守，原道近七篇。

答王季木进士[1]

李若讷

日者足下北上，过不肖之庐，杯酒謦咳，不厌辎亵。门有故人，座有佳客，言有至理，三美具焉。至今盈丈之室，尚如灿花，良非虚语。顷者未有一力入都，修缄奉讯，忽使者寄仁兄函至，情词殷厚，又何相念之速也。大札缕缕，时世之态，似甚厌其氛者。但风会所波，至是亦自不得不相与于无相与。不肖弟已矣，吾兄天下之宝，当为天下惜之。唐李揆为人门第一，天下谓其不尽用，愿兄以王胜李也。扇头诗新奇刻峭，一变近日蹈袭声吻，裒然名家。袁中郎未是俊物，愧不肖不足当之耳。不肖支离汗漫，已无仕宦心。来札谓他日改部之说，恐亦无此例，且非朽人望者也。或冬间以服阕入都候补，聚首旬月，慰向来饥渴则可耳。非久将走书候足下于邸，兹不既言。

寄王季木

李若讷

春间一别，忽已逾夏而秋。念我仁兄，呼蟹胥佐欢，伯夷犹长白之下。弟匏系燕中，恨不缩地。日夕与先之、带如二丈，遥望旃然之水，远为飞鸿，近为梁月耳。吾侪勿作时眼，亦勿作古眼。宦情甚恶，前修不易。以弟自忖，将来当何所庋置乎？惟图东返，访仁兄烟水岫麓间，以舟以屐，此则可必者也。然就世局料度，兄公论亦自明。其但静俟之，弟亦未免饶舌矣。偶任兄远来京，将之桓邑谒足下，浼弟绍介。敬以尺一记达记室立宇仁兄，并乞致之。楮短喙短，第知我心耳。

与王季木

李若讷

春尽犁丘之晤，竟夕倾吐，愉快至今，耿耿方寸也。仁兄牛耳词盟，凤览人伦，非不肖弟可望。不肖弟滥易州之役，军国空乏，无一筹可效，深愧深惧。乃笔研之事，颇不能忘，亦借以破除浮生，代彼博奕云耳，非曰能之。兹欲小有镌刻卒业，当乞玄晏先生为重，兄忍拒否？易水咫尺长安，交知寂寂，畴与

[1] 以下至《遣讯季木，余正有易水之役》，皆辑自李若讷《五品稿》。

相倾者？荆轲里中恨少轲其人，隆情切仰，总付一缄一毛，进于我知己前而已。有怀不既，但感雨雪。

辨遇论送王季木

李若讷

桓邑王季木，以名家子举南宫第二人。偶以廷对，失于抡择，下置之。一时扼击，即刘蕡故事，慨其不遇。季木随例省觐归，归而过余临邑，侘傺酒间，若不足所者，余为论著以告之也。士人生当平世，所称为遇，不过以科名仕宦耳。科名为文章契，仕宦为经济契。遇者或双美，或独至，世且目之以登瀛为卿，抱椠作监，显融矣。□□南宫片玉，斐然而出，不谓遇耶？即甲第不免后尘，以序亦当需一省，即遇中不遇，未必遂坎坷也。季木之文章经济，当有更为大遇者，勿自伤矣。且亦尝揆遇之义否也。凡偶然相值，皆谓为遇。孑而行于途，伫之而不至，则不遇也。途之人孑者几何？孑者非风必雪，不然必有遇。遇其侪，遇其仇，则遇中又有不遇者如此。大抵孑然不遇，待其遇之；非意相遇，善所遇之。盖遇者两遇，憎彼而忘此，捐内而揽外，将恣意于花卉，而不反其流连。花卉者我耶？即人与物遇，亦必有善遇之理。桃李而蹊，荆棘而止，当不昧矣。夫人策高足，据要津，取膴仕，出入铃阁之间，遇之大也；乘坚策肥，雍容腆渥，十政而累之，遇之次也；揶揄偃蹇，不免作措大官秩，则遇之不淑也。我于彼有遇不遇，彼于我且复然。彼遇我而才贤，遇我而庸鄙，当亦差殊哉？抑或舛错有之，世之相为遇也，此其大校也。当其纷秾鬯遂，冲然遇之以素丝之好，苍生之望，而良遇不负。即使龃龉险巇，冲然遇之以虚舟之无怒，飘瓦之无怍，而厄遇亦不负。良遇遇我，且不忍去；厄遇遇我，且不相戟焉。我故辨其遇，遇者庄馗径术，惟所值耳。季木雅人而侠气，诚不以遇芥蒂，然不免皓皭自好，恐遇且窥人，而人与遇斗。夫风之与土，不可云非遇，彼且有芥蒂乎？辨遇者至此止矣。

怀王季木，时在里中

李若讷

王子吹凤声，在凤为鸑鷟。五色烨于霞，乃寄青山邈。不上万年枝，太平雀同啄。一片纥千头，何如生处乐。长白近尔家，佳名作副岳。连亘云亭隈，亦依岱宗角。还归鹓尚佳，频来凤将镯。世人眩苞文，鹄鵞差忌较。我今置樊笼，羽毛干不濯。言谢鹦鹉能，适愧山鸴□。未供主人娱，徒忧虞者捉。所忆竹千寻，干云将成幄。所伤柳万条，烟雾纷且瞀。总使柳藏乌，乌白未数数。与君食琅玕，共免霜色剥。

新城王季木枉过留饮，因成长句

李若讷

三月东风花草香，细雨洒之如靓妆。有客匹马轻罗裳，来从长白白云长。我家济北即柴桑，为君改作辋川庄。社中佳句同画谱，霏霏翰墨将云吐。风骚响答宫商谐，吴郡济南似胶柱。近日楚音稍解弦，不是词人夸跋扈。酒酣愤慨高才委，刘蕡射策空名耳。倾城岂必遭殊恩，明妃自泣忽雷耻。饶君舌在今无用，酒口相知但饮此。古来酒人不醉心，一寸灵犀湛秋水。醉乡到今两王侯，酒星千载仍李子，独醒何事招人指。

都门赠王季木

李若讷

燕中金贱不如铁，王郎屈指都无屑。骑马频过气穿云，健骨沉姿真人杰。我乃不羡王郎才，王郎有心寒莹雪。蹇余坎坷一病夫，肝肠亦复比湛庐。感君意气呼且舞，舞罢抚剑想吞胡。眼中且看反覆子，恨不挥斩取头颅。恰与王郎俱齐产，辟如徐吾将李吾。男儿有剑女有绩，合烛流光照东隅。世间自炫机绝手，从他吴宫宠遇殊。

春初忆王季木

李若讷

霜月经年别，如今雨气生。燕台虹未灭，邹谷玉无声。自愧元郎漫，休令屈子醒。年来多侧目，冤业为才名。

每忆蓬瀛客，违时倍惜才。琴非焦尾弃，棋到烂柯回。物外贪孤契，人间拙众媒。济南连济北，知己两徘徊。

春深王季木自都回里，过余山居，竟夜倾吐而别。季木时以诖误方雪

李若讷

故乡无可乐，剧有故人情。击筑燕难醉，吹竽齐漫声。竭来惟我共，偶去亦相盟。长白春如水，红云隔岫行。

相逢如病可，事事尽宜人。留得肝肠好，从教口颊嗔。前溪无袖舞，下若有杯巡。忽听鸡鸣曙，犹疑夜漏频。

小坐除繁礼，微言似括囊。诗篇当共奕，文兴胜连床。烛为春悭月，风如夜逗霜。李王同姓氏，名字更登场。

怜君多难后，此夜似逃名。红雨途中过，青山户外迎。持卮非系酒，颓玉岂因醒。明到旃然水，灵犀映底清。

王季木以抡魁未得馆选，诗以解之

李若讷

君如和璧价应高，十五连城竟未遭。奏曲艳称玉连琐，逢人羞藉郁轮袍。燕台买骨犹堪骏，楚客销魂岂更骚。长白山中秋峻处，云将岚影滴香醪。

遣讯王季木，余正有易水之役

李若讷

济水淄河绕尔家，梦魂虽见隔如纱。著书应秘衡为帐，奉使谁携召到槎。宦海有山吹不至，文澜如雪和堪嘉。西风苦忆王猷棹，乘兴休教尽兴嗟。

异世通家复石交，形踪南北等浮泡。枋榆自笑无风翼，桑梓相寻有树巢。鹅帖留为池点染，龙门改与月推敲。但能玄草传人世，不必逢人作解嘲。

相思雪后忽经年，折得一枝梅尚妍。白傅同心曾比句，谢公有友欲求笺。卜居漫去逢詹问，避地相期在鲁偏。修阻薄游悲易水，故乡何日渡旃然。

君壮吾强恰共时，风云契合友为师。名高让却书银笔，曲剩惭仍舞柘枝。寥落此中悲送远，逡巡何处忆将离。持颐欲赠浑无赠，珍重相看竟付诗。

王季木同饮宋先之斋中，方溽暑[①]

李若讷

双眸如雾忽抉月，寸心如火忽莹雪。怪底心眸不似常，胜友相逢风味别。生平一宋复一王，不谓须臾得倾竭。手挹一杯聊成巡，欢然名饮不缘醇。借此微酡发，深致余沈漓。濉皆清真竟体烜，凭洗寸心洒有神。洗胸似于酒，洗心似在人。王郎七载官未授，宋子十年黯郎宿。加之李生老执戟，髭半生白衣绣旧。三人鼎立酒垆旁，相视相投不先后。冷曹一种风苍凉，冷然醒醉总相忘。此中意致此中事，毕竟休矜垒块肠。

京邸冬日有怀王季木

李若讷

又值京华雪，谁同对霰花。君还俄四稔，我至但孤笳。尘扑衣冠旧，风拖羽□□。□疑声剥啄，岂得□轩车。

蹉跎郎署老，念尔复飞蓬。莫谓天堪扣，那能世尽同。思遥水河济，居似瀼西东。近读齐吟句，何劳饭颗工。

日日追随冗，何人可代君。此生惟范式，不朽识杨云。梦觉魂疑蝶，寒暄绣柘纹。年来何事进，应在厌声闻。

离合俱堪忆，如今更惘然。枯株仍冀雨，焚玉枉生烟。□□因中路，□慵□后鞭。长安空老大，惭负雪�鲜。

秋日敬与季木小集

李若讷

暑气睽清晤，秋初一遂欢。殊材荼共墨，同臭语如兰。醉亦关沽酒，炎凭作好官。莫愁霜候近，吾意更怜寒。

俱成不速客，原是若比邻。月影看弦上，荷筒带藕新。一闲应抵贵，万假总输真。我自珍吾鼎，何妨鼎足人。

情多怕景遒，欲去复扳留。隶事争花簟，谈禅点石头。三人缘不偶，一日福无愁。休羡蓬莱路，天仙也惮翛。

① 以下至《答王季木南评》，皆辑自李若讷《四品稿》。

王季木除上林簿，折简贻之

李若讷

以尔魁南省，新除反陆沉。卑犹五陵近，间也二毛侵。似是才司马，偏令赋上林。枇杷与卢橘，岂必向燕寻。

以尔诗名绝，无官可寄员。一枝聊暂借，五斗亦权分。破例唐天子，殊曹郑广文。清真堪比鹤，何陋是鸡群。

以尔名家子，栖迟上苑旁。始知王短簿，不是汉赀郎。叶落秋声沸，根连月窟香。凌云犹可赏，莫学啬夫长。

以尔才经世，官才散署题。偶来疑小草，不弃有家鸡。兔逝仍株守，羊亡亦册携。长安修刺者，牛屋讵云低。

报国寺登昆卢阁同冯季韫、公敬与、孙怀北、王季木

李若讷

一到毗卢阁，方知法界闲。人烟疏阒寂，鸟迹密纵横。远可山皴出，幽疑雨籁生。纵然偕宦侣，颇得宦情轻。

共倚危栏望，翛然远近收。慈云开目力，佛日破心愁。只与京尘隔，浑如天际浮。斜阳庭下步，始觉暂清游。

燕京南郊园亭，周氏招公敬与、袁小修、王季木及余并集

李若讷

杯酒城隅绿泻缸，小亭对映石双双。轻褣云舞浑如盖，便面风开不借幢。邸里游人忘塞地，筵前立伎作吴腔。最怜宦子乘登眺，极目纡回限帝邦。

溽暑如何爽气沾，危楼施槛不施帘。花因酒裛香堪滴，柳入歌长缕可拈。携友夏云生麈尾，出城西翠扑山尖。浮生半日闲非偶，好为因缘下几签。

同公敬与、王季木携具饮冯季韫邸中

李若讷

雪中载酒借浇寒，客况俄温雪亦餐。味是吾乡芬似水，言因同调嗅为兰。氤氲彩笔花生梦，隽永朱弦瑟可弹。二妙山东今更四，桓台鲁望座相看。

玉河略似岵湖干，今昔燕齐便渺漫。小草相惭非远志，寒松犹得作苍官。渐悲马老休论齿，颇喜人间共吐肝。春色蚤来归亦蚤，教谁留住伴阑珊。

王季木至京相晤，以《岵居诗》《读李评》见示

李若讷

一别惊心四稔多，重逢肝胆竟无他。吾侪不作寒暄语，春雪殷勤索和歌。
年来闻道子猷船，乘兴常依岵水边。为爱浮家浑忘客，况多佳句即同仙。
清心最慕谪仙诗，长句山东尔更奇。读罢新评风洒洒，莲花五月洗芳姿。

送别王季木使关中还济上

李若讷

东风寒食晏温天，妆缀征轺是柳烟。青眼那堪人欲去，红尘谁更尔相怜。
浑河流射芦沟桥，但见轮蹄不见桡。恰得波涛方定后，仙舟似让使车遥。
燕酒才酣正和歌，春岐忽讶羽声讹。已知移柱催弦急，莫更将铅入筑多。
中年哀乐倩谁遮，对面看愁觉倍赊。不得绨袍常把臂，人情虚艳汉宫纱。
起舞尊前柘曲狂，升沉付与存心详。穷途实比分金厚，拙宦何须结绶长。
临岐点检两平生，欲借东风减世情。路上逢人休白眼，妒春今更到仓庚。
恰到分途信友朋，消魂却得热心增。君归掬向明湖水，净洗桃花似武陵。
王程只恐夕阳流，驿路犹萦晓月愁。此去不令关吏识，十分紫气也难泅。
署里冯唐老滞淫，送君岐路驶春阴。揭来试问揶揄鬼，去住应愁两处侵。
都门一夕报邮签，别后油花为尔占。四月朔方足风雨，休需塞上结池盐。

王季木转留京廷评，自历下有书见存却寄

李若讷

十月纷纶霰未团，闻君奉使即迁官。前临建业心如洗，不改清河水色寒。
历下名泉子卜居，波声侵枕也侵书。凌晨漱齿将前别，千佛山头翠复濡。
少年同负一时名，中岁蹉跎志未成。尔爱泉流吾野处，也应吟侣不妨畊。
书来喜极泪仍沾，蛾向寒灯鹊向檐。昨夜鸿飞传字去，料君此夕并佳占。

王季木甫转南评，再被浮言，方冬遣讯，慰以数章

李若讷

九载魁名得一迁，交亲犹为慨迍邅。如何复按他人剑，不是明珠不保妍。
冷眼谁看尔热心，绝弦久乏世知音。只怜兰草重遭刈，依旧清芬满素襟。
人门誉业总应稀，惟有群情足是非。留取青毡存雅尚，浮沉未改旧乌衣。
不必才名便可遭，风尘无奈更波涛。当时若减灵均醒，岂得醨糟有古骚。

寄王季木

李若讷

客岁易州，一得仁兄手翰，至今梦栩矣。公论久明，东山将出，料其为期必在春初。弟于秋间已入都门，碌碌郎署，不止二毛老将至矣。鸡肋来捐，自笑自嗟。遐思仁兄辋川之兴，多向北湖。近闻遨游济川，新篇玉屑，益臻妙境。而弟尚未获一目，则又自愧。岁复行尽，怀人转切，敬为一缄，托立宇年兄致之。尺一虽往，未知何日始达，令人益为凄然。大抵吾曹踪迹既多相阻，所可必者情悰耳，所可寄者言语耳。情悰、言语原与世殊，故可必亦可寄。若纷华得意，则已久让他人，不劳更以相勉，仁兄勿谓弟尚为腐鼠之吓也。故里薄田稍增，囊中枵然如故，或二三年内决去蕉蓑其中，生事讫矣。酸子自爱其芹，仁兄他日誉业就绪，亦与同老济水耶？捉笔缕缕，愿知己勿讶焉。拙句扇头，略见远心。

答王季木

李若讷

季春都门一别，匆匆未尽衷曲。嗣后每临风月，溯想光仪，即梦寐以之也。伻翰忽及，词情娓娓，询起居得其梗概，益慰故人之心。仁兄由秦返齐，夷犹故里，如鸟之极飞，依林而止。纵使贫累，讵至神郁哉！札示兰兆未叶，然春秋亦尚富，固可以俟，勿为悒悒。弟拙守郎曹已及五载，定省久疏，将图东返，不审可以追随北湖之上否？兄诗已刻竟，并旧刻同印，付使以往。但其刻中有数字仍须刊正之。相别渐久，转盼及秋，握手未期，念之为瘁。

与王季木廷评

李若讷

昨得手翰，将有命驾之行。弟恐下邑应酬烦兄，或弟乘便以往，为历下握手之晤耳。阅邸报，知兄已转南评。此虽尚未副魁弼之望，而故人遂庆弹冠矣。惟是峈湖风月，方在襟袖；而二水烟光，即促轩车。三千里之别，使人更溯于渺渺耳。向者寄迹长安，一切事局，限于寡闻，非有所秘而不言也。然以兄高识，固应了了，亦何俟弟缕缕乎？暂寄陪京，遵养待时，便是上着。弟奉使宁亲，恰得相便。京尘野树，已阻星河，无复可道也。耑人上候，不尽寸心。一芹聊见，伏希炤存。

答王季木南评

李若讷

顷东蒙公仲兄文侯过敝邑北上，云自贵邑来，且述仁兄寄讯，今何如也？曾不半月，殷翰复至，惟仁兄念我之深耳。腆仪种种，倍征雅爱。不肖弟一十五年老甲科，五年五月老计郎，才获守江左一小郡，不免江鬼揶揄。然借以释司篆之业债，亦得小快。惟是母老且病，一病经春，拟于五月南行，尚未能决也。顷公文侯语间及长安事，似有未肯如兄指为豫解者，有之否？札中谆谆辽事，借唐天宝进兵覆辙以为今鉴，旨哉言乎！兵行食需，江上郡国又将大费输挽，而孱尔不知名之太守，又不知何所置力也。仁兄又何以砭而振之？伻旋勒此，用谢来美。盛仪拜领。画扇索报者甚急，匆匆不获贡忱，容耑致之。临楮情极。

赠王十七季木[①]

茅元仪

天蓝秋杳星灿灿，明月如珰系长汉。鱼牵石发羽暴霜，长枝短草浅水畔。醉花春意虽如水，历历秋容自可喜。一夜天开启荡风，天让海涛高半指。此时狂奴休岸帻，造化有权人失魄。小阁闲窗坐者谁，无言抚几如平昔。

---

① 以下二首，辑自茅元仪《石民赏心集》卷八。

同季木、远度卜隐居于玄武湖上

茅元仪

澹烟青日簪青簦，曲折湖山第几层。已惬素心如所梦，恍疑宿世尚为僧。潜身非敢忘明主，避地终犹恋孝陵。虽共故人休话旧，落花尽日罥枯藤。

冬夜闻王季木移官南棘寺①

徐梦麟

稷下一分手，十年鬓尽霜。浮名原塞马，拙宦任沧桑。四壁身犹在，千秋业未央。寒江何日渡，南国正梅芳。

① 辑自梅鼎祚等《宛雅二编》卷六。

辑佚类

公浮来《小东园诗》序[①]

予于诗外无他解，两岁客燕，于浮来外亦无他与言诗。浮来爱予诗，几不知为予诗；予爱浮来诗，几不知为浮来诗。每幸天之目予厚，先予十年，已生一浮来以待，若惟恐予诗之无雌雄合者。彼生瑜、生亮之叹，一何鄙！予故急欲定浮来诗，而因以定今之诗。今之诗如市肆杂俎预陈，客到便付，虽不尽恶草，要非思其所嗜。而定诗者亦如八寸三分帽子，人人可移。一人曰：必汉魏，必盛唐，外此则野狐。一人驳之曰：诗人自有真，何必汉魏，何必盛唐。一人又博大其说曰：何必汉魏，何必不汉魏，何必盛唐，何必不盛唐。两袒莫定，五字成文，今天下盖杂处于第三说矣。三说聚讼，权必归一，过瞬成尘，言下便扫。其或继周，宁能无说？浮来请于此再下转语。吾尝赠浮来句云：重开诗世界，一洗俗肝肠。诗固有世界，其世界中备四大宗：曰禅，曰道，曰儒，而益之曰侠。禅神道趣，儒痴而侠厉。禅为上，侠次之，道又次之，儒反居最下。又非其言而禅，言而儒。子夜、玉树，具有圆寂，而妙偈青词，一堕儒腐，便非当行。儒诗为道之滥觞，侠诗乃禅之护法。侠之于禅，若支而合；儒之于道，似近而远。姑举杜律一二易见者以证。如“花覆千官淑景移”“绝塞愁时早闭门”，皆水月观；而“玉山高并两峰寒”，有道体，无远神矣；如“指挥若定失萧曹”、“海内终当借寇恂”[②]、“诸君何以答升平”，此考功簿子；而“城尖径仄旌旆愁”，则要离跳越矣。予何以定浮来诗？浮来盖侠而禅者也。浮来自九岁咏《昭君怨》，知名海内，祭酒此道，垂三十年，月露宁复有剩形，肺肝宁复有遗想耶？然浮来立于四虚，不执一是，竿头之上，更有百尺，险崖之外，足垂二分，尝揭走而告予曰：“嘻！其蛇蜿蜒，其夔嫳姗，天外鹤归，而五峰露寒，予得之矣。”无何，又颦蹙而告予曰：“嘻！邓野立觞，谷王洋洋，余颓若阁，而柴立乎中央，予失之矣。”疑得疑失，疑失疑得，浮来之心，良苦入良深。从少至老，凡历几变，不自尽其变，未有能变世者。七子以大声壮语笼罩一世，使情人韵士尽作木强，诚诗中五霸。今矫枉太过，相率而靡靡，坐老温柔乡中，岂不令白云笑人？然

① 辑自公鼐《浮来先生诗集》(明天启五年刻本)。

② 当为“河内犹宜借寇恂”。

二家习气，其来本远，彭泽之变邺下，四杰之变六朝，元白之变开元，何李之变元宋，王李之变国初，此一片净土，凡几兴大垒，在昔如从，在今成横。而袁石公之于于鳞，则又于局中打死劫浮来。当此时，急须有聊城一矢，便是两家和事老子。苏云浦先生书来云：钟伯敬以捣翻于鳞之窠窟，归于石公，何其勇于受过，轻于供招？彼其从旁而窥之者，已自有徐文长在。予谓文长以不争而变，石公以争而变，浮来在争与不（以下原阙）……

李季重《四品稿》叙[1]

盖知其文必于友，知其人必于言。读李季重稿，而知吾党所以敬季重也。余与季重之家以世通，而交以文缔，最习知之。季重名家子，少有才名，及长，无他好，惟好读书，流览潜思，抒为藻翰。居常评之，以其学胜文，文胜诗，要之皆足自表见。向者为郎，有《五品稿》，宏朗精凿，人每称之。及为守，又有《四品稿》，濂冲深致，进乎技矣。余又观世所号为文人者，好曳游，好谈论，又好自崖异。而季重慎交寡言，小心直道，乃即而察之，悠然与物无忤。有如君言，亦复佳之，意庶几清而通者。故其自儒以仕，泊然自守，虽久蹶文场，淹翔宦籍，而引分揆心，竟不以凌竞与之。于彼无营，于此独精，此季重之可敬者也。

天启之夏桓邑友弟王象春季木甫撰。

《昭代选屑》序[2]

我明之有诗，骈技也，虽不能远轶唐人，然亦不少逊。抑盖接宋、元有诗，而实非宋、元之诗。自七子起，明遂无诗，何也？有七子之诗，因无明诗。国初诸君子不盲摹唐，以其诗为诗，其后相率而唐。唐则唐矣，明于何与？貌哭不痛，强歌不欢，万口一语，语之积喉间者几痺。呜呼！我明遂无诗乎？诗之变转不关风气，工拙不关学习，情则有悲愉，声则有韵什，譬之水不孳而鱼生，土不种而草长。我明遂无诗乎？惜当时无选，后遂无征耳。永叔修《五代史》，缺《艺文志》，谓九十四年中衽干枕戈之际无诗矣，而建安、黄初何以鼓吹百代？谓五代无诗，抹杀五代，因骄目语曰：宋、元亦无诗，抹杀宋、元。甚而曰：大历以下已无诗，并抹杀唐季。七子起而哗曰：诗惟我辈，前无古人。又

---

① 辑自李若讷《四品稿》（明天启二年刻本）。

② 辑自李本纬《昭代选屑》（明万历四十三年刻本）。

抹杀国初之诗，使快风奇雨之义，山妖木魅之呻，情人韵士之思，嫠妇孤臣之泪，但与野马游魂，随风散去，亦已悲夫！愚谓李唐气浑而调不下，宋、元情溢而声不上，我明挹情取声，往往兼前哲之盛。以我下驷当李唐上驷，可大得志，何有宋、元？今人顾首驳七子而尊苏、白，谓七子之罪不甚，则苏、白之道不倡。余谓七子不任受首功，亦无甚大过，不过自成其套子，但有害于世之为诗者，而初无害于诗。自人生吞七子，优孟东施，展入恶路，遂不直于天下，他又何罪？所微恨者，举趾太高，标榜过情耳。使七子当日错综百代，取大历以下及宋、元、国初诸君子，尽为表章，各悉其才所至，情所之，勿徒以一手愚天下耳目，则诗之取道尚宽，七子之口珠不抉，而天下之攻七子者，亦不至为裂眦之怒。迨至我翁，占断一代风雅，直可衙官屈、宋，鞭驱曹、刘，而远剔近搜，则谷王善下。古唐之有选屑，自翁始也。今又为昭代选屑，与古唐并藏名山。屑则有诗，不屑将沙没其金，无诗矣。选则有屑，不选将砆混其玉，无诗矣。选古唐功在昭代，选昭代功在来祀。夫人有一字呕心，一句传神，即生死不易其快，骨朽而魂犹恋之，一日千古，诚不在多。惟具大慧眼者，能识其心神之所在，屑而存之，狐白雉头，委料既奢，取精乃广。彼既往者，瘀鬼或有遗恨，灵修必且目瞑，不但昔人无恨于七子，而七子亦有解于时尚江泛之啸影也。伯有之立后也，总于是编乎系。

济南王象春撰。

王思止《迂园诗》序[①]

《迂园诗》乃余八兄思止之所为诗也。思止于邑南门治地，署之曰“迂园”，因有《迂园诗》。园周数亩，幅裷如圭，株科蓊郁，有莳无薙，垣不蔽额，门不并肩，小塘不涸，竹蒲足以藏鹭，入径环曲，水湄如衣钩，邻叟巷稚，咸得恣游其中。余每当盛夏，与思止裸僵石上，汲泉煮柏，听百鸟语，已而洒然诗成，相视大笑。即城柝已催，犹可戴星而入。余邑自此外求一尺地可着脚不得，然思止坐此，耽玩岁月，壮怀俱消，人每以迂思止，思止亦以自迂，又以迂其园、迂其诗，余谓之曰：迂诚有之，乐亦存焉，得失盖半耳。何也？天有清福，世有闲人，事有冷业，三者人方弃不愿取，天且吝不肯与，是以委顿狼藉，散而不收。彼何人斯又以大酒肥肉，滥施黔劓，坐使灵山韵水、快风慧月，总成顽蠢。天见暴殄如此，于是又怆然若不忍，择其人之资根相近，与夫中情乐此者，畀之以闲人之职，使之消清福而修冷业；又视夫人之器量酌取，如饮酒然，

① 辑自王象艮《迂园诗》（北京大学图书馆藏明崇祯间刻本）。

用物既宏，因而有酣然厌余，得趣不传者矣。此编之迂，亦犹之乎元之漫、柳之愚哉。读其诗潇然物外，野鹤不群，则大类韦苏州、白香山韵响，岂其云烟供养有如斯夫？今又买一茅于邑北湖上，引水围其卧榻，宛在一方，自比于芦中之人，诗将益不胜纪，有欲问津思止者，吾但惧秋水灏淼，马牛莫辨，又并以迂吾湖矣，且奈何？

弟季木象春撰。

辨明孤贞疏[1]

窃念春生无媚骨，胸有忠肝，世受国恩，幼承家训，矢捐身而报主，历九死以不移，此春之自信于天日者也。存一生科名屈于赝鼎，仕路塞于媚臣，屡出屡蹶，益穷益坚，此又海内士绅所共知者也。春中庚戌科进士，至丁巳八年矣，始授上林苑典簿。至庚申，周嘉谟为吏部，始升南大理寺评事。又三年，赵南星为吏部，节升南职方司郎中，调南吏部考功司郎中。春在南工、兵二部，颇著有微劳，见于科臣解学龙、刘懋等，台臣蒋允仪、陈必谦、涂世叶、万言扬、李希孔、王允成等之荐疏，只因邹元标为臣父按察使之猷同籍，同为理学契厚，春素从之讲学，又为邹文集作序，颇有讥刺诮佞之语，而一时伪学之禁起，攻击道学之人，恶春如仇雠，遂指春为讲学之党矣。至甲子秋，杨涟纠逆珰二十四罪，疏传至南都，春门人何允泓为之捐赀刻本，春为之作赞作跋，周顺昌又为之批点，称其忠直，而缀春等诸名于后。时即有媚珰之范得志，将刻本呈之于珰，而一时攻击东林之人，又恶春如仇雠，遂指为门户中人矣。至乙丑正月，正当逆珰势焰初张之日，方才屏逐大臣高攀龙等，此时媚珰诸臣，人人寻题目，人人思献功，必须参论东林一人，乃可为贽。而臣同乡，有一极恶不肖之词林，遂嗾陈维新论臣，而逆辅魏广微遂票旨云："王象春穷凶极恶，党邪害正，本当重处，姑从轻革了职，为民当差，仍追夺诰命。"伏思春疏逖小臣，素无过失，先帝何以震怒如是？则逆珰之矫旨可知。追既已编丁服役矣，而从旁之求多者，呶呶不已，如霍维华、杨维垣、曹钦程、石三畏、卢承钦、崔呈秀，皆随声附和，且有云"仅仅削夺，未尽厥辜"者，盖必欲杀春而后为快也。又造为《天鉴录》《点将传》《同心录》《同志录》等悖戾之书，无一书中不填入象春之名字者。奸党抄写，传入大内，欲以之陷害忠良，一网打尽，兴同文大狱。比时海内当杨涟等十八忠魂化碧之后，又复见此，家家自危，人人股栗。春在籍四年，塞门泥首，兀坐斗室，不敢一窥户外。逆珰分布伺察，遍于天下，而

[1] 辑自蔡士顺编《同时尚论录》卷五。

春乡更甚。风声所迫，神魂不宁，妻孥兄弟时时料理生离死别之事。春自分必逮，必死无疑矣。幸而大圣人开天御极，拨乱反正，歼逆贼而擒虎彪，不动声色，天下宴如，真千载一时矣。然无奈逆臣之身虽死，逆党之孽尚存，崔、魏之灰方冷，杨、霍之焰复兴。今日曰四党不可用，明日曰三案不可翻，假设为无滥之说以行其巧锢，恐吓以连坐之法以防其荐扬，纳贿招权，无所不至。因使起废大典，竟成私局。而杨维垣与四姓家奴，同捏为选佛之书，以陷害正人，妄形章奏，暗肆讥排。春之性命，又且悬于丝发。幸而圣君洞鉴，明见万里，破四党三案之说，去门户东林之禁，屏逐邪党，登用遗逸，无幽不照，无抑不伸。乃珰党张栓芳题覆废籍疏中，独遗春一人之名，举朝共为骇异，海内共抱不平，蔑旨欺君，莫此为甚。春固谓昔日之参论正人、显行杀媚者，视之诵德建祠，为罪更大。何也？为其铲削皇明之羽翼，而另树逆珰之爪牙也。夫行杀媚者，罪固重矣，而今之巧锢正人为珰孽护法者，罪更浮于杀媚。何也？彼止敢张珰威于浊乱之世，此则敢续珰焰于清明之朝也。伏乞圣明垂念，速赐照雪叙复。春生为顺民，死为忠鬼，皆戴天恩无穷矣。

武定州刺史张公去思碑[①]

武定去新邑相距二百里，地连桑梓，邈若河山，足迹未尝一涉其境。闻旧设按察司台宪官兵备兹地，予邑实属宇下。此地濒海，连淄、潍，抵岱，控幽、燕，接会通，盖山以东吭咽区哉。有神机一营，马、步兵共千数有奇，设守戎官掌之。时遇守戎员缺，关西张公号图南，牧守此地，代摄戎事。未半载，会有邹、滕之警，啸聚揭竿，荼毒百姓，焚荡庐舍，憯不畏明。当事者星火征兵，羽书日数下，即戎者苦之。公周于体恤，休戚相关，不避严令，惟日以都肄饬法律，求为此地桑土计。卒之天心厌乱，探丸剽窃之奸，赭裾主名之辈，辟易就擒，一营卒无扰焉。是公以牧守之任，而当军旅之责，有专军特将之所不能者矣。人之感公德公，盖可知也。遇诏陟南京户部员外郎，行之日，士若卒相与泣下，攀轵留大夫不得，思为磨坚，以志不忘，乃属余为记者如此。余曰："南国有召伯，人爱甘棠；东山有周公，人留衮衣。今之石，亦聊以寄甘棠、衮衣云。"天启三年，岁在癸亥孟夏吉日。

---

① 辑自咸丰《武定府志·艺文志》。

明广德州学正心田王公暨配赵孺人田孺人合葬墓志铭[①]

公讳埏，字化周，心田别号。世为济郡商河人，中徙泰安。先讳逖，远莫考。七世祖讳子诚者，自泰安旋原里，遂以中复祖为始庙。再递五世，生子鉴。鉴生子四人，族乃大。最少子讳克济者，是为公父，生子五人，公其仲也。于嘉靖十年十月二十二日生，今上天启三年十二月十六日考终正寝，享年九十三岁。承重孙缵嗣卜于四年十一月十一日葬公，启赵、田两孺人封合焉。持状诣不佞乞铭，时不佞自留都奉差归也。缵嗣系公伯兄垓之孙，伯侄家裕之第四子。先是，公举子皆未立，年期颐矣，聚族而谋所以过继者。佥曰：过继，古礼孙与子同。缵嗣于行于次宜继。公可之，遂自襁褓而育为孙焉。按状：公生而英慧奇颖，习儒业，力学绩文，百倍功不倦。为诸生，试辄高等，于昆季中独铮铮。人咸以科第期，阙然不报，盖亦数也。食廪饩念载，居恒自维曰：吾分岂终一学博哉！学博官冷而道尊，作人模范，何负于人，亦人负学博耳！苟雅志清修，何途不可以自立？辛卯岁，贡于学。己亥，筮仕，司训胶州。凡弟子修脯礼，一切厚薄不较。至贫困不能婚丧者，每以俸金资之。路遥而请益来谒者，每以饘馐哺之。同侪有后言，弗顾也。有某生新游泮，家徒四壁，不具青衫，公乃代为裁制。是生己酉、庚戌联捷，言念旧雅，不远千里走商河而致谢焉。斯谊也，其遽忘于胶庠之口碑乎？甲辰，擢广德州学正，其待广德士犹其待胶庠士者也。士方以得师幸，无何而油油作归念矣。盖公孝友出自天性，昆季如林，子姓成列，佳节令辰，每切孔怀之思。吾岂恋恋升斗，以违友于之情，以拂自适之志？浩然赋归。归而优游于林泉，徜徉于邱壑，时携朋俦，偕弟侄，饮博欢呼，笑傲烟霞以自娱，虽丙夜不休焉。前后邑令钦其道而高其风，式闾表坊，标之为齿德盖代云。我公其齿耄耋，其德朴茂，有司敦致，饮乡礼者垂二十年；一为邦家之光，一为士绅之率，所为齿德盖代，洵哉，实符于名者与！元配孺人赵氏，生于嘉靖十一年正月初一日，卒于嘉靖四十二年十月初二日，享年三十二岁。继配孺人田氏，生于嘉靖二十八年二月三十日，卒于万历四年四月初六日，享年二十八岁。两孺人女德妇道，无愧公之孟光。又继配孺人李氏。女三：一适庞三重；一适衡水典史刘焞，赵孺人出；一适廪生张升，田孺人出。承重孙一，即缵嗣，邑庠生，娶举人知县周之桢女。内、外孙有二十人。

余不佞，辱在桑谊，景仰高华，欣愿为之挥毫而乐志焉。系之铭，铭曰：

---

① 辑自民国《重修商河县志·艺文志》。

处为真儒，出衍师传。猗欤休哉！德懋龄延。木生一本，水发同源。有孙缵嗣，步武象贤。厥后克昌，累代绵绵。公灵慰止，妥侑万年。

题张隐君①

分得清源湛碧流，故多温润濯皇州。酬恩不为存亡易，遗教惟从孝弟求。一梦鲸蛟先入兆，千秋兰桂后应稠。个中俱是留贞德，无用烦心落计筹。

书札②

叔象春顿首拜

斯③侄

四月初七日得书，知侄任中纳福，深慰！深慰！吾乡寇盗至今未宁，吾县更不宁。官兵与贼目下战，战胜□④贼平有日矣；如不胜，则吾乡更不可支矣。你十二叔并与夔侄如有疏言吾乡事，为之表扬几句，虽死犹生也。你三叔疏闻之不真，言之失实，亦命也。

党参用不得，如侄有送辽参者，寄三二两，至感！至感！

四月初七日平安信行。

观世音菩萨⑤

翔白鹦，摇紫竹。布慈云，洒甘露。三藐三菩提，一切苦难虔受持。

无尽意，无量无边福。奉佛弟子济南王象春书。

观音灵感真言：唵嘛呢叭咪吽。麻曷倪牙纳。积都特巴达。积特些纳。微达哩葛。萨而斡而塔。卜哩悉塔葛。纳补啰纳。纳卜哩。丢忒班纳。喏麻嚧吉。说啰耶娑诃。

---

① 辑自道光《济南府志》卷七十。

② 据淄博市桓台县博物馆所藏之王象春书札手迹整理。原件无此题，此为编者所加。

③ “斯”前，漫漶不清，查乾隆二十五年《新城王氏世谱》，疑为“百”字。王与胤，字百斯，王象晋次子。

④ “□”，漫漶不清，疑为“则”字。

⑤ 据淄博市桓台县王渔洋故居所藏王象春摹刻观世音菩萨之附文拓片整理。

劝戒杀放生[1]

弥勒大笑，笑人痴愚。杀生害命，以充庖厨。缚縶之际，鼓刀之初。张目乞赦，声哀泪枯。或断其头，或裂其肤。临死犹动，抱怨而呼。他熬痛楚，我恣欢娱。易牙穷巧，五味精需。堆盘列鼎，嫌瘦选腴。甘美口腹，豢养身躯。我未必壮，他则何辜。不知物命，与我无殊。刀若刺我，其痛何如。恃强凌弱，难走难逋。冤情孽债，为山凿渠。百年俄顷，反报须臾。我劝世人，早觉迷途。羽毛鳞介，牛犬羊猪。大自牲物，小及蟪蛄。一切慈愍，方便是图。昔有僧腊，与夫屠沽。纵鲤寿益，去牲雨苏。救蝇释狱，放鱼沫疽。施皆有报，简编匪诬。遇生救放，遇死救苏。福寿骈集，冤障全无。

天都佛弟子王象春书。

明敕赠文林郎河内县知县前孝廉道源傅公暨元配敕封太孺人金氏合葬墓志铭[2]

公讳东文，字国宗，号道源先生。其称河内公也，以仲子官官也，上及也。公举孝廉而没，迨国□已木拱，迄今且三纪。余弗逮事公，胡悉公以公仲子同癸卯籍，又因仲子遍识其伯若季。而公之举癸酉也，实齿家水濂兄，其与先大人按察、先伯兄光禄数同公车，则公视余为父执旧矣。先大人居常谈忆，时有人琴之悲，余因是悉公。乃仲子共余游，未几辄谢世去，亦若先人之悲公者。十年间往来无棣，执伯季手入拜母夫人，且凭宿草而哭仲子焉。今上龙飞，季子鸿渐将踵伯子游上国矣，适以太孺人讣讣余，且问志寿墓。余在世谊，即不文何辞？敬述其所悉而志，志其概。公先受氏傅，岩系之详弗考，可考其来徙者，徙无棣也。自中都因傅为颖国裔，及公已九世。徙祖数传为百岁寿官公，嗣华亭少尹质庵公，嗣省相兰谷公，嗣吴桥博士万溪公，即公父也，皆有表行，载州志。公幼慧异常人，太公抚弄蚤，心期之。授以书，一过便了；授以为文，下笔遂有远致。数年后，声华鹊起，屹屹不可下，诸生无复前公者。公神情骏轶，花朝月夕不废游咏，未尝如老生据梧作稿木状。擢幽剔秘，清辨悠然，远近士林望公比于龙门欲得，而祭酒公贾其片语只字，栩栩子墨间风云气也。及入承

① 据淄博市桓台县王渔洋故居所藏王象春摹刻弥勒尊佛之附文《劝戒杀放生》拓片整理。

② 据淄博市高青县术青书法碑刻博物馆所藏之《明敕赠文林郎河内县知县前孝廉道源傅公暨元配敕封太孺人金氏合葬墓志铭》碑刻拓本之内容整理。

太公，无能粥粥，未尝颖露，以盖雁行，叩斯钟响，太公亦为解颐。世业素清，即有子富文章，而覆茅垦瘠，门巷萧然，望而知为名士。于是直指罗公、督学周公、郡大夫吴公，无不争相鉴拔。臬司刘幼川公遇以国士，延之署为弟子问业。刘知公贫，恨不即一振其朝夕，于时岂无操橐持苞问焉为寿者？公亟叱去不顾。刘因是益器重公，不能已。已乃科考弗收，刘力言之学使，求增额，必及公而后止，曰："州庠廿五人入试，试而遗傅生，更谁试者？"已竟入，入即舄然冠冕海山矣。是科衡文者，间别其三场，各覆射之，务一一咸彀，始得隽。闱中阅公艺，吞秦吐汉，驾左骖班，谓为积儒，见公则弱冠不胜衣耳。海内久噪公名，悬帙国门，不待碎琴而玑词宝韵无胫走四方。四方奇士讽公制，咸能上口，于是以文豪长安。其最肝胆者为家光禄，光禄于公没后数十年，每董狐近代之士，未尝不唏嘘涕洟而伤公也。公一再上春官不售，论交日益广，取名日益奢，下帷日益励，为文日益奇，如是而竟弗售。公发愤曰："嗟乎，天之所以困顿豪杰哉！予终不脱囊以见耶！"怏怏不怿，又值叔子殇，遂结疠不救，乃呼孺人诀："子未得沾一命以加垂白，予何以瞑瞑我者？是在诸孤。诸孤孱耳，何为哉？繄惟汝之纲纪是。"孺人啮臂□曰："君去矣，子当忍死以视。天道有知，必兴傅氏，籍君之灵而耑其报，予何为哉？"于是太公已老，尚总家政，外侮睥睨，有如封豕。太孺人力贫□□，甘荼习蓼，备所不堪，一无难色。退言也，月砧灯绩，形影相吊。三孤时啜盂藿，各手一编，咿吾其侧声。琅琊应和，太公从堂上呼而劳之，谓休矣。迨晓起，□师于家塾。孺人视餍馈饷，不戒而丰，出十指所力，不尽以烦太公也。榛笄大布自如，御子舍以庄翼。自外傅归，步趋揖拜必以节，驰者、戏者、詈者，咸有诮责。当是时，司徒兄弟俱已峨峨见头角矣。司徒年十三，出试霖寰，李公一见，呼为神童，补弟子员。归拜于庭，太公拊泣曰："儿乎，庶不食尔父之祝哉！我纵不及见，终当易题祢中之主，而焚制书之副于墓乎！妇乎，其能成吾家哉！"嗣后，太公捐馆十年所，伯子举于乡矣，季子饩于庠矣，仲子成进士矣，邀恩典矣。上其翟冠狄衣矣，太孺人未尝一为色喜。孤有妇矣，妇生子矣，孙且娶矣，太孺人未尝少假词色。时述太公、赠公起家艰难及己身颠踣情景，以相勖励。春秋之际，濡露履霜，则泫然诫曰："尔等有今日，尔父固不亡。昔在中叶，固可谖哉！"司徒任河内，太孺人以安车促曰："尔父力学稽古，每思效才于国，竟未能而赍志以殁。尔能报国者，能终父志，非一第自郁可生平也。不云乎：器满人概之，人满天概之。小子善自持，勿为概招。司徒感奋，洁己励政。"至今王屋济渎之间，不废尸祝，太孺人之教也。司徒卒于京邸，太孺人哭之痛，已而曰："吾儿才以承家，能以干国，没于王事，何夭何寿？"伯季因是晓夜攻苦，冀脱泥蟠，博太孺人晚年一欢。每罢落，归则慰舒再至曰："力田不逢亦时耳，儿勿自堕。"伯季时名烨烨，后先竞爽。余与房侍御海客每读其所为文，未尝不击节叹傅氏之多才。今岁季子果膺恩选，盖异数也。太孺人正当七襄，犹及见此，数月而终，若有待焉者。临终，伯季环跪哽咽，太孺人目曰："吾后尔父三十年，尔父未及见者，吾有之。尔父荼□我蔗境，得成尔辈名，以归见于地下。初望不及此，复何恨？"按：公长孺人三岁，生于嘉靖二十八年十月二十五日，卒于万历十五年四月二十日，得年三十有九。孺人生于嘉靖三十一年十月十六日，卒于今年改元七月十六日，得年七十。呜呼！公学而优弗以第，才而大弗以官，长者宇而仙人骨弗以跻于上寿，天岂不欲公尽有，而徐以贻后人耶！太孺人笃承其志，卒能以父书训子孙，爵为国器。迹其一生，艰苦节慈，即古孟母、敬姜，何以加是？其纶音之褒有曰"提携六尺之孤，森挺三株之树"，盖实录哉！妇人之善，天子鉴之矣。子四：长弘京，庚子举人，娶郡庠生张公轸女；次弘都，卯辰联第进士，户部主事，娶郡廪生邓公金女，即丙午举人继禹妹也；次名器，早殇；次弘量，选贡生，娶武定所掌印千户李公彩女。女二：一适抚宁卫经历耿公尚义男歌尧，一适汉中府同知沾化范公赓男元寔，皆早孀。孙男八：曰圣瑞，娶国学生商河王公家彦女；曰上瑞，聘稷山县知县苗公应元孙廪生有年女，京出；曰启瑞，庠生，娶北京国子监学禄胡公天赐女，都出；曰人瑞，未聘；曰元瑞，聘庠生李公辉鸿女，量出；曰庆瑞，曰芝瑞，曰肇瑞，皆早殇。孙女六：一适陕西榆林道参议乐陵宋公槃男廪生射斗，一适前学禄胡公天赐男庠生公裔，一适郡廪生张公凤羽男廪生壎和，一适郡庠生李公辉联男把总芬，一字南京户部郎中沾化周公诗男中行，一字湖广蕲州道右参政阳信李公如桧男庠生保泰，俱京出。曾孙女二：一字儒士刘公典男庠生鸣谦男勔，一未字，俱启瑞出。至河南道监察御史袁公化中、天津道兵备副使刘公策、直隶永平府同知刘公嘉会、沾化县太仆寺卿丁公懋，逊男廪生裕庆、己酉解元范公元宷，亦尝以儿女缔结者，故并书之。将于天启元年十二月十八日合葬于城南祖阡之次。余既铲石以志，又从而铭之。

铭曰：辛酉秋霁子之半，予作志竟，趺定而观，见一美丈夫立于海涛，其目电电，口吐矞云苍以倩，如芝如冠如鹤鹳。君何人哉而我幻？噫！我知之矣，傅公也，古星精系箕尾之茎，世载其灵钟其英，九重有梦何时成！

王象春年谱简编

世系

新城王氏自其始祖琅琊公于青州诸城（汉时称琅琊郡）迁徙至新城，至王象春为第六世。

始祖王贵，世称琅琊公

王贵原籍青州府诸城县初家庄，明初因躲避战乱，只身徙至新城，居曹村之赵氏庑下，后与初姓女子成婚。王贵为人质朴无华，力本重农，赵氏甚礼重之。“长益数德敦善、敬老怜贫，乡人感之，乐于亲厚，遂家新城。入在正德乡二图一甲，编户占匠籍，遂号新城王氏。”其有五子：王权、王干、王溱、行四失讳、王伍。

高祖王伍，世称善人公

王伍为王贵第五子，因其生活勤俭、善持家，家境逐渐殷实富足。其又喜赈济乡邻，乐善好施，故闻名乡里。王士禛《渔洋山人自撰年谱》云：“（公）门前植槐一株，枝叶扶疏，时作糜哺饿者于其下，诸饿者以次受糜，纺其笠于槐，垒垒如也。乡人呼之曰‘王菩萨’，而称其家曰‘大槐王氏’。”王伍有王麟、王麒、王纶、王经四子。

曾祖王麟（1471—1543），世称颍川公

王麟为王伍长子，其自幼聪颖强记，十四岁时，补博士弟子员，每试皆捷，后久困棘围，因里选得授永平训导，后再拜鹿邑教谕，最后迁颍川王府教授。作为家族的第一位读书仕宦之人，王麟在家族发展史上具有重要地位。其育有八子，分别是耿光、重光、恩光、文光、化光、国光、近光、观光。

祖父王重光（1502—1558），字廷宣，号泺川，世称忠勤公

王重光为王麟次子，嘉靖十六年丁酉（1537）举人，二十年辛丑进士，初授工部主事，后升户部员外郎。嘉靖二十九年，因为官清廉且榷税九江有功，晋秩云中佥事。三十年又升任上谷郡参议。后因冒犯严嵩奸党而被贬贵州。三十六年，皇宫三殿遭火焚后重修，王重光奉命于贵州采办大木。迨及采木完毕，因积劳成疾而卒。王士禛《渔洋山人自撰年谱》云:“事闻，特加恩恤，赐祭葬。壬戌秋，三殿告成，以公前绩，诏赠太仆寺少卿。……世庙谕祭文有‘忠勤报国’之褒，故称忠勤公焉。”

王重光是新城王氏家族的第一位进士，他对家族的发展壮大以至成为当时地方上的名门望族，作出了巨大贡献，并对家族在后来走向鼎盛产生了深远影响。王重光著有《太仆家训》《五刑加减律义》《史论》等。其有八子，分别是之翰、之垣、之辅、之赐、之武、之城、之猷、之栋，其中之赐、之武早卒。

父亲王之猷（1542—1599），字尔嘉，号柏峰，世称观察公

王之猷为王重光第七子。隆庆四年庚午（1570）举于乡，万历五年丁丑（1577）中进士，授平阳府推官，后升任观察副使，备兵颍州，又晋为浙江参政，后再擢为浙江观察使镇守维扬。“是时貂珰之使四出，公至力与珰争减税之半。……盖公为人居常悃愊，不事粉饰，其所至惟实政，政务便民。至节义所关，则奋不顾身，有烈丈夫之概。”（冯琦《浙江按察使王公之猷墓志铭》）万历二十七年己亥之严月，因勤王事，王之猷卒于官，享年五十八岁。

王之猷治学极精，熟知礼典，有《柏峰集》传世。其有五子，分别为象恒、象复、象鼎、象丰、象春。

母亲李氏（？—1599）

以子象恒封恭人，赠太淑人。

年谱

明神宗万历六年戊寅（1578）　一岁

三月七日，公生于新城，原名象巽，字季木，号虞求，又号文水，别号嵣湖居士。

张世伟《南吏部考功郎季木王公行状》（以下称《行状》）：“母李淑人方娠，梦神以棋子授之曰：‘是当以国能震天下。’”

时父之猷三十七岁，伯父之垣五十二岁，长兄象恒十岁，从兄象乾三十三岁，从兄象晋十八岁。友钟惺五岁，高出五岁，袁中道四岁，公鼐十岁。

明神宗万历七年己卯（1579）　二岁

伯父王之垣巡抚湖广，其间因杖杀明末泰州学派代表人物何心隐，引起士林震动。王之垣（1527—1604），王重光次子，字尔式，号见峰，嘉靖四十一年（1562）进士，官至户部左侍郎，著有《历仕录》《炳烛篇》《摄生篇》《百警篇》《念祖约言》等著作。

明神宗万历八年庚辰（1580）　三岁

“三岁能歌唐诗百章”（张世伟《行状》）。

从兄王象蒙中进士。王象蒙（1552—1614），字子正，号善吾，王之辅之长子，官至光禄寺少卿。

伯父王之垣升任户部右侍郎。

明神宗万历九年辛巳（1581）　四岁

张居正在全国推行“一条鞭法”，以整顿赋役制度、扭转明王朝财政危机。

明神宗万历十年壬午（1582）　五岁

九月二十六日，友人钱谦益生。钱谦益（1582—1664），字受之，号牧斋，晚号蒙叟，东涧老人，常熟人。万历三十八年一甲三名进士，官至吏部侍郎。明末东林党领袖之一，明亡后降清，是明末清初诗坛盟主，著有《初学集》《有学集》《投笔集》等。钱谦益与王象春为文学挚交兼政治盟友。

明神宗万历十一年癸未（1583）　六岁

徐夜曾祖徐准中进士。徐准，字子式，号守吾，官至云南布政使。因其坦中直外、政绩卓然，成为万历朝“山东四君子”之一。

友人高弘图生。高弘图（1583—1645），字研文，又字子犹，号硁斋，胶州人。万历三十八年中进士，为人正直敢谏，颇有气节，因反对宦官专权而多次被罢黜。明时官至户部尚书，南明时，任礼部尚书兼东阁大学士，并加封太子太傅、太子太保，并赐四世封诰，为胶州史上文职最高者。南明时，高弘图因阮大成、马士英专权误国而感无力回天，乞休。南明灭亡，他拒绝清廷招降，绝食殉国。著有《太古堂集》。

明神宗万历十二年甲申（1584）　七岁

伯父王之垣疏乞归省，遂称疾卧家不复出。

明神宗万历十三年乙酉（1585）　八岁

从兄王象坤迁江西按察使。王象坤（1546—1588），字子厚，号中宇，王之瀚之子，官至山西左布政使。

友人丘志充生。邱志充（1585—1632），又名美甫，字介子，号六区，诸城人，万历四十一年中进士，官至山西右布政使。后因入川平叛而遭魏忠贤嫉妒并被其诬陷下狱，在狱中八年后含冤去世。邱志充家中曾藏有《金瓶梅》早期版本，他曾竭力帮助《金瓶梅》一书刊行于世。其留世著作有《浩然亭集》《渝州平寇》等。

明神宗万历十四年丙戌（1586）　九岁

“九岁手录《楚辞》《左传》，对客朗诵不休。”（张世伟《行状》）

从兄王象坤迁浙江右布政使。

座师萧云举及友人张一栋中进士。肖云举（1554—1627），字允升，号玄圃，广西宣化人，官至礼部尚书，著有《青罗集》。萧云举为明末著名政治人物，东林党人，道德文章颇有声誉。张一栋（1549—1618），字任甫，号起东、起东先生，福建平和人，官至姚安知府。晚年隐居灵通山，与黄道周、徐霞客等并称“灵通七贤”。

明神宗万历十五年丁亥（1587）　　十岁

从兄王象坤迁山西左布政使。

友人吕维祺、范景文生。吕维祺(1587—1641)，字介孺，号豫石，河南新安人，明代著名理学家，官至南京兵部尚书，有《明德堂文集》《孝经本义》《节孝义忠集》等传世;范景文（1587—1644）字梦章，号思仁，别号质公，河北吴桥人。万历四十一年进士，官至兵部尚书，著有《范文忠文集》。

明神宗万历十六年戊子（1588）　　十一岁

从兄王象斗、王象节、王象恒、友人李若讷中举人。李若讷（1572—？），字季重，临邑人，万历三十二年（1604）进士，官至四川参政。著有《四品稿》《五品稿》等。李若讷与王象春、公鼐并称“山东三才子”。

从兄王象晋中乡试副榜。王象晋（1561—1653），字子进，号康宇，万历三十二年进士，官至浙江右布政使。他学识广博，在农学、医学、文学等方面均有所成就，有《群芳谱》《救荒成法》《保安堂三补简便验方》《赐闲堂集》《清寤斋心赏编》《剪桐载笔》等著作存世。

从兄王象坤去世，享年四十三岁。

明神宗万历十七年己丑（1589）　　十二岁

从兄王象乾改任河南右参政。王象乾（1546—1630），字子廓，号霁宇，隆庆四年（1570）中举，次年中进士，官至兵部尚书兼吏部尚书。王象乾是新城王氏家族中官品最高、政治影响最大的人物。他一声五戍边关，威震中华，在“总督蓟辽”“行边视师”中建立了赫赫武功。为表彰王象乾戍边保国的卓越功绩，朝廷封其为少师兼太子太师，追封其上三代皆为尚书，且由万历帝特许在其家乡新城建“四世宫保”牌坊，意为四世保明朝。

从侄王与胤生。王与胤（1589—1644），字百斯，号永锡，王象晋次子。崇祯元年（1628）进士，官湖广道监察御史，因弹劾总兵邓玘，忤阁臣意，谪归。1644年，李自成克京师后自杀。

友人周如砥中进士。周如砥（1550—1615）字季平，号砺斋，即墨人，官至国子监祭酒。

明神宗万历十八年庚寅（1590）　　十三岁

王世贞去世。王世贞，字元美，号凤洲。江苏太仓人。主张“文必秦汉，诗必盛唐”，倡导复古摹拟，为“后七子首领”。

明神宗万历十九年辛卯（1591）　　十四岁

患病达一年之久。王象春作于乙卯、丙辰（1615、1616）年间的诗结为《峼居诗》，其中之《病中感怀》其三有曰:“忆我年十四，病疟历甲子。寒热纵纷纭，岂至废匕匙。伏枕啖冰瓜，起食索肩豕。迄今廿五年，天复降罚此。寒则卧霜雪，热则熬肌髓。狂叫惊妻孥，鬼子面相訾。鬲中如堵墙，一饭三遗矢。凉夜听秋风，耳中喧斗蚁。壮年甚已衰，过此复何似？”

明神宗万历二十年壬辰（1592）　　十五岁

从兄王象节、友人刘亮采、张延登中进士。王象节（1568—1595），字子度，号翼吾，王之辅第四子，万历十六年戊子举于乡，中进士后改翰林院庶吉士，授翰林院检讨。万历二十三年病卒。刘亮采（？—？）字公严，历城人，官至户部主事，著有《少微乐隐集》。《聊斋志异》有《刘亮采》篇记其流风遗韵。张延登（1566—1641），字济美，号华东，邹平人，官至都察院左都御史，著有《京营巡视事宜》《黄门纪事》《晏海编》《悬袖便方》等。

明神宗万历二十一年癸巳（1593）　　十六岁

入县学读书。“十六补弟子员，试必居首。兼攻今古文词，大为通人赏识。”（张世伟《行状》）

是年“京察”，标志着持续了近半个世纪明末党争正式开始（参见蒋平阶《东林始末》）。

友人孙承泽生。孙承泽（1593—1676），字耳伯，号北海、退谷，北京人，崇祯四年（1631）中进士，明亡前官至刑科给事中，明亡后降清，官至吏部左侍郎，后辞官归隐。著有《尚书集解》《庚子销夏记》《己亥存稿》等著作。孙承泽与王象春同为“南宫社”成员。

明神宗万历二十二年甲午（1594）　　十七岁

从兄王象晋中山东乡试第五十二名举人。

友人茅元仪生。茅元仪（1594—1640），字止生，号石民，浙江吴兴人，茅坤之孙。他文武双全，官至副总兵。著有《武备志》《督师纪略》《石民四十集》《石民未出集》《暇老斋杂记》《野航史话》，《石民赏心集》等。

明神宗万历二十三年乙未（1595）　　十八岁

从伯父王之都、长兄象恒、从兄象斗中进士。王之都（？—？），字尔章，号曙峰，王耿光之子，官至平凉府知府。

父王之猷守河北。冯琦《浙江按察使王公之猷墓志铭》：“乙未长子象恒举进士，公起守河北。”

明神宗万历二十四年丙申（1596）　　十九岁

随父客燕，曾游天宁寺。《书天宁寺壁寄怀刘彬予先生》序云：“先大夫丙申客燕，与彬予先生缔交，朝夕莫逆。尝偕游天宁，余时步从。”

家族成员王之垣、王之城、王之猷、王象乾、王象蒙、王象赍、王象节、王象斗、王象晋、王象恒因送别新城县令钱汝梁离任各作诗一首，十首诗结为《闾里歌德》。

明神宗万历二十五年丁酉（1597）　　二十岁

从父宦游，在淮扬。“弱冠从父观察公宦淮扬。”（张世伟《行状》）

友人公鼐中举。公鼐（1569—1619），字敬与，号浮来，山东蒙阴人，官至工部主事，著有《小东园诗集》《小东园杂著》《浮来先生诗集》等。公鼐为明朝后期山左诗坛的主盟人物。

明神宗万历二十六年戊戌（1598）　　二十一岁

友人赵秉忠、高出、黄汝亨同榜中进士，其中赵秉忠中状元。赵秉忠（1573—1626），字季卿，青州人，官至礼部尚书。赵秉忠殿试之状元卷目前尚存，为大陆唯一的殿试状元卷真迹。高出（1574—1655）字孩之，山东海阳人，官至山西按察使，著有《镜山庵集》。他与王象春、文翔凤被称为“北方三子”。其《北山集》与王象春《问山亭草》、文翔凤《紫庭草》被辑为《三子小草》。黄汝亨（1558—1626），字贞父，号寓庸，杭州人，官至布政司参议，著有《天目记游》《廉吏传》《古秦议》《寓林集》《寓庸子游记》等。

明神宗万历二十七年己亥（1599）　　二十二岁

十月，母李淑人卒。

十二月，父王之猷卒于官，享年五十八岁。“奉母淑人讳。不两月旋奉观察公讳。”（张世伟《行状》）

扶父榇过淮河，其挚友刘彬予走哭水次。《书天宁寺壁寄怀刘彬予先生》序：“先大夫丙申客燕，与彬予先生缔交，朝夕莫逆。尝偕游天宁，余时步从。乙亥先大夫榇归过淮，彬予走哭水次。嗣是山川邈绝，莫能闻问。”

明神宗万历二十八年庚子（1600）　　二十三岁

正月，同兄扶其父榇自扬州返家，途中过穆陵关，宿刘氏馆，受到刘姓主人扶助（据《题大关刘氏旧主人壁寄十一哥有引》）。

扶父榇，历尽艰险抵家后，“卜葬地，日涉万山中，因是究心青乌家言”（张世伟《行状》）。

从兄王象乾任兵部右侍郎。

明神宗万历二十九年辛丑（1601）　　二十四岁

从兄王象乾转升兵部左侍郎，总督四川、湖广、贵州军务。

友人吕纯如、刘策中进士。吕纯如（1580—？），字孟谐，一字益轩，吴江人，官至兵部侍郎，撰有《学古适用篇》，开明末清初“经世致用”学风之先河。刘策（？—1630），字范董，惠民人，官至兵部右侍郎。因抗击后金不利，论死，弃市。

秋，作《秋兴二首》。

明神宗万历三十年壬寅（1602）　　二十五岁

伯父王之城去世，享年六十三岁。王之城（1540—1602），字尔守，号会峰，恩贡生，历官温州府、淮安府同知，

明神宗万历三十一年癸卯（1603）　　二十六岁

在省城济南参加乡试，高中经魁。“服阕，以礼经举于乡”（张世伟《行状》）。

友人张榜举乡试第二名。张榜（？—？），字宾王，一字肺山，江苏句容县人，有《张宾王评选战国策》传世。王象春与张榜多有交往，二人同是“南宫社”成员。

友人林棠中举。林棠（？—？），字尚木，邹平人，中举后屡试于京师，不得中，终生未仕，为邹平名士。

周济李攀龙之侍妾蔡姬。“蔡姬乃其侍儿之最慧者，不减苏老朝云，至癸卯年已七十余，尚存，居西郊卖饼。余闻之，急往视，则颓然老丑耳。因为泣下，周焉。”（《齐音·白雪楼》）

明神宗万历三十二年甲辰（1604）　　二十七岁

从兄王象晋，友人李若讷、王洽、王家植等中进士。王洽（1569—1630），字涵仲，又字和仲，号葱岳，临邑人，官至兵部尚书，著有《瑞露馆文集》《吾鼎斋尺牍》等。王家植（？—？），字木仲，号直斋，滨州人，官翰林院编修。他重视“经世致用”，曾治历算之学，与徐光启、利玛窦等人有所往来。著有《史荟》《新刻开基翰林历朝捷录总要》。

伯父王之垣卒于家，享年七十八岁。

明神宗万历三十三年乙巳（1605）　　二十八岁

东林党人时吏部侍郎杨时乔主持“京察”，欲借机打击浙党。两党遂展开激烈交锋，最终以浙党首领内阁首辅沈一贯及其门人的全面获胜而告终。

十一月十四日，明熹宗朱由校生。朱由校十六岁即位，在位七年（1620—1627），年号天启。天启七年八月二十二日，朱由校去世，终年二十三岁。

明神宗万历三十四年丙午（1606）　　二十九岁

侄王与玟出生。王与玟（1606—1642），字文玉，象春胞兄象丰之子。因王象春婚后膝下长期无子，与玟自幼由叔父象春抚养成人。王与玟数困于场屋，直至崇祯十五年（1642）清军破新城时殉难，年仅三十七岁，著有《鹅笼馆集》四卷。

明神宗万历三十五年丁未（1607）　　三十岁

伯父王之垣被追封为户部尚书。（详见国家图书馆藏《王之垣诰命碑》碑帖）

友人顾大章、房可壮、汪三益中进士。顾大章（1567—1625），字伯钦，常熟人，官至陕西按察副使。顾大章刚正不阿，因揭发魏忠贤罪状，被逮入狱，后自缢而亡。他与魏大中、杨涟、左光斗、周朝瑞、袁化中并称“前六君子”。房可

壮（1578—1653），字阳初，一字海客，青州人，官至副都御史，著有《偕园诗草》。汪三益（1574—？），号麟阳，历城人，祖籍安徽歙县，随祖父迁居济南，官至行人司司正，著有《参筹秘书》。

明神宗万历三十六年戊申（1608）　三十一岁

四月，努尔哈赤与明边将立碑划界，从此自称为国。

九月，从兄王象乾任蓟辽总督。

明神宗万历三十七年己酉（1609）　三十二岁

友人王潆中举人。王潆，字带如，号柏村、愚谷，明万历三十八年进士，官至太仆寺少卿。明亡后曾在南明政权为官，后随其子王遵坦降清。王潆工诗，善草书，有《愚谷集》《柏村诗集》各一卷。

明神宗万历三十八年庚戌（1610）　三十三岁

二月，参加会试，获第二名。

三月，参加殿试，获三甲倒数第三名。同榜高中者有钱谦益、钟惺、文翔凤等。“神庙庚戌之岁，偕余举南宫者，关西文太清、新城王季木、竟陵钟伯敬，皆雄骏君子，掉鞅词坛。”（钱谦益《王贻上诗序》）

因“庚戌科场案”而卷入党争漩涡。

夏，与林古度订金石之交。《十笏草堂诗集序》：“予客游京都，庚戌夏获见季木先生，称金石交。历今数朝，五十余载，忽复见其从孙贻上于秦淮，读阮亭《渔洋集》，如昔读季木《问山集》，恍若再生事。”

十一月初一，作诗抨击社会现实。有《庚戌十一月朔》诗。

辑己酉、庚戌二年所作诗为《酉戌草》。

文翔凤为作《王季木酉戌诗序》。

明神宗万历三十九年辛亥（1611）　三十四岁

“辛亥京察”，因对“庚戌科场案”的主角汤宾尹等人发表不当言论，王象春被视为东林党人。

友人文翔凤东征过新城来访。“二月奉太夫人东征，始得涉全齐之概……寻至新城访王季木。”（文翔凤《东极篇·辛亥东征诗十五首》序）

同文翔凤唱和。《辛亥东征诗十五首》中有《王季木告鲁仲连坟所因谑之》《新城别季木二百四十字》二诗。

七月初七，作《七夕三解》诗。

秋，作《秋夜有怀》，忆在京时之往事。

九月，泛舟北湖。“惟辛亥九月，曾一泛舟。”（《北湖游记》）

九月九日，作《九日》诗，赞美秋之美好、菊之高洁。

是年所作诗结为《辛亥草》。

十月十四日，友文翔凤为作辛亥诗序。“辛亥十月十四日文翔凤言，盖在至自登之逆旅篹上。”（文翔凤《季木辛亥诗序》）

明神宗万历四十年壬子（1612）　　三十五岁

任顺天乡试分校官，取张世伟、孙元化等。

友人文翔凤至京，与其唱和。有诗《同天瑞圣瑞阅天坛》。

闰十一月，外孙徐夜生。

十二月，以贿卖举人之罪名被御史凌汉翀、给事中李奇珍等人诬陷，入狱候审。“（十二月）己亥，御史凌汉翀论顺天贡士刘琛贿考官行人李一公，又朱良材、王廷鼎、乔之甲贿进士王象春，□科给事中朱奇珍论顺天贡士张世伟贿进士王象春，并下法司。”（谈迁《国榷》卷八十一）

是年所作诗结为《壬子草》。

公鼒为作《王季木壬子草序》。

明神宗万历四十一年癸丑（1613）　　三十六岁

与友人文翔凤书信往还，有诗《昼睡太青画帐中》《题文太青梅花帐》等。文翔凤有诗《与季木》《季木将其内归过我寺居拨闷遂与分韵》《季木拈案上洞箫遂写四韵》《季木以公浮来访我广慧寺》《雨归崇福寺季木召我》《陆赌季木纳两册子我负一诗遂以诗质册》等。

遇父之至交刘彬予，不胜唏嘘。《书天宁寺壁寄怀刘彬予先生》序曰：“先大夫丙申客燕，与彬予先生缔交，朝夕莫逆……癸丑忽遇于燕市，则余方在网罗，相对唏嘘，真同隔世。”

作诗赋赠友人，并直抒胸臆。有《云从子在予为世好壬寅先君之事匹马奔焉今再遇于长安则十年矣予方在网罗不堪为别赋赠以此并自写其牢骚耳》。

与曾楚卿订交。“记去为诸生时，得季木制义读之，喜而卒业焉，恨未得旦夕见其人。今年客招提，握手相视，意欣欣如故也。私心谓卒业矣，见其人矣，观止矣。”（曾楚卿《题王季木癸丑稿》）

七月七日，作《七夕恨》诗。

九月九日，作《九日再柬刘蓬泽年丈仍用前韵》诗。

九月十日，作《十日叹》诗。

除夕前后，作《癸丑除前》《除夕柬浮来丈》《癸丑除二首》等诗，表达对家人友朋的思念及对偃蹇人生的思考。

是年所作诗结为《癸丑草》。

曾楚卿为作《题王季木癸丑稿》。

明神宗万历四十二年甲寅（1614）　　三十七岁

二月二十一日，顺天乡试贿卖举人案结案，王象春以莫须有的罪名受到了降级选用的处分。“二月二十一日……朱良材停罚三科会试，张世伟革去举人，送国子监肄业，三科后听礼部覆试定夺。房考王象春照邹之麟例降用。”（周永春《丝纶录》）

春，假归养病。“鸟乍开笼去，云嗟不雨还”（《甲寅草・东归》），“纵是风波地，三年已自亲。宁无岐路泪，洒向障天尘”（《甲寅草・出京》）。

春，假归途中过天宁寺，见父王之猷与其挚友刘彬予唱和旧迹，作《书天宁寺壁寄怀刘彬予先生》诗并序。

春末，过临邑，访李若讷。“甲寅春末，友人王季木过余里，挑灯竟夜，大半谈诗。”（李若讷《甲寅稿序》）

归家后，寄情于山水之间，与族中诸兄弟登境内长白山，泛舟北湖，一起读书赋诗、纵论古今。

七月十三日，作《北湖游记》，回忆辛亥九月泛舟北湖之事。

中秋之夜遇雨，无法赏月，作《中秋雨》抒发惆怅之情。

徐夜之父徐煦如去世。徐煦如，字民和，去世时徐夜仅三岁，徐夜母年仅二十岁。自此，徐夜随母居外家。

是年所作诗结为《甲寅草》。

李若讷为作《甲寅稿序》。

明神宗万历四十三年乙卯（1615）　　三十八岁

山东大旱，出走避灾。

过汶上访王坦山，与其谒孔林。闰中秋，与王坦山、周自淑兄弟及僧幻宗共同赏月赋诗。“乙卯余过汶上访坦山子不遇而宵征。次日坦山乘驴追余于洸水之涘，因偕谒孔林别南浦。追余还，又同周自淑兄弟及僧幻宗过坦山，则闰中秋也。共赏月于檀数楼，分韵诗赋。”（《寄怀王坦山》）

明神宗万历四十四年丙辰（1616）　　三十九岁

出走避灾，辗转于临沂、兖州、滕州、沛县等地后，于是年定居于济南。“岁乙卯、届丙辰，东方大祲，乱作。余生坐窘，乃易产出走沂，走沛，又走兖，稍稍延，就济上而居焉。”（王象春《齐音引》）“昔年饥走荒山道，历兖将滕复渡沂。”（《寄怀王坦山》）

与友人王坦山、周自淑、谢于楚、傅道卿等唱和。有《同王坦山谢于楚周自淑傅道卿宗上人同集贞王孙舍限韵》诗。

罹患数日。“忆我年十四，病疟历甲子。寒热纵纷纭，岂至废匕匙。伏枕啖冰瓜，起食索肩豕。迄今廿五年，天复降罚此。寒则卧霜雪，热则熬肌髓。狂叫惊妻孥，鬼子面相訾。鬲中如堵墙，一饭三遗矢。凉夜听秋风，耳中喧斗蚁。壮年甚已衰，过此复何似？”（《峼居诗・病中感怀》其三）

作诗一百零七首吟咏济南风土、历史人物，描写旱灾中的黎民生活及官府的腐败行径。

友人袁中道中进士。袁中道（1570—1623），字小修，湖北公安人，官至南京吏部郎中。“公安派”领袖之一，与其兄袁宗道、袁宏道称“三袁”，著有《珂雪斋集》《游居杮录》等著作。

夏，友人丘志充来访不遇。据《丘六区于丙辰夏访余于济不遇至丁巳夏乃先后入都话昔志喜》。

八月十六日，《齐音》（一名《济南百咏》）写就并付梓。

秋，友人房蔚居来访，共游趵突泉，有《丙辰秋家济上房蔚居归自京师道出济邀话趵突泉赋赠》诗。

作《读李诗评》两卷、《读杜诗》一卷。

辑乙卯、丙辰两年间所作之诗一百一十二首为《峼居诗》，许多诗作对旱灾中黎民的生活惨状及官府对黎民的盘剥多有揭露。

明神宗万历四十五年丁巳（1617）　　四十岁

假归期满，候选期到，返京，授上林苑典薄。

作《北发书斋壁》诗，记录赴京前的复杂心情。诗曰：“不甘长饿又营营，判水离山亦恝情。骨相自知输彼贵，冠绅几见有斯伧。移书真似般姜鼠，戒口差同忌酒猩。来去鹭鸶高着眼，山亭累尔暂支撑”。

至京后，与公鼐、袁中道、李若讷宴饮赋诗。有《同公浮来袁小修李季重集孙珰园》诗。

夏，同丘志充相聚于北京。有《《丘六区于丙辰夏访余于济不遇至丁巳夏乃先后入都话昔志喜》》诗。

作诗怀念王坦山、周自淑等友人。“今岁谒选上林，坦山已司李冀右出春明。追忆前迹，倏忽三祀。对月怀人，悠悠我思。寄诗讯至，并以订自淑之约云。”（《寄怀王坦山》）

十月，赵秉忠为作《问山亭诗叙》。“万历丁巳孟冬北海赵秉忠题。”（《问山亭诗序》）

冬，作《长安杂诗》十八首。

明神宗万历四十六年戊午（1618）　　四十一岁

因公赴长安。经游洛阳、长安二古都。其间，过豳地时曾访友人文翔凤，并作《过豳访文太青》《赠文天瑞兄弟》《坐文太青寓》等诗。

在西安凭吊历史，咏怀古迹。有《坑儒谷在骊山西麓东即始皇陵在焉过此有感》《硖石怀古》《函谷关》《华山二首》等诗。

六月六日，吕维祺为王象春《鹊居诗》作《叙》。《叙》中有曰：“时戊午六月六日鲁司理通家友弟吕维祺介孺父书于秋蝉斋中。”

夏夕，同友朋登大雁塔、游曲江。有《登慈恩寺塔同台石淡生》《同梁台石金淡生曲江杜公祠》等诗。

因公赴长安事毕，便道回籍省亲。

过覃怀，访其父王之猷当年备兵之处。有《戊午重过覃怀先大人备兵之地》诗。

秋，到达济南。有《戊午秋重至济上》诗。

年底，被任命为南京大理寺评事。

明神宗万历四十七年己未（1619）　四十二岁

在南京大理寺评事任上。

十月二十一日，友公鼒卒，终年五十一岁。

作《哭公浮来》诗，悼念挚友公鼒。

友人涂绍煃中进士。涂绍煃（约1582—1645），字伯聚，号映薮，江西新建人官至广西安抚使。他曾赞助宋应星出版《天工开物》。1645年清军破江西，涂绍煃全家乘船出逃，遇大风，遇难。

明神宗万历四十八年／泰昌元年庚申（1620）　四十三岁

升任南京大理寺评事。

七月二十一日，明神宗病死。

八月二十八日，太子朱常洛即位，改元泰昌，即明光宗。

九月二十六日，明光宗去世。

十月初一，作《庚申十月初一闻报》诗。

王象春赴京“哭临”。因通堪舆之学，在光宗陵墓选址事上有功，拟升任尚宝卿。婉拒，仍回南京。

在京“哭临”期间，与好友文翔凤、钱谦益等人谈诗论文，交游唱和。“泰昌纪元庚申，与秦人文太清、齐人王季木谈文左掖门下，各持所见，断断不相下。”（钱谦益《陈百史集序》）

秋，作《题大关刘氏旧主人壁寄十一哥有引》诗及序。

明熹宗天启元年辛酉（1621）　四十四岁

正月，作《提葫芦》诗。

子与仁生。

撰《明敕赠文林郎河内县知县前孝廉道源先生傅公暨元配敕封太孺人金氏合葬墓志铭》。

明熹宗天启二年壬戌（1622）　四十五岁

长兄王象恒去世，享年五十四岁。

四月，友人钟惺至福建，任福建按察司佥事提督学政，九月丁父忧，拟返家。

友人李秉忠因被黄尊素弹劾而罢官。

明熹宗天启三年癸亥（1623）　四十六岁

升南吏部考功司郎中。

孟夏作《武定州刺史张公去思碑》。

以吏部考功司郎中之职主持“南察”，因考核严明公正，与另一“南察”主持者南京都察院右都御使、阉党人物王永光发生矛盾，受到王永光和阉党人物的嫉恨。

十月十九日，友人袁中道于南京去世，终年五十六岁。

明熹宗天启四年甲子（1624）　四十七岁

从弟王象云中举人。王象云（？—1624），王之都子，初名象需，号蓼莪，天启五年乙丑中进士，官至山西布政使司参议。

秋，杨涟弹劾魏忠贤，列其二十四大罪。

王象春盛赞杨涟弹劾魏忠贤之疏稿，并加以圈点评批，以实际行动声讨阉党。“至甲子秋，杨忠烈公具疏劾逆党，奏章至南都，公门人何允泓锓板以传。公又为批、为评、为赞、为跋。”（邹漪《启祯野乘·王考功传》）

阉党编列《东林点将录》《东林同志录》《东林朋党录》《蝇蚋录》《盗柄东林夥》等书籍，王象春均在其列。

十二月，阉党矫诏颁布《东林党人榜》，王象春位列第58名。

明熹宗天启五年乙丑（1625）　四十八岁

正月，受弹劾，被削夺官职，永不录用，回籍。“（天启五年正月）戊辰，南京吏部考功郎中王象春削夺官诰，兵科陈维新纠之。”（谈迁《国榷》卷八十七）

作《乙丑阅邸报有感》诗。

清明，郊游，外孙徐夜跟从。徐夜作《闻歌》，王象春对其大加赞赏。

从弟王象云中进士。

六月二十一日。友人钟惺去世，终年五十一岁。钟惺（1574—1624），字伯敬，号退谷，湖北天门人。万历三十八年（1610）进士，官至福建提学佥事。明末文学家，“竟陵派”代表人物，反对复古，提倡抒写性灵，倡导幽深古峭的诗风。著有《隐秀轩集》，与谭元春编《唐诗归》《古诗归》。钟惺初与王象春交往密切，后或因文学主张相左不再交往。

“东林六君子”相继惨死狱中。

《平陵东哭顾伯钦》诗，哀悼友人顾大章。

十一月初一，友人子柔来访。有《乙丑仲冬之朔风寒日惨景物萧然予寂居有罗雀之叹子柔适至自海滨把臂剧谈谈锋犹自铣铣也》诗。

整理好友公鼐诗歌《浮来先生诗集》十四卷并付梓。

明熹宗天启六年丙寅（1626）　　四十九岁

罢官归里。

三月二十五日丑时，侄孙王士禄生。王士禄（1625—1673），字子底，号西樵，顺治十二年（1655）进士，初授莱阳教谕，后升为吏部考功司员外郎。他学力深厚，擅长诗文，著有《十笏草堂集》《王考功集》《表余堂集》《辛甲集》《上浮集》，与其弟王士禛合著《燃脂集》百余卷。

六月，作《丙寅六月即事》诗。

八月，外孙徐夜考中秀才。徐夜（1612—1683）字东痴，初名元善，字长公，明末诸生，工诗。明亡后更名夜，字嵇庵。入清不仕，纵游山水间。康熙二十二年（1683）卒，享年七十二岁，著有《东痴诗钞》。

秋，桓台发生水灾。有《丙寅秋桓邑大水》诗。

明熹宗天启七年丁卯（1627）　　五十岁

熹宗病死，思宗即位，魏忠贤发配途中畏罪自杀。

崇祯帝下诏起复被阉党削夺官职之臣，王象春只恢复冠带品级，并未官复原职。

侄孙王士禧生。王士禧（1627—？），字礼吉，王士禄弟，王士祜、王士禛兄，有才名，著有《抡山集选》《抡山诗余》。

十二月，作《题范质公家乘丁卯季冬有引在文集中》诗。

明思宗崇祯元年戊辰（1628）　　五十一岁

从侄王与胤中进士。

与友倪元璐书信往还，倪氏有《答王季木》文。

冬，作《辨明孤贞疏》以表心迹。“先生崇祯改元冬具有披沥孤贞之疏。”（张世伟《行状》）

十二月，作《范董先生清贞重臣于其出处卜世道焉敬赋诗志感以当执鞭之慕非能为谀也崇祯戊辰季冬敬题》诗。

明思宗崇祯二年己巳（1629）　　五十二岁

友人倪元璐又作《答王季木》文。

冬，作《履霜操》诗。

明思宗崇祯三年庚午（1630）　　五十三岁

外孙徐夜中举人。“以廪生中式崇祯庚午科副贡。”（徐夜《隐君诗集》）

五月，从兄王象乾病逝，享年八十五岁。

友人王洽、刘策去世。

明思宗崇祯四年辛未（1631）　五十四岁

三月七日生辰，张世伟下第归家途中迂道来访。

闰十一月，孔有德、李九成叛乱，史称“吴桥兵变”。

十二月，孔有德、李九成攻陷新城，酿成“辛未之难”。新城王氏家族遭遇灭顶之灾，王象乾之全家人及王象复、王与夔父子等多人遇难。王象春逃至邹平长白山，幸免于难。

岁末、除夕，作《辛未岁暮》《辛未岁除》诗。

明思宗崇祯五年壬申（1632）　五十五岁

作《乌夜啼为刘范董、丘六区而作也》诗，力斥阉党对刘策、邱志充的迫害，并为他们之死鸣冤叫屈。

叛军孔有德围困莱州。作《莱州久围不救诗以伤之》《掩败为功酿成此乱诗以恨之》《此事岂有和理中外朦胧作抚局贼果寒盟羁我命官诗以愤之》《多官重兵不能办贼诗以惜之》等诗表达对时局的担忧。

十二月卒，终年五十五岁，葬于长白山马山之阳。门生张世伟为之作行状，好友钱谦益为之作墓表。张世伟《南吏部考功郎季木王公行状》曰：“岁壬申之杪冬，济南季木王先生以疾卒家。”

王象春原配李氏，出自长山李化熙家族；继配许氏，出自临邑许氏家族。有女二人，子一人。长女嫁新城徐民和，生子徐夜。崇祯十五年壬午（1642），清军破新城，王氏长女义不受辱，投井自尽。次女配济南穆深之子。崇祯十二年己卯正月，清军攻破济南，穆家人协助守城，全家殉难。

王象春四十四岁始得子。因得子较迟，先是抚犹子与玟。与玟乃王象丰之子。崇祯十五年清军攻破新城，王与玟殉难。与玟子士骥，清康熙时进士。

王象春之子，先名与仁，字善长，后易名山立，字肃然。顺治十四年（1657）中武举，十八年中武进士，授职守备，未就。归居于长白山下，孝奉老母，终老林下。与仁娶妻赵氏，其出自博山赵进美家族。有子四人：士楚、士攀、士树、士丛。